Friederichs/Althauser Personalentwicklung in der Globalisierung – Strategien der Insider

Friederichs/Althauser (Hrsg.)

Personalentwicklung in der Globalisierung –

Strategien der Insider

Luchterhand

CIP-Kurztitelaufnahme der Deutschen Bibliothek

Personalentwicklung in der Globalisierung – Strategien der Insider
Peter Friederichs ; Ulrich Althauser (Hrsg.). – Neuwied ; Kriftel : Luchterhand, 2001
ISBN 3-472-04407-1

Satz: Satz- und Verlags-Gesellschaft mbH, Darmstadt
Druck und Binden: Wilhelm & Adam, Heusenstamm
Printed in Germany, September 2001

Gedruckt auf säurefreiem, alterungsbeständigem und chlorfreien Papier

Vorwort der Herausgeber

Nachdem die Personalentwicklung in den letzten Jahren aus dem Fokus von Human-Resources zu verschwinden drohte und an ihre Stelle Remuneration, Merger-Tools und wohlfeile modische Konzepte traten, steht sie nun – im Zeichen der Globalisierung – in einem neuen Licht und vor neuen Herausforderungen. Personalentwicklung muss jedoch mit ihren Aufgaben in der Mitarbeiterförderung, der Laufbahnentwicklung, der Potenzialrekrutierung und -entwicklung, in den Assessmentcentern, im Coaching sowie anderen traditionellen Instrumenten zum Teil neu- oder zumindest umdefiniert werden. Personalentwicklung muss sich zum umfassenden Synonym für die zentralen Kernstrategien der Human-Resources wandeln und als integraler, nicht wegzudenkender Teil in der Wertschöpfungs-Kette im Unternehmen wirken und dadurch zum strategischen Treiber der Unternehmensentwicklung werden.

Mit konsequenter Kulturorientierung kann Personalentwicklung zu einem ganzheitlichen Ansatz für Personalarbeit in der Globalisierung werden. Die Globalisierung treibt nämlich eine erhöhte und oft irritierende Volatilität von hiring and firing, von Retentionskonzepten und Employability-Missverständnissen in die Mitarbeiterschaft. Dies muss durch das Konzept einer Verstetigung in der Personalentwicklung beantwortet werden, so dass die Mitarbeiter Motivation leben können, Führung Freiraume öffnet und zulässt sowie die so oft im Sinne von Kreativität, Innovation und Mitunternehmertum beschworenen individuellen Begabungen entfaltet werden und damit auch zu einer zufriedenstellenden beruflichen Orientierung führen. In der Praxis gibt es kleine und große Unternehmen, Start-up's und Konzerne, die diese neuen Wege intuitiv oder methodisch angegangen sind; und sie sind auf einem erfolgreichen Weg. Die Fragen, die sich der neuen Personalentwicklung stellen, sind zwar oft die alten, die Antworten müssen jedoch komplett neu sein. Sie zielen auf die Gewinnung und Entwicklung von Mitarbeitern in sich turbulent verändernden Unternehmen, sie zielen auf den Aufbau von Motivation in oft dramatisch belastenden Berufssituationen, sie zielen ab auf ein aktives Führungs- und Personalmanagement durch oft verunsicherte Manager sowie auf die Ingredienzien des »Deals«, den der Key-Player mit dem bzw. den Unternehmen verhandelt. Vergütung und Nebenleistungen werden immer weniger ausschlaggebend für seine Identifikation, diese muss zwar auch stimmen, es geht jedoch den Talenten verstärkt darum, an Unternehmenskulturen mitzubauen oder sie gar umzugestalten. Es geht ihnen um »Employability«. Und darauf haben die Unternehmen Antworten zu geben.

Die Herausforderung an die Personalentwickler in der Globalisierung ist die Bereitschaft, das Können aber insbesondere auch der Mut, den Ball weit zu werfen. Strategische Arbeit ist gefordert und mehr denn je eine aktive Rolle als Business Partner des Topmanagements in Sachen Employee-Value. Das heißt, unbequeme Fragen im Unternehmen zu stellen, vor allem an die Adresse des Topmanagements. Denn das Topmanagement, besonders der Mann an der Spitze, ist im Wesentlichen dafür verantwortlich, ob der Wert der Mitarbeiter durch motivierende Führung und fördernde Rahmenbedingungen weiterentwickelt wird und dem Unternehmen zur Blüte verhilft oder ob durch Nichtwissen, Ungeschick oder gar bewusstes Negieren moderner Führung, der Wert der Mitarbeiter gemindert oder gar zerstört wird.

Das ist kein Picknick für alle Personalbeteiligten und für das Management, heißt es doch mit Mut vor Herrscherthronen zu treten, gegen Lippenbekenntnisse zu arbeiten und Mikropolitiken in den Unternehmen mit überzeugenden Personalentwicklungskonzepten anzugehen. Das heißt auch, den Employee-Value als Ziel aller Maßnahmen in den Mittelpunkt zu rücken und einen Beitrag dazu zu leisten, ihn gleichberechtigt neben den Shareholder-Value zu stellen. Denn, wenn wir eine Lektion gelernt haben dann diese: Merger und Fusionen zeigen, dass eine mitarbeiterorientierte Kultur erfolgreicher ist als die alten Hauruck-Kulturen eines überlebten Kapitalismus.

Wir Herausgeber laden Sie ein zu einer Reise zu den Insidern, zu Unternehmern, Personalmanagern, Hochschulprofessoren und Beratern, die auf dem steinigen Erfolgspfad zu einer neuen Personalentwicklung ein gutes Stück vorangekommen sind und erste Wegmarken für die Nachfolgenden gesetzt haben. Was bringt die Globalisierung an fordernden Parametern, denen wir uns stellen müssen? Die hier versammelten Insider zeigen visionengeleitete »Best-Practice«-Beispiele sowie erfolgversprechende neue Konzepte und Instrumente der Personalentwicklung. Sie machen uns Mut zu neuen Wegen und Denkkonzepten und durch das Aufzeigen mancher Risiken schärfen sie unseren Blick für das Wesentliche. Unser Buch wendet sich an Mitarbeiter, Personalmanager, an Geschäftsführer und Vorstände, an Manager, an Arbeitnehmervertreter und Lehrende und Lernende, die sensibel dafür geworden sind, dass es ohne die Förderung des Employee-Value keinen nachhaltigen Shareholder-Value im Globalisierungswettbewerb geben wird. Personalentwicklung ist die Entwicklung der Menschen, sie ist damit gelebte Unternehmensentwicklung, denn nur die Köpfe und die Herzen entscheiden über das Schicksal einer Firma.

August 2001
Peter Friederichs — Dr. Ulrich Althauser

Inhaltsverzeichnis

Ich bin sicher, dass der Leser auf ein solches Buch gewartet hat. Es ist überwiegend von Praktikern für Praktiker geschrieben, dennoch beschränkt es sich nicht auf diesen Rahmen, sondern ist auch an Dozenten und Studenten gerichtet, die Personalführung in unterschiedlicher Funktion lehren bzw. lernen.

Es ist den Herausgebern gelungen, ein vergleichsweise heterogenes Repertoire von Autoren zu gewinnen, die jeweils unterschiedliche Aspekte von Personalführung aus ihrer Sichtweise beschreiben. Die Quintessenz dieser Beiträge zusammengenommen mag dem Leser grundlegende Kenntnisse darüber vermitteln, wie er die Professionalität von Unternehmens- und Mitarbeiterführung erhöhen kann.

Das Buch ist nicht akademisch am grünen Tisch geschrieben, d. h. es greift nicht Probleme der Literatur auf, sondern es spricht konkrete Schwierigkeiten des Alltags von Unternehmens- und Mitarbeiterführung an.

Top Performance hängt von der Professionalität der Unternehmensführung einerseits und von der Professionalität der Mitarbeiterführung andererseits ab. Zur Professionalität der Unternehmensführung gehört dabei letztlich, inwieweit die Unternehmensspitze die richtigen Kernkompetenzen hat, sich auf die richtigen strategischen Allianzen besinnt, eine richtige Einschätzung der Kunden und Konkurrenten vornimmt und die Strategieentscheidungen so ausgerichtet sind, dass man letztlich gleich gut oder besser als der Wettbewerber ist. Vermutlich wird Professionalität der Unternehmensführung nicht mit langfristigem Erfolg verbunden sein, wenn diese nicht mit Professionalität in der Mitarbeiterführung korrespondiert. Die Frage ist dabei, inwieweit es einer Abteilung oder einer gesamten Organisation gelingt, durch das Führungsverhalten die Köpfe und Herzen von Menschen zu gewinnen, d.h. das maximale Potenzial an Kreativität und Motivation auf der Seite der Mitarbeiter zu aktivieren.

Gerade in unserem Land wird der Wettbewerb um gute Mitarbeiter wegen zwei Tendenzen verschärft: einerseits aufgrund des Aspektes der Globalisierung und andererseits wegen der Bevölkerungsentwicklung. Die Globalisierung bewirkt, dass der internationale Wettbewerb zunehmen wird. Hinsichtlich Technik, Maschinen, Hardware und Software werden sich die global agierenden Firmen immer ähnlicher werden und Unterschiede relativ schnell ausgleichen. Der Wettbewerbsvorteil wird zunehmend mehr in der Qualität der Mitarbeiter und Führungskräfte liegen. Dies heißt ganz konkret, dass Personalauswahl und Personalentwicklung aus kaufmännischen Gründen absolut professionell organisiert werden müssen. Wenn es global agierenden Firmen nicht gelingt, die besten Kräfte zu rekrutieren und zu halten, werden sie relativ schnell Standortnachteile haben.

Das Problem wird durch den zweiten Faktor noch verstärkt, nämlich die Bevölkerungsentwicklung. Während es unter den heute 35-Jährigen 750 000 Menschen gibt, gibt es unter den heute 20-Jährigen nur 500 000 Menschen. Dies bedeutet, dass der Wettbewerb um die besten Talente zunehmen wird, was wiederum dazu führt, dass die Professionalität der Personalauswahl und der Personalentwicklung entscheidend ist.

Firmen müssen deshalb umso mehr auf die Sehnsüchte, Werte und Wünsche von Mitarbeitern Bezug nehmen. Sie müssen sich fragen: Was macht meine Firma attraktiv? Warum soll ein Mitarbeiter bei mir beginnen? Warum soll er bei mir bleiben? Wer diese Fragen nicht positiv beantworten kann, wer nicht eine Vielzahl monetärer und vor allem auch nicht-monetärer Anreize und Personalentwicklungsprogramme hat, wird im Kampf um die besten Talente verlieren und damit auch Nachteile im Wettbewerb haben.

Dieses Buch bietet ein breites Spektrum an Know-how, das es Groß- und Mittelstandsunternehmen ermöglicht, die Führung und Personalentwicklung zu optimieren. Selten wird man das in den einzelnen Kapiteln Angebotene eins zu eins auf die eigene soziale oder kommerzielle Organisation übertragen können, weil es zur eigenen Kultur und Geschichte passen muss. In den einzelnen Kapiteln wird aber eine Vielzahl von Anregungen gegeben, die in den einzelnen Firmen weiterentwickelt werden können.

Ich wünsche den Herausgebern, dass sie mit diesem Buch viele Leser erreichen und dass diese Leser Multiplikatoren sind, die das Know-how weitertragen und umsetzen. Es wird uns der Quadratur des Kreises näher bringen, Spitzenleistungen mit Menschenwürde zu verbinden. Das eine geht letztendlich nicht ohne das andere und hier haben viele führende Köpfe, die in leitender Stellung in der Unternehmens- und Mitarbeiterführung in deutschen sozialen und kommerziellen Organisationen tätig sind, noch viel zu lernen.

Prof. Dr. Dieter Frey

Lehrstuhl Wirtschaftspsychologie,
Ludwig-Maximilians-Universität
München

I. Paradigmenwechsel durch Globalisierung

1. Wachstum durch Unternehmenskultur und Changeability Die Antriebsfunktion der Personalentwicklung für die Zukunftsfähigkeit der Unternehmen

von Dipl.-Psych. Peter Friederichs

Inhaltsverzeichnis

1. Identifikation und Kulturprägung durch Personalentwicklung

Die Rolle der Personalentwicklung ist in den zurückliegenden Jahren einem vielfältigen Wandel unterworfen worden und zeigt auch heute in der Querschnittsbetrachtung nur wenige zentrale Gemeinsamkeiten in den Unternehmen, das gilt sowohl für die Vision als auch für den Instrumenteneinsatz. Sie ist aber wieder wichtiger geworden, da sich die drängenden Themen der Gewinnung, Erhaltung und Förderung der Mitarbeiterpozentiale als Wettbewerbsfaktor insbesondere durch den Wind der Globalisierung in den Vordergrund geschoben haben. Schaut man zurück auf die letzten 30 Jahre, so haben wir diese Zeiten schon häufiger erlebt, aber genauso die Veränderung ins Gegenteil, d.h. das schnelle Herausrutschen aus dem Focus des Interesses.

Wie kann man die Personalentwicklung nachhaltig positionieren, ihren Value Added im Rahmen der unternehmerischen Zielsetzungen klar und deutlich nachweisen? Es gibt mehr und mehr Beispiele dafür, dass eine konsequente Umsetzung ihrer Konzepte, Ziele und Maßnahmen zur Entwicklung einer starken Kultur und zum wirtschaftlichen Aufschwung der Unternehmen einen wichtigen Beitrag geleistet hat.

Das Gewinnen von strategischen Persönlichkeiten, ihre Entwicklung und ihre nachhaltige Förderung schaffen nämlich ein Klima und eine Kultur, in der herausfordernde Ziele gesucht, Innovationen entwickelt und so Wettbewerbsfähigkeit am Markt, aber auch evolutionäre Veränderungspotenziale generiert werden, die dem Unternehmen helfen in der Krise zu überleben und weiter zu wachsen.

Die Haupttreiber für das Wachstum der Firmen sind daher Unternehmenskultur und Changeability. Personalentwicklung ist ihr Motor.

1.1 Personalentwicklung zielt auf Mitarbeiteridentifikation

Es ist eigentlich ein hybrides Unterfangen, die Personalentwicklung zum Motor der Unternehmensentwicklung zu küren. Ist Personalentwicklung nicht nur **eine** Funktion des Personalmanagements, neben anderen gewichtigen Funktionen? Einmal ganz abgesehen von anderen Bereichen des Unternehmens wie Strategieplanung, Produkt- und Vertriebsmanagement, Finanzen und Controlling. Aber, was ist dran an dem Satz von *J. Welch*: »Es kommt nur auf die Köpfe an! Wenn die Menschen im Unternehmen nicht zusammenspielen und im Sinne unserer Vision handeln, nutzen auch die besten Managementmethoden nichts. Deshalb kümmere ich mich selbst um Auswahl und Entwicklung unserer Leute. Davon hängt das ganze Unternehmen ab.«

Die Entwicklung des Unternehmens hängt nach *J. Berthel* von der

Suche nach Erfolgspotenzialen ab. Die Strategieumsetzung verlangt »besondere Mitarbeiterqualifikationen«. Das Humanpotenzial ist mithin ein entscheidendes Erfolgspotenzial, dessen Management dem Personalbereich in die Verantwortung gegeben wird. *Siehl* konnte empirisch nachweisen, dass Artefakte wie Führungsverhalten der Vorgesetzten, Gepflogenheiten, Riten und Techniken der Personalauswahl, oder das Training, einen eindeutigen Mittelcharakter haben zur Herstellung von Unternehmenskultur und damit für Identifikation und Motivation der Humanpotenziale. Methoden und Instrumente der Personalentwicklung, könnte man auch sagen.

Hilti schreibt, »... Marktführerschaft setzt insbesondere die Fähigkeit voraus, Mitarbeiter und Führungskräfte zu gewinnen, zu entwickeln und im Unternehmen zu halten. Ständige Arbeit an der Rollenverteilung und an der Verbesserung der Leistungsfähigkeit des Führungsteams sind gefordert.« Er fügt hinzu: »... dass wir die Qualität der wesentlichen Führungskräfte und der Nachfolgekandidaten äußerst kritisch hinterfragen.« Er mündet damit in der entscheidenden Grundaussage: »Parallel zur Steigerung der Qualität der Mitarbeiter steigt die Kompetenz des Unternehmens. So ergeben sich allein aus dieser Entwicklung neue Chancen für Wachstum, zur Steigerung der Effizienz und Effektivität aller Prozesse des Unternehmens und zur Stärkung der Gruppe.« Wichtig an der Aussage des Unternehmers *Hilti* ist, dass er den Mittelcharakter von Instrumenten und Konzepten der Personalentwicklung für den Unternehmenserfolg begründet.

Personalentwicklung wirkt auf die Entwicklung des Unternehmens im Wesentlichen über die Identifikation der Belegschaften mit dem Unternehmen und seinen Zielen. Nur über die Identifikation kommt es zu einer Mehr-Leistungsentfaltung des Einzelnen oder von Gruppen, die über die Lohn-gegen-Leistung-Hypothese hinausgeht. *K. Galbraith* verweist in seinem Werk »The industrial state« darauf, indem er sagt: »Wir dürfen mit Sicherheit annehmen, dass die Leistung kaum oder gar nicht mehr von der Bezahlung abhängig ist. Im Herzen der Kapitalgesellschaft ist dies nur Teil eines größeren Motivationssystems, in dem Platz ist für die volle Entfaltung von Entwicklung von Identifikation und Adaptation«. Hiermit stellt *Galbraith* die entscheidende Einbindung des Mitarbeiters in die betriebliche Organisation heraus.

Die »Person« des Mitarbeiters und ihre Verfassung, aber insbesondere ihre Integration in die Organisation sind entscheidende Parameter für das erfolgreiche Umsetzen unternehmerischer Ziele. *March* und *Simon* führen in ihrer Untersuchung »Organisations« vier entscheidende Parameter für die Identifikation mit dem Unternehmen an:

1. Das Unternehmen verfügt über ein hohes, allgemein anerkanntes Prestige.
2. Die Zusammenarbeit innerhalb der Organisation wird als gut beschrieben.
3. Die Mitarbeiter und Manager können ihre Motive und Bedürfnisse im Arbeitsbereich befriedigen.
4. Der Konkurrenzkampf der Mitglieder einer Organisation wird eingeschränkt.

Dem ist eigentlich nichts mehr hinzuzufügen, entwerfen beide Autoren doch das Grundkonzept einer modernen Personal- und Organisationsentwicklung.

Schauen wir uns nun die Prozesse der Internalisierung und Identifikation der Mitarbeiter genauer an – in ihrer Bedeutung für die Grundlagen der Personalentwicklung. Sie verlaufen in fünf Schritten:

- **Die Integration der Person durch Sozialisierungs- und Enkulturationsprozesse in das Unternehmen**
  Ausgangspunkt ist die Weiterentwicklung des Unternehmens nach der Gründung entsprechend der Vision des Gründers. Jedes neue Mitglied wird darauf »eingeschworen« und einem intensiven Lernprozess unterzogen. Später prägt die bestehende Kultur noch massiver die Person der neuen Mitarbeiter (Siemensianer, Henkelaner etc.) Die Globalisierung hat jedoch hier wesentlich dazu beigetragen, die Enkulturisation schrittweise zu verändern. Durch kürzere Karrierezeiten in den Unternehmen reduziert sich der mutuelle Austausch. Der Professional fühlt sich mehr einer globalen Kultur zugehörig (Investmentbanker/Global Citizenship) als dem eigenen Unternehmen.

- **Internalisierung der Verhaltenserwartungen der Organisation zwischen Identifikation oder Normenkonflikt**
  Der Zwang zur Anpassung ist beim Individuum mit Chancen und Risiken verknüpft. Identifikation führt zu Zufriedenheit und Leistungsentfaltung, der Normenkonflikt im Unternehmen entweder zur kreativen Weiterentwicklung oder zur Resignation, Protest und zum Ausscheiden.
  Welche negativen Auswirkungen diese Anpassungsprozesse auch haben, sehen wir beim gescheiterten Vertriebsteam genauso, wie beim gescheiterten Merger.

- **Umgang mit dem Erreichen von Macht, Einfluss und Statusrollen, mit Rivalität und Abhängigkeit und der Auseinandersetzung mit Scheitern und Verlust von Positionen**
  Die Organisation ermöglicht dem »Company-Man« durch das Erreichen von Machtpositionen selber verstärkt auf die Kultur Einfluss zu nehmen. Erfolgspotenziale können durch Abhängigkeiten und Rivalitäten dagegen auch schnell scheitern. Gruppendynamische Prozesse in Vorständen bringen Unternehmen bekanntlich eher zum Scheitern als der Markt. Aber auch exorbitantes Risikoverhalten oder die einsamen Entscheidungen des Mannes an der Spitze in einem Umfeld des vorauseilenden Gehorsams der Mitarbeiter (*K. de Vries*).

- **Entwicklung unternehmenstypischer Verhaltensmuster wie Kooperationsbereitschaft oder Kompetivität**
  Studien von Unternehmen zeigen, dass Firmen über Jahre und Jahrzehnte hinweg kulturelle Prägemuster bilden, die wesentlich zu Erfolg und Misserfolg beitragen. Entweder handelt es sich dabei um Unternehmenseigenschaften wie »Aggressivität am Markt«, »hierarchische Orientierung an der Führerfigur« oder ausgeprägte »Dezentralisierung der Entscheidungskompetenzen«. Hier gehört aber auch der Halo-Effekt großer Anfangserfolge her, die zu einem Kulturpattern des »Uns kann keiner« direkt in den Realitätsverlust führen kann, wie man z.T. beim Niedergang mancher Start-up-Company sehen kann. In den wenigsten Fällen aber untersuchen Firmen ihre kulturellen Prägemuster, einer der Gründe, warum sie Erfolgspotenziale oft nicht verstärken können, oder misserfolgsneigende kollektive Verhaltensmuster nicht verändern

können. Fehlende Change-Infrastrukturen sind dann die Ursache, dass ganze Firmen vom Markt verschwinden.

- **Übernahme der Werte und Normen des Unternehmens, niedergelegt in Unternehmens- und Führungsgrundsätzen.**
  Studien zeigen immer wieder (*Towers Perrin*, *Bertelsmann-Stiftung*), dass kulturstarke Unternehmen besonders erfolgreich sind. Sie verfügen über ein internalisierten Set von Werten, der jedes Mitglied der Organisation auf der einen Seite verpflichtet, auf der anderen Seite begeistert für eine Erfolgskultur und somit dem Einzelnen klare persönliche Vorteile bietet. Dabei gibt es keine allgemeinverbindliche Idealkultur. Wichtig ist, dass es dem Unternehmen gelungen ist eine überzeugende Vorteilsgemeinschaft aus Markt, Mitarbeitern und Firmeninteresse zu schmieden. Die niedergelegten Werte für das Unternehmens- und Führungsleitbild sind die definierten Key-Competencies und steuern das Unternehmen in allen Fragen von der Unternehmensstrategie bis zur Personalstrategie. Sie werden begleitet von einem etablierten Sanktionssystem. »Ein Manager, der geschäftlich erfolgreich ist, aber unsere Werte nicht teilt, muss gehen!« *(J. Welch)*

Diese wenigen Akzente machen deutlich, dass der Erfolg der Unternehmen davon abhängt, inwieweit es der Führung gelingt, die Mitglieder ihrer Organisation zur Identifikation und zur Zusammenarbeit zu entwickeln, **Kohäsion** (Zusammenhalt, Wir-Gefühl, Klima) und **Lokomotion** (Zielerreichung, Commitment, Entscheidungskonsequenz) zu realisieren.

Thiemann, Gründungsmitglied des Club of Rome sagt: »Auf lange Sicht wird für das Unternehmen nur dann Wachstum möglich sein, wenn es einen Paradigmenwechsel in der Unternehmensführung und Unternehmensentwicklung einleitet. Darunter ist eine Änderung der Führungsgrundsätze, der Wertvorstellungen und Überzeugungen zu verstehen.«

Diese empirische Analyse von Infratest Burke zeigt in sehr überzeugender Weise den direkten Einfluss von Mitarbeitercommitment auf die Krankheitstage. Dabei sind die Krankheitstage nur ein Ergebnis von mangelnder Identifikation mit dem Unternehmen, ganz zu schweigen von weiteren negativen Einflüssen auf die Verrichtung der Arbeit.

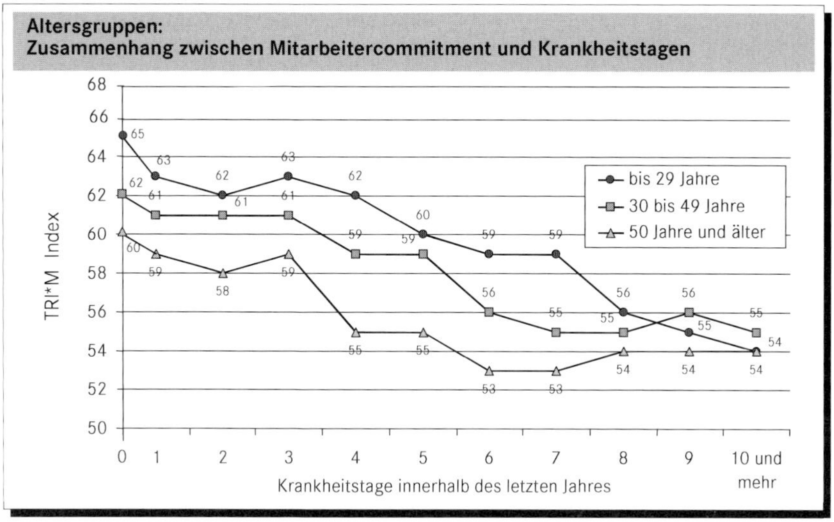

Abb. 1: Tele Global Tri*M Center: Mitarbeitercommitment und Krankheitstage

In seinem Buch »Das Konzept Integriertes Management« geht *Bleicher* direkt auf die Verbindung von Unternehmensentwicklung, Humanpotenziale und Management ein, indem er sagt: ».... das Erlernen neuen Denkens und Handelns bei der Problemlösung durch Humanpotenziale ist eine sehr anspruchsvolle Aufgabe. In evolutionärer Perspektive (das Unternehmen muss sich in Austausch und Wettbewerb so verändern, dass es überleben kann) ist unter dem Aspekt wachsender Dynamik daher die Einleitung und Handhabung von Veränderungsprozessen im Sozialsystem der Unternehmung eine zentrale Aufgabe des Managements, die es im Spannungsfeld von Vergangenheit und Zukunft, wie von Um- und Inwelt zu lösen gilt.«

Bleicher sagt damit völlig klar, dass die Entwicklung der Unternehmen von der Neuorientierung der Humanpotenziale abhängt und damit von der Veränderung des internen Sozialsystems in der internen und in der externen Auseinandersetzung.

Bleicher stellt auch heraus, dass Management-Philosophien (das, was Denken und Handeln des Managements bestimmt) zum entscheidenden Wettbewerbsfaktor in der Globalisierung werden kann. Unabhängig davon, welche »besser« ist, erfolgreicher wird die sein, welche Mitarbeiter und Führungskräfte hinter sich bringt. Hinter sich bringen, bedeutet aber neben der Identifikation der Mitarbeiter, die

Belegschaft zum Erlernen neuen Denkens und Handelns zu motivieren, mit einem Wort: das Personal zu entwickeln. Personalentwicklung ist daher deutlich mehr als die bisher in der Breite bekannte Methoden- und Funktionspalette der betrieblichen Personalentwicklung. Sie greift nämlich im Rahmen der Kulturentwicklung des Unternehmens tief in die Struktur ein und stellt die Integration der Humanpotenziale im Hinblick auf die Evolution des Unternehmens durch personale und soziale Veränderungsprozesse sicher. Dies ist keine Aufgabe, die der Personalentwickler alleine im Studierstübchen oder durch noch so viele gutgemeinte Kleininterventionen im Unternehmen erreicht. Auch noch so viele Teamentwicklungen, Assessment-Center, Coaching und Nachfolgeplanungen werden nicht ausreichen, den entscheidenden Einfluss auf das Unternehmen zu gewinnen. Entscheidend ist alleine, in welcher Weise die Zusammenarbeit mit dem Mann (Frauen, Männern) an der Spitze gelingt. Nur die Integration mit der klassischen Gesamtsteuerung des Unternehmens wird die Forderung *Bleichers* erfüllen, die Humanpotenziale für die Entwicklung des Unternehmens zu nutzen. Somit kann Personalentwicklung als Culture-Development zur Hoheitsaufgabe des Topmanagements werden.

Personalentwicklung unterstützt deshalb die Unternehmensentwicklung durch Definition der Erfolgspotenziale der Unternehmung in den Key-Competencies, den Werten und somit den kulturellen Grundlagen, sie wählt die neuen Mitglieder der Gesellschaft aus, sorgt für ihre Integration, fördert den Lernprozess, klärt den Zugang zu neuen Aufgaben und Rollen in der Organisation, stellt ordnungspolitische Systeme zur Verfügung, damit kulturförderndes Verhalten belohnt wird und sorgt mit Dialog und Diskursprozessen dafür, dass in der Organisation der notwendige, permanente Austauschprozess über Hierarchie-, Fach-, Funktions- und Unternehmensbereichsgrenzen hinweg, das Unternehmen, durch Veränderung und Evolution, zukunftsfähig bleibt.

Zusammenfassend kann man sagen, dass Personalentwicklung die Aufgabe hat die Unternehmenskultur, als Gesamtheit der Kernpotenziale des Unternehmens, weiterzuentwickeln. Dies ist eine gewaltige Herausforderung. Es wird zu zeigen sein, dass es mit dem Konzept der Integrierten Personalentwicklung möglich ist, diese Aufgabe zu bewältigen.

1.2 Der Gencode der Organisation ist die Unternehmenskultur

Die Unternehmenskultur ist der entscheidende Key-Factor. Wer sie entwickelt, entwickelt den eigentlichen Bauplan des Unternehmens weiter. Unternehmenskultur ist daher nicht, wie viele meinen, so eine Art Zuckerguss auf der Organisation sondern die Organisation selbst. Sie beschreibt Körper, Geist und Seele des Unternehmens.

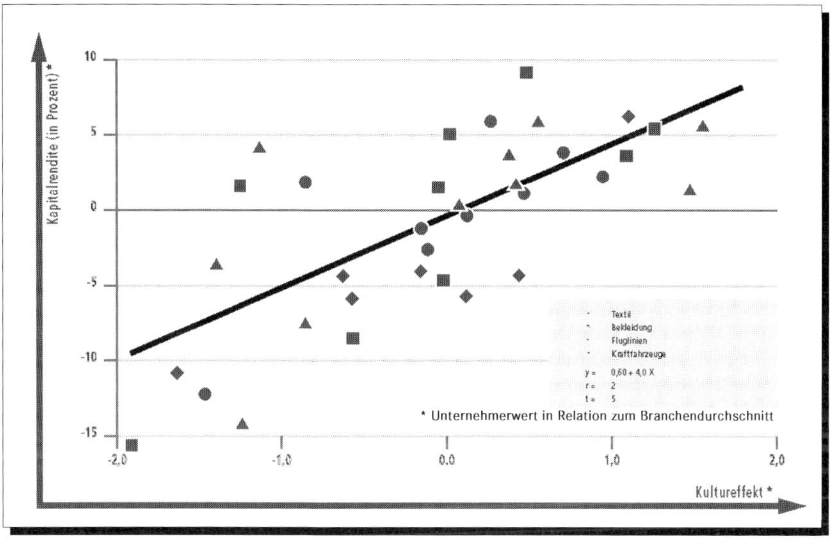

Abb. 2: Kultureffekt und Kapitalrendite

Die Globalisierung und die in ihrer Folge realisierten Merger haben nachdrücklicher wie nie die unique Bedeutung der Unternehmenskultur für den wirtschaftlichen Erfolg der Firmen vor Augen geführt. So berichtet *R. S. Burt* auf der Basis von Studien, die *P. Kotter* in Harvard anstellte, dass es einen nachgewiesenen Zusammenhang zwischen Unternehmenskultur und wirtschaftlichem Erfolg gibt. In Branchen mit hoher Wettbewerbsintensität und niedrigen Gewinnmargen gibt es einen korrelationsmathematisch abgesicherten Effekt der Unternehmenskultur auf die wirtschaftliche Performance. Die dafür verwendeten Messgrößen waren zum einen die durchschnittliche Kapitalrendite und zum anderen der Kultureffekt. Dieser wurde an Hand der folgenden drei Indikatoren nach *Kotter* erhoben: 1. Die Manager sprechen häufiger über den Stil ihres Unternehmens. 2. Die Firma hat ihre Wertvorstellungen postuliert und ernsthaft versucht, ihre Manager dazu zu bewegen, diese Vorstellungen zu übernehmen. 3. Das Unternehmen wird nach schon lange bestehenden Vorstellungen und Gewohnheiten geführt. Es waren Unternehmen aus allen Branchen, die an der Untersuchung teilnahmen.

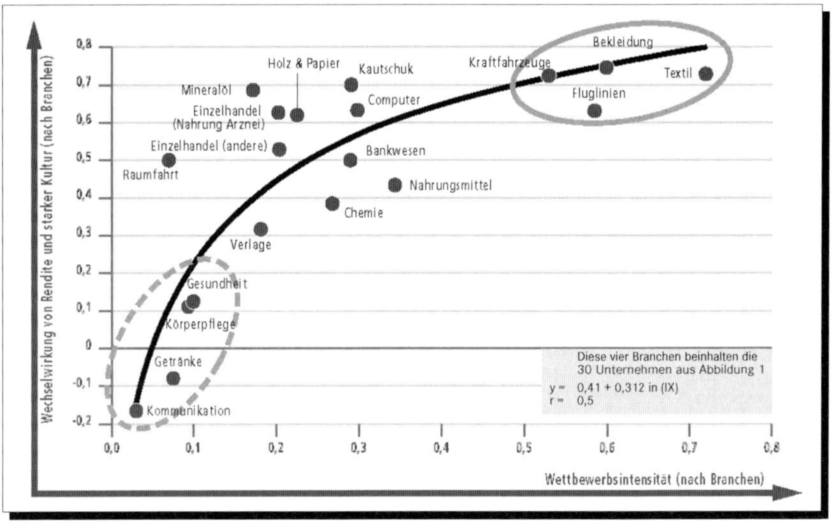

Abb. 3: Wechselwirkung von Rendite und starker Kultur

Es zeigte sich, dass sich der Kultureffekt im Wesentlichen auf die Kapitalrendite besonders wettbewerbsorientierter Unternehmen auswirkte. Wie *R. S. Burt* auf der Basis der Studien von *P. Kotter* nachweisen konnte, waren es insbesondere Unternehmen der Kraftfahrzeugtechnik, Fluggesellschaften, Bekleidungs- und Textilindustrie, IT-Branche und Banken. Die in den zurückliegenden Jahren realisierten Forschungsergebnisse sowie Unternehmensberichte über die effektive Rolle der Unternehmenskultur für Motivation und den wirtschaftlichen Erfolg der Firmen, wurden in den – weltweit im Jahr 2000 – nur über 1000 Mergern bestätigt! Das flächendeckende Scheitern der Fusionen, manchmal gerade auf dem Höhepunkt der »erfolgreichen« Verhandlungen wurde unwidersprochen auf die nicht zusammenpassenden Führungsstile, Unternehmensvisionen, Werte und eine Fülle weiterer Soft Factors zurückgeführt. Dies wird weiter ein radikales Umdenken im betriebswirtschaftlichen Weltbild auslösen, galten doch bis zu diesem Zeitpunkt weiche Faktoren als marginale Stellgrößen im Konzert unternehmerischer Erfolgsrechnung. Es zeigt aber noch mehr.

Unternehmenskulturen sind eben nicht nur weiche Faktoren mit Einflüssen auf die Kohäsion und das viel beschriebene Wir-Gefühl sondern sie enthalten auch alle Einflussfaktoren, die für die Lokomotion, sprich die Erfolgsrechnung unmittelbar wichtig sind, wie z.B. Strategiebildung, Entscheidungsbildung, Aquisitionskonzepte, Costcutting-Strategien, operative Zielsetzung, Risikoverhalten, Informationsgewinnung und Innovationssuche. Mit einem Satz: Das ganze komplexe Gebilde des Unternehmens hat eine eindeutig beschreibbare Gestalt, das es unverwechselbar macht, ein setting aus integrierten harten und weichen Faktoren. Jedes Unternehmen hat somit seinen eigenen genetischen Code. Dies gilt sowohl für das start-up als auch für das seit 150 Jahren existierende Unternehmen. Besonders eindeutig sind hier die von *F. Trompenaars* international veröffentlichten Studien über die Corporate Cultures, die die Unverwechselbarkeit und überdauernde Struktur von Firmenkulturen bestätigen. Die Firmen wurden an Hand von Kategorien eingeschätzt:

- Relationships between Employees
- Attitude to Authorities
- Ways of Thinking and Learning
- Attitudes to People
- Ways of Changing
- Ways of Motivating and Rewarding
- Criticism and Conflict-Resolution

So konnte er vier Hauptgruppen von Unternehmenskulturen beschreiben (s. Abb. 4).

Wie unterschieden sich diese Unternehmen nun in den wichtigen Parametern der Humanpotenziale und dem Veränderungsprozess? Die Corporate Culture »Family« war von den »Family-Members« geprägt, der Veränderungsprozess folgte dem Prinzip »Father changes Course«. Die Kultur »Eiffel-Tower« stellte »Human-Resources« in den Mittelpunkt, der Veränderungsprozess lief über das Prinzip »Change Rules and Procedures«. Die Kultur »Guided Missile« zog das Potenzial aus »Specialists and Experts« und veränderte mittels »Shift Aim as Target Moves«. Die vierte Kulturbeschreibung war »Incubator« deren Humanpotenziale als »Co-Creators« definiert waren. Hier wurde der Veränderungsprozess über »Improvise and Attune« gesteuert.

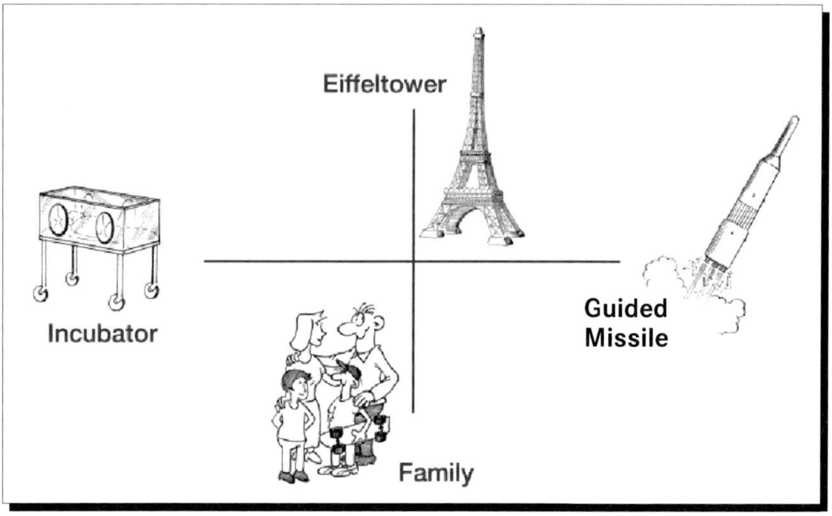

Abb. 4: Corporate Cultures (nach Fons Trompenaars)

Man kann ohne Übertreibung bei solchen eindeutigen Kulturen von einem »Gencode« sprechen, der von jedem neuen Mitglied repliziert werden muss, will es sich erfolgreich enkulturieren.

Die spannende Frage ist, wie ein solcher Gencode entsteht, welchen Einfluss externale Einwirkungen haben, in welcher Weise der Austausch mit dem Marktumfeld erfolgt aber auch, welche internen Prozesse oder Menschen im Unternehmen steuern, um den Gencode weiterzugeben. Weitere Studien hat darüber *Schulz-Gambard* an der Universität München angestellt. Er konnte insbesondere im Bankenbereich deutlich beschreibbare Kulturen herausarbeiten. (Hypobank, Vereinsbank, die kurz darauf fusionierten). Hier konnte überzeugend dargelegt werden, welche Konfliktfelder existierten und insbesondere die kulturelle Widerstandsfähigkeit gegen Veränderung aufgezeigt werden. Der Gencode der Firmen kann nicht einfach (insbesondere im Merger) durch technokratische, finanz- und betriebswirtschaftlich fundierte Einschnitte verändert werden. Hier tauchen entscheidende Fragen auf: Was hält das Unternehmen an Veränderungen aus, wann zerbricht es und scheitert? Können Transplantationen ganzer »Organe« erfolgreich sein, z.B. die Fusion mit einer Firma mit einem völlig anderen kulturellen Code? (*Cisco* in den USA erklärt, dass sie ausschließlich mit kulturell gleichen Unternehmen fusioniere, um keine Risiken einzugehen, *Beck*)

Was muss eigentlich getan werden und von wem, damit solche existenziellen Veränderungsprozesse gelingen, d.h. die Integration unterschiedlicher Gencodes gelingen kann? Erfahrungen des Autors zeigen, dass bei weitgehend ungesteuerter kultureller Integration, die von *F. Trompenaars* aufgezeigten Company-Cultures in einem fusionierten Unternehmen konfliktuär nebeneinander existierten und sich einer Selbstzerstörung des Systems annäherten. Die Personalentwicklung spürte dies besonders intensiv bei der Aufgabe ein Programm für High Potentials aufzulegen, das an den völlig unterschiedlichen Auffassungen über die Key-Competencies zu scheitern drohte. Die Auftraggeber hatten Entwicklungsprofile von »Technokratischen Expertentum« über »Creative Incubators« bis hin zu »Visionäre« im Blickpunkt. Hier reicht nun nicht mehr der allfällige Workshop zu Ableitung eines gemeinsamen Profils aus. Dafür waren die Überzeugungen der Auftraggeber zu stark enkulturiert. Mit anderen Worten, es handelte sich um Topmanager, die das Unternehmen von völlig unterschiedlichen kulturellen Standpunkten steuerten, eine Folge von Positionsbesetzungen, die die Bedeutung der einheitlichen kulturellen Prägung der Stelleninhaber außer Acht gelassen hatte. Dies hat weitreichende Folgen durch die Ausbreitung störender Kultursektoren mit Kulturabschottung und extrapunitiven Tendenzen, da Stellenbesetzungen in den jeweiligen Bereichen nach den unterschiedlichen Kulturmodellen der Topmanager erfolgten. Konflikte und Störungen, insbesondere in der einheitlichen Steuerung des Unternehmens, führen dann zu Leistungs- und Motivationsabriss in der Belegschaft und ziehen Kündigungen von High Potentials nach sich.

Wir sind damit bei der zentralen Frage nach dem Bauplan des Unternehmens und insbesondere seiner Physiologie. Der alles bestimmende Culture-Gencode bedient sich zu seiner »Herstellung« und Aufrechterhaltung bestimmter Funktionen, Prozesse und Menschen, um seine Wirkkraft zu entfalten, denn eine erfolgreiche Unternehmenskultur unterscheidet sich bezüglich Struktur, Zielsetzung, Interaktion ihrer Mitglieder untereinander zunächst einmal nicht von anderen kulturellen, auf Leistung zielenden Gemeinschaften.

Die soziologische Forschung hat in allen Kulturen, seien es hochindustrielle Staaten, primitive Kulturen, Nonprofit-Organisationen oder Institutionen, in Klein- und Großorganisationen neben dem

Vorhandensein der tragenden Ideologien auch deren Umsetzung durch interne Organisation nachgewiesen. Dies sind Hierarchisierung, Aufgabenteilung, Werte, Bestrafungssysteme, Abgrenzung gegen andere Organisationen, Erziehung oder Enkulturation bis hin zum Tabu (*R. König*).

Für unsere Frage, inwieweit Kultur den Erfolg der Unternehmen bestimmt, ist wichtig wie Kultur bewahrt, weitergegeben und gesteuert wird. In unserer christlich-abendländischen Kultur war dies für viele Jahrhunderte die Kirche. Am Beginn der Industrialisierung war es der Gründer und Unternehmer, der mit seiner Arbeitsethik die Kultur seines Unternehmens geprägt hat. *Schumpeter* hat in seinem Werk »Theorie der wirtschaftlichen Entwicklung« den Führerpersönlichkeiten einen entscheidenden Einfluss zugeschrieben. Laut *Pelzmann* sah *Schumpeter* die Entwicklung der Unternehmen, besonders in der Krise determiniert von den leitenden Persönlichkeiten der Wirtschaft, die auch die Veränderung vorantreiben. Zitat: »Auch der technische Fortschritt setze sich ebensowenig von selbst durch, wie eine Änderung der Organisation.« Damit stellt *Schumpeter* die Rolle des Unternehmers oder Topmanagers heraus, die Unternehmensentwicklung, insbesondere in krisenhaften Wirtschaftsumfeldern, selber aktiv anzugehen. Ebenso sieht er die Veränderungsnotwendigkeiten für die interne Verfassung des Unternehmens und seiner Organisation. Berühmte Gründer wie Henkel oder Siemens fallen einem da ein.

Ist dieses Vorstellungsmodell des prägenden Unternehmers heute noch wirksam?

Die durch die Internationalisierung, aber insbesondere durch die Globalisierung, fortschreitende Infragestellung eingegrenzter lokaler, regionaler oder branchengebunden Kulturen durch neue Kundengruppen, extern eingestellte Topmanager, innovative Technologien wie E-Business, – mit gänzlich neuen Anforderungen an die strategische Bewältigungfähigkeiten der Aufgaben und das Hineingeschleudertsein in einen Wettbewerb, der den Unternehmen ein völlig unbekanntes Kulturkorsett aufzwingt, wie es der Shareholder-Value zwingend aber mit viel Widerspruch voraussetzen möchte, – diese Infragestellung hat zu einer kaum bekannten, weil am besten versteckten bzw. verdrängten Verunsicherung des Managements, aber insbesondere zu der Vertrauenskrise der Belegschaften beigetragen. Damit stellt sich heute auch die Frage nach dem »Schumpeter-Unternehmer« neu. Werden Manager in der heutigen Komplexität nicht mehr und mehr überfordert? Das massive Scheitern vieler Vorstände und Gründer spricht dafür. Brauchen wir daher eine neue Form unternehmerischer Entscheidungsbildung? Wem kann Unternehmensentwicklung überlassen werden, welche Kräfte steuern das Unternehmen, wer kontrolliert sie und welche Rollen spielen in diesem Konzert die vielen »Unternehmenskulturmanager« – wie die Führungskräfte, die Arbeitnehmervertreter, die neuen Professionals und das Management? Wer moderiert sie, wer coacht sie, wer koordiniert, wer diskutiert mit ihnen die Einflussmodelle von Humankapital auf die Unternehmensentwicklung und leitet daraus eine für alle verbindliche Kulturplattform ab? Meiner Meinung nach muss das eine neue, grundsätzlich fundierter ansetzende Personalentwicklung leisten! Aber mit dieser Intention wird es entweder zur Auseinandersetzung über die Machtfrage kommen, oder besser, Personalentwicklung wird als unternehmerische Steuerungsaufgabe a priori vom Topmanagement begriffen.

1.3 Erfolgskulturen geraten in die Krise

Aufgabe des Managements ist die bewusste Steuerung der Kultur.

Unter den oben genannten Bedingungen ist ein bewusstes Steuern der Kultur des Unternehmens sogar zwingend erforderlich, damit im krisenhaften Gesamtszenario nicht wieder der »Opportunismus des Machbaren« (*Bleicher*) um sich greift und das Spiel der »freien Kräfte«, die Erfolgspotenziale des Unternehmens verspielt.

Fassen wir deshalb die wesentlichen Erkenntnisse, die Säulen sozusagen, auf denen eine erfolgsorientierte Kultur aufgebaut werden kann, noch einmal zusammen:

- Umfassende Studien haben belegt (*A. T. Kearney* u. a.), dass die Unternehmenskultur ein entscheidender Erfolgsfaktor nicht nur bei Fusionen, sondern generell für den langfristigen wirtschaftlichen Erfolg der Firmen ist.
- Unternehmenskultur beinhaltet nicht nur (wie häufig fälschlicherweise vermutet wird) weiche Faktoren, wie Klima, Führungsstil, sondern auch und insbesondere harte Faktoren, wie Produkt-

konzepte, Vertriebsstrategien, Risikocontrolling und Entscheidungsabläufe des Managements usw. (Studie des Instituts für Sozial- und Wirtschaftspsychologie, 1998) *D. Frey*.

- Unternehmen zeigen eine überdauernde, im Kern identische, gegen Veränderung widerstandsfähige Seins- und Handlungsstruktur, die von den Mitgliedern, den Kunden und der Öffentlichkeit erkannt und beschrieben werden kann und das Verhalten nachhaltig beeinflusst. Mit anderen Worten: der Culture-Gencode.
- Das Unternehmen reproduziert durch Handlungen und Aussagen diese Kultur und weist Mitarbeiter, Kunden und Öffentlichkeit darin ein. Dabei bedient es sich bestimmter »Stellen« und Funktionen wie PR, Werbung, Personalmarketing, Corporate-Image und -Design, der Kommunikation und insbesondere der Personalentwicklung.
- Die Globalisierung hat einen nachhaltigen Wandel ausgelöst und stellt die bis dato bewährten Kulturerhaltungs- und Reproduktionsfunktionen und -strukturen in Frage. Die damit verbundene Auflösungserscheinungen der Loyalität von beiden Seiten und die Kündigung des psychologischen Arbeitsvertrages bergen in sich die Gefahr der Auflösung der Kohäsion, der Organisation sowie des Verlustes an Lokomotion. Beide Phänomene sind deutlich sichtbar. Man betrachte nur die schlechte wirtschaftliche Entwicklung der fusionierten Unternehmen und deren Zustand in der Mitarbeitermotivation.

Diese Rahmenbedingungen stellen eine gewaltige Aufgabe dar, die Leistungskultur im Unternehmen zu erhalten und weiterzuentwickeln. An vorderster Front stehen hier die Personal- und Kulturentwickler, die von der Belegschaft mit Sein und Schein der Unternehmenskultur konfrontiert werden.

Für diejenigen also, die in den Unternehmen für Kultur stehen ist dies oft kein Zuckerschlecken, geraten sie doch manchmal in eine Glaubwürdigkeitslücke, wenn sie als Agenten des Kulturauftrages bald zwischen allen Stühlen sitzen. Wird nämlich aus Sicht der Kunden, Mitarbeiter und Aktionäre kein einheitliches Unternehmensbild mehr hergestellt, kommt es schnell zur Allianz der Frustrierten.

Dann ist es nicht mehr weit, dass sich Kundenbetreuer gemeinsam mit dem Kunden über die Geschäftsleitung auslassen, Führungskräfte gemeinsam mit den Mitarbeitern über die Führungs- und Geschäftspolitik den Kopf schütteln und sich die Topmanager beim Unternehmensberater ausweinen.

Das Leistungs- und Kulturmanagement in den Unternehmen hat sich nun in der Krise ganz unterschiedlich entwickelt, eines ist allen Bemühungen gleich, nämlich der Versuch, den Motivationsverlust bei Mitarbeitern und den Identifikationseinbruch bei den Führungskräften mit Nachdruck zu entgegnen. Leider erinnert der Mitteleinsatz an das Tom-Swayer-Syndrom »Je mehr sie das Ziel aus den Augen verloren, desto hartnäckiger ruderten sie.« Modisch übernommene Einzelstrategien wie der ›War for Talent‹ *(Mc Kinsey)* mögen für viele stehen, indem sie bei einem Symptom ansetzen und dieses bekämpfend meinen, die Krankheit ausgerottet zu haben. Das Einsetzen instrumenteller Machbarkeit zeigt den Verlust integrierter Konzepte auf. *Sprenger* hat mit Recht gesagt, »– dass Unternehmen, die Millionen in Anwerbeaktionen ausgeben müssen um Mitarbeiter vom Markt zu holen, die Schlacht um die Erfolgskultur schon verloren haben.« Zu der gleichen Kategorie von Symptombekämpfung bei schleichender oder schon fortgeschrittener Kulturerkrankung gehört der Ankündigungs- oder Verkündigungsjournalismus der Presseabteilungen sowie Werbekampagnen der Firmen, z. B. mit Größen der Filmindustrie. Dies unterstreicht noch einmal das Ersetzen von Unternehmensvisionen durch tagesaktuelle Medienshows. Auch nach Innen sieht es oft nicht besser aus, wenn die Personalentwicklung zusammen mit Cultural Heros durch die Einführung von Führungsgrundsätzen versucht die Kulturentwicklung in Gang zu bringen, aber die Steuerungssysteme des Unternehmens dagegen stehen. Statt bereichsübergreifende Kooperation wird der bereichsübergreifende Wettbewerb belohnt und so ein Neidklima im Unternehmen erzeugt. Wenn das Topmanagement nicht oder nur halbherzig hinter den Grundsätzen steht, weil die Kulturdiskussion nicht im Vorstand geführt wird, Betriebsräte aufgrund der manchmal selektiven Wahrnehmung nur das negative Ende der Kulturverteilung wahrnehmen und Mitarbeiter nach rechts und links schauen, ob sie alleine sind oder doch noch Mitstreiter finden, dann verkommt auch die Entwicklung interner Kultur zu einer Inszenierung.

Doch zurück zur Fragestellung, wie eine Erfolgskultur, sei sie nun im Abschwung, in der Krise oder vor einem Relaunch, entwickelt werden kann. Wer muss sich darum kümmern, was muss bearbeitet werden, wann und in welchen Zeiträumen muss das Ergebnis stehen, mit welchen Methoden und Maßnahmen? Die entscheidende Frage dabei ist, wer die Kulturhoheit im Unternehmen für sich reklamiert, welches Managementkonzept unterlegt wird und in welcher Weise »the human Side of Enterprise« (*McGregor*) berücksichtigt wird. Es ist eine bekannte Tatsache, dass die Kulturhoheit wesentlich vom CEO geprägt wird. Er organisiert oder duldet die Prozesse, die in diesem Themenfeld aufgesetzt werden. Er wiederum muss sein Vorstandsteam im Sinne seiner Vision ausrichten. Vergleichende Unternehmensstudien zeigen, dass der Kulturprozess dann im Prinzip zwischen den Funktionsbereichen Personal, PR, Kommunikation, Unternehmensentwicklung, den Arbeitnehmervertretern und dem Management abläuft, aber in den meisten Fällen ohne abgestimmte Zielsetzung oder Vision und auch ohne Evaluierung der Prozesse. Mit anderen Worten, der für den Unternehmenserfolg so wichtige Kulturprozess läuft ungeplant und unkontrolliert, »chaotisch« ab und wird von den Beteiligten völlig unterschiedlich interpretiert. Viele sind sich über die auf sie einwirkenden Kulturprozesse ohnehin nicht im Klaren und haben eine oft über viele Jahre antrainierte Soldat-Schwejk-Haltung entwickelt, die es ihnen ermöglicht ihre Arbeit »kultur-keimfrei« zu überstehen. Es gibt aber auch viele Menschen, die mit den psychischen Mikroschäden am Arbeitsplatz nicht umgehen können und z.T. schwere Symptome entwickeln (Angst am Arbeitsplatz).

Dies veranlasst keine Kulturkritik, vielmehr ist es eine Aufgabe der Unternehmen im Sinne einer auf Menschenwürde basierenden Sozialen Marktwirtschaft die Potenzial steigernden Kraftfelder eines gezielten Unternehmenskultur-Prozesses für sich zu nutzen.

Halten wir fest: Vielen Unternehmen ist die Chance der Gestaltung eines bewussten Kulturprozesses und damit auch die Chance, eine Erfolgskultur zu entwickeln praktisch unbekannt. Vielen Managern werden allerdings auch diese Konzepte zuwenig im Studium nahegebracht. »Manager gehen Anpassungsaufgaben an, als seien es lediglich technische Probleme.« (*R. A. Heifetz*, Harvard)

So ist es kein Wunder, dass Kulturmodelle der Unternehmensführung mit Kenntnis der psychodynamischen Faktoren faktisch ungenutzt liegen bleiben (*M. Lohmer*). Wie erfolgreich aber Kulturmanagement ist, zeigen Benchmark-Unternehmen wie GE in den USA.

Wo muss nun im Unternehmen der Hebel angesetzt werden, damit eine langfristig wirksame Erfolgs- und Leistungskultur entstehen kann, die für Aktionäre, Management, Mitarbeiter und Öffentlichkeit attraktiv ist?

2. Risiken und Chancen der Personalentwicklung in der Globalisierung

Wenn man mit Personalentwicklern in der heutigen Zeit redet spürt man, trotz aller Probleme, wieder einen Aufschwung der Profession, die in den späten 90er-Jahren in eine gewisse Lethargie verfiel. Das war die Zeit, als alle auf eine Wende in der Wirtschaft warteten, aber es fehlten die Herausforderungen neue Anstrengungen zu machen. Die Wende kam mit der Globalisierung schlagartig und die Personalentwickler bekamen schnell zu spüren, was ihre vielen schönen Instrumente wert waren. Langfristig angelegte Laufbahnen für Manager zerplatzten wie Seifenblasen, 29-Jährige wurden zu Vorständen ohne lange Vorbereitungszeit, externe, heiß umworbene Topspezialisten wurden für horrende Summen der Konkurrenz abgeworben, langjährige, erfolgreiche Mitarbeiter liefen zum Wettbewerber über, weil ihnen die Unternehmenskultur nicht glaubwürdig gelebt wurde. Was, so fragten sich die Entwickler, ist eigentlich los? Die Unternehmensleitungen waren sichtlich nervös geworden. Der Druck der Märkte, die Forderungen der Kapitalgeber nach deutlich besseren »Returns« ließ viele Firmen in autokratisches, zentralistisches und überkontrolliertes Managementgehabe zurückfallen. Galt also Personalentwicklung nur für die Sonnentage und nicht mehr, wenn der große Regen einsetzt? War das das Fazit?

Aber, es kam anders, nachdem die ersten Fehlbesetzungen offensichtlich wurden, die Moral der Mitarbeiter einknickte, weil ihnen niemand mehr die Sinnhaftigkeit des permanenten Change erläutern konnte und auch Führungskräfte und loyale Gefolgsleute Nerven zeigten. Die Globalisierung, der sich jeder begierig stellen wollte, auf deren Dimensionen aber mancher »localhero« nicht vorbereitet war, erschütterte nachhaltig die Unternehmenskultur.

Die abschwingende Unternehmenskultur zog die Produktivität mit herunter und in ihrem Gefolge auch den Aktienkurs. »It is typical for merging firms to lose between five and ten percent of their customer base; for employee productivity to dip by as much as 50 percent, and, as a consequence, for the shareholder to suffer as the share price dips.« *(A. T. Kearney)* Das Image des Unternehmens wurde in Mitleidenschaft gezogen und die Attraktivität für neue, wichtige Mitarbeiter im Knowledge Based Business sank dramatisch. Wie sollte man im ›War for Talent‹ Schlachten gewinnen, wenn die interne Verfassung des Unternehmens bröckelte? Nicht von ungefähr setzen nun massive Bewegungen ein, durch schon bekannte Compensationskonzepte, die abwanderungsgefährdeten Mitarbeiter zu halten, »Short-Term-Options« wurden mit »Long-Term-Options« ergänzt. Aber auch diese Modelle haben keinen davon abgehalten seinen Hut zu nehmen, wenn er denn wollte.

In dieser Situation der Verunsicherung griff man wieder zu Meinungsumfragen in der Belegschaft und die Meinungsumfragen sollten die Personalentwickler wieder auf ihren Feuerstuhl setzen.

Die Ergebnisse der Befragung zeigten nämlich, dass die Instrumente der Personalentwicklung wesentlich dazu beitragen könnten, die essentiellen Bedürfnisse der besonders gefährdeten Potenziale im Unternehmen zu befriedigen. Es fehlte nämlich insbesondere an

- überzeugender Unternehmenskultur,
- partizipativem Führungsstil,
- herausforderndem Job-Design,
- glaubwürdigen Karrierechancen.

Wo aber ansetzen, wenn die Unternehmensleitung noch nicht bereit war in langfristig angelegte, aufwendige und auch kostenintensive Personalentwicklungsarbeit zu investieren?

2.1 Den Kampf um die beste Personalentwicklung gewinnen

Leider lassen sich noch zu viele Personalentwickler von der Rolle eines gestaltenden Kulturmanagers abdrängen und greifen die Bedürfnisse ihrer Klienten nicht konsequent genug auf. Zu bereitwillig schlüpfen sie in die Rolle des Notretters, der dem Zeitgeist entsprechende attraktive Maßnahmenangebote unterbreitet und sich damit seine Rolle als ›Gestalter des Unternehmens‹ abkaufen lässt. Notretter und Feigenblatt-Funktionen sind wohlfeil. Hier einige Beispiele:

- Statt Einbettung der Assessment-Center in eine gesamtheitliche Mitarbeiter- und Laufbahnberatung mit Coaching und verbindlichen Trainingsangeboten werden sie oft für eine verdeckte Selektionsmaßnahme durchgeführt. Der Imageschaden macht das Produkt bei den Mitarbeitern jahrelang für glaubwürdige Entwicklungs- und Fördermaßnahmen unbrauchbar.
- Statt das wichtige Thema der Teamentwicklung verantwortungsbewusst zu lösen, werden schnelle Beratungsinterventionen realisiert mit der Erwartung, Gruppenwiderstände schnell zu knacken.
- Statt die vielfältigen, fachlichen und politischen Konsequenzen sauber zu erheben, werden 360-Grad-Beurteilungen eingeführt, um Führungskräfte für Personaleinsparungen zu identifizieren.
- Statt einer Bildungsbedarferhebung und Ableitung der Key-Competencies wird eine Corporate University gegründet, die hauptsächlich Imagezielen dienen soll.

Es ist aber für den Personalentwickler auch nicht einfach, dieser Art Nachfrage aus seinem Unternehmen immer zu widerstehen. Aber er muss versuchen, die Erfolgsbedingungen seiner Arbeit zu reflektieren. Dazu gehört, dass er die Möglichkeit hat mit dem Topmanagement einen »Vertrag« zu schließen, der Bedingungen erfolgreicher Entwicklungsarbeit regelt:

- Der Vorstand verankert die Werte der Mitarbeiterführung im Leitbild.
- Die Unternehmensleitung stellt ein am Best-Practice orientiertes Personal- und Finanzbudget zur Verfügung, um die Führungskultur mit den entsprechenden Instrumenten der Personalentwicklung umzusetzen.
- Die Firmenleitung verpflichtet sich, verhaltensändernde und -fördernde Maßnahmen auch in ihrem Kreis durchzuführen.
- Die Unternehmensspitze kümmert sich persönlich um die Einhaltung der Führungsarbeit, der Führungswirkung von Managern und die Weiterentwicklung von Führungspersönlichkeiten, als Träger der Kultur.

- Führungskräfte werden nur eingestellt und entwickelt, wenn sie auf der Basis der Key-Competencies beurteilt werden und nach einer Stärken-/Schwächenanalyse konsequent gecoacht werden.
- Die Entscheidungsträger werden während ihrer Laufbahn von den Mitarbeitern beurteilt, um Anspruch und Realität ihrer Führung ständig zu überprüfen.
- Manager erhalten an den Werten des Unternehmens festgemachte persönliche Verhaltensziele, die konsequent am Leistungsbonus gekoppelt sind.
- Führungskräfte erhalten – über Kennzahlen und spezielle Auswertungen – bezüglich ihrer Führungsarbeit eine Rückmeldung über ihre Führungswirkung. So wie sie am Shareholder-Value, so werden sie auch am Employee-Value gemessen.
- Der Auftrag ergeht, die Rolle des mittleren Managements neu zu positionieren. Sein Rollenvorbild ist der Moderator, der Coach und der Spielertrainer. Er schafft nicht nur Klima in der Arbeitsgruppe sondern entwickelt Commitment für die Umsetzung der Key-Targets. Er definiert sich weder als Oberfeldwebel noch als Obersachbearbeiter.
- Führungskräfte werden dafür sorgen, dass ihre Mitarbeiter zukunftsfähige Arbeit erhalten. Es ergeht der Auftrag, Mitarbeiter nicht nur für den internen sondern auch für mögliche externe Märkte fit zu machen. Dazu wird der Austausch mit anderen Unternehmen gefördert, auch mit anderen Branchen. Mitarbeiter werden unterstützt, wenn sie in sozialen und öffentlichen Einrichtungen mitarbeiten möchten. Mitarbeiter erhalten die Chance eigene Firmen zu gründen und Spin-offs zu realisieren.
- Es wird ein neues Konflikt-, Risiko- und Krisenverständnis aufgebaut, das es ermöglicht Problemlagen des Unternehmens gestaltend anzugehen. So ermöglichen Scenarien Krisen und Problemlagen antizipatorisch zu reflektieren. Der Unternehmer fördert »Quer- und Lästigdenker«. Veränderungsmanagement wird in die Aufgaben des Managers als Key-Competency aufgenommen.

Ein solches Regelwerk für Personalentwicklung hängt von einer Reihe notwendiger Voraussetzungen ab. Der normale Zeitraum um ein erfolgreiches Konzept aufzustellen, und über entsprechende Prozesse der Organisationsentwicklung umzusetzen, dauert mindestens zwei Jahre. Schnell umzusetzen sind im Wesentlichen Mitarbeitergespräche, Zielvereinbarungen, Entwicklungsrunden, erste Mitarbeiter-Portfolios, Assessment-Center, Laufbahnplanungen und Weiterbildungsmaßnahmen. Dabei handelt es sich um den Start des zyklischen Entwicklungsprozesses, der von den Managern spontan als nutzenstiftend erlebt wird, da er mit konkretem Output verknüpft ist. Im dritten Jahr der Realisierung kommt es oft zu ersten Problemen, da die Erwartungshaltungen der Manager am Anfang hinter »Hidden Agendas« versteckt waren. Diese kreisen im Schwerpunkt um die gesamte Mikropolitik von Unternehmensbereichen, Abteilungen und Einzelpersonen. Es ist das Besondere an Personalentwicklungssystemen, dass sie zu einer demokratischen Öffnung der Personalpolitik zwingen.

Dies verlangt von den Managern Transparenz gegenüber Kollegen und Topmanagement über personalpolitische Absichten und Vorhaben zu pflegen. Dies heißt auch die Konzepte einem intensiven und auch streitigen Diskurs über Personen, Qualifikationen und über evtl. nicht abgestimmten Nachfolgeplanungen oder Trennungsabsichten auszusetzen. So liegt der gesamte »Führungshaushalt« der Manager zur »Besichtigung« aus. Gegen diesen Einblick oder Eingriff wehren sich manche, da sie in der Personalhoheit noch das letzte Refugium ihrer autokratischen, aber durch viele Controllingeingriffe schon reduzierten, Machtfülle als Manager erleben. Einige erleben den Mitarbeiter noch als ihr »Eigentum«, dessen förderliche Entwicklung in einen anderen Bereich hinein gern als der gescholtene Heldenklau erlebt wird.

Was von vielen Managern heute immer noch nicht gesehen wird, dass qualifizierte Mitarbeiter als Humancapital nach dem Prinzip des höchsten Return on Assets eingesetzt werden müssen. Der Mitarbeiter hat für sich, aber auch das Gesamtunternehmen hat den Anspruch, den besten Platz mit der höchsten Wertschöpfung zu besetzen. Alle Prozesse, die diesem Ziel dienen, also die gesamte Personalentwicklung gehört deshalb in die Hand des CEO und eines starken Personalvorstandes. Ihre Aufgabe ist es im Rahmen der Unternehmenssteuerung und Entwicklung die wertvollen und teuren »Human Assets« wertsteigernd einzusetzen. Deshalb ist der CEO auch im Sinne Schumpeters als Unternehmer dafür verantwortlich, dass die Personalentwicklung diese Aufgabe für das Gesamtunternehmen leistet.

Wie richtig diese Aussage ist wird mehr und mehr deutlich an den immensen Personalrisiken denen die Unternehmen heute gegenüberstehen. Diese reichen vom Weggang entscheidender Know-how-Träger bis zu gravierendem Fehlverhalten von Managern, incl. des Niedergangs ganzer Firmen und dem Verlust des Aktien-Kapitals. Im Rahmen der operationalen Risiken erhalten auch Personalrisiken eine neue Relevanz für das Aufsichtsratgremium. Deutlich sind Tendenzen auszumachen, dass Aufsichtsräte die Analyse und Optimierung des Personalmanagement in den Focus nehmen. Dabei wendet sich ihr Blick neben der Remuneration des Managements deutlich stärker auf die personelle Zukunftsicherung des Unternehmens und damit auf die Attraktivität des Unternehmens als Arbeitgeber, auf die Integration des Spitzennachwuchs, auf die systematische Entwicklung von Professionals und Entrepreneuren sowie auf eine Führungskultur mit ausgeprägter Retentionskraft.

Aus dem hier Vorgetragenen geht eindeutig hervor, dass eine erfolgreiche Personalentwicklung nur mit der bewussten Unterstützung des ersten Mannes erfolgreich und langfristig an der Unternehmensentwicklung ausgerichtet etabliert werden kann. Die im Zusammenhang mit der Personalpolitik auftretenden Konflikte sind nie (und wenn, dann vorgeschoben) Methodenprobleme der Entwicklungsinstrumente (pro und contra Assessment-Center u. ä.) sondern ausschließlich Konflikte der Macht- und Statusträger untereinander über die erfolgversprechendste Methode der Unternehmensführung. Damit liegt die Problemlösung ausschließlich darin begründet, wie es dem CEO gelingt seine Crew hinter eine gemeinsam getragene Unternehmensphilosophie zu bringen. Das ist immer seltener der Fall.

Hier schließt sich der Kreis! Wir starteten mit der Beschreibung der Unternehmenskultur als unverwechselbarem Gencode und den soziologischen Bedingungen einer erfolgreichen Organisation. Zentraler Faktor ist das »gleiche Ziehen an einem Strang« durch das Topmanagement aus einem gemeinsamen Verständnis heraus, und dann erst die Sicherstellung der gleichartigen Enkulturation der Mitglieder. Dieses gemeinsame Verständnis zieht sich dann wie ein Leitfaden durch die Geschichte, Evolution und Entwicklung des Unternehmens, wenn die Personalentwicklung die Aufgabe übernimmt, den Motor für diesen Prozess zu übernehmen.

Wie sieht nun ein erfolgreiches Personalentwicklungskonzept aus, das Unternehmensentwicklung, Kulturentwicklung und damit auch die Organisationsentwicklung integriert?

2.2 Die Erfolgsparameter des Konzeptes »Integrierte Personalentwicklung«

Hauptanspruch der Personalentwicklung ist die absolute Konsequenz der Verzahnung der Schritte in der Entwicklungssozialisation der Mitarbeiter. Dies fördert eine an der Unternehmensentwicklung und an den Begabungen und Bedürfnissen der Mitarbeiter orientierte Wertschöpfung des Human Capitals. Basis des Konzeptes ist die Prämisse, dass Personalentwicklung und Organisationsentwicklung Hand in Hand gehen müssen. Was sind nun die entscheidenden Bausteine?

Das Modell wird mit dem oberen Management entwickelt

Das *Konzept »Integrierte Personalentwicklung«* wurde in der *Bayerischen Hypotheken- und Wechselbank* 1989 entwickelt und über einen Zeitraum von acht Jahren erfolgreich umgesetzt. Das Modell wird auf der Basis einer umfassenden Analyse der Personalentwicklungssituation des Unternehmens entworfen. Dazu dienen die Datenerhebung aus Meinungsbefragungen, Zielgruppen-Pannels, Tiefeninterviews mit repräsentativen Gruppen sowie die Daten aus der Auswertung der demographischen Struktur. Karriereverläufe an Hand von Critical-Incident-Analysen sowie eine Bildungsbedarfsermittlung und Unternehmenskulturerhebungen runden den Datenkranz ab. Nach Diskussion mit dem Management sowie den Arbeitnehmervertretungen, wird das Modell im Vorstand im Rahmen der mittelfristigen Planung verabschiedet. Roadshows, Gründung von Erfahrungsaustauschkreisen und Etablierung eines Beratungskreises zur Weiterentwicklung der Entwicklungs- und Führungsgrundsätze sorgen für die weitergehende Implementierung.

Das obere Management wird als Entwicklungsverantwortlicher etabliert

Während der Sprecher des Vorstands und der Vorstand die Entwicklungsstrategie festlegen und die Umsetzung der vereinbarten strategischen Ziele mit neuen Controllingsystemen überwachen, – und in

Form konsequenter Entscheidungen die Leitbildfunktion übernehmen, – gehen die Bereichsleiter als Mentoren in die Verantwortung für die praktische Umsetzung und die Einhaltung der Regeln. Der Sprecher übernimmt persönlich die Verantwortung für das Vorstandsaudit zur Personalentwicklungspolicy.

Das Leitbild zur Führung und Zusammenarbeit ist das Zugpferd

Zur Etablierung einer neuen Unternehmensvision wird zusammen mit dem Unternehmensleitbild ein Wertekanon für alle Mitarbeiter geschaffen, der als kulturelle Grundwerte »Unternehmertum, Eigeninitiative und Coaching« zur Basis der Führung macht. Die Werte definieren die Key-Competencies für die PE. Die Gründung einer Managementakademie soll die Integration des Konzeptes und die Enkulturation der Mitarbeiter begleiten.

Das ganze Unternehmen wird in die Personalentwicklung eingebunden

Die Aufsichtsräte der Konzerntöchter stellen die Integration der Konzerntöchter sicher, damit ein möglichst attraktiver interner Personalmarkt entstehen kann, aber insbesondere ein einheitliches Verständnis von Personalentwicklung aufgebaut wird. Gerade die besonders wichtige Job-Rotation, besser Potenzial-Rotation, kann durch die Erweiterung auf attraktive Auslands-Assignments oder Tochterunternehmen mit spezifischen Marktauftritten, konsequenter genutzt werden, um Spitzenpotenziale zu entwickeln. Auch die personalpolitische Regel bei der Personalbesetzung »Best statt Next« wird durch die Erweiterung auf zusätzliche Potenzialträger leichter möglich. Sie dient im Wesentlichen dem Ziel kulturelle Verkrustungen im Klein-Biotop des Kaminaufstieges zu verhindern.

Prozesse, Instrumente und Programme müssen geregelt werden

Eine Dokumentation aller Maßnahmen der PE muss verbindlich verankert und veröffentlicht werden. Dies stellt insbesondere sicher, dass die Mitarbeiter über die Verfahren informiert werden und gegebenenfalls ihre Berücksichtigung in der Personalentwicklung einklagen können. Auch die Ergebnisse müssen offengelegt werden, damit der Mitarbeiter jederzeit über seine Karrieremöglichkeiten auf dem

Laufenden ist. Auch eine Selbstnennung für die Assessment-Center sind Bestandteil der Regel. Dies sind wichtige Faktoren in einer demokratischen Unternehmenskultur, die Offenheit zu einem ihrer zentralen Ziele macht.

Externe Kandidaten werden auf kulturelle Passung überprüft

Neben der Eignung für Fach- und Führungskräfte ist die Überprüfung der psychotopen Eignung (Passen die Stärken-Schwächen-Eignungsprofile des Kandidaten auf die Stärken-Schwächen-Anforderungsprofile des Unternehmens?), besonders wichtig. Bei einem gewünschten Kulturaustausch mit Externen muss auch Wert auf die Integration des neuen Mitglieds in die Kultur gelegt werden. Dazu kann ein speziell entwickeltes Diagnoseverfahren entwickelt werden, wie z. B. die Managerdisputation (s. u.).

Personalentwicklung folgt dem Lebenszyklus und der Lebenssituation

Es sollten differenzierte Maßnahmen für die unterschiedlichen Lebens- und Erfahrungsbereiche der Mitarbeiter aufgelegt werden. Entsprechend der soziologischen, demografischen oder persönlichen Situation sind spezifische Entwicklungsmaßnahmen aufzulegen. Dies kann z.B. ein auf Dauer angelegtes Frauenentwicklungsprojekt (Frauen im Management sowie Vereinbarkeit von Beruf und Familie, Teilzeitoffensive) oder die Gründung einer Krisenberatung oder die Vorbereitung älterer Mitarbeiter und Manager auf ihr Ausscheiden aus dem Berufsleben sein.

Die Veränderungsprozesse schaffen erst Kultur

Wesentliche Motoren der Unternehmensentwicklung sollten die Changemanagement-Workshops mit allen Topmanagern sein. Ihr Ziel ist auf der Basis der Problemeinsichten des Managements und den daraus abgeleiteten Hypothesenbildungen, Vorschläge zu Strategieanpassungen oder Änderungen in der Personalpolitik, in die Diskussion mit dem Gesamtvorstand einzubringen. Diese können neben den klassischen Managementthemen insbesondere Fragen der Führung und der Human-Resources sein. So diskutieren Topmanager die Personalentwicklungsarbeit in frei vereinbarten Sitzungen und erarbeiteten Qualitätsziele und Messinstrumente für die Umsetzung einer erfolgreichen PE-Arbeit.

Personalentwicklung muss gesteuert und controllt werden.

Ein Konzept wie die Personalentwicklung kann sich nur weiterentwickeln, wenn in einer »parlamentarischen Diskussion« neue Ziele und Regeln verabschiedet werden, aber insbesondere Rechenschaft abgelegt wird und Sanktionssysteme die Einhaltung der verabschiedeten Grundsätze unterstreichen. Zunächst müssen die Entwicklungsziele der Bereiche in die Zielplanung aufgenommen und in persönliche Ziele der Vorstände und dann der Bereichsleiter umgesetzt werden. Dies sind neben Bildungsbudgets insbesondere Ziele für Qualität und Anzahl der Potenzialträger für jeden Bereich, Erarbeitung der Angebots- und Nachfrageportfolios der Bereiche, aber auch strategische Aufgaben, wie die Identifikation von Intrapreneuren für gänzlich neue Aufgaben, wie Spin-offs etc.

Im Bereichsleiter- und Vorstandsaudit unter der Leitung von Vorstandssprecher und Personalvorstand sollten die vereinbarten Zielerreichungen besprochen werden. Mitarbeitermeinungsumfragen, eine laufende Einschätzung der Unternehmenskultur anhand von Zielkriterien (Innovationskraft, Vertriebs- und Serviceorientierung, Führungsstil etc.), ergänzende Panelbefragungen können zu einer jährlich im Vorstand diskutierten Vorstandsinformation zusammengezogen werden, um die wesentlichen Probleme im HR-Sektor zu besprechen.

Kern aller Controlling-Maßnahmen sollte jedoch die Entwicklung eines Employee-Value-Index sein, der die Personalführungsleistung eines Bereichsleiters anhand von Kriterien wie Potenzial- und Entwicklungswerte der Mitarbeiter, Leistungs- und Arbeitswerte und Aufwand- und Marktwerte in Form eines Index misst. Dieser Index für die Personalführungsleistung ermöglicht ein Ranking der Topmanager untereinander und sollte auch in der Leistungsvergütung berücksichtigt werden.

Im Rahmen der Steuerung und des Controllings ist die Etablierung einer Personalentwicklungsdatenbank notwendig, da sie nicht nur Potenzialpool sondern auch Bilanzierungsinstrument für eine transparente Offenlegung aller personalstrategischen Bedarfe ist. Die Potenzial-Über- und -Unterdeckungen jeden Bereiches sind genauso identifizierbar (Potenzialquoten) wie die Besetzungsquote aus den Portfolios heraus.

Mit diesen Bausteinen erreichen wir drei wichtige Ziele oder Aufgaben. Einmal ist es die Sicherung einer Wertschöpfungskette aller Funktionen der Personalentwicklung, dann die Schaffung einer identifikationsstiftenden Unternehmenskultur und schließlich der Beitrag der Personalentwicklung zum wirtschaftlichen Erfolg des Unternehmens.

2.3 Die Wertschöpfungskette verbindet alle Funktionen der PE

Die Wertschöpfungskette startet mit der Entwicklung der Führungskultur und legt somit die Basis für alle folgenden Prozesse.

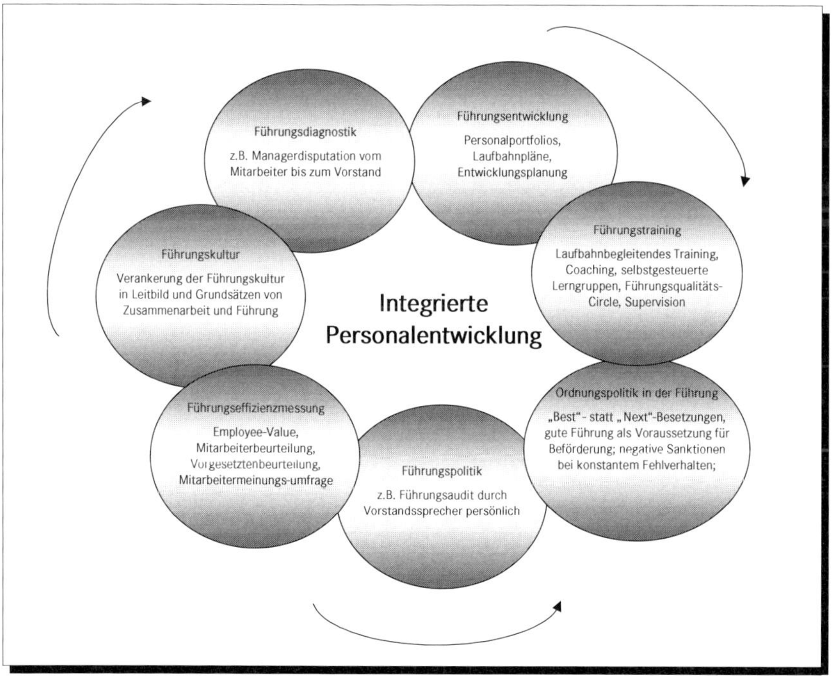

Abb. 5: Integrierte Personalentwicklung

Der Sektor der Führungskultur gibt an, welche »Competencies« diagnostiziert werden müssen. Die Führungsdiagnostik z. B. als Diagnoseergebnis des Assessments veranlasst das passende Entwicklungskonzept. Letzteres definiert die ergänzenden Trainings. Die

Ordnungspolitik sorgt z.B. bei Besetzungen dafür, dass konsequent auf die entwickelten Mitarbeiter zugegriffen (Best statt Next) wird, und so die für das Unternehmen notwendige Allokation der Human Assets verwirklicht werden kann. Die Führungspolitik auf der Basis der kulturellen Werte, stellt nun durch das Wirken von Sanktionsmaßnahmen die Einhaltung der Regeln sicher. Abweichendes Verhalten bei Fehlbesetzungen, Zulassen von Kaminkarrieren, nicht Beteiligen an den Prozessen zieht zunächst erneute Lernmöglichkeiten für die Manager in Betracht. Die Aufgaben für die Schwachstellenbehebung in der PE werden dann in die persönliche Zielvereinbarung aufgenommen. Über diesen Prozess fließen sie dann auch in die Tantiemefindung ein. Aber der Aufstieg der Manager als PE-Verantwortliche kann auf diese Weise selbst gebremst werden, wenn ersichtlich wird, dass sie sich für eine größere Leadership-Aufgabe nicht eignen. Die Hauptaufgabe der Einhaltung von Vision und Mission der PE ist jedoch die Aufgabe des ersten Mannes im »Staat«, dem Sprecher des Vorstandes. In seiner Funktion ist er der Wächter der von ihm »bewahrten« Kultur des Unternehmens. Er muss durch sein Verhalten die Verbindlichkeit der Regeln mit Authentizität und Glaubwürdigkeit versehen. Alle in der PE einsetzten Instrumente, aber auch alle beabsichtigten strategischen Ziele wie Veränderung des Führungsverhaltens und der Verankerung der Führungskultur müssen in einer Führungseffizienzmessung erhoben werden. Letztere ist von besonderer Bedeutung, da von empirisch untermauerten Aussagen z.B. über die Aussagefähigkeit von diagnostischen Verfahren die Akzeptanz von Verfahren in einer betriebswirtschaftlich gesteuerten Unternehmenswelt abhängen. Dazu zählen auch Meinungsumfragen und Vorgesetztenbeurteilung.

Bei konsequenter Steuerung unterstützt von Dokumentation und Personalentwicklungsreport wird eine produktive Wertschöpfung in der PE erzielt.

Es gibt aber auch kritische Stimmen, die die Kulturprägung durch ein Unternehmen auch als »gefährlich« erleben. So tendieren manche Kulturen zur Selbstreproduktion mit der Gefahr der Erstarrung und Herausbildung einseitigen Verhaltens- und Konzeptmerkmale. Dazu schreibt *U. R. Müller*: »In den Führungsebenen vieler Unternehmen, auch und gerade solcher, die auf ihre aktive Personalentwicklung stolz sind, finden sich ab einer gewissen Hierarchieebene fast nur noch Führungskräfte, die zu keiner kritischen Auseinandersetzung mit dem System mehr fähig sind. Der Grund dafür ist einfach: Wer nach den langjährigen Förderprogrammen noch übriggeblieben ist, hat oft kein ausgeprägtes Stärken- und Schwächenprofil mehr.« An dieser Aussage von *Müller* sind drei Dinge interessant: Erstens die Bestätigung der nachhaltigen Kulturprägung durch PE, zweitens in der Tat die Gefahr von Kulturblindheit und Erstarrung, aber drittens, und das ist entscheidend, die Aufforderung und der Auftrag an PE/OE die Personalentwicklung als den Aufbau einer offenen Kultur durch Austauschprozesse anzulegen. Dazu gehören die Einstellung und Integration Externer aber insbesondere die Ermutigung und Unterstützung von Querdenkern im Unternehmen.

2.4 PE führt zur Einheit in der Unternehmenskultur

Personalentwicklung sorgt aber nicht nur für einen auf den Einzelnen bezogenen Wertschöpfungsprozess, sondern baut durch die »richtigen« Personen erst eine Kultur auf, in der moderne PE-Arbeit möglich wird. *R. König* sagt »..., dass Kultur als inhärenter Bestandteil des sozialen Geschehens angesehen wird.« *Wallas* hat dem noch den Begriff des sozialen Erbes an die Seite gestellt und betont den, insbesondere für die Personalentwicklung bedeutsamen sozialen Prozess des Erlernens, der für den Aufbau der Mitglieder der Gemeinschaft grundlegende Voraussetzung ist. Schon *Taylor* hat bei der Beschreibung der »Primitiven Kultur« herausgestellt: »Kultur ist jenes komplexe Ganze, das Kenntnisse, Glaubensvorstellungen, Sitte, Recht, Gewohnheiten und jede andere Art von Fähigkeiten und Dauerbetätigungen umfasst, die der Mensch als Mitglied einer Gesellschaft erwirbt.« Die Personalentwicklung übernimmt mit ihren Lern-, Trainings-, Klärungs- und Entscheidungsprozessen einen wesentlichen Teil dieses Kulturaufbaues.

Kroeber und *Klockhohn* zeigen anschaulich die verschiedenen Interventionsvorgänge der Enkulturation auf, wie Formung des Verhaltens durch normative Einwirkung, Entwurf von Wertidealen, Kenntnis und Mittel zur Lösung von Problemen sowie Lernen und die Schaffung erleichternder Gewohnheiten. Die Wichtigkeit der Führungskräfte einer Organisation für die Kulturakzeptanz stellt *Kelly* heraus, und erwähnt insbesondere die »besonders berufenen Mitglieder einer Gruppe« und deren Einfluss auf die Überzeugung aller anderen Gruppenmitglieder. Welch starke Prägekraft Unternehmenskulturen haben, zeigen insbesondere Wechsel von Managern in andere Unternehmen. Oft scheitern sie alleine an den Verhaltensmustern (Führungsstil, Entscheidungsstrategien oder Konzepte über die richtige Unternehmensführung), die sie in der Altorganisation der Vorgängerfirma erlernt hatten. Besonders nach Fusionen ist zu beobachten, dass sich die Mitarbeiter häufig, noch nach Jahren, »versprechen«, indem sie sich als Angehörige einer der beiden Vorgängerunternehmen bezeichnen.

Mithin ist es eine der wesentlichen Aufgaben der Personalentwicklung die Integration der Schnittstelle Unternehmen – Person – Kultur zu gestalten, um die erfolgreiche Integration der Mitglieder zu beschleunigen und abzusichern.

2.5 Personalentwicklung wird zum wirtschaftlichen Erfolgsfaktor

Personalentwicklung hat einen unmittelbaren Einfluss auf die Wirtschaftlichkeit des Unternehmens. An erster Stelle ist hier die Vermeidung von Konfliktkosten zu nennen, wenn die richtigen Instrumente, z.B. bei der Kulturintegration angewendet werden.

Die Konfliktkosten wurden durch neuere Untersuchungen führender internationaler Forschungsgruppen fast dramatisch bestätigt. Am besten abgesichert sind die Studien über die Kosten, die durch schlecht umgesetzte Kulturintegration bei Mergern entstanden sind. Wer davon noch nicht überzeugt ist lese nur täglich die Börsennachrichten insbesondere der Crossborder-Merger.

Sehr gut untersucht sind auch die hohen Ausfallkosten bei Personaleinstellungen, durch fehlerhafte Auswahlverfahren sowie die Fehlbesetzung von Fachleuten auf Managementpositionen. Nach Berechnungen von europäischen Forschungsinstituten werden von zwei Millionen Einstellungen eine Million schon im ersten Jahr korrigiert und weitere 500 000 Personalentscheidungen nach einem Jahr. Bedeutend sind jedoch die Fehlbesetzungen an der Spitze der Unternehmen, die durch Managementdiagnostik verhindert würden. Hier ist insbesondere Aufholpotenzial gegeben, wenn sich Aufsichtsräte mehr um diese Fragen kümmern würden.

Hohe Ausfallkosten und finanzielle Synergieverluste entstehen im Prozess der Laufbahnplanung und -entwicklung, wenn sie nachlässig gemanagt werden. Hierzu zählen insbesondere ungenutzte Talente, die entweder zu spät entdeckt oder in ungenügenden Job-Assignments fehlbesetzt sind und das Unternehmen in Richtung Wettbewerber verlassen. Generell wirken hier die Widersprüche zwischen Sein und Schein der PE besonders kontraproduktiv, werden doch Lippenbekenntnisse und eine verdeckte Mikropolitik zum Hauptgrund des Abwanderns der Spitzenpotenziale. Die Firmen beziffern den Know-how-Verlust für Europa im Milliardenbereich. Zusätzlich sind die verlorenen Innovationsvorsprünge zu rechnen.

Auch die Weiterbildungs- und Trainingsaktivitäten der Unternehmen sind weitflächig von Dilletantismus, Budgetverschleuderung und dem Nachlaufen nach tagesaktuellen Modeveranstaltungen geprägt. Ein modernes betriebswirtschaftlich gesteuertes Weiterbildungszentrum mit der Evaluierung seiner Maßnahmen auf Basis der Key-Competencies kann jedoch erhebliche Wissens- und Lernkurven generieren. Die Kulturidentifikation wird gratis dazugeliefert.

Eine konsequente Ordnungspolitik spielt nachgerade die ausschlaggebende Rolle für Schnelligkeit und Genauigkeit der Gewinnung der Kostensynergien, sorgt sie doch für die konsequente Umsetzung der entsprechenden Maßnahmen durch die Statusmacht des CEO.

Wir kommen damit zur Effizienzmessung und Bilanzierung, Kostenrechnung und strategischen Steuerung aller eingesetzten Mittel der Personalentwicklung. »Nur, was gemessen wird ist wichtig«, sagt *Norton*, der Erfinder von BSC. Kulturstarke, visionäre Unternehmen erwirtschaften einen nachgewiesenen Shareholder-Value, wie die Untersuchung von *Towers-Perrin* zeigt (Abb. 6).

Die bisher dargestellten strategischen Ziele und Bausteine der Personalentwicklung wirken auf die Unternehmensentwicklung und damit auf Menschen, Kultur und Wirtschaftlichkeit.

Welche Beispiele der Personalentwicklung können nun die Treiberfunktion für die Unternehmensentwicklung belegen? In jeweils einem Beispiel aus der Praxis eines Großunternehmens sollen Konzepte und Wirkungsweisen vorgestellt werden. Dabei dient die Wertschöpfungskette der »Integrierten Personalentwicklung« als Orientierung.

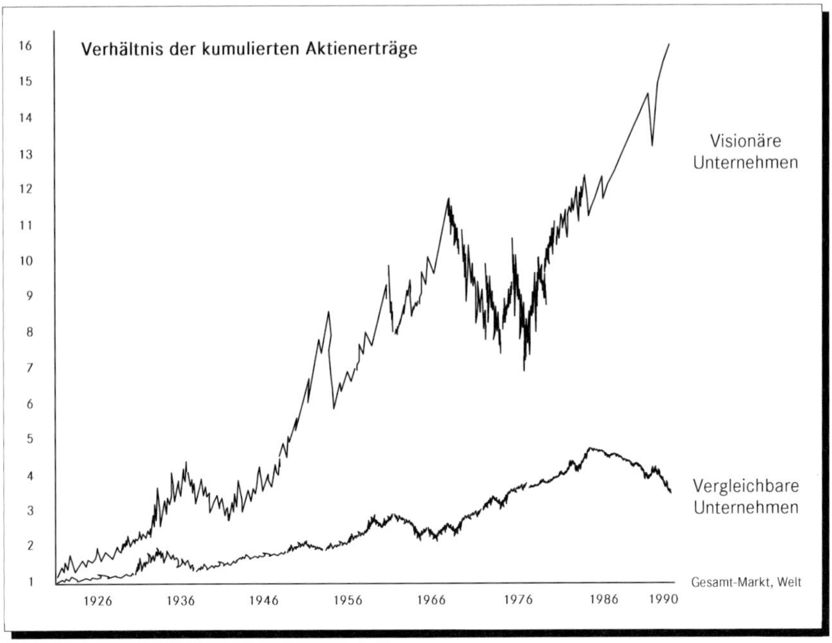

Abb. 6: Visionäre Unternehmen

3. Best-Practice-Beispiele für die Umsetzung der Personalentwicklung

3.1 Aufbau von Commitment und Integration im Unternehmen

Kulturentwicklungsprozesse sind eine permanente Aufgabe des Personalentwicklers, da sich die Organisation oft übergangslos aber auch in geplanten, bewussten Schritten verändert. Es sollte daher eine dauerhaft angelegte Veränderungsbetreuung geben. Am Beispiel des 1997 realisierten Mergers der *HVB AG* kann die Vorgehensweise geschildert werden.

Ausgangspunkt der Intervention waren Daten aus regelmäßigen Mitarbeiterbefragungen sowie Culture-Due-Diligence-Erhebungen, aber im Kern die vergleichende Unternehmenskulturstudie von *Schulz-Gambard*, die deutlich abgegrenzte Culture-Gencodes der Unternehmen belegte.

Dimension	Charakteristika	Kulturvergleich
• **Zielorientierung**	Effektivität, rationale Planung, zielorientierter Informationsfluss	⇨ gleiche Ausprägungen beider Banken
• **Innovationsorientierung**	Kreativität, Risikofreudigkeit, Wettbewerbsbejahung, Raum für Experimente Kommunikation und Information erfolgt in alle Richtungen; geringe Kontrolle durch höhere Hierarchieebenen	⇨ Hypobank stärkere Ausprägung
• **Regelorientierung**	Respekt, Autorität, Rationalität der Abläufe; Formalisierung, Organisation eher hierarchisch strukturiert; Kommunikation nach vorgegebener Struktur	⇨ Vereinsbank stärkere Ausprägung
• **Unterstützungsorientierung**	Partizipation, Kooperation, Vertrauen Kommunikation erfolgt meist verbal und informell	⇨ Hypobank stärkere Ausprägung

→ 2 **Kulturen** werden deutlich

Abb. 7: Kulturunterschiede von Hypobank und Vereinsbank anhand von 4 Dimensionen (nach einer Unternehmenskulturanalyse der Universität München 1996)

Es waren im Kern vier bedeutsame Parameter der Personal- und Unternehmensführung, die durch den Veränderungsprozess strukturell entwickelt werden mussten, um das Commitment für das neue Unternehmen aufzubauen.

- Zusammenarbeit zwischen den Führungskräften, dem Topmanagement und den Mitarbeitern der Fusionspartner, die durch unterschiedliche Haltungen und konträre Grundannahmen über Fach-, Organisations- und Führungskonzepte geprägt war.
- Einbindung der Führungskräfte und Mitarbeiter in die Gestaltung der eigenen Arbeitsplätze, die durch Prämissen und den Fertigstellungszeitdruck eingeschränkt war.
- Überzeugende Vermittlung der neuen Strategie und Zielsetzung sowie der Konsequenzen für den eigenen Arbeitsplatz.
- Verbesserte und zielgerichtete Information und Kommunikation, die nicht nur Ergebnisse berichten, sondern die Einsicht und das Verständnis für laufende Aktivitäten aufbauen sollte.

Bewusste Gestaltung eines Organisations-Entwicklungs-Prozesses?			
	Ja	Kultur entwickelt sich in einem bewussten Prozess, aber inhaltlich ungesteuert	Kultur entwickelt sich in einem bewussten Prozess mit inhaltlichen Vorgaben
	Nein	Kultur entwickelt sich ungesteuert und (i.d.R.) unbewusst	Kulturentwicklung »verpufft« (Unternehmens-leitbild auf Papier)
		Nein	Ja
		Einfluss auf Werte nehmen?	

Abb. 8: Wirkung von OE

Um diese Ziele zu erreichen und einen bewussten Kulturprozess (Abb. 8) in Gang zu setzen wurden 2050 Integrationsworkshops durchgeführt, die in der Geschichte der Personal- und Organisationsentwicklung in Europa einmalig sind. Neu war, auf die integrative Wirkung gruppendynamisch angelegter Workshops zu setzen, deren Effektivität insbesondere in der Untersuchung von *Blake* und *Mouton* an der Harvard Universität bestätigt worden war, diese unternehmensweit und auf allen Ebenen in der von *Likert* empfohlenen »Linking-Pin«-Methodik (überlappende Beteiligung der hierarchischen Ebenen) sowie kaskadenförmig zu realisieren.

Ein weiterer methodischer Grund, um auf diesen Prozess zu setzen, waren die Forschungserkenntnisse der Organisationspsychodynamik. Insbesondere ist hier *K. de Vries* von Insead zu nennen, der als primäre Faktoren des Wandels

- soziale Unterstützung, also emotionale Zuwendung und Verbreiterung der beteiligten Gruppen nennt.
- Kühnheit und »Locus of Control«, also Unterstützung der Veränderung durch »mutige Personen« und hohe Selbststeuerung und Eigenkontrolle des Vorgehens.

- Bildung regenerativer Organisation, also sukzessiver Aufbau von Unterstützungsstrukturen.

Unter Nutzung dieser Parameter gelang es insbesondere die psychosozialen Abwehrmechanismen zu bearbeiten, in dem die Führungskräfte mit ihren Mitarbeitern unter Leitung eines professionellen Moderators ihre Problemfelder systematisch angingen. Im Folgenden sind die Umsetzung und eine typische Veranstaltung dargestellt.

Dauer: ca. 1 1/2 Tage

- ❑ Start
  Woher kommen wir?
  Wo sind wir heute?
  → Gegenseitiges Kennenlernen und Bewusstmachen der Stärken/Schwächen
- ❑ **Wer sind wir in Zukunft?**
  → Referenzsysteme, Kunden, Märkte, etc.
- ❑ **Welche Strategie, Ziele, Aufgaben leiten sich für die Zukunft ab?**

2. Tag

- ❑ **Umsetzen?**
  → erste Schritte und Spielregeln definieren

Methode

- ❑ Workshopcharakter (10–40 Personen)
- ❑ Abwechslung zwischen Arbeiten in Gruppen und im Plenum
- ❑ Einsatz von erlebnispädagogischen Übungssequenzen (auch Outdoor) um die Entwicklungsdynamik der Integration zu beschleunigen
- ❑ Phasen der Reflexion der Übungssequenzen und Austausch in 2er-Gesprächen/Kleingruppen

Abb. 9: Beispiel einer Integrationsveranstaltung

- ❑ Kaskadenförmige Workshops (1 -2 Tage) auf allen Hierarchieebenen in allen Unternehmensbereichen der Bank (top -Down)
- ❑ Feedback -Schleifen/Ergebnissicherung der Maßnahmen von unten nach oben (Bottom -up)
- ❑ Zielorientiertes und eigenverantwortliches Umsetzen der vereinbarten Maßnahmen in den einzelnen Teams

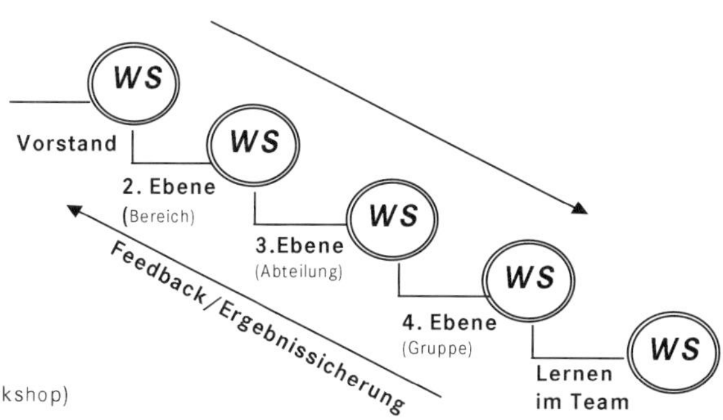

(WS = Workshop)

Abb. 10: Umsetzung der Maßnahmen

Die 2 050 Startveranstaltungen und weitere haben in der Folge zur Stabilisierung der Prozesse in empirisch messbarer Weise sowohl zur Akzeptanz der Fusionsziele und den weiteren Maßnahmen, als auch zum Aufbau der Integration und Identifikation beigetragen. Um dies zu evaluieren wurde in Zusammenarbeit mit Infratest-Burke, München ein systematisches Controlling mit dem von uns entwickelten Teamogramm aufgesetzt. Nach Durchführung der Veranstaltungen wurden drei Komplexe untersucht:

1. Workshop-Evaluation selber
   (Inhalt, Ergebnis, Ablauf und Moderation),
2. Bewertung des Verlaufs der Fusion,
3. Bewertung der Teamintegration.

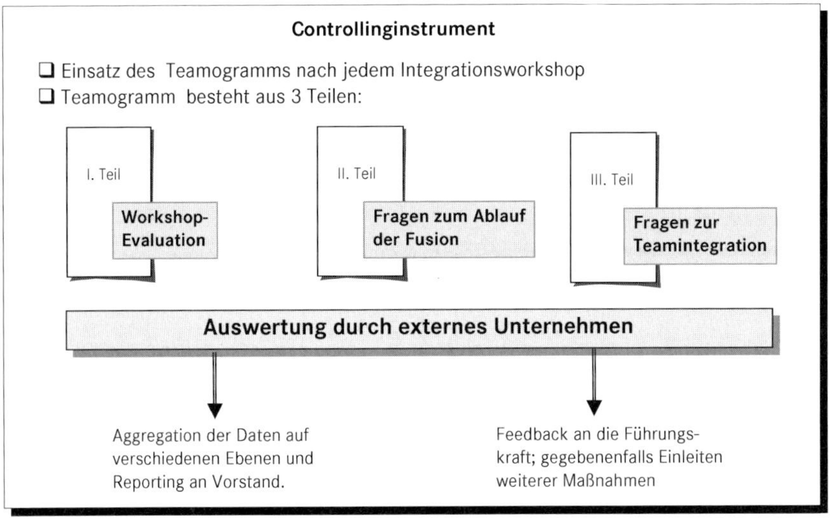

Abb. 11: Teamogramm

Die Ergebnisse aus 3 744 Fragebögen und die vom Institut durchgeführten wissenschaftlichen Untersuchungen belegten einen signifikant hohen Zusammenhang zwischen der Durchführung der Workshops und der danach positiven Einschätzung der Fusion durch die Mitarbeiter sowie dem deutlichen Rückgang von Widerständen und Vorurteilen. Es zeigte sich eine deutliche Annäherung im einheitlichen Verständnis von Konzepten und Arbeitsweisen. Der folgende Auszug aus den Untersuchungen belegt die schlagende Wirkung der Maßnahmen.

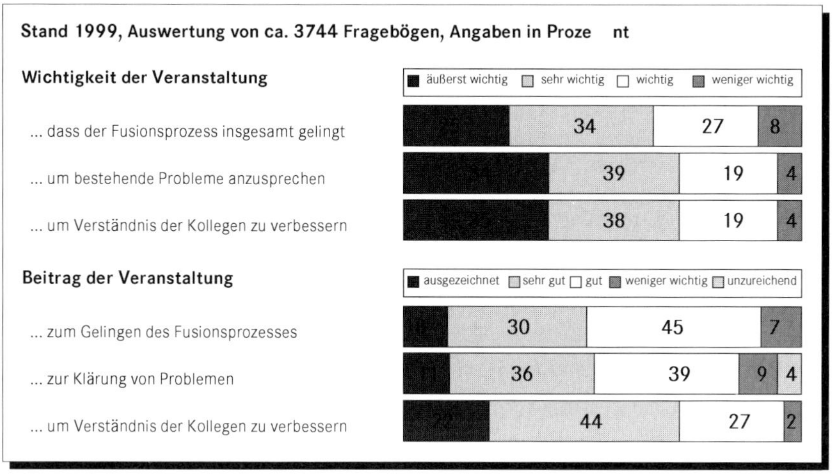

Abb. 12: Ergebnisse

Daraus geht schlüssig hervor, dass die Identifikation der Mitarbeiter mit dem Unternehmen und ihr Engagement wesentlich durch diese Prozesse gefördert wurde. Hier wurde die Basis dafür gelegt, das Unternehmen als neue berufliche »Heimat« zu akzeptieren und damit eine entscheidende Voraussetzung für Personalentwicklung geschaffen.

3.2 Aufbau von Werten für Führung, Zusammenarbeit und Kommunikation

Die HVB AG schuf nach Abschluss des »technischen Mergers« alle Voraussetzungen einen gemeinsamen Werte-Kodex zu entwickeln, also die Basis für eine regenerative Organisationsstruktur. Die Schaffung regenerativer Organisationsstrukturen im Sinne der Aussagen von *E. Jaques*, »Social systems are a defense against persecutory and depressive anxiety« ist ein weiterer Schritt nach einer Fusion die auf das Unternehmen projezierten Ängste durch den Aufbau von Wertestrukturen aufzufangen und den Menschen eine »Heimat« zu geben, in denen Leitsätze für Führung, Zusammenarbeit und Kommunikation ihnen Verhaltensorientierung, Sicherheit und die Möglichkeit des Einklagens ihrer Rechte geben. Es wurde deshalb, gespeist aus den Integrationsworkshops und der Meinungsbildung repräsentativer Gruppen ein Werteleitbild an Hand von elf Key-Values geschaffen. Ziel war die Verbundenheit mit dem Unternehmen weiter zu stärken. Erst mit der Schaffung der Werte konnte die Organisation eine kultur- und gemeinschaftsbildende Prägefunktion für die Menschen erhalten. Die Key-Values waren auch die Basis zur Ableitung der Key-Competencies und damit zur Gesamtorientierung der Personalentwicklung.

Der Prozess der unternehmensweiten Verbreitung der Werte und insbesondere ihr Diskurs hat in der europäischen Unternehmenslandschaft und in der Organisationsentwicklung eine Alleinstellung *(D. Frey)*. Dies bezieht sich auf den Methodenmix der Umsetzungsmaßnahmen, den sozialen Lern- und Diskurscharakter der Aktivitäten, dem Zeitinvestment (allein ein Jahr für die Kampagne) sowie dem Einbezug der Kunden und Aktionäre. Die Fokusaktivitäten sollen kurz beschrieben werden.

Abb. 13: Wertekampagne

Umsetzungsmaßnahmen brauchen den Methodenmix

Ausgangsbasis aller Aktivitäten war eine mit Vorstand, Topmanagement und Arbeitnehmervertretern vereinbarte Konzeption mit der Unterstützung eines professionellen Expertenteams aus dem Unternehmen. Dies bestand aus Personal- und Organisationsexperten, Kommunikationsfachleuten und Medienberatern, die die Wertekampagne mit der Integration aller firmenrelevanten Medien, inklusive des an allen Arbeitsplätzen verfügbaren Intranets und der Corporate Television, mit zielgruppenspezifischen Kommunikationsveranstaltungen starteten. Marketingaktivitäten mit Präsentationen, Broschüren, Plakate usw. begleiteten die zentralen Prozesse.

Nur Lernen und Diskurs verändern wirklich

Die Internalisierung der neuen Werte musste zunächst die Konfrontation mit der von den Mitarbeitern erlebten realen Wertewelt bestehen. Dies ist schon für eine normale Einführung von Grundsätzen ein Problem, da der Mitarbeiter nur dann neue Leitsätze akzeptiert, wenn sie bei allen wichtigen, ihn betreffenden Entscheidungen vom Management zu Grunde gelegt werden. Durch die nun offen sensibilisierten Werte-Maßstäbe wurden Verstöße besonders kritisch gewertet. Ohne Aufarbeitung der laufenden Entscheidungsprozesse an Hand der Werte und im Diskurs mit dem Management würde keine Identifikation entstehen. Bereichsleiter und Vorstände stellten sich deshalb in Roadshows vor Ort, in täglich im Intranet erscheinenden kritischen Interviews, in Meetings, auf Tagungen und in Mitarbeiterbesprechungen den Fragen. Die Orientierung an den Werten ging in die konkrete Umsetzung von Veränderungsprozessen ein. Mit der von *Neumann* in den USA erprobten »Management by Storytelling« erzählen Mitarbeiter ihre Erlebnisse mit werteorientierter Führung im Intranet und bezogen auf diese Weise immer mehr Menschen in die Auseinandersetzung mit den Werten ein. Beispielhafte aber auch kritische Umsetzungsberichte dienten als Lernmaterial. Die Weiterbildungsakademie des Unternehmens ordnete alle Maßnahmen der Werteorientierung unter.

Die Diskussion der Werte erhielt im Unternehmen mehr und mehr »Kultcharakter«. So beteiligte sich an der täglichen Kommunikation im Intranet am Anfang der Kampagne täglich 1 500 Mitarbeiter, nach einem Jahr waren dies täglich 4 500 von einer Belegschaft von 28 000 Mitarbeitern!

Kunden und Aktionäre gehören zur Wertegemeinschaft

Der Gesamtfocus der Werte lag auf den Mitarbeitern aber auch auf den Kunden und Aktionären. Die Wertekampagne wurde deshalb gegenüber Kunden und Aktionären mit der Unterstützung eines Filmes zum Thema und beispielhaften Vorort-Diskussionen kommuniziert, um die Bedeutung kultureller Werte für den Erfolg des Gesamtunternehmens sichtbar zu machen. Werte, so ist die Vision des Unternehmens, sind kein Zuckerguss interner und externer Selbstvermarktung sondern Essential der Unternehmensentwicklung.

3.3 Aufbau einer psychotopen Personalbeurteilung

In der Wertschöpfungskette der Personalentwicklung greift die Diagnostik bei Einstellung und Beförderung auf die von Unternehmenswerten abgeleiteten Key-Competencies zurück. Dabei ist die Eignungsanforderung nicht alleine an den primären und funktionalen Anforderungen des Arbeitsplatzes festzumachen. Sie müssen vielmehr die unternehmerischen, psychosozialen Umfelder mit einbeziehen. Basiskonstrukt ist hierfür die »psychotope Eignung« (*P. Friederichs*), die eine Führungskraft oder ein Experte für das neue Unternehmen mitbringen muss. Der Erfolg des Managers hängt dabei davon ab in welcher Intensität bei ihm vorhandene Dispositionen (Fähigkeiten, Eignungen, Fertigkeiten und Einstellungen) vom Unternehmen evolviert werden und damit zum Tragen kommen, und auf der anderen Seite Ressourcen des Unternehmens wiederum vom Manager evolviert und damit zum Erfolg gebracht werden können. Der Grad der Synergie zwischen Dispositionen der Manager und Ressourcen des Unternehmens ist letzlich ausschlaggebend für den gemeinsamen Erfolg. Deshalb kommt es häufig vor, dass an anderer Stelle erfolgreiche Manager scheitern, auch wenn sie über beste Expertise, Persönlichkeit und soziale Kompetenz verfügen. Ein Beispiel mag das veranschaulichen. So wurde der erfolgreiche Vertriebschef eines elektronischen Markenartikelherstellers für die Vertriebsleitung einer sanierungsbedürftigen Sparte von elektronischen Fachprodukten gewonnen. Obwohl er den Vertrieb sanierte und neu strukturierte, scheiterte die Anstellung an seinem autoritären Führungsverhalten und Umgangsstil, die im Widerspruch zur der auf Kooperation ausgelegten Unternehmenskultur standen. Die Glaubwürdigkeit des Unternehmers selber geriet dadurch in die Kritik der Belegschaft und der Führungskräfte, da er der Begründer dieser Kultur war. Der neue Vertriebschef war nicht in der Lage seinen Verhaltensstil zu ändern, da er ihn für einen wesentlichen Erfolgsfaktor seiner Sanierungsarbeit hielt. Trotz des sich abzeichnenden wirtschaftlichen Erfolges fehlte die Passung zum Unternehmen. Hier fehlte die Disposition für die Ressource »Unternehmenskultur« und damit die psychotope Eignung.

Die Managementdiagnostik muss deshalb so angelegt sein, dass sie die psychotope Eignung in den Mittelpunkt der Diagnose stellt. Gegenstand der Diagnostik wird deshalb bei unterstellter fachlicher und persönlicher Eignung die Analyse der Interaktion des Kandidaten mit dem Umfeld, also dem Vertreter des Managements mit dem Kandidaten. Die psychotope Eignung prüft deshalb folgende Fragen:

- Kann der neue Manager in der Organisation seine Kernpersönlichkeit behalten oder führt die Konfrontation mit dem neuen Umfeld zu erheblichen, personenrelevanten Friktionen, die zu einer Störung der Persönlichkeitsstruktur führen?
- Kann das Unternehmen, d.h. die Organisation, das Umfeld, ihre Kernstruktur in Form ihrer Ziele, Werte, Strategien und Maßnahmen erhalten, oder wird sie durch die Interaktion der Person erheblichen Konflikten und Friktionen ausgesetzt, die sie als Gesamtstruktur nicht mehr verarbeiten kann?
- Können Manager und Organisation ihre Strukturen gemeinsam flexibel weiterentwickeln, so dass sowohl Manager als auch die Organisation durch die gemeinsame Interaktion im Management-Regelkreis wachsen?

Die drei klassischen Ausprägungen der Umfelddiagnostik umreißen die folgenden Praxisbeispiele:

»Wir mussten uns vom Profitcenterleiter trennen, da er anfing die Firma selbstherrlich zu verändern.«

»Ich habe mich vom Unternehmen getrennt, da ich meine Vorstellungen von Unternehmensführung nicht realisieren konnte.«

»Die Impulse des neuen Geschäftsbereichsleiter haben nach einschneidenden, anfänglich irritierenden Veränderungen, zu einem Durchbruch für unser Unternehmen am Markt geführt.«

Die diagnostischen Tools müssen zur Beurteilung der psychotopen Kandidatenprofile geeignet sein und eigens dafür entwickelt werden. Neben speziellen Assessment-Centern eignet sich besonders STAFF, das standardisierte Interviewbeurteilungssystem dafür, sowie die MANAGERDISPUTATION. *(P. Friederichs)*. Diese beiden Verfahren ermöglichen es von Seiten des auswählenden Unternehmens, die Passung des Kandidaten treffgenau durch folgende Voraussetzungen zu erfassen:

> Der Kandidat kann ein differenziertes Bild seines Verhaltensrepertoires präsentieren. Die Beurteiler können die unternehmenstypischen Strategien, Ziele, Wertvorstellungen und Konzepte stringent kommunizieren und den Kandidaten damit konfrontieren. Zukünftige Situationen, die über Erfolge und Misserfolge entscheiden, können simuliert werden. Damit können beide Seiten ein sicheres Urteil fällen, ob man in der gemeinsamen Partnerschaft, die dabei auftauchenden Probleme und Konflikte synergetisch meistern kann.

Die Managementdiagnostik wird auch innerbetrieblich zur Potenzialermittlung erfolgreich verwendet. Eine integrierte Personalentwicklung wird niemals auf den Einsatz von Assessment-Center-Verfahren verzichten. Als in der Praxis bewährte Kriterien haben sich die folgenden Strukturmerkmale erwiesen: Statt additiver Übungen werden dynamisch angelegte Unternehmensfallstudien verwendet, die einen hohen Lerntransfer ins Unternehmen ermöglichen; Vorgesetzte der nächsthöheren Ebene beurteilen in Gruppen, um ihr Beurteilerverhalten in der Peergroup an Hand der Key-Competencies weiterzuentwickeln; unschätzbar sind auch die gemeinsamen Potenzialerkennungen und Korrekturen. Gerade im AC werden die Weichen für Unternehmenskultur und Performance gestellt, da die zukünftigen Manager durch diese Verfahren ausgesucht werden. So wird in Assessment-Center eigentlich über »kulturrelevante Charaktermerkmale« durch die Positivauswahl entschieden. Oft schaffen nämlich charakterologisch falsch besetzte Manager auf viele Jahre rigide Subkulturen im Unternehmen. Wer kennt nicht die Manager, die ihre Charakterstruktur, – wie Workoholismus, Narzissmus usw. zum Kulturklima ihrer Bereiche machen und dazu passende Mitarbeiter aussuchen. Einige Unternehmen könnten sich manche Anstrengung zur Umsetzung ihrer Wunschkultur sparen, hätten sie beizeiten die Beförderung kontraproduktiver Kräfte verhindert.

3.4 Aufbau einer zukunftsfähigen Potenzialentwicklung

Im Kreisprozess der Integrierten Personalentwicklung kommen wir nun an einen entscheidenden Abschnitt der Generierung von Managementpotenzial, seiner Erhaltung und seines Wachstums. Umgangssprachlich spricht man in den Unternehmen von Potenzialerhebung, Laufbahn- und Nachfolgeplanung, Personalportfolio-Management, Goldfischteichen, Weiterbildung, Retention aber auch von Umbesetzung, Abberufung, Outplacement und Vertragsaufhebung. Aus betriebswirtschaflicher Sicht geht es darum die Ströme des Human-Capital möglichst effektiv und effizient zu steuern und die Human-Assets so zu verwenden, dass ihr Return on Investment einen möglichst hohen Nutzen erreicht. Dieser Nutzen ist dann am größten, wenn die Potenziale einen hohen messbaren Unternehmenswert generieren.

Dieses betriebliche Ziel stößt nun auf die persönliche Berufsvorstellung des einzelnen Individuums im Unternehmen, dessen individualistische Strategie darauf abhebt mittels des Arbeitsplatzes und der weiteren Entwicklung im Unternehmen ein Höchstmaß an persönlichem Wachstum in Form von Job-Satisfaction zu erreichen und für sich einen messbaren Mitarbeiterwert zu generieren.

Drei grobe Szenarien umreißen die konkrete Ausgestaltung dieser beiden konträren, aber auf Verständigung angewiesenen Ausgangslagen. Zum einen die traditionelle Orientierung mit der Loyalität des Mitarbeiters zum Unternehmen (häufig in der Automobilindustrie und Chemie zu beobachten), zum Zweiten die marktwirtschaftliche Orientierung, in der sich der Mitarbeiter als interner Berater erlebt und das Unternehmen als Marktplatz (Investmentbanking, Internet-Dienstleistung) und zum Dritten die »begrenzte Partnerschaft«, in der beide Parteien einen Trade-off ihrer Interessen mit weitgehender Berücksichtigung der Bedürfnisse des Partners zu erreichen versuchen. Dieser letztere Typ setzt sich im Trend immer mehr durch, da in ihm die gegensätzlichen Standpunkte komplementär aufeinander bezogen sind. Im Scenariotyp A wird sich eine Personalentwicklung als eine langfristig angelegte Traditionsstrategie verstehen, in Typ B als Beschleuniger und »Durchlauferhitzer« von auf schnellen Return angelegter Talente und schließlich in Typ C als fairer Broker der jeweiligen Interessen. Dieser Typus entspricht im Übrigen auch den

Entwicklungen, die sich aus der Globalisierung ergeben haben, in denen Unternehmen und Mitarbeiter die Vorteile der Typengruppen A und B behalten wollen, deren Nachteile aber vermeiden möchten. Dies heißt, dass der Mitarbeiter sich optimal vermarkten kann, ein möglichst hohes professionelles Know-how ansammelt aber auch bereit und besser in der Lage ist, selbstständig einen neuen Arbeitsplatz zu suchen (Employability). Andererseits profitiert das Unternehmen von einem motivierten und leistungsstarken Mitarbeiter, für dessen lebenslange »Versorgung« es aber nicht eintreten muss.

Der Personalentwicklung der Unternehmen muss es nun gelingen, durch ein Optimum an erlebter Wertschätzung ein Optimum an realisierter Wertschöpfung zu generieren. Die Schere, die zwischen den Bemühungen der Personalentwicklung, also Employability und Retention aufzubauen, aufgeht und zu Konflikten führt, muss im modernen Unternehmen bewusst gemanagt werden. Das folgende Schaubild soll die Situation aufzeigen.

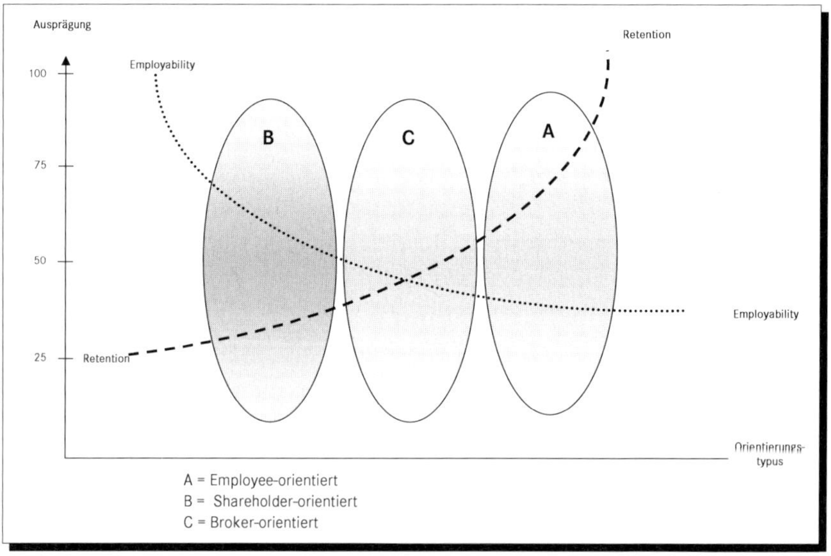

Abb. 14: Die Schere zwischen Employability und Retention

Es ist deutlich zu sehen, dass es weder dem traditionellen noch dem marktwirtschaflichen Modellen A und B gelingt den Konflikt zwischen Mitarbeiter und Unternehmensinteressen angemessen zu lösen. Um, wie in Modell C aufgezeigt, den Deal oder Trade-off zwischen den Interessen für beide Seiten attraktiv zu gestalten, bedarf es einer Neuausrichtung der Personalentwicklung auf der Basis von nur drei wesentlichen Elementen, die den Mitarbeiter konsequent zum Entrepreneur seiner eignen Professionalität und Zukunftsorientierung macht.

Das heißt, das Unternehmen stringent in die Verantwortung zu nehmen, damit es den Mitarbeiter seinem Potenzial entsprechend über kurzfristige Jobbedarfe hinaus ausbildet.

Es bedeutet aber auch, seine völlig unterschiedlichen Bedürfnisse entlang seines Life-Cycle zu berücksichtigen.

Hinzu kommt die Forderung nach der beruflichen Zukunftsfähigkeit des Unternehmens für die Mitarbeiter und dies im Dialog zu diskutieren, weiterzuentwickeln und zu gestalten.

Dies läutet eine für viele Firmen gravierende Kehrtwende ein, stellen sie doch erfahrungsgemäß die Mitarbeiter vor »vollendete Tatsachen«, wenn sie Werke stilllegen oder Dienstleistungen über Nacht einstellen. Letztlich bedeutet dies, die Personalentwicklung mit mobilen und self-advisory-orientierten Fördersystemen auszustatten.

R. Sennet sagt dazu mit Recht: »... es gibt keine Pfade mehr, denen Menschen in ihrem Berufsleben folgen können. Sie müssen sich wie auf fremden Territorien bewegen.« Dabei hilft am besten ein »General-Positioning-System«, wie es eine neue Personalentwicklung sein kann.

Die bisherigen Ausführungen geleiten uns nun direkt zu den beiden Paradigmen mit dem größten Veränderungshebel für die Zukunft der Mitarbeiter und der Unternehmen.

4. Die 2-Hebel-Strategie für die Zukunftsfähigkeit der Mitarbeiter

4.1 Job-Management für die professionelle Steuerung der Karriere

Entscheidend für die Zukunft wird nicht mehr sein WAS ich mache, sondern WIE und in welchem Kontext ich es tue. Nicht die Fachausbildung ist entscheidend sondern die Kenntnis der beruflichen Erfolgsfaktoren. Wichtig ist also die Orientierung in den immer unüberschaulicher werdenden beruflichen Umwelten und die Erlernung von Bewältigungsstrategien.

Durch die Ausdifferenzierung immer neuer Berufsfelder insbesondere im Umfeld der New Economy besteht wieder die Gefahr, dass zuviele Neueinsteiger der Verlockung zum Spezialistentum nicht standhalten können, wobei die hohen Einkommen diese falsche Wahl unterstützen. Berufsentwicklungen, inbesondere in Krisen und Brüchen, aber auch vorübergehende Arbeitslosigkeit zeigen an, dass den meisten das Know-how fehlt, die Bedingungen von erfolgreicher Arbeitsanstellung und beruflicher Förderung zu verstehen und für sich zu nutzen.

Im Vordergrund sollte deshalb die Entwicklung der Persönlichkeit stehen und das Skill-Broadbanding, d.h. der Erwerb von Key-Competecies, wie Führungs- und Vertriebsfähigkeiten, kombiniert mit Projekt- und Stabserfahrungen, möglichst mit interkulturellen Zusatzerfahrungen und verwendungsfähigen IT-Kenntnissen. So legt man die Basis für eine multibefähigte Persönlichkeit, die berufliche Vision der modernen Arbeitskultur.

»Das Management des beruflichen Life-Cycle« ist eine weitere Forderung, in der die fünf Phasen der beruflichen Entwicklung mit ihren spezifischen Zielen völlig unterschiedliche Berufsentscheidungen verlangen und Unternehmen und Mitarbeiter auffordern kreative Lösungen auf der Tätigkeits-, Organisations- und Kompensationsebene zu entwickeln, wie die Abbildung zeigt.

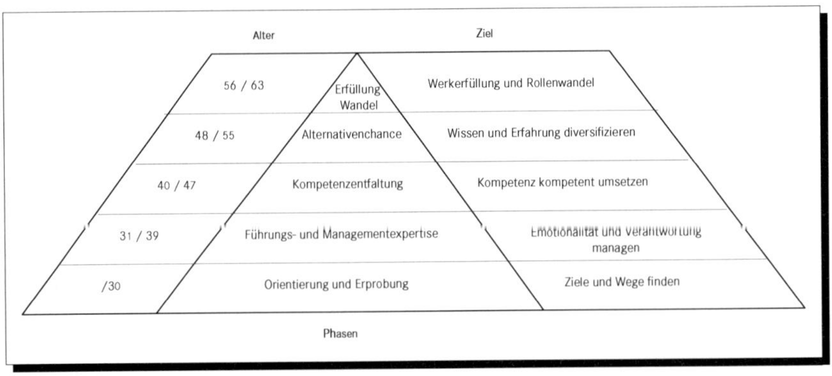

Abb. 15: Management des beruflichen Life-Cycle

Der Entrepreneurgedanke in der beruflichen Selbstqualifikation führt die Personalentwicklung zu Maßnahmen, die dem Funktionieren eines General-Positioning-System sehr nahe kommen und dem Mitarbeiter ein Höchstmaß an Selbstbestimmung und dem Unternehmen eine aktive Unterstützungsmöglichkeit anbieten, so dass es seiner Vermittlungs- oder Brokerfunktion optimal entsprechen kann.

Da sind zunächst »Perspektivenwerkstätten« für die mittelfristige Neuorientierung von Mitarbeitern, insbesondere bei solchen, die besonders abwanderungsgefährdet sind, wie z.B. Ex-Trainees, die nach zwei bis drei Jahren in einer ersten Funktion einen Motivationseinbruch erleben und kündigen, weil das Unternehmen keine Perspektiven mit ihnen erarbeitet hat. Noch stärker trifft dies auf Mitarbeiter zu, die im Rahmen einer Neustrukturierung ihres Geschäftsbereiches aus Verunsicherung das Unternehmen verlassen wollen. So wird in der »Perspektivenwerkstatt« die Möglichkeit gegeben, sich mit anderen Betroffenen und Karriereexperten über berufliche Alternativen und Strategien zu beraten. Testtools ermöglichen in Verbindung mit individueller Beratung ein New Placement, oft auch eine zufriedenstellende völlige Neuorientierung.

Self-Advisory-Tools im Intranet, wie ein mit Anforderungsanalysen versehener Stellen- und Personalmarkt online, Self-assessment-Module, wie Persönlichkeits-, Eignungs- und Interessentests, die vertraulich für den User ausgewertet werden, »Links« zu passenden Schulungsangeboten, sowohl im internen Learning-Network, als auch in der eigenen Corporate University, aber auch zu externen Bildungsträgern sind weitere wesentliche Bestandteile von unterstützenden Instrumenten.

Ein weiterer Service ist dann die Verbindung zum passenden internen oder wahlweise auch externen Beratungspartner. Es gibt jedoch Ansätze, die noch einen Schritt weiter gehen und eine Verbindung von Berufsanalyse, Selfadvisory-Tools und Unternehmensentwicklung wagen und damit die Personalentwicklung marktorientiert aufstellen. Dabei handelt es sich um Incubator-Bereiche innerhalb eines Unternehmens, die interessante Produktentwicklungen mit jungen Entrepreneuren der Firma in neue Unternehmen ausgliedern. Dabei sollten diese Ausgründungen sich nicht nur auf die Hauptproduktbereiche des Unternehmens beziehen, sondern können auch innovative Dienstleistungen sein. Diese Aktivitäten sind nicht mit den bekannten Outsourcings zu verwechseln. Der Hauptfocus liegt auf der Unterstützung von Entrepreneuren des Unternehmens und ihren originären Ideen, seien diese nun unternehmensnah oder -fern.

Diese wenigen Beispiele verdeutlichten, mit welchen Mitteln man in der Personalentwicklungpraxis das Ziel der Professionalisierung des Job-Managements erreichen kann.

4.2 Changeability – die Überlebensfähigkeit der menschlichen Organisation

Entscheidend in der Zukunft ist für das Unternehmen als Arbeitgeber nicht mehr WAS ich im Wandel tue, um die Menschen an den Wandel anzupassen, sondern WIE ich die Mitarbeiter-Struktur weit im Vorfeld so entwickle, dass die Belegschaft bereits Change-Qualifikation mitbringt. Wiederum haben die Merger gezeigt, dass die Unternehmen, die über Change-Qualifikation ihrer Mitarbeiter verfügten erfolgreicher fusionierten, während die anderen, oft schon im Vorfeld, scheiterten. Insbesondere gelang den Mitarbeitern in diesen Unternehmen eine viel schnellere und qualifiziertere Anpassung an die veränderten Bedingungen und zukunftssichere Neuorientierungen.

Welche Instrumente der Personalentwicklung haben sich für beide genannten Paradigmen besonders gut geeignet?

Personalentwicklung als Unternehmensentwicklung ist natürlich auch immer Organisationsentwicklung im klassischen Sinn, d.h. Betroffene zu Beteiligten zu machen. Das richtige Verständnis haben, heißt jedoch, diese Beteiligten schon im Vorfeld auf den Change vorzubereiten und nicht die Rolle des Feigenblattes, Nothelfers oder gar Reparaturzuges anzunehmen. Ruhmesblätter der Organisationsentwicklung werden in Europa nur selten aufgeschlagen. Die Mitarbeiter erleben den Wandel noch zu oft als Dampfwalze. Das aus solchen »Change-Prozessen« weder Employee-Value noch Shareholder-Value zu generieren sind, wurde schon dargelegt. Analysiert man Firmen, die erfolgreiche Change-Prozesse realisiert haben oder Merger mit guter Performance bewältigten, so stößt man auf eine interne Struktur oder

Kultur, die am besten mit Changeability umrissen werden kann. Darunter soll die komplexe Befähigung des Gesamtunternehmens verstanden werden jegliche Veränderung in Strategie, Struktur, Belegschaft, Kunde, Markt, gesellschafliches Umfeld u.ä. mittels eingeübter Maßnahmen und dafür entwickelter und vorbereiteter Mitarbeiter unter marktkonformen Benchmarks zu bewältigen.

Personalentwicklung als Unternehmensentwicklung hat auch hierzu neue Methoden genutzt, die Mitarbeiterschaft als wesentliches Element der Veränderungsfähigkeit des Unternehmens zu mobilisieren. Dazu zählen das Szenarioplanning, Openspace-Konferenzen zur Zukunftsfähigkeit, das Einsetzen von Change-Scouts, die innovative Mitarbeiter und ihre Ideen bekannt machen und bei der Umsetzung helfen, aber insbesondere der permanente und offene Dialog des Managements nach innen und außen über die Strategien des Unternehmens und die Bedingungen ihrer Wirksamkeit.

Wie aber sind die Kriterien gestaltet an denen sich die Entwicklung von Changeability ableiten lässt, welche Faktoren sind besonders wichtig um die gewünschte Veränderungsfähigkeit zu generieren, die eine so bedeutende Rolle für Erhalt und Entwicklung des Unternehmens spielt? Als besonders geeignet erscheint das auch von *Schultz-Gambard* herangezogene »Competing-Values-Modell« nach *R. Quinn*, das für die Beschreibung der Unternehmenskultur entwickelt wurde und auch von *F. Trompenaars* genutzt wurde.

Das Modell berücksichtigt die Innen- und Außenperspektive des Unternehmens und stellt die Kontrollmechanismen den Flexibilitätsfunktionen gegenüber.

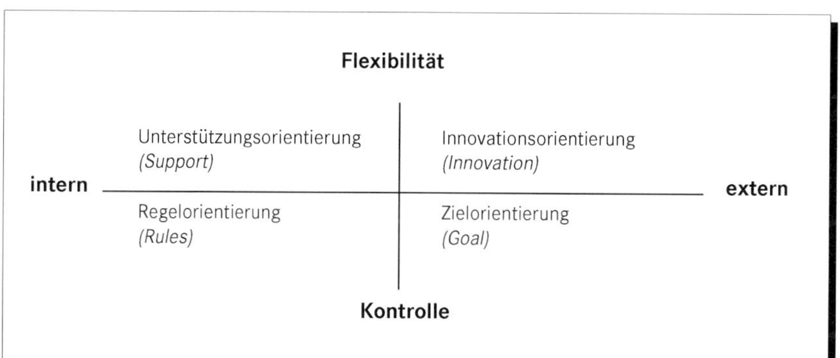

Abb. 16: Modell nach R. Quinn

Durch die Achsenanordnung erhält man vier Perspektiven zur Beschreibung der Organisation. Die horizontale Achse unterscheidet zwischen den im Unternehmen ablaufenden Prozessen sowie den nach außen wirkenden Aktivitäten. Die vertikale Achse verweist auf die steuernden Kontrollmechanismen und die Flexibilität durch Entscheidungsfreiräume. Auf diese Weise lassen sich vier zentrale Kulturorientierungen ableiten:

- **Zielorientierung**
  Zentraler Prozessträger ist das Management, so dass das Hauptziel darauf gerichtet ist, Organisationsziele auf rationale Weise unter Einbezug des Umfeldes zu verwirklichen. Merkmale sind u.a. Effektivität, gerichteter Informationsfluss und Planung.
- **Innovationsorientierung**
  Zentraler Prozessträger ist der Mitarbeiter, der sich mit den Zielen der Firma identifiziert. Typische Merkmale sind Kreativität, Risikofreudigkeit, Wettbewerbsorientierung, Experimentierräume, informelle Kommunikation, Informationssuche außerhalb des Unternehmens, aktives Wissens- und Problemlösungsmanagement sowie intensive Weiterbildung.
- **Regelorientierung**
  Zentraler Prozessträger ist die Struktur, die die Ordnung des Unternehmens festlegt. Typische Merkmale sind die Hierarchie, die Rationalität der Abläufe, formale Autorität, Arbeitsteiligkeit sowie Grundsätze und Regeln, die die Machtausübung festlegen.
- **Unterstützungsorientierung**
  Zentraler Prozessträger ist die Gemeinschaft des Unternehmens selber, dass heißt das unterstützende Zusammenspiel von Management und Mitarbeitern und vice versa. Typische Merkmale sind Partizipation, Kooperation, Vertrauen und Gruppenkohäsion. Manager ermutigen die Mitarbeiter, Gefühle sollen geäußert werden, das Engagement der Mitarbeiter wird gefördert.

Allein aus der Beschreibung geht schon hervor, welche Faktoren die Changeability fördern und welche Verhaltensdimensionen für die Entwicklung der Belegschaft zu veränderungsfähigen Mitarbeitern besonders prominent erscheinen.

Anhand des Beispieles der ehemaligen Hypo-Bank kann die Zweckhaftigkeit des Quinn'schen Modells zur Ermittlung von Maßnahmen für den Aufbau von Changeability untermauert werden.

Die Hypo-Bank war 1991 das erste Bankhaus in Europa das eine konsequente Divisionalisierung der Geschäftssparten vornahm, es hatte bereits Anfang der 80iger-Jahre externe Vorstände aus einem US-Unternehmen eingestellt und einen völlig ungewöhnlichen Change-Prozess eingeleitet. Es war das erste Unternehmen in Deutschland, das ein Direktbrokergeschäft aufbaute (DAB) und es erhielt vom *Manager Magazin* den ersten Preis für innovative Personalentwicklung in einem branchenübergreifenden Wettbewerb. Das Unternehmen ging mit der BV den bisher (2001) einzigen erfolgreichen Bankenmerger ein.

Changeability war in der niedergeschriebenen Personalpolitik dehalb auch das Hauptziel des Personalmanagements.

Welches waren die wichtigen Aktivitäten, Instrumente und Maßnahmen der Bank, die durchaus allgemeingültigen Charakter haben und die für die Zukunft der Personalentwicklung als Unternehmensentwicklung eine Orientierung darstellen können?

- **Die Innovationsorientierung setzte auf folgende Aktivitäten:**
  - Zu einem Ideenmanagement ausgebautes Vorschlagwesen
  - Ein flächendeckender Total-Quality-Prozess zur ex- und internen Kundenorietierung: Noch-besser-Prozess genannt
  - Kolloquien im Vorstand zu strategischen Managementthemen mit internationalen Business-Schulen
  - »Kempfenhausener Gespräche« mit Vertretern aus Forschung, Politik, Medien und Gesellschaft zu Themen, wie »Die Arbeit von Morgen«
  - Hypo-Management-Akademie seit 1995 zur Umsetzung der Führungsphilosophie im Management- und Führungsnachwuchs
- **Die Unterstützungsorientierung fokussierte insbesondere:**
  - Etablierung einer integralen Unternehmenskommunikation
  - Bankweite Prozesskommunikation zu Veränderungsprozessen
  - Aufbau eines verbindlichen Coachingmodells der Führung
  - Mitarbeitermeinungsumfragen mit integriertem OE-Modell, laufender Mitarbeiterresearch zur Unternehmenskultur und

aktuellen Fragestellungen zur Begleitung und Beratung von Prozessen.
- Teamentwicklung und OE-Prozesse
- Personalentwicklungsprogramme für den Konzern

- **Die Regelorientierung machte sich fest an:**
  - Verbindliche Festlegung der Personalentwicklungspolitik mit klar festgelegten Rollen, Verantwortungen, Methodeneinsatz, Zielgrößen und Sanktionen
  - Messung des Employee-Value als konsequentes Führungscontrolling zur Beurteilung des Topmanagements
  - Personalentwicklungsdatensystem für die Besetzungsplanung
  - Vorstandsaudit zum Personalmanagement
  - Berücksichtigung der Führungs- und Entwicklungsziele in der Tantieme
  - Aufbau einer Fach- und Expertenstruktur neben der Führungsstruktur

- **Die Zielorientierung hatte im Blickpunkt:**
  - Festlegung personalpolitischer Ziele, wie z. B. Teilzeitquote, Akademikeranteil im Management, Frauenanteil im Management, Benchmarks für Beurteilungsquote und Fluktuation
  - Betriebsvereinbarungen zu Chancengleichheit und Personalentwicklung
  - Verbindliches Qualitätsmanagementkonzept
  - Verbindliches Organisationsentwicklungskonzept

Die folgende Abbildung zeigt auf, in welcher Weise die unternehmensinterne Veränderungsfähigkeit, die Changeability, mit dem Quinn'schen Modell dargestellt werden kann.

Das graue Muster zeigt eine hohe Changeability in der Belegschaft und unter den Führungskräften, nämlich eine starke Innovationskraft bei ausgeprägter Zielorientierung, die durch Unterstützung verstärkt wird. Die internen Regeln sind notwendig, erhalten jedoch kein besonders starkes Gewicht.

Ein solches Unternehmen löst sich schnell von Altem und steuert motiviert auf Veränderungen zu. Die schwache Regelorientierung kann eine Gefahr bei der später notwendigen Stabilisierung sein.

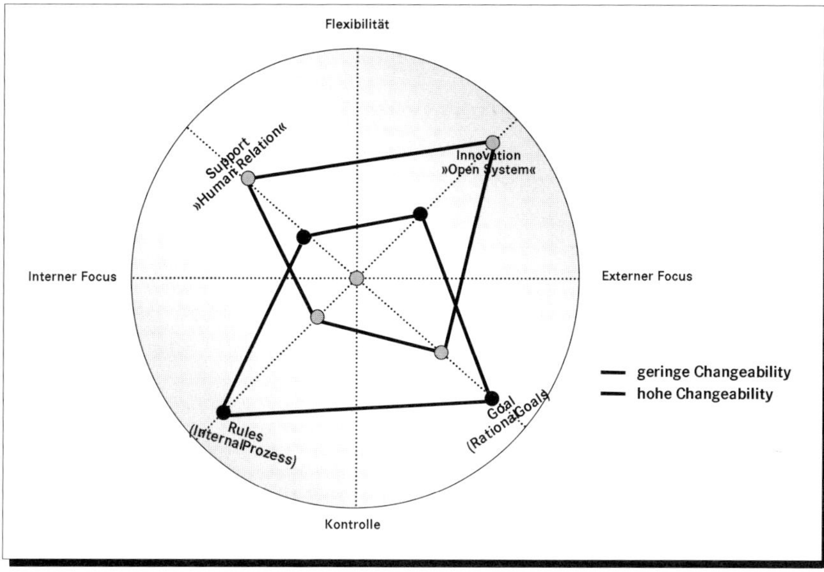

Abb. 17: Der Changeability-Index (Modell)

Das schwarze Muster zeigt eine Struktur, die zwar hoch zielorientiert ist, aber auch Barrieren gegen Changeability durch hohe interne Regelwerke aufgebaut hat. Das Vertrauen in innovatives Handeln ist nicht sehr stark und die Unterstützungsorientierung zu schwach. Ziel dieses Unternehmens muss es sein, die Innovation und die Unterstützung der Mitarbeiter zu fördern.

Das Beispiel der Hypo-Bank belegt, dass mit einem Bündel von Maßnahmen der Personalentwicklung die Changeability eines Unternehmens systematisch gefördert werden kann. Ein jüngstes Beispiel stellt auch die Swissair-Sabena-Fluggesellschaft dar, die mit der Schaffung des People-Developer ebenfalls das Modell einer ganzheitlichen Personal- und Organisationsarbeit im Auge hat. (SZ Nr. 290, Seite v1/1).

Zusammenfassend lässt sich sagen, dass durch die Personalentwicklung mit der Entwicklung autonomer über den engeren Jobbedarf hinaus geförderter Mitarbeiter erst die Voraussetzung geschaffen wird, für die Veränderung und das Überleben des Unternehmens selbst, in dem es geradezu abhängig wird von Wissen, Eigeninitiative, Vernetzungsfähigkeit, Innovationskraft, Identifikation und Zusammenspiel der Belegschaft, mit einem Wort dem »Mitarbeiterwert«, der die Gesamtheit der Potenziale aller Mitglieder der Organisation darstellt.

Der Mitarbeiterwert entscheidet heute über die Zukunft der Firmen und es gibt schon Ansätze ihn als Potenzialwert des Unternehmens zu definieren, zu messen oder zu controllen.

Es ist deshalb eine Aufgabe der Integrierten Personalentwicklung die Kernfaktoren des Mitarbeiterwertes festzulegen, zu messen und das Management auf die Steigerung des Mitarbeiterwertes (Employee-Value) zu verpflichten und damit diesen Wert gleichberechtigt neben den Shareholder-Value zu setzen.

5. Employee-Value als Ziel der Personalentwicklung

Wenn es richtig ist, dass der Wert der Mitarbeiter ein unternehmerisches Essential ist, müssten mehr Unternehmen in ihre Strategie- und Zielsetzung dieses Target aufnehmen und die Steuerung des Unternehmens daran konsequent ausrichten. Bis heute ist kein Unternehmen bekannt, das die Steigerung des Mitarbeiterwertes gleichberechtigt neben die betriebswirtschaflichen Ziele stellt und durch Steuerungsgrößen controllt. Mit Recht ist deshalb die Initiative von Boston-Consulting hervorzuheben, die mit dem Modell »Workonomics als Produktivitätsmaßstab«, eine Erweiterung der unternehmerischen Steuerungsgrößen im obigen Sinne im Auge hat.

In diesem Konzept wird ausgeführt, dass sich die Basis des Wettbewerbsvorteils von den Kapitalinvestitionen zu den Mitarbeiterleistungen verlagert hat. Obwohl das System des »Kapitalismus« gesiegt hat und die Globalisierung zur weiteren Beschleunigung und Durchdringung beigetragen hat, haben seine Planungs- und Steuerungssysteme weitgehend versagt. Die Mess-Systeme zur Erfassung des Unternehmens haben mit dem Wandel der Wertequellen nicht Schritt gehalten. Nach wie vor orientieren sie sich am Kapital und nicht an der Mitarbeiterleistung. Der Faktor Mensch wird nicht berücksichtigt. Dies führt dazu, dass eine an den neuen Targets orientierte Portfoliosteuerung nicht möglich ist. Die Unternehmenssteuerung braucht deshalb personalbasierte Messgrößen, die im kompetenzorientierten Wettbewerb über Sieger und Verlierer entscheiden. So kann die Kündigung einer Investmentbankergruppe oder der Weggang von Genforschern das jeweilige Unternehmen unter erheblichen Druck setzen. Die Personalrisikoplanung wird so zu einer zentralen strategischen Aufgabe. Ein entsprechend leistungsfähiges System darf nicht nur qualitativ sein, sondern muss auch quantitative Größen berücksichtigen, wie Mitarbeiterproduktivität, Personalbilanz, Personalinvestitionsplan, aber auch als strategische Größe steht die Personalentwicklung unter dem Aspekt der Wachstumspotenziale. Gerade in personalintensiven Unternehmen ist der Shareholder-Value besser durch personalorientierte denn durch kapitalorientierte Kennzahlen zu erklären. Man denke nur an Wissensmanagement, Innovation sowie Führungs- und Managementfähigkeiten, also den Mitarbeiterwert oder Employee-Value.

Boston Consulting schließt mit der Erkenntnis, dass für den dauerhaften Unternehmenserfolg ein konsistentes System personalbasierter Messgrößen unverzichtbar ist.

Am Beispiel der HYPO-Bank soll das System personalbasierter Unternehmenssteuerung im Fokus auf die Elemente der Personalentwicklung kurz dargestellt werden. Im Mittelpunkt der strategischen Maßnahmen stand die Messung der folgenden Komponenten:

Systeme des Führungscontrollings

Aufgaben	Inhalt	Verantwortlich
Topmanagement-Audit	1) Audit der Personalarbeit der Vorstände 2) Moderierte Sitzung 3) Vorstände	Vorstandssprecher
Vorstandsinformation Personal (VIP)	1) Information über Personaltrends im Unternehmen 2) Trendanalyse 3) Belegschaft	Vorstand
Mitarbeiter-Meinungsumfrage	1) Analyse der Mitarbeiterzufriedenheit 2) Vollbefragung 3) Belegschaft	Vorstand / Betriebsrat
Spezialuntersuchungen und Befragungen (Personnel Research)	1) Information zu aktuellen Themen 2) Panelbefragung 3) Zielgruppen der Belegschaft	Vorstand / Oberes Management / Betriebsrat
Employee-Value-Index (Personalspiegel)	1) Analyse der Personalführung 2) Zielvereinbarung 3) Oberes Management	Vorstand / Oberes Management
B.O.S.S. Vorgesetztenbeurteilung	1) Vorgesetztenbeurteilung 2) Leitfaden / Gespräch 3) Vorgesetzter	Vorgesetzte / Sprecherausschuss / Betriebsrat
Mitarbeitergespräch	1) Zielvereinbarung 2 Leitfaden 3) Mitarbeiter / Vorgesetzter	Vorgesetzte

1) = Ziel 2) = Methode 3) = Betroffene / Beteiligte

Abb. 18: Struktur des strategischen Führungscontrollings

Ziel des hier dargestellten Führungscontrollings war, die operativen Ziele der Personalstrategie zu messen, zu controllen, an die Verantwortlichen rückzukoppeln um dann ein entsprechendes Verbesserungsprogramm zu starten. Auf diese Weise war sichergestellt, dass die Manager ihre Aufgaben kannten, die Optimierungsziele in die persönliche Zielsetzung mit aufgenommen waren und somit auch Berücksichtigung im Vergütungssystem finden konnten. 50 Prozent der qualitativen Ziele waren für Führungs- und Kooperationsaufgaben vorgesehen und fanden in der jährlichen Tantieme Berücksichtigung. Dies war die besondere Leistung dieses Systems, dass es auf die Verantwortlichkeit jedes einzelnen Managers abstellte. Nur wenn auch die Vorstände und Bereichsleiter sich diesem Controlling unterzogen, konnte von einer konsequenten Verankerung personalstrategischer Messgrößen in der Unternehmenssteuerung gesprochen werden. Welche Messgrößen standen im Fokus?

- Effektivität der Personalarbeit der Vorstände, im Wesentlichen die Personal- und Unternehmenskulturentwicklung
- Commitment und Gruppenklima bei Mitarbeitern und Führungskräften
- Kritische Arbeitseinstellungen und Motivationslagen im Rahmen laufender Organisationsentwicklungen und Umstrukturierungen
- Trends in der Einstellung zur Unternehmenskultur
- Personalpolitische Zielgrößen und ihre Realisierung, wie die Entwicklung der Potenzialträger, die Integration von Frauen ins Management, Fluktuation, Krankenstand.
- Führungsstil der Vorgesetzten
- Personalarbeit der Bereichsleiter

Dieses System wurde von der Personalentwicklung in Zusammenarbeit mit dem Topmanagement aufgebaut und von den Vorständen und dem Sprecher des Vorstandes aktiv umgesetzt.

Für alle Bereichsleiter wurde diese Messgröße erhoben und in ein gesamtbankweites Ranking eingebracht.

Die Kriterien des Mitarbeiterwertes, die die Hypo-Bank gewählt hat, entsprechen den personalpolitischen Zielen einer mittleren Planungsperiode von drei bis fünf Jahren, auf die sich das Management festgelegt hat. Neue Schwerpunktziele können aufgenommen werden und so den Rahmen verändern. Kerngrößen entsprechen natürlich dem langfristigen Führungsleitbild. Im Folgenden sollen die Kriterien kurz beschrieben werden.

Potenzial- und Entwicklungswerte:
- Qualifizierungsquote
- Beurteilungsquote
- Mitarbeiter in der Förderrunde
- Potenzialquote
- Frauenanteil in der Förderrunde

Leistungs- und Arbeitswerte:
- Teilzeitquote
- Besetzungsquote des Sollstandes
- Krankheitsquote
- Fluktuation und Austritte

Aufwands- und Marktwerte:
- Personalaufwand pro Mitarbeiter
- Tantiemeanteil
- AT-Anpassungsquote

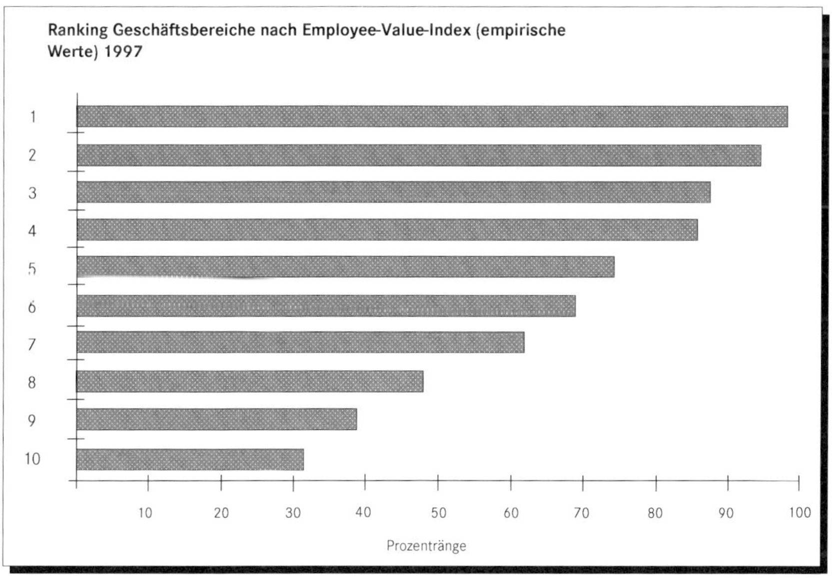

Abb. 19: Ranking Geschäftsbereiche nach Employee-Value-Index

Alle Messwerte wurden jedes Jahr empirisch erhoben und in eine für Vergleiche geeignete Skala transformiert (Prozentränge). Im ersten

Jahr wurde eine sog. Nullmessung durchgeführt, die in die Bewertung der Führungskräfte noch nicht einging. Sie war aber die Basis für die Zielvereinbarung, z.B. die Senkung der Fluktuation auf eine festgelegte Größe, deren Erreichung wiederum die Grundlage für die Tantiemefindung war. Es war die Aufgabe der Personalentwicklungsberater mit den Managern zusammen Maßnahmen zur Verbesserung der Mitarbeiterwerte zu entwerfen. Probleme von bereichsübergreifendem Charakter wurden in Organisationsentwicklungs-Maßnahmen eingekleidet. Strukturelle Führungsschwächen in Bereichen konnten genauso angegangen werden wie situative oder auf die Person des Managers zurückzuführende Schwächen. Der in der Abbildung gezeigte Vergleich der Employee-Value-Indizes führte zu einem zusätzlichen, durchaus gewünschten Wettbewerbeffekt. So bedeutet der Prozentrang von 60, dass 60 % der Bereichsleiter einen schlechteren Wert, 40 % dagegen einen besseren Wert aufweisen. Das differenziert und motiviert zur weiteren Verbesserung.

	1	2	3	4	5	6	7	8	9
	% Rang	% Rang	% Rang	% Rang	% Rang	% Rang	% Rang	% Rang	% Rang
Qualifizierungsquote	34	50	23	65	19	51	68	1	30
Beurteilungsquote	4	30	8	28	10	32	18	93	81
Mitarbeiter in Förderr.	89	100	41	99	73	92	96	3	18
Frauenanteil in Förderr.	84	99	60	100	93	78	95	24	35
Potenzialquote	58	77	73	91	65	8	88	4	16
Fluktuation / Austritte (Polung geändert)	85	57	32	26	57	49	45	4	22
Krankheitsquote (Polung geändert)	46	74	28	85	51	43	90	0	64
Ausnutzungsquote (bipolar)	20	91	16	77	57	68	4	12	18
Mehrarbeitsquote (Polung geändert)	53	93	47	8	27	96	82	0	7
Teilzeitquote	73	81	95	43	70	15	16	62	12
Personalaufw. pro MA (Polung geändert)	14	22	61	50	14	11	24	34	36
Tantiemeanteil	56	21	56	8	64	35	39	3	15
AT-Anpassungsquote	48	77	41	93	62	59	63	15	80
Mitarbeiter-Wert	**49**	**99**	**22**	**92**	**46**	**35**	**80**	**1**	**4**

Abb. 20: Geschäftsbereiche nach Kriterien

Die in dieser Nullmessung aufscheinenden gravierenden Unterschiede in wichtigen Personalkriterien zeigen die Handlungsbreite für das Management auf. So kann gezielt der Hebel angelegt werden.

Zusammenfassend lässt sich sagen, dass eine Organisation, die ernsthaft an der Entwicklung von Leadership im Rahmen der Unternehmensentwicklung interessiert ist, bereit sein muss den Erfolg von Führung zu messen. Nur konkrete Ergebniszahlen zeigen auf, ob die strategischen Ziele der Personalpolitik auch erreicht werden. Sie zeigen, ob das Management die Bedeutung des Human-Capital für den Unternehmenserfolg erkannt hat und es gleichwichtig neben die finanzwirtschaflichen Ziele stellt.

6. Weichenstellung für die Zukunft – weg vom Globalisierungsdruck und hin zum Sustainable Development in der Qualität der Führung

Friedrich Engels hat im 19. Jahrhundert seine Theorien aus der täglichen Anschauung der eigenen Fabriken und der in ihnen arbeitenden Menschen abgeleitet. Der Manchesterkapitalismus hatte die Menschen ausgebeutet und Maler wie G. Grosz haben ihre Karikaturen auch in unsere Erinnerung eingebrannt. Die Hawthorne-Experimente, Psychologen wie *Maslow* und *McGregor* in den USA und Psychologen wie *Münsterberg* in Deutschland haben mit dafür gesorgt, dass »Spitzenleistung mit Menschenwürde« *(D. Frey)* möglich ist, weil sie wissenschafltich nachweisen konnten, dass die Wertschätzung der arbeitenden Menschen die wirtschafliche Wertschöpfung erhöht.

Aber an die Stelle von Verarmung, wirtschaftlicher Ausbeutung und Zukunftlosigkeit des alten Kapitalismus treten heute neue Bedrohungen durch den modernen globalisierten Kapitalismus, wie *R. Sennet* eindringlich darstellt. Die Bedrohung hat sich nach innen verlagert, nicht mehr das physische Überleben ist in Gefahr, heute ist es das psychische Überleben. Immer mehr arbeitende Menschen haben Ängste und Depressionen. *Sennet* schreibt: ›Wer braucht mich?‹ ist eine Frage, die der moderne Kapitalismus völlig zu negieren scheint!« Dabei verweist er auf Symptome, wie die Ungewissheit durch die »Flexibilität«, die ständigen, für die Betroffenen nicht mehr nachvollziehbaren Umstrukturierungen, die Fusionen mit dem Verlust von Identität, das Fehlen von Vertrauen und Verpflichtung, die Oberflächlichkeit von Teamwork.

Was ist die Folge? Wie gehen Menschen mit der neuen Flexibilität um? Der Spiegel berichtete unter dem Thema Arbeitszeit über »Turbulenzen in Wolfsburg«. Zwar hätte die 4-Tage-Woche bei Volkswagen 30 000 Stellen gesichert, doch der Preis dafür sei hoch: Laut Böckler-Stiftung ist belegt, dass aufgrund von 150 Zeitzonen eine ganze Stadt in Turbulenzen gerate. Das Vereinsleben stagniere und die Zahl der Scheidungen sei hochgeschnellt. Was ist die Folge? Häufig die endemische Verbreitung von resignativer Arbeitzufriedenheit, ein Paradoxon in sich. Das zeigen zumindest die aktuellen Untersuchungen zur Arbeitszufriedenheit, insbesondere die Studie von *Frey*, der nachweisen konnte, dass 59 Prozent der Belegschaften durch Vorgesetzte in ihrem Arbeitsumfeld demotiviert werden und frustriert ihre Arbeit verrichten. Befragungen belegen, dass in den Zeiten der Globalisierung wieder der direktiv-autoritäre Führungsstil um sich greift. *W. Bennis* sieht daher die Glaubwürdigkeit der Entscheidungsträger in der Wirtschaft und der Gesellschaft auf dem Nullpunkt angelangt. Manager mutieren für ihn zu kurzatmigen Langstreckenläufern oder Dukatenzählern. Die Lager spalten sich. So beobachten wir auf der einen Seite Unternehmensführer mit einem tiefen Engagement für das Human-Capital und auf der anderen Seite Topmanager, die nach wie vor die einseitige Verfolgung der Kapitalinteressen im Vordergrund sehen. *K. de Vries* nannte den letzten Typus »Teflon-man«, da anscheinend alle Erkenntnisse moderner, motivierender Unternehmensführung an ihm abprallen.

Es sind bis heute unzählige Versuche gestartet worden durch die Lehre an Universitäten, durch eine Fülle von Weiterbildungsveranstaltungen, durch beeindruckende Bücher (*U. R. Müller*, Machtwechsel) und nationale und internationale Symposien (World Economic Forum 2001) sowie Human-Relation-Berater die bekannten Konzepte motivierender Unternehmensführung zu verbreiten und durchzusetzen. Es gibt messbare Fortschritte. Diese haben sich jedoch noch nicht zu einem Sustainable Development entwickelt und verfestigt. So gibt es Unternehmen, die über Jahrzehnte eine Qualitätspersonalführung aufbauen, die aber dann oft »über Nacht« in die Regression eines autoritären Stils zurückfallen; und es gibt den umgekehrten

Fall, dass mit dem Kommen eines neuen CEO's eine positive Zeitenwende der Personalführung einsetzt.

So wie das Hereinbrechen von Krisen oder das Auftreten von »omnipotenten Führern« den Rückfall beschleunigt, befördert genauso zufällig ein charismatischer Führer die Ausgestaltung einer modernen, offenen, dialogorientierten und motivierenden Führungskultur, in der sich Innovation und Personalentwicklung blühend entfalten kann. Sind also die Menschen in den Unternehmen dem bloßen Zufall solcher Entwicklungen ausgeliefert oder gibt es die Möglichkeit der gewollten, geplanten sowie langfristig angelegten Entwicklung und Gestaltung einer Qualitätskultur?

Die Qualität in der Menschenführung muss vom Markt oder Gesetzgeber gefordert werden.

Dies wird nur dann der Fall sein, wenn die Strukturen, die Rahmenbedingungen und die Ordnungsprinzipien der Marktwirtschaft weltweit um die Forderung nach der Qualitätskultur in der Mitarbeiterführung erweitert werden, d.h. wenn die Analysten der großen Investmentbanken diesen Faktor bei der Marktbeurteilung der Unternehmen neben der Eigenkapitalrendite in die Unternehmensbewertung aufnehmen.

Welche Indikatoren weisen in diese Richtung und mit welchen weiteren Konzepten ließe sich eine nachhaltige Veränderung erreichen, wenn die Grundhypothese richtig ist, dass eine durch Personalentwicklung aufgebaute und stabilisierte Unternehmenskultur den wirtschaftlichen Erfolg der Unternehmen nachhaltig fördert?

Wenn nicht weiter der Zufall oder günstiges Geschick über die »Spitzenleistung mit Menschenwürde« entscheiden soll, müssen die Signale in eine neue Richtung gestellt werden. Diese Signale müssen allerdings in eine Richtung weisen, die die Rahmenbedingungen der Unternehmensführung teilweise neu definiert, zumindest jedoch wesentliche neue Ordnungs- und Steuerungskriterien hinzufügt. Marktwirtschaft mag keine weiteren, eingrenzenden Regeln und dennoch gibt es Beispiele und Ansatzpunkte, in denen Unternehmen in Selbstverpflichtung zur Vermeidung wirtschaftlicher Schäden und zu Lasten Dritter sich solcher Einengung ihrer Handlungsfreiheit unterworfen haben.

- Da sind zunächst die Aktivitäten im Rahmen der Umweltentlastung unter dem Stichwort der »Sustainable-Development-Bewegung«, die nicht nur die Schadstoffemissionen wesentlich verringert haben sondern auch erneuerbare Energien und innovative Technologien befördert haben. Noch vor 20 Jahren wurde der Gründer der Bewegung in Deutschland, Hans Gruhl, deswegen verlacht.
- Auch die Ansätze in der Schaffung eines »Code of Conduct« für die internationale Geschäftswelt durch das Bekenntnis gegen Bestechung und für die konsequente Einhaltung der Gesetze in den Kundenländern, hat die Wirtschaftlichkeit ethischer Ansätze in der Globalisierung bewiesen. Ein weiterer erfolgreicher Ansatz war das Bekenntnis und die Verpflichtung der Bauindustrie zur Unternehmensethik, die zusammen mit *Hohmann* entwickelt wurden.
- Ganz entscheidende Impulse und Forderungen kommen jedoch direkt vom Gesetzgeber.
  Durch die aktuelle Entwicklung der Schaffung des Gesetzes zur Kontrolle und Transparenz im Unternehmensbereich (KonTraG) erlegt das Aktiengesetz und das HGB den Vorständen einige neue wesentliche Pflichten auf, die eine interessante Plattform auch für Betrachtung von Risiken und Fehlentwicklungen in der Menschenführung des Unternehmens werden könnten. So lautet der Text (§ 91Abs. 2 AktG): Der Vorstand hat geeignete Maßnahmen zu treffen, insbesondere ein Überwachungssystem einzurichten, damit den Fortbestand der Gesellschaft gefährdende Entwicklungen früh erkannt werden.
  Dazu gehören sämtliche Risikobereiche, insbesondere die operativen Risiken, in deren Fokus auch das fehlerhafte Management der Human-Resources stehen muss. Das fehlerhafte Management des Human-Capital beinhaltet daher alle hier mehrfach dargestellten Problem- oder Gestaltungsbereiche, also von der Personalentwicklung bis zur Unternehmenskultur und dem erfolgsinduzierenden Leadership.
  Das KonTraG eröffnet damit alle Chancen in der gesamten Wirtschaft erstmalig ein flächendeckendes HR-Frühwarnsystem einzurichten und damit die Risiken einzuwerten, die aus einer fehlerbehafteten Personalführung erwachsen.
  Noch haben sich nur wenige Unternehmen auf die Konsequenzen des Gesetzes eingestellt, aber es kommt mit Sicherheit der Tag, in

dem Tools und Maßnahmen der Personalentwicklung, die heute noch freiwillig sind, zum verpflichtenden Standard werden.
Dazu gehört insbesondere die Durchführung von jährlichen Mitarbeitermeinungsumfragen, die Erstellung von HR-Bilanzen zur Darstellung der Social Performance, die Messung der Unternehmenskultur, die Analyse der Effizienz von Bildungsmaßnahmen und die Erfassung der strategischen Personaldefizite und die Messung des Employee-Value.
Die wirksame Durchführung des Gesetzes könnte dazu führen, dass in der nahen Zukunft nur noch Manager eine Chance in den Unternehmen erhalten, die für die Gleichberechtigung von Shareholder- und Employee-Value sind. Dies wird nachhaltige Auswirkungen auf die Ausbildung, Auswahl, Entwicklung und Beurteilung der Manager haben. Dann wird nicht mehr ein günstiges Schicksal die Entwicklung einer motivierenden Unternehmenskultur antreiben sondern die Rahmenbedingungen werden nichts anderes mehr zulassen. Dies mag aus heutiger Sicht wie »Social Fiction« wirken, aber viele andere Entwicklungen der letzten Jahre haben die Visionen der Utopisten auch schon überholt.

New Sustainable Development in der Globalisierung geht aber noch einen Schritt weiter. Ein anderer Motor die Unternehmensentwicklung durch die neue Personalentwicklung anzutreiben kann aus der Unternehmensbewertung kommen. Nur, wenn die Unternehmensbewertung durch unternehmenskulturelle Performanceaspekte erweitert wird, kann das Rating der Firmen durch Analysten der Investmenthäuser auch weiche Faktoren mit einbeziehen. Somit könnte die Geldbeschaffung der Firmen am Kapitalmarkt durch die Erfüllung von HR-Standards beeinflusst werden, was mit Sicherheit zur nachhaltigen Verbesserung der HR-Performance führen würde. Dies baut auf der Erwartung auf, dass sich durch die Kopplung von Employee-Value an den Shareholder-Value eine sukzessive Bewusstseinsveränderung in der Gesellschaft, bei den Belegschaften, Managern und Arbeitnehmervertretungen entwickelt, die einen ähnlichen qualitativen Sprung in der Akzeptanz dieser Werte hervorbringt wie in der Umweltdiskussion. Es kann doch nicht sein, dass die Umweltdiskussion in der Wirtschaft mehr Anhänger gewinnt als die Entwicklung und Entfaltung der Human-Resources. Keine Idee und keine Anstrengung kann herausfordernd genug sein das Ziel einer humanen Unternehmensführung zu verwirklichen. Der große Schweizer *Gottfried Duttweiler* hat das mit den folgenden Worten beschrieben »... nicht mehr das Geld, sondern der Mensch muss in den Mittelpunkt des Wirtschaftsgeschehen gestellt werden. Der Mensch muss von der Wirtschaft als Subjekt respektiert, anstatt als Objekt in die Rechnung eingesetzt zu werden. Menschlichkeit statt Apparat, persönliche Initiative statt Gleichschaltung, fortschrittliche Ideen anstatt Paragraph, das ist unser Weg.«

Literaturliste

Bayerische Hypobank, in ›M. Schütte‹, Hrsg. P. Friederichs,1998

Bayerische Hypo- und Vereinsbank, in H.-G. Penzel/Ch. Pietig Hrsg., ›Merger Guide‹, 2000

B. Beck, Cisco Systems, Referat, Congress MCE; Nizza 1999

W. Bennis, ›The temporary society‹, 1998

Bertelsmann Stiftung, Hans-Böckler-Stiftung ›Praxis Unternehmenskultur – Herausforderungen gemeinsam bewältigen‹, 2001

Jürgen Berthel, ›Personalmanagement‹, 1997

K. Bleicher, ›Das Konzept Integriertes Management‹, 1992

R. S. Burt, in ›Financial Times, Mastering Strategie 6‹, 2000

G. Duttweiler, ›20 000 sentences and phrases of commercial and private‹

D. Frey, ›Erfolgsfaktoren für Changemanagement und Fusionen‹, 2001, Skript

D. Frey, »Kognitive Theorien der Sozialpsychologie‹, 1978

P. Friederichs, ›Personal 2000‹, 1992

J. K. Galbraith, ›The new industrial state‹, 1967

R. A. Heifetz, in Harvard Business Review ›Den Wandel steuern‹, 1997

Michael Hilti, in Siegwart/Neugebauer, ›Megafusionen‹, 1998

K. Hohmann, »Wirtschafts- und Unternehmensethik‹, 1992

E. Jaques, in Lohmer, Psychodynamische Organisationsberatung, 2000

A. T. Kearney, ›Studie Flawless Execution‹, 1997

Kelly, in R. König, Soziologie, 1962

Klockhohn, in R. König, Soziologie, 1962

R. König, Soziologie, 1962

Konzept ›Integrierte Personalentwicklung‹, in Manager Magazin, Nr. 10, 1991
John. P. Kotter, Self-Assessment & Career Development, Prentice-Hall Inc. 1978, Engelwood Chiffs., New Jersey
Kroeber, M. Lohmer, Psychodynamische Organisationsberatung, 2000
M. Lohmer, Psychodynamische Organisationsberatung, 2000
J. G. March u. H.-A. Simon, Organisations, 1958
D. McGregor, ›The human side of enterprise‹ New York, 1970
U. R. Müller, ›Machtwechsel im Management‹, 1997
P. C. Neuhauser, ›Corporate Legends & Lore – The Power of Storytelling as a Management Tool‹, 1992
D. P. Norton, ›Balanced Scorecard‹, 1997
L. Pelzmann, Wirtschaftspsychologie, 2000
R. E. Quinn, ›Beyond rational management‹, 1988
J. Schultz-Gambard, ›Führungsstile im geeinten Deutschland‹, 1993
J. A. Schumpeter, Theorie der wirtschaflichen Entwicklung, 1912
R. Sennet, ›Der flexible Mensch‹, 1988
C. Siehl, ›Forst, P. Organisational culture‹, 1986
Sprenger, ›Mythos Motivation‹,
Taylor, in R. König, Soziologie, 1962
H. Thiemann, in Bleicher, Integriertes Management, 1992
Towers Perrin, C. Porras, Was macht Unternehmen erfolgreich?, 2000
F. Trompenaars, Riding the Waves of culture, 1996
Kets de Vries, M., ›Leaders, Fools, Imposters‹, 1993
Wallas, in R. König, Soziologie, 1962
Jack Welch, Slater, R. ›Jack Welch and the GE-Way‹, New York: McGraw-Hill, 1999

2. Human-Resources-Management in der Globalisierung – Hindernis oder Treiber? Befunde, Trends, Notwendigkeiten

von Dr. Ulrich Althauser

Inhaltsverzeichnis

1. Wandel der Funktion – das alte Hohelied des Personalmanagements

Nahezu in allen Vorträgen, Artikeln und Diskussionen einschlägiger Fachkreise werden die sich eröffnenden Chancen des Human-Resources-Management beschworen sowie die Notwendigkeiten herausgestrichen, dass ohne den bestqualifizierten, stets veränderungsbereiten und lernfähigen Menschen heute nichts mehr geht. Es wird allenthalben betont, dass Unternehmensstrategien ohne zu Höchstleistungen bereite Menschen nicht umzusetzen sind. Nach der Lean-Management- und Reengineering-Welle feiert das Bemühen um die

Human-Resources wieder einmal fröhliche Urständ. In Ausdrücken wie »People-Management«, »Human-Capital-Management«, »Leading People to Results« oder »Human-Resources-Champions« spiegelt sich diese Entwicklung wider: »Human-Resources-Mangement« (HRM) rückt mehr und mehr als der kritische Erfolgsfaktor in den Mittelpunkt strategischer Überlegungen. HRM wird immer mehr zum Geschäft und ist auf dem Weg, den Status einer wirklichen Managementfunktion wie Beschaffung, Vertrieb, Forschung & Entwicklung oder Produktion zu erlangen.

In Deutschland erfährt das »Personalwesen« mehr und mehr eine unternehmerische Orientierung (*Scholz* 1999) und bringt sich kompetent unter neuen Namen wie »Profit-Center HR«, »Wertschöpfungscenter« oder gar »Intelligenz-Center« (Festo AG & Co.) in die Unternehmensentwicklung ein (siehe Sammelband von *Scholz* 1998). In den USA professionalisiert sich das HRM schon länger und ist auf dem Weg, die in den populären Schriften von *Dave Ulrich* (1997, 1999) propagierten Rollen des »Administrative Expert«, »Strategic-Partner«, »Employee-Champion« und »Change Agent« in die Tat umzusetzen. Einige Untersuchungen deuten gar darauf hin, dass das HRM »... is the glue that holds together global organizations« (*Teagarden/v. Glinow* 1997).

Diese neue (- ?) Bedeutung wird in einem sich wandelnden Selbstverständnis offenbar. Nicht länger zählen die vielen, oftmals beklagten Tagesaktivitäten eines Personalmanagers, nicht länger die programmatische Aufzählung von Zuständigkeitsbereichen wie Beschaffung, Entwicklung, Vergütung oder Planung des »Personals«, sondern nachweislich gelieferte Leistungsbeiträge zur Unternehmensentwicklung und Wertschöpfung sind gefragt. Das HRM hat seine Existenzberechtigung zu beweisen,

- im Schaffen von Werten (Was und wieviel erbringen die Mitarbeiter der Funktion HRM für das Unternehmen?),
- im Beitrag zum Management von Wissensbeständen (Wie ist es um das Lernvermögen und das Knowledge-Management bestellt?),
- in der Erhöhung von »Speed to Market« (Wie sieht es mit der Kreativität und der Innovationskraft aus?),
- im Gewinnen und neuerdings auch sehr stark im Halten von Schlüsselpersonen und Top-Talenten (Sind wir gewappnet für die

auf uns zukommenden Aufgaben, haben wir die erforderlichen Mitarbeiter?)
- im Aufbau einer hohen Lernbereitschaft und -fähigkeit in der Belegschaft,
- in einer die Leistungsfähigkeit des Unternehmens fördernden Kulturentwicklung.

Mit anderen Worten, auch HR wird mehr und mehr an den Ergebnissen und den Wirkungen gemessen, nicht an den nachgewiesenen Aktivitäten. Was zählt, sind die Beiträge zum Wachstum, zur Sicherung und zur Entwicklung des Unternehmens. Der »ROE« – Return on Employee – rückt in das Zentrum der Betrachtung.

Das Management von heute versucht, gerade auch mit HRM den vielfältigen Anforderungen gerecht zu werden:

- Globalisierung. Immer vernetztere, immer virtuellere Organisationsformen, völlig neue Konkurrenzsituationen, schnellere Marktveränderungen und das Erfordernis, schnell zu reagieren. Eine »Vertrauenskultur« durch Kulturmanagement zu schaffen und die strukturelle Ausrichtung der HR-Funktion nach Effizienzkriterien wie schnelle Prozesse und optimale Beratung sind hier Aufgaben des HRM.
- Kostendruck und »Value-Generation by HR«. Der Shareholder-Value hinterlässt seine Spuren. Gerade in Deutschland wird traditionell zuerst eher auf das Kostenmanagement, sprich Reduktion der Mitarbeiterzahlen geschaut, denn die Marktchance ergriffen, Erlös und Umsatz zu schaffen. Das HRM versucht sich im Outsourcing, in »Shared Services«-Konzepten und in webbasierten HR-Lösungen, um Kosten zu drücken, aber auch um gerade dadurch wertschöpfend zu wirken.
- Strategie. Mehr denn je ein Erfordernis, jedoch ist es immer noch eher die Ausnahme, dass der Human-Resource-Manager von vornherein mit in die Strategieentwicklung einbezogen ist bzw. diese entscheidend treibt. Allerdings ist international eine klare Entwicklung hin zum »strategischen Partner« zu sehen und im globalisierten Unternehmen geht das letztlich auch gar nicht anders (*Benham* 1999, *Ulrich* 1997, 1999)
- »War of Talents« als der vielleicht kritischste Punkt. In entscheidenden Bereichen sind kaum qualifizierte Mitarbeiter zu bekom-

men und wenn, dann nur sehr schwer und sehr teuer. Bindungskonzepte zum einen, Rekrutierungskonzepte zum zweiten sind die vordringlichen Aufgaben. Und die Antwort auf die Frage, wie das Unternehmen zu einem »Employer of Choice« werden kann.

- Fließende Organisationsstrukturen als Ausdruck der sich zunehmend schneller verändernden Rahmenbedingungen und damit die Unsicherheit, ein Verlust an Berechenbarkeit und Klarheit für die handelnden Personen in den Unternehmen. Drängen auf die Ausarbeitung klarer Strategien, Kommunikationskonzepte und Kulturentwicklung sind die erforderlichen Reaktionen seitens des HRM.
- Vermehrt Fokussierung auf die Kernkompetenzen auf Unternehmensebene und die erforderlichen »Competencies« auf Mitarbeiterebene und damit einer stärkeren strikt leistungsbeitragsorientierten Führung der Mitarbeiter. Neuere Konzepte des »Performance-Managements«, Competency basierte Vergütungssysteme und strikt an den erforderlichen Competencies ausgerichtete Personalentwicklungskonzeptionen sind hier Lösungsansätze.
- Kulturentwicklung im Sinne des Schlagwortes »High-Performance-Organization«, damit auch der Umgang mit einem Verlust an traditionellen Werten wie Loyalität, Wertschätzung langer Betriebszugehörigkeitszeiten und Verlust der Bedeutung der früher so hochgehaltenen »Stammes-Kultur« (Betriebsgemeinschaften wie der »Aniliner«, der »Kruppianer« etc.). *Collins/Porras* (1995) zeigten eindrücklich, welcher Wert dem Faktor »Kultur« zukommt und was das HRM liefern kann.
- Generation.dot.com. Nicht ein eindimensionaler Wertewandel ist bei der Kulturentwicklung, der Ausgestaltung von Vergütungssystemen oder den Bestandteilen eines Retention-Konzeptes zu bedenken, sondern ein ganzer Strauß an unterschiedlichen Werte-Sets verschiedener Generationen. Die Generationen des Radio-, Fernseh- und Internetzeitalters unterscheiden sich hinsichtlich ihrer Werte-Präferenzen grundlegend voneinander (*Scholz* 1999b) – und das hat seine Konsequenzen für das HRM national und international. Nicht zuletzt sind hier die verschiedenen »Diversity«-Konzepte als neuere Überlegungen für Lösungen zu nennen (siehe Abbildung 1)

	PRE-BABY-BOOM »RADIO-BABIES«	BABY-BOOM »TV-BABIES«	GENERATION X »COMPUTER-BABIES«
ARBEIT	Verpflichtung	Kreative Selbstverwirklichung	Teil der Lebensplanung
VORGESETZTER	Respektperson	Im Mittelpunkt der Kritik	Lehrer und Partner
FREIZEIT	Lohn für harte Arbeit	Der Mittelpunkt des Lebens	Stressausgleich
AUSBILDUNG	»Ein Traum«	»Ein Grundrecht«	»Eine Investition«
ZUKUNFT	Vorsorge für »schlechte« Zeiten	»Heute« ist wichtiger	Veränderung als Chance
GELD	Sparen	Ausgeben	Investieren

Abb. 1: Die Ansprüche verschiedener Generationen

Um global all diese Aufgaben leisten zu können, ist unter »internationalem HRM« vor allem Personalentwicklung, Management-Development, Change-Management und Kulturarbeit, »weltliche Seelsorge« für Führungskräfte und Mitarbeiter, juristische Beratung und strategische Unterstützung bei der Unternehmensentwicklung zu fassen. Der herkömmliche Begriff »Personalentwicklung« ist für diese Aufgaben neu zu definieren. Strategische Entwicklung des Personals, global vernetztes und auf Wertschöpfung ausgerichtetes Management der »angelegten Human-Assets« sind die erforderlichen Inhalte.

2. Organisation und Rolle – »HR goes global – really?«

Um die in einer Globalisierung – oder »auch nur« in der Internationalisierung – liegenden Scale- und Scope-Vorteile zu realisieren, sind die Prozesse und Glieder der teilweise hochspezialisierten und über mehrere internationale Standorte gespannten Wertschöpfungskette(n) optimal zu verknüpfen. Das Human-Resources-Management ist hier gefordert, die nötige Koordination, die Problemlösungsfähigkeit, den Wissenstransfer, die Zusammenarbeit und Kommunikation durch ein darauf hin ausgerichtetes HRM sicherzustellen. Menschen koordinieren die Abläufe Tag für Tag, nicht Strukturen; Menschen bringen Wissen ein, nicht das EDV System; Menschen stellen die notwendige Flexibilität sicher, nicht das E-Mail-System. Neben den quantitativen Oberflächenmerkmalen einer Organisation – Internationalisierungsgrad, Größe, Konfiguration, formal definierte Prozesse etc. – sind es unbestritten die durch das HRM geschaffenen und vor allem gepflegten »Intangible Assets« eines Unternehmens, die die Problemlösungsfähigkeit und damit letztlich die Marktfähigkeit des Unternehmens ausmachen. Hier liegt auch die Begründung, weshalb in Merger & Acquisition-Situationen plötzlich das HRM – oft leider erst dann – in der Post-Merger-Phase nachgefragt wird, um die erhofften und errechneten Synergien zu realisieren.

Da Personalentscheidungen meist langfristig wirken, oft irreversibel sind, hohe materielle Konsequenzen und zudem »Modellcharakter« und damit Wirkung auf die Kultur (Zusammenarbeit, Umgang, Vertrauen, Entscheidungsfindung und Entscheidungsprozesse) haben, sind sie in international tätigen Unternehmen auch international abzustimmen. Die Personalbereiche müssen miteinander vernetzt sein. Die Betreuung der Führungskräfte und vor allem die Führungskräfteentwicklung erhält hier einen besonders hohen Stellenwert, da diese Gruppe letztlich die Internationalität des Unternehmens lebt und treibt. Wie sieht es aber tatsächlich aus? Gibt es ein dahingehend wirkendes »international HRM«?

2.1 Einige empirische Befunde

Es lohnt sich, zunächst einen vergleichenden Blick auf den Stand des HRM in Deutschland, Großbritannien und in den USA zu werfen. Stimmt die oft vorgebrachte These, dass das HR-Selbstverständnis und die jeweilige HR-Organisation des Stammlandes wesentlich auch das »globale HRM« prägen? Mit allen darin liegenden Vor- und Nachteilen? Welche Rolle und welches Gewicht hat HRM in den genannten Ländern, welche Entwicklungslinien zeichnen sich ab, was bedeutet dies im Zusammenhang mit Internationalisierung und Globalisierung? Einige jüngere Studien geben interessante Einblicke.

Ferner/Varul (2000) befragten 36 deutsche, multinational tätige Unternehmen und ihre 40 Tochtergesellschaften in UK (überwiegend aus dem produzierenden Gewerbe) über die Entwicklung ihres HRM. Die Firmen befanden sich zum Zeitpunkt der Erhebung im Entwicklungsstadium einer international stärkeren Integration der Beschaffung und des Marketings, der F & E-Aktivitäten und der Produktionsprozesse. Diese Entwicklungen und die Bildung international tätiger und produktverantwortlicher Lines of Business verstärkten bei den befragten Unternehmen den Druck auf das deutsche Personalwesen, sich ebenfalls international aufzustellen und die vor Ort erforderlichen HR-Arbeiten auch dort wahrzunehmen. In über 80 halbstrukturierten, qualitativen Interviews beantworten die Verantwortlichen (2/3 HR-Professionals und 1/3 Manager aus anderen Bereichen) Fragen nach den Konsequenzen und den erforderlichen Entwicklungen im HRM.

Nach den Ergebnissen von *Ferner/Varul* (2000) ist festzuhalten, dass das HRM in Deutschland

- nicht zuletzt durch den arbeitsrechtlichen Rahmen stark administrativ und juristisch geprägt ist,
- wenig strategieorientiert handelt und kaum in die Formulierung der nationalen oder gar internationalen Geschäftsstrategie eingebunden ist,
- obwohl durch das Betriebsverfassungsgesetz in großen Unternehmen automatisch auf Vorstandsebene vertreten, kaum strategisch wirksam ist,
- in Aktivitäten denkt, funktional aufgestellt ist und wenig wertschöpfungs- bzw. beitragsorientiert geführt wird,
- aus hochqualifizierten, besonders mit rechtlichem Spezialwissen ausgestatteten Mitarbeitern besteht,
- durch das vorherrschende technische, funktionale Denken quasi auch automatisch Programme wie beispielsweise auf Funktionen ausgerichtete Karrierepfade schaffte, aber nicht eine übergreifende, für das General Management qualifizierende Führungskräfteentwicklung, die jetzt in der Internationalisierung und Globalisierung gebraucht würde,
- bei ersten Schritten der Internationalisierung vorwiegend rechtlichen Beistand liefert, aber kaum strategischen Nutzen bietet, da die für die langfristige Umsetzung der Geschäftsstrategie notwendigen, das Human-Capital pflegenden, entwickelnden und sichernden Beiträge nicht geliefert werden

In UK und in US

- ist dagegen das HRM seit fünf bis zehn Jahren mehr und mehr strategieorientiert angelegt;
- haben die Firmen viel früher die HRM-Funktion in ihre (auch

früher gestarteten) Internationalisierungs- bzw. Globalisierungsstrategien eingebunden,

- brachte sich das HRM durch international geltende Programme zu Führungskräfterekrutierung, -entwicklung und -vergütung sowie durch die Entwicklung einschlägiger, global verbindlicher Richtlinien zur Geltung,
- nahm das HRM die führende Rolle in der für erforderlich gehaltenen Entwicklung einer für das globale Unternehmen wichtigen »Corporate Culture« ein,
- verknüpfte sich das HRM stärker mit den Geschäftszielen und pflegte gezielt einen kundenorientierten Ansatz.

Wesentlich früher als die heute auch in Deutschland zu beobachtende Tendenz zu einem mehr strategisch orientierten »Business-Partner-Modell« nahm man in US und UK bei der Internationalisierung und Globalisierung von einem Stammland betonten, ethnozentrischen »Industrie-Modell des HRM« Abschied. In multinational tätigen US- oder UK-Unternehmen ist dieses als »Cost-Center« oder »Industrie-Modell« geführte HRM passé. In diesem Modell dominieren administrative Arbeiten und die Konzentration auf Tages-Aktivitäten; die funktionale Gliederung ist wichtiger als kundenorientiert ausgerichtete Prozesse und auf die Bedürfnisse der Linie abgestellte Produkte und Serviceleistungen. Personalentwicklung im klassischen Sinne findet selten statt und wenn, dann nur in einigen wenigen Trainings, nicht aber im Sinne einer echten, unterstützenden Entwicklungsarbeit. Die Unternehmen in US und UK konstruierten in den letzten zehn bis fünfzehn Jahren ein polyzentrisches HRM als »Investment-Center«, das aus länderspezifischen Besonderheiten, marktbezogenen Notwendigkeiten und jeweils geltenden Gesetzen effektive, sprich fördernde Richtlinien und Programme schuf (*Benham* 1999, Seite 10). Die Unterschiede in Kultur und Gesellschaft, im Rechts- und Bildungssystem begründen zwar eigenständige Personalpolitiken in den jeweiligen Ländern, allerdings werden diese vom Stammland durch übergreifende Richtlinien und strukturelle Koordinationsmechanismen zusammengehalten. Echte geozentrische Strategien im HRM – in Zusammenarbeit eines Corporate Centers mit den Tochtergesellschaften in der Welt werden einheitliche personalwirtschaftliche Konzepte und Strukturen geschaffen – sind im Vergleich zu deutschen eher in US- und UK-Unternehmen zu finden, wie etwa bei IBM, Shell, Unilever oder Procter & Gamble. Das zeigt sich letztlich auch darin, dass deutsche Unternehmen selten einen erfahrenen, aus dem Ausland stammenden HR-Manager als Arbeitsdirektor etabliert haben.

Wie im Stammland Deutschland, so dominieren nach *Ferner/Varul* (2000) in den befragten multinational tätigen Unternehmen aus dem Blickwinkel der Tochtergesellschaften im HRM bürokratische Tendenzen. Es wird eher reaktiv, denn strategisch und proaktiv gearbeitet. Die Personalabteilungen beschäftigen sich eher mit sich selbst und arbeiten ab, als dass sie auf die Kunden und die Notwendigkeiten des internationalen Managements eingehen. Die These, wonach die in den Unternehmen lokal begründete und vorherrschende HRM-Denkweise einen prägenden Einfluss auf das internationale HRM hat, konnte von *Ferner/Varul* voll bestätigt werden.

Die Bürokratie zeigt sich darin, dass im Gegensatz zu den in US-Firmen oft vorzufindenden umfassenden, eher ganzheitlich ausgerichteten formalisierten Richtlinienkatalogen die deutschen Multinationalen lediglich für bestimmte Themen (oft für Expatriates und Vergütung, teilweise für das Management der High Potentials) Richtlinien vorgeben. Wenn diese vorhanden sind, werden sie aber auch sehr detailliert ausgearbeitet. Es sind dann Richtlinien und Instrumente vorgesehen, die monolithisch und uniform nach dem Willen der »Zentrale« auch bitte sehr ausgeführt werden müssen. Die Einhaltung und Durchführung steht mehr im Vordergrund als flexible, vor Ort gebrauchte pragmatische Lösungen.

Der festgestellte Mangel an strategischer Ausrichtung liegt zum Ersten darin, dass die Zentrale viel Arbeitszeit und Energie in die heimischen betriebsverfassungs- bzw. mitbestimmungsrechtlichen Aufgaben zu investieren hat, zum Zweiten in der Tendenz, Instrument an Instrument zu reihen. Im Gegensatz zu US- und UK-Unternehmen aber nicht mit Blick auf den Gesamtnutzen eines übergreifenden HRM, sondern mit Blick auf die konzeptionelle Kraft des einzelnen Instruments. Die Folge ist, dass die HR-Verantwortlichen vor Ort oft eigene, pragmatische Ansätze entwickeln und diese aufgrund ihrer Positionsmacht auch durchsetzen. Eine global aufgestellte, an der Geschäftsstrategie ausgerichtete HR-Strategie kann so nicht entstehen (*Pucik* 1997).

Auch sind die eigentlich zentralen, aus einer Hand wahrzunehmenden HR-Aufgaben oft verschiedenen Abteilungen zugeordnet. Eine Abteilung kümmert sich um Führungskräftebetreuung und -entwicklung, eine andere um die Vergütungspolitik der oberen Führungskräfte und eine dritte um die allgemeine Personalpolitik. Nicht selten berichten die Abteilungen unterschiedlichen Vorständen (Arbeitsdirektor zum einen, Finanzen oder Controlling zum anderen). Diese Zersplitterung ist als Folge der rechtlichen Gegebenheiten in Deutschland zu begreifen und ein weiterer Grund dafür, dass sich im Gegensatz zu UK und US in der BRD auch international kein HRM mit strategischem Gewicht etablieren konnte.

Auch die starke »Innenorientierung« deutscher HR-Abteilungen begründet sich in dem bekannten, rechtlich geprägten Rahmen, was dazu führt, dass Initiativen der Töchter im HRM kaum aufgenommen und für das gesamte Unternehmen weiterentwickelt werden. Wie von *Macharzina/Wolf* (1999) ebenfalls festgestellt, sind zudem im HRM die Kontakte und die Koordinationsmechanismen zwischen den einzelnen Ländern untereinander und hin zu der Zentrale bislang sehr gering ausgeprägt. Die empirisch festgestellte tatsächliche Interaktionsdichte sowie die vorhandenen Koordinationswege und -instrumente deuten darauf hin, dass weder zwischen den HRM-Stellen in den Auslandsgesellschaften noch jeweils hin zur Zentrale eine besondere Interaktionsdichte besteht (*Wolf* 1997, S. 145 ff.).

Erst in den letzten Jahren ist zu beobachten, dass HR-Verantwortliche sich regelmäßig in internationalen Meetings besprechen, lokale HR-Initiativen sichten und aus den Best-Practices vor Ort lernen. *Ferner/Varul* (2000) konstatieren, dass letztlich dadurch die ausländischen Tochtergesellschaften deutscher Firmen bis auf wenige ausgewählte Themen einen sehr großen Freiraum haben, ihre eigene HR-Politik zu betreiben. Die Folge ist jedoch, dass von einem abgestimmten, auf die gesamte Unternehmensentwicklung und Strategie ausgerichteten HRM nicht die Rede sein kann. Der strategische Beitrag bleibt somit gering.

Diese Beobachtung wird auch von *Marcharzina/Wolf* (1999) gestützt. Sie untersuchten in europäischen Großunternehmen die strukturelle Einbindung und internationale Zusammenarbeit des HRM. Nach ihren Ergebnissen ist der Personalbereich in den Auslandsgesellschaften organisatorisch meist der dortigen Leitung oder einer sachfremden Funktion (Controlling) unterstellt, mit allen Nachteilen einer größeren Entfernung zum Stammhaus, aber auch mit den Vorteilen, lokal – wenn auch unter der spezifischen Einwirkung des dortigen, die Leitung des HRM wahrnehmenden Bereichs – wirken zu können. Die Verzahnung oder besser gesagt, die internationale Vernetzung des HRM ist damit wenig ausgeprägt, was die Wirkung des HRM wesentlich beeinträchtigt (*Macharzina/Wolf* 1999, S. 263).

Wie die Realität zeigt, muss anscheinend auch von der recht akademisch anmutenden Annahme Abschied genommen werden, dass sich ein internationales HRM in eine klar strukturierte internationale Organisation mit eindeutigen Entscheidungszentren und Prozessen einordnet. International und noch mehr global überwiegen eher Unternehmen, die sich als Netzwerke weltweit gestreuter Teilsysteme mit vielfältigen Entscheidungszentren und virtuell arbeitenden Projektgruppen beschreiben lassen. Es sind »Heterarchien« (*Gunnar Hedlund*), nicht monolithische Organisationen mit eindeutig und symmetrisch zwischen Stammland und Ausland, zwischen Corporate Centern und Tochtergesellschaften in der Welt verteilten Zuständigkeiten und Verantwortlichkeiten (*Macharzina/Wolf* 1999, S. 266). Solche Unternehmen sind fast nur über gemeinsame Werte und Normen (Corporate Identity und Employer-Branding) und über den Aufbau einer gemeinsamen Unternehmenskultur zu steuern. Das ist die eigentliche Aufgabe eines internationalen HRM. Dieses arbeitet selbst als internationales Netzwerk und wirkt nicht als dominantes, sondern als koordinierendes Corporate Center. Hiervon scheinen insbesondere die kontinentalen Unternehmen noch weit entfernt zu sein (s. a. *Ferner/Varul* 2000, S. 94 zu den zwar strategisch eingebundenen, aber wenig linienorientierten französischen und den stark nach dem Laisser-faire-Ansatz linienorientierten, aber kaum strategieorientierten niederländischen HRM-Entwicklungen).

2.2 Erste Schlussfolgerungen – Organisation

Das Stichwort »Strategie« umschreibt die wichtigste Schlussfolgerung. Es gilt zu verhindern, dass die HR-Funktion in das internationale Geschehen förmlich hinein stolpert, statt bewusst und gezielt das eigene Feld (Rolle, Selbstverständnis, Aufgabenkatalog) strategisch zu bestellen und die adäquaten organisatorischen Maßnahmen zu ergreifen (Strukturen, Prozesse, Koordination und Berichtslinien).

Natürlich hängt die Gestaltung des internationalen HRM davon ab, welche Strategie das Unternehmen verfolgt bzw. in welchem Entwicklungsstadium sich das Unternehmen befindet. Ist es (heute noch) ein exportorientiertes Unternehmen, das sich zunehmend durch Vertriebsniederlassungen im Ausland internationalisiert und deshalb vor Ort spezialisiertes Personal rekrutieren muss? Bestehen eigenständige Tochtergesellschaften mit Produktion, F & E und Vertrieb? In diesem Fall werden regelmäßig selbstständig agierende Personalabteilungen einzurichten sein, da diese Aufgabe vom Stammland aus nicht mehr zu leisten ist. Auslandsentsendung und Vertragsgestaltung, Expatriate-Programme, Ansätze einer internationalen Führungskräfteentwicklung in Form von Nachfolgeplanung stehen in diesem Fall gewöhnlich zunächst im Vordergrund. Wird bereits eine globale Strategie verfolgt und sind die Wertschöpfungsprozesse weltweit vernetzt, dann sind auch die Personalprozesse darauf zu beziehen. Im ersten Fall sind die Auswirkungen auf die Organisation des HRM gering, im zweiten Fall sind eventuell erste polyzentrische Personalstrategien zu erarbeiten, im dritten Fall – je nach Größe des Unternehmens eventuell allerdings auch schon im Fall 2 – bedarf es in aller Regel keiner Entscheidung mehr, die Führungskräfteentwicklung, die Vergütung der oberen Führungskräfte, das Performance-Management sowie »Employer-Branding« und die Rekrutierung global auszurichten. Eine heute vielfach wichtige Frage ist beispielsweise: »Wie gewinne ich als ein in Deutschland beheimatetes, in US relativ unbekanntes Unternehmen an amerikanischen Universitäten die dringend fur die dortigen Tochtergesellschaften benötigten besten Talente?« Eine Aufgabe, die nur schwer im Sinne eines ethnozentrischen, reinen Stammland bezogenen Ansatzes zu lösen ist.

Ein international wirkendes, global aufgestelltes HRM

- bedingt eine direkte Vernetzung mit der Strategie des Unternehmens und vor allem eigene strategische Arbeit innerhalb des HRM;
- hat sich entsprechende Strukturen und Prozesse sowie insbesondere Koordinationsmechanismen zu geben, um sich international organisatorisch wirkungsvoll aufzustellen;

- muss sich von einer ethnozentrischen Haltung freimachen und bewusst die benötigten Prozesse international anlegen (beispielsweise geht es nicht um Expatriates, es geht um einen global angelegten Führungskräfte-Entwicklungsprozess);
- benötigt ein »global HR-Mind-Set«, das sich auf Verständnis für die Unterschiedlichkeiten und Gemeinsamkeiten gründet sowie auf die Umsetzung des HRM im Sinne eines Rollenmodells für andere Funktionen abzielt;
- sollte von vornherein im Sinne eines unterstützenden, entwicklungsorientierten Ansatzes gestaltet sein, um die erforderlichen, je nach Kontext benötigten landesspezifischen Varianten eines »Vor-Ort-HRM« im Rahmen eines unternehmensweiten gemeinsamen Nenners umzusetzen und eben nicht im Sinne eines »Industriemodells« lediglich dokumentierend, planend und kontrollierend wirken.

3. Aufgaben und Themen – Was sind die Kernaufgaben eines globalen HRM?

3.1 Einige empirische Befunde

Wie eine Studie von *Towers Perrin* (1998) zeigt, reagieren international tätige Großunternehmen sowohl strukturell als auch was die zu priorisierenden HR-Themen angeht auf die globale Herausforderung. Eine Befragung bei 50 international tätigen britischen Großunternehmen zeigt in der »Corporate Function Human-Resources« eindeutig einen Trend zu mehr Dezentralisierung in die Lines of Business, gleichzeitig auch eine eindeutige Zunahme der strategischen und konzeptionellen Federführung (»Targeting« und »Guiding«) in den Themen Executive Recruitment und Aufbau einer weitgehend einheitlichen Vergütungssystematik. Auch in den Themen Nachfolgeplanung, Führungskräfte- und Organisationsentwicklung ist eine Zentralisierung festzustellen. Bei diesen Themen sowie bei der Entwicklung und Umsetzung der Vergütungssystematik für die oberen Ebenen, bei der Konzeption global geltender Personalpolitiken steht das Corporate HRM im Sinne von »Directing« in direkter Umsetzungs- und Ausführungsverantwortung. Die strategisch wichtigen HR-Themen bleiben somit in zentraler Hand.

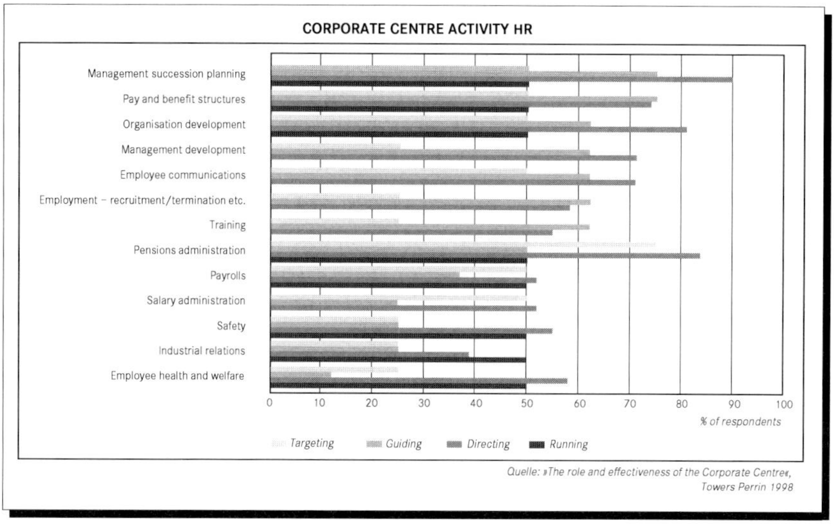

Abb. 2: Die Aufgaben des Corporate-Center-HR in internationalen Unternehmen

Zudem werden, wo immer es möglich ist, »Shared Services«-Einheiten gebildet, um die Skaleneffekte beispielsweise bei der Administration von Altersversorgung (oder Stock-Options-Pläne), Entgeltabrechnung oder Gesundheitsprogrammen einzufahren. E-HR-Anwendungen sind eindeutig auf dem Vormarsch, um über dieses Medium die Globalisierung im Management-Development, in der Kommunikation zwischen dem HRM und den Führungskräften und Mitarbeitern zu intensivieren. Gesteuert und strategisch ausgerichtet werden diese Aktivitäten zwar vom Corporate Center, nicht jedoch durchgeführt. Das geschieht in teilweise voll, teilweise partiell ausgelagerten Einheiten (vgl. *Greer* u. a. 1999).

Internationalisierung bringt nach der oben beschriebenen Untersuchung von *Ferner/Varul* (2000) für deutsche Unternehmen besondere Herausforderungen mit sich und erweitert die meist Stammland-betonten HRM-Praktiken der Unternehmen um folgende Kernaufgaben:

- Die Gründung eines internationalen »Cadre of Senior-Managers«
- Zentral koordinierte und gepflegte Systeme eines internationalen Karrieremanagements
- International angelegte Nachfolgeplanung und zeitlich weiträumig angelegte Auslandseinsätze, um Senior-Manager für die An-

forderungen auf höherer Ebene und für »internationale Geländegängigkeit« zu qualifizieren
- Identifikation und Pflege des Potenzials sowie Entwicklungsplanung der »High Potentials« weltweit
- Einführung international verbindlicher Performance-Management-Systeme (Zielvereinbarungsprozesse, Beurteilungssystematiken, Entlohnungssysteme)
- Arbeit an einer gemeinsamen Kultur (Corporate Identity, Branding)
- Auftritt als Employer of Choice in relevanten Arbeitsmärkten

Cuthill (2000) stellte in einer Umfrage unter 76 Unternehmen mit Sitz in Nord Amerika und Europa quer durch die verschiedenen Branchen fest, dass sowohl die international tätigen (Unternehmen mit einem eindeutigen Stammland und einigen Geschäftsaktivitäten im Ausland), die multinationalen (Unternehmen mit einer Zentrale und Tochtergesellschaften in vielen Ländern) und die wirklich global agierenden Unternehmen (Strategien, Ressourcen und Technologien werden weltweit, ohne Bezug auf nationale Grenzen umgesetzt)

- die Entwicklung von Schlüsselpersonen im Rahmen eines Führungskräfteentwicklungskonzeptes in den Mittelpunkt ihrer globalen HR-Arbeit stellen (60% der Befragten),
- die Personalbeschaffung und -auswahl sowie den Einsatz von Topführungskräften global angehen (die global organisierten Unternehmen am stärksten mit 67%, die multinationalen und internationalen mit jeweils zu 50%),
- die Vergütungssysteme für den oberen Führungskreis weltweit einheitlich in 95% der globalen, in 70% der multinationalen und in 60% der international tätigen Organisationen gestaltet sind.

Für alle Unternehmen ist die größte Herausforderung die globale Rekrutierung und die Bindung der weltweit tätigen Führungskräfte. Dabei geht es eben nicht nur um landesspezifische Beschaffung und juristische Eingliederung qua Vertrag, es geht auch nicht um ein breit angelegtes Expatriate-Programm, sondern stets um ein globales Leadership-Programm, das die Umsetzung der Geschäftsstrategie durch die »richtigen« Mitarbeiter und Führungskräfte sichert. HR-Manager sind in weitaus stärkerem Maße gefordert, die auf internationaler Ebene heute benötigten und morgen relevanten Fähigkeiten

– Umgang mit unterschiedlichen Kulturen, Beweglichkeit in verschiedenen Märkten, soziale Kompetenz, Reflexionsfähigkeit und Belastbarkeit in interkulturellen Kontexten – zu beschaffen.

Diese Sichtweise wird in einer im Jahre 2000 von *Towers Perrin* in Zusammenarbeit mit der Economist Intelligence Unit durchgeführten Studie mit dem Titel »Business, People and Rewards: Surviving and Thriving in the New Economy« bestätigt. Weltweit nahmen 227 Topmanager und Personalverantwortliche unterschiedlicher Branchen schriftlich zu Fragen über das HRM 2003 Stellung. 40 wurden in persönlichen Interviews befragt, 35 ausgewählte Führungskräfte internationaler Topunternehmen nahmen in Diskussionsrunden zu den Anforderungen an das HRM heute und morgen – im Jahre 2003 – Stellung.

Mitarbeiter werden durchweg als kritische Erfolgsfaktoren der Zukunft gesehen. Eine Banalität, im Zeitalter der Wissensgesellschaft dennoch mehr denn je eine Realität, denn qualifizierte und innovative Mitarbeiter sind der entscheidende Wettbewerbsfaktor. Gleichzeitig verlangen beschleunigte Innovationszyklen und das E-Business als neue strategische Richtgrößen von den Mitarbeitern ein anderes Einbringen und ein anderes Verhalten, sprich andere Competencies, als in der Vergangenheit. Rund 80% der Befragten bewerten Innovationsfähigkeit, Teamfähigkeit, unternehmerisches Denken sowie eine hohe Affinität und die Fähigkeit im Umgang mit neuen Technologien (von webbased E-Solutions angefangen) als kritische Mitarbeiterkompetenzen der Zukunft. Nach Einschätzung der Befragten werden diese Kriterien heute nur von wenigen Mitarbeitern erfüllt. Mitarbeiter mit den genannten Voraussetzungen zu gewinnen und sie an das Unternehmen zu binden, wird von 90% der Befragten als wichtiges Ziel der Mitarbeiter-Strategie angesehen. Und – Best-Practices werden immer interessanter. Es heißt immer mehr: Lernen von den High Performern. Erfolgreiche Unternehmen der Old Economy zeigen, dass sie von den Vorgehensweisen der New Economy lernen. Die High Performance-Unternehmen zeichnen sich den Ergebnissen der Studie zufolge durch acht erfolgsversprechende Merkmale aus:

- Intensive Kommunikation mit den Führungskräften und ihre Einbindung

- Breite Kommunikation und Vermittlung der Unternehmensvision und Strategie
- Etablierung als »Employer of Choice«
- Aufbau eines Pools von Schlüsseltalenten
- Empowerment für Mitarbeiter – mehr Raum für Verantwortung und Eigeninitiative
- Optimierung der Vergütungsstrukturen – Flexibilisierung der Bestandteile
- Anpassung der Rewards-Systeme an die Mitarbeiterbedürfnisse – an die Unterschiedlichkeiten der Generationen und eine stärkere Ausrichtung an der Lebensphase der Mitarbeiter
- Individualisierung der Rewards-Systeme

Die Unternehmen wollen die Herausforderungen der nächsten Jahre meistern, indem sie die HR-Strategie nicht einfach als Derivat der Unternehmensstrategie betrachten, sondern diese integrieren und im Gegenstromverfahren erarbeiten und umsetzen. Wertorientierte Ansätze auch im internationalen HRM sollen die geplanten Wachstumsstrategien und die benötigten Innovationen sichern. Mehr denn je ist das HRM als »Strategic Partner« gefordert, nicht als folgsamer Erfüllungsgehilfe.

3.2 Erste Schlussfolgerungen – Themen eines internationalen HRM

HRM entwickelt sich damit von den Inhalten her immer mehr zu einem internationalen vernetzten, strategieorientierten Broker von qualifizierten bzw. weiter zu entwickelnden Kompetenzträgern, zu einem Businesspartner, der erst die Umsetzung der letztlich stets unvollkommenen organisatorischen Strukturen und festgelegten Prozesse ermöglicht. Die Gruppe der Führungskräfte als das über Grenzen, Regionen, Business-Lines verbindende Element ist dabei ein zentrales Thema. Personalmanagement in der globalisierten Welt hat in diesem Sinne nichts mehr mit der »Personalwirtschaft« im altdeutschen »Industrie-Modell«-Sinne zu tun. Personalentwicklung traditioneller Machart ist zu eng gedacht. Global gesehen ist Kulturentwicklung und vor allem Führungskräfteentwicklung gefordert, allerdings auch die Neupositionierung der Funktion HRM selbst und der zu erbringenden Dienstleistungen. Damit geht das HRM und die

Personalentwicklung im engeren Sinn über in eine internationale Organisationsentwicklung.

Als strategischer Partner im globalen Wettbewerb muss das HRM

- als Service Provider für die Linie da sein, »to identify service needs and translate them into deliverables that benefit line managers and employees. ... this means knowing applicable employment laws in foreign countries and customs affecting work practices and then responding to them with timely support programs to avoid costly misunderstandings« (*Benham*, S. 10, 1999);
- auf der Ebene »Corporate-Performance-Issues« fähig und willens sein, Lösungen anzubieten, die zur Wertschöpfung beitragen, indem beispielsweise neue Wege beschritten werden, Führungskräfte an das Unternehmen zu binden;
- als Business Manager die auf Unternehmensebene erforderlichen Kernkompetenzen in individuelle »Competencies« übersetzen und einen »Capital-Stock of Competencies and Talents« schaffen, pflegen und ausbauen;
- den Aufbau eines multikulturellen, in mehreren Ländern erfahrenen multinationalen Topmanagements forcieren;
- Kulturentwicklung im Sinne von Verständnis, Respekt, Diversity und bewusstes Schaffen einer gemeinsamen Identität betreiben;
- auch als strategischer Partner in Sachen Human-Resources wirken, indem die strategischen Unternehmensziele auf HR-Machbarkeit geprüft, Tücken und Risiken der Realisierung ermittelt und Lösungen erarbeitet werden.

Die Agenda »HRM 2003« umfasst insbesondere die Themen:

- Etablierung als Business Partner – proaktives, an Wertschöpfung ausgerichtetes Handeln
- Interne Organisation des internationalen HRM – Strukturen, Prozesse, Koordination – und Einsatz von neueren Technologien im HRM
- Recruitment und Retention in unterschiedlichen Märkten mit teilweise höchst verschiedenen Vorgehensweisen und Instrumenten
- Flexibilisierung und Individualisierung der Vergütungssysteme und der Performance-Management-Systeme – international aufgesetzt, jedoch national angepasste Systeme wie Zielvereinbarungen, Feedbackverfahren und daran gekoppelte Vergütungssysteme

- Internationale, unternehmensweite Führungskräfteentwicklung, d. h. global durchgeführte Potenzialfindungs-, Potenzialpflege- und Potenzialbindungskonzepte
- Nachfolgeplanung, d. h. ein verbindliches, mit Messgrößen hinterlegtes, transparentes System quer über das Unternehmen hinweg
- Spezielle Aktivitäten in Bezug auf die strategisch definierte Gruppe der »High Potentials«
- Aufbau und Erhalten des benötigten »Skill-Sets« besonders mit Blick auf die Entwicklung neuer E-basierter Geschäftsmodelle
- Intelligente Gegenmaßnahmen auf die demographische Entwicklung in den relevanten Ländern
- »E-HR-Solutions« – Redesign der administrativen Prozesse, Neuausrichtung der Zusammenarbeit von Linie und HRM, Verflüssigen der Kommunikationsprozesse

Alle diese Faktoren werden mehr und mehr als zentrale Erfolgsfaktoren des »Going Global« erkannt. Synergien und Zusammenhalt, einheitliche und doch lokal bezogene Strategien können nur bedingt über strukturelle Dimensionen eines Organigramms, über Management-Informationssysteme oder auch über Vergütungssysteme erreicht werden. Deshalb kommt dem vordenkenden, strategisch eingebundenen und an Wertschöpfungsbeiträgen ausgerichteten globalen HRM eine so hohe Bedeutung zu. Allerdings bedingt dies natürlich, im HRM die entsprechenden Kapazitäten und Qualifikationen vorzuhalten, um die entsprechenden Strategien, Programmen und Politiken zu entwerfen, einzusetzen und zum Tragen kommen zu lassen.

Der nachhaltig wirksamste Wettbewerbsvorteil ist, so zeigen erfolgreiche Unternehmensbeispiele, nicht allein die zentralistisch erarbeiteten Geschäftsstrategien, sondern ein global angelegtes, geozentrisches HRM: »If global organizational capability, intrinsically linked to people issues, HR is the principal tool of competition, it is only natural that HR in the future should become the pivotal partner in the globalization process« (*Pucik* 1997, S. 163). Es gilt, die »indirekte Systemgestaltung« durch entsprechende Maßnahmen zu bewerkstelligen (*Hilb* 1997). Wie ist es um das internationale Human-Capital bestellt? Was brauchen wir mit Blick auf Strategie und die verschiedenen Regionen? Welche »globalen Leitplanken für Strategie und

Führung« sind notwendig? Was heißt es, eine weltoffene, lernfähige Unternehmenskultur zu bauen? Wie können die wettbewerbsrelevanten und erkennbar übertragbaren Stärken der verschiedenen Länderkulturen zu einer wettbewerbsstarken Synthese vereint werden? Welche Möglichkeiten bestehen, das Unternehmen für Mitarbeiter und Toptalente attraktiv zu machen? Das sind die zu beantwortenden Fragen. Das ist Personalentwicklung im internationalen Kontext.

4. Total Rewards – »Was sind die Wünsche der Mitarbeiter, was die Notwendigkeiten?«

Neben der erforderlichen Organisation, den Strukturen und Prozessen eines internationalen HRM, neben einer klar definierten und strategieorientierten Rolle und einem damit verbundenen neueren Selbstverständnis eines global agierenden HRM ist eine zweite Perspektive von Wichtigkeit: Was wollen die Mitarbeiter und Führungskräfte? Wie muss der finanzielle und der psychologische Vertrag – neuhochdeutsch: der »Deal« – zwischen Unternehmen und seinen Mitgliedern gestaltet sein, um die erforderlichen Leistungsbeiträge zu erhalten? Wie muss dieser länderspezifisch variieren? Um diese Frage detaillierter beantworten zu können, sind der »Total Rewards«-Ansatz von *Towers Perrin* und einige neuere Untersuchungen aufschlussreich.

4.1 Das Konzept »Total Rewards« als Orientierungsrahmen

Der Grundgedanke ist einfach: Das Unternehmen investiert entsprechend seiner Strategie und konkretisierten Planung in die Sicherung und Entwicklung seiner Kernkompetenzen, um Werte zu schaffen; der Mitarbeiter investiert Zeit, Engagement, Motivation und Entwicklung, um seine höchst persönlichen Ziele zu erreichen. Im Sinne eines Vertrages auf Gegenseitigkeit muss sich von beiden Seiten eine wie auch immer definierte Schnittmenge ergeben. Dieser »Deal« ist die Arbeitsgrundlage für beide Beteiligten.

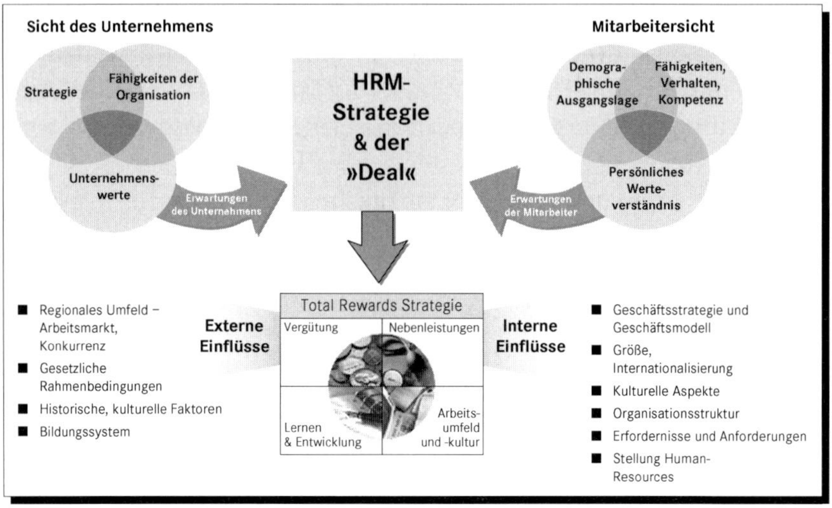

Abb. 3: Die Human Resources Strategie verknüpft Ansprüche und die jeweiligen Rahmenbedingungen

Total Rewards beinhaltet die Investition des Unternehmens in seine Mitarbeiter. Nicht nur die quantifizierbaren Vergütungselemente, sondern gerade auch die weniger direkt in Geld rechenbaren Bestandteile wie Entwicklungschancen, Fördermöglichkeiten, Karrierepfade und vor allem die Unternehmens- und Führungskultur sind Teil des »Deals« (siehe Abbildung 4). Der Mitarbeiter findet hier die Entsprechung seiner Erwartungen an Entwicklung, Geld, Arbeitsumgebung und Kultur.

Die vier Quadranten bilden die Inhalte, das »Was« des Deals und damit die Inhalte des HRM ab. Oberhalb der Mittellinie sind die monetären Elemente, unterhalb die nicht-monetären genannt, links von der vertikalen Mittellinie finden sich die individuell regelbaren Bestandteile des Deals, rechts davon die kollektiven.

Quadrant 1 – links, oben – betrachtet die Vergütungsbestandteile. Sowohl die kurzfristigen als auch die langfristigen Vergütungssysteme. Hierzu gehören die auf Competency und Bandbreitenmodelle basierenden, auf Punktwerten oder Tarifklassen aufbauenden Vergütungssysteme wie auch die mittlerweile immer mehr um sich greifenden langfristigen Systemelemente wie Optionspläne, aktienbasierte Leistungsbestandteile etc.

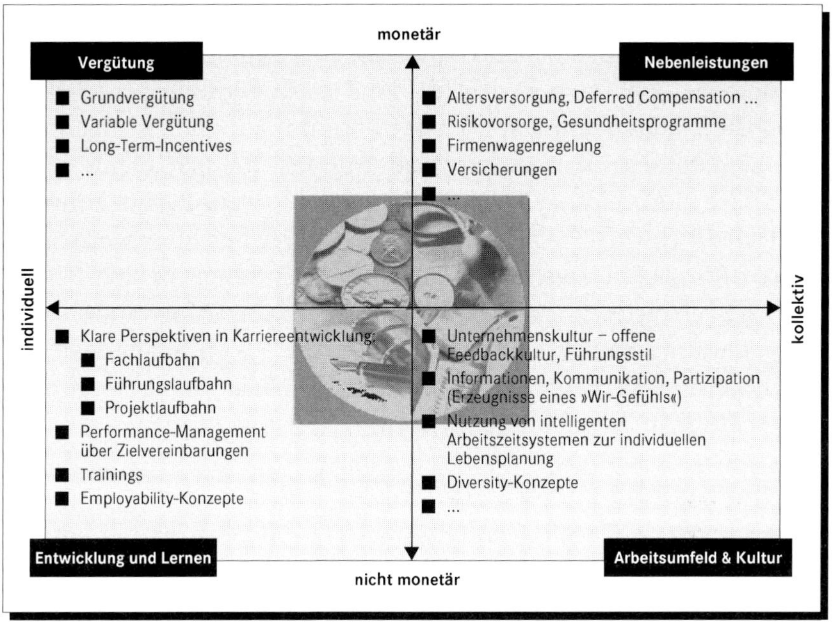

Abb. 4: Die vier Aspekte des »Deals«

Quadrant 2 – rechts, oben – bildet die Zusatz- und Nebenleistungen ab. In US gehören hier die »Benefits« wie Gesundheitsprogramme, besondere Pensionspläne (401k) dazu. In unseren Breiten die vielfältigen, sogenannten Sozialleistungen und kollektiv geregelten, tariflichen Zusatzleistungen. Aber auch Firmenwagenregelungen, Zusatzleistungen wie Pensionszusagen sind hier zu nennen.

Quadrant 3 ist mit dem Quadranten 4 einer der beiden Basisquadranten und führt die individuellen Entwicklungs-, Qualifizierungs- und Laufbahn bezogenen Möglichkeiten auf. Personalentwicklungssysteme, Führungskräfteentwicklungsinstrumente, zwischenbetriebliche Förderprogramme gehören hierher.

Quadrant 4 erhält in den letzten Jahren erhöhte Bedeutung. Kulturentwicklung, Führungsstil und Führungsklima, Formen der Arbeitsorganisation (Team, virtuelle Projektorganisation), Information und Kommunikation, Arbeitszeitmodelle (Sabbaticals) und das Thema »Work-Life-Balance« sind hier Gestaltungsfelder.

Das HRM hat die Aufgabe, alle Elemente des Total-Rewards-Ansatzes international so zu gestalten, dass der größtmögliche Anreiz sich einzubringen entsteht, die größtmögliche Motivation erzeugt wird, Leistung zu erbringen – und in letzter Zeit ganz besonders für die Gruppe der Top Talents wichtig – eine starke Bindung zu schaffen. Wie viele Untersuchungen zeigen: Es kommt auf den richtigen Mix aller Elemente an. Keiner der Quadranten ist für sich alleine genügend. Wie in Abbildung 5 (Ergebnisse einer Towers-Perrin-Umfrage 1999) deutlich wird, haben besonders erfolgreiche Unternehmen reagiert und prüfen regelmäßig, ob die Investitionen in den »Deal« auch die erwarteten Ergebnisse hervorbringen (Motivation, Bindung, Leistungsbeiträge, Verständnis für den Zusammenhang des eigenen Leistungsbeitrags mit dem Ganzen – »Line of Sight« – sowie Entwicklung und Aufbau der benötigten Qualifikationen).

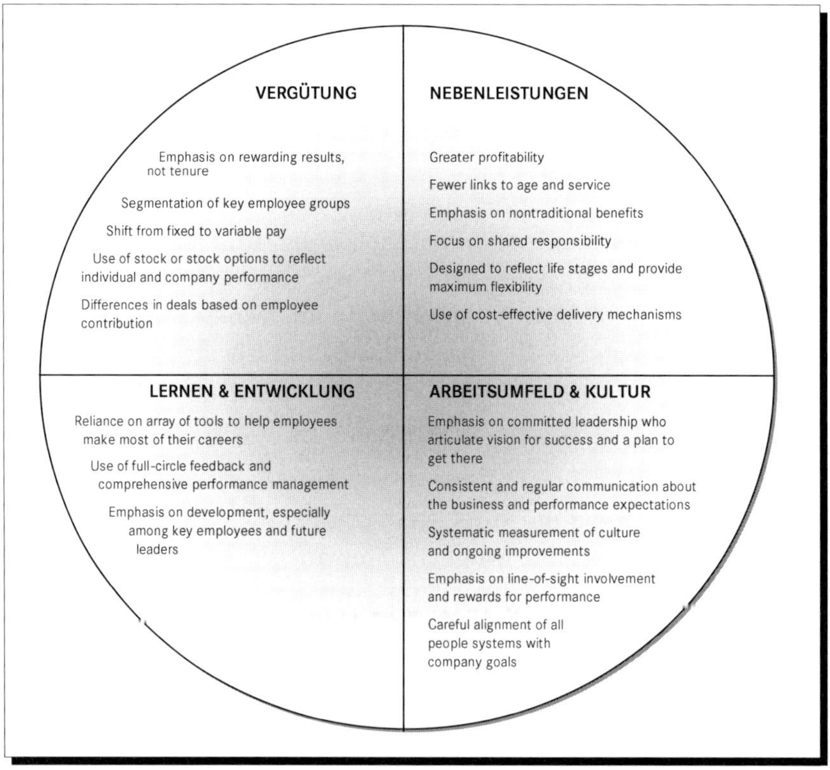

Abb. 5: Der Deal in sogenannten »High-Performance«-Unternehmen

Der zwischen dem Unternehmen und seinen Mitarbeitern vereinbarte Deal muss stimmen, und zwar in allen Teilen. Natürlich unterscheidet dieser sich nach Ländern, Generationen, nach Alter, nach

Old und New Economy. Genau darauf hat sich das HRM einzustellen und die nötige Flexibilität, Variabilität der Instrumente, Programme, Leistungen und Initiativen bereitzuhalten.

4.2 Zentrale Ergebnisse einer Umfrage aus dem Jahre 2000

Die oben bereits erwähnte Towers Perrin/Economist-Studie zeigt, dass in dem durch die New Economy gekennzeichneten Umfeld die Ur-Themen des HRM noch wichtiger werden. Interessant ist besonders der Vergleich Europa und USA – was sind die wichtigsten Themen? Welche Bestandteile des »Deals« sind in den nächsten Jahren von besonderer Wichtigkeit? Wie muss das HRM darauf reagieren?

Die Abbildungen 6 und 7 lesen sich wie ein HR Programm der nächsten Jahre. Vor allem gewinnen in Europa wie in den USA Programme zur Qualifizierung, die Qualität des Leaderships, offene und transparente Kommunikation sowie Karrieremöglichkeiten noch mehr an Gewicht. Spürbares »Leadership«, eine herausfordernde Vision und Innovationskraft unterstützen das Gewinnen und die Motivierung von Mitarbeitern.

- In Europe, the most important rewards now are:
  - Quality of corporate leadership (68%)
  - Open lines of communication (66%)
  - Challenging work (66%)
  - Company reputation/brand (66%)
  - Career advancement opportunities (61%)
- In 2003, most rewards increase in importance, with the most important rewards being:
  - Quality of corporate leadership (85%)
  - Career advancement opportunities (83%)
  - Open lines of communications (81%)
  - Involvement in decision making (80%)
- Thirteen of the 19 rewards were given significantly greater impo rtance in 2003. The rewards that increase by more than 20% include:
  - Programs to support work life balance (38%)
  - L&D programs (34%)
  - Variable pay (31%)
  - Involvement in decision making (29%)
  - Stock options (28%)
  - Performance coaching and recognition (24%)
  - Career advancement opportunities (22%)
  - Creative job design (22%)

- In the US, challenging work (78%) and the quality of corporate l eadership (77%) are considered the most important rewards now, followed by :
  - Career advancement opportunities (71%)
  - Corporate culture (70%)
  - Company brand/reputation (69%)
  - Open lines of communication (67%)
- All rewards increase in importance in 2003, with the most important being those that were important now:
  - Career advancement opportunities (91%)
  - Quality of corporate leadership (90%)
  - Challenging work (90%)
  - Corporate culture (90%)
  - Open lines of communication (89%)
- L&D programs (87%) increase to the top tier of importance.
- All rewards increase by a significant proportion in 2003, except base pay, retirement savings plans and pension plans. The rewards wi th the most significant shifts (shifts of 25% or more) include:
  - Programs to support work life balance (37% increase)
  - Creative job design (36%)
  - Involvement in decision making (33%)
  - L&D programs (33%)
  - Variable pay (25%)

Abb. 6: Die Bedeutung von Rewards in Europa und USA heute und morgen

Will eine internationale Unternehmung engagierte, motivierte Mitarbeiter finden und vor allem an das Unternehmen binden, sind derartige Programme global zu entwickeln. Bei der Gestaltung des Deals zählen dabei weniger die monetären Elemente, gewichtiger sind nach aller Erfahrung weitaus stärker die immateriellen Möglichkeiten der Entwicklung und Förderung sowie Zusammenarbeit im Sinne von Teilhaben an Entscheidungsprozessen, Sich-einbringen-können und natürlich Führung und Kultur.

- In Europe:
  - Credible leadership is believed to be the most influential factor in recruiting and retaining key employees (71%), followed by
    - Accessible leadership (61%)
    - Receptivity to innovation (61%)
    - Clear compelling vision (61%)
  - With regard to engaging and motivating, all factors are rated more influential in engaging and motivating employees than recruiting/retaining them - with the exception of clear and compelling vision (61%/61%). The significant increases include:
    - Opportunity to work an key new projects (24% difference between the recruiting/retaining influence score and the engagement/motivation score)
    - Rapid leadership decision making (22%)
    - Accessible leadership (22%)
    - Ability to receive and provide feedback (19%)

- In the US:
  - Credible leadership is believed to be the most influential factor in recruiting and retaining key employees (86%), followed by
    - Accessible leadership (70%)
    - Autonomy in on-the-job decision-making (69%)
    - Receptivity to innovation (67%)
    - Clear compelling vision (70%)
    - Avenues for continual learning (67%).
  - With regard to engaging and motivating, all factors are rated more influential in engaging and motivating employees than recruiting/retaining them (ten of twelve are significant increases or gaps). The most significant increases (those 20% or more) include:
    - Ability to receive and provide feedback (31% difference between the recruiting/retaining influence score and the engagement/motivation score)
    - Capacity to team with company stars (27%)
    - Opportunity to work on key new projects (20%)

Abb. 7: Ausschlaggebende Faktoren für eine erfolgreiche Rekrutierung und Bindung der Mitarbeiter

Auch diese Ergebnisse weisen auf die Bedeutung einer strategisch angelegten HR-Arbeit hin, zumal die befragten Manager diese Punkte als kritisch erachten, die gesetzten Geschäftsziele zu erreichen. Die Ergebnisse können als Orientierungsrahmen für die Entwicklung einer internationalen HR-Strategie dienen und geben Anregungen für die Ausgestaltung des »Deals«.

4.3 Schlussfolgerungen – der neue »Deal«

Wie oben schon bei Aufgaben und Themen herausgearbeitet, zeigt sich auch bei näherer Betrachtung des »Deals«, dass die qualitativen Themen und damit die Quadranten »Entwicklung und Lernen« sowie »Arbeitsumfeld und Kultur« ausschlaggebend sind, um die kommenden Herausforderungen zu meistern. Natürlich muss auch das »Gehalt stimmen«. Das wird in den Augen der High Potentials erreicht, wenn variable Komponenten eingebaut werden und ein enger Zusammenhang zwischen Leistungserbringung und Leistungshonorierung über ein transparentes Performance-Management vorhanden ist.

Nicht nur die Erwartungen verschiedener Generationen und unterschiedlicher Zielgruppen im Unternehmen, die Ansprüche verschiedener Nationalitäten und der damit verbundenen Rahmenbedingungen sind von einem internationalen HRM im Blick zu behalten, sondern ganz besonders die ganzheitliche Betrachtung des Deals. Ein einheitliches, weltweit geltendes Vergütungssystem oder Expatriate-Vergütungsmodell ist ebenso zu kurz gedacht wie ein zentralistisches, ethnozentrisches Führungskräfte-Entwicklungsmodell. Mitarbeiter wollen mehr einen individualisierten Ansatz. Dies gilt ganz besonders für die Gruppe der »High Potentials«.

Offensichtlich werden seitens der Beschäftigten mehr Flexibilisierung und Individualisierung in allen Teilen des »Deals« erwartet. Die Unternehmen schaffen differenzierte Reward-Strategien mit dem Ziel, diese besser auf die Unternehmensstrategie und -ziele abzustimmen, leistungsorientierter zu »entlohnen« und das »Vergütungspaket« im weiteren Sinne (Total Rewards) ganz wesentlich um die immateriellen Bestandteile zu erweitern. Die Vielfalt an Systemen und Ausgestaltungen wird gerade im internationalen Bezug somit zunehmen. Allerdings wird der Koordinationsaufwand der Pflege und Abwicklung sowie die Anforderungen an eine vermittelnde, erklärende und damit die Wirkung der Systeme verstärkenden Kommunikation höher.

Unternehmen müssen sich zunehmend auf dem internationalen Arbeitsmarkt nach talentierten Mitarbeitern umsehen. Der Aktionsradius hat hier, auch unterstützt durch eine zunehmende Globalisierung der Unternehmen aufgrund entsprechender Merger und Akquisitionen, deutlich zugenommen. Die Konsequenz ist, dass auch in Fragen des »Deals« in Zukunft viel stärker global Ansätze zu entwickeln sind. Die Frage, in wieweit sie primär lokal ausgerichtete Systeme völlig ersetzen oder als zusätzliche Modelle für einen ausgewählten Kreis von Mitarbeitern eingeführt werden, ist von Unternehmen zu Unternehmen unterschiedlich zu beantworten. Der Einfluss US-amerikanischer Modelle beispielsweise auf die Gestaltung der Vergütungsmodelle wird dabei noch größer werden. DaimlerChrysler ist hierfür sicherlich ein gutes Beispiel. Die Entwicklung kulturübergreifender Diversity-Konzepte, um dem Unternehmen Kreativität und Innovation zu sichern bzw. unterschiedlichste Mitarbeiter zu gewinnen, zu halten sowie als Teil des Deals zu »verkaufen« wird ebenfalls zunehmen. Ein gutes Beispiel hierfür ist die Deutsche Bank, die in ihrem weltweiten Diversity-Programm versucht, den Erwartungen verschiedenster Mitarbeitergruppen zu entsprechen und diese für die Bank zu begeistern und deren Potenziale zu nutzen.

5. Was ist zu tun? – Die Agenda eines globalen HRM

5.1 Selbstverständnis – Rolle und Organisation

Die Schlussfolgerungen in Kapital 2 und 3 zeigen zusammenfassend eines: Globales HRM bedingt ein neues Selbstverständnis. Will das HRM als strategischer Partner der Linie erfolgreich sein und ernst genommen werden, muss es das internationale Geschäftsmodell verstehen, die Strategie nachvollziehen und daraus ableiten können, was dies für eine globale HR-Strategie bedeutet. Das HRM hat sich als Business, als wirklich unternehmerisch agierende Funktion zu begreifen, als Lieferant von Wertschöpfungsbeiträgen, z. B. indem folgende Fragen beantwortet werden können: Wieviele »Inspiring-Leaders«, wieviele »Transformational-Leaders« konnten gewonnen, entwickelt und auf die Schlüsselpositionen rund um die Welt positioniert werden? Ist ermittelt worden, welches Verhalten, welche Fähigkeiten, welche Erfahrungen benötigt werden, um die Geschäftsstrategie zu verwirklichen? Wie und wo sind diese Competencies zu beschaffen, zu entwickeln, zu halten? Wie ist der Deal global und lokal differenziert auszugestalten? Welche Prozesse, Instrumente und Politiken sowie Technologie müssen bereitgehalten werden, die Globalisierung und die Wettbewerbsfähigkeit zu unterstützen?

Personalpolitisch sind zumindest folgende Fragen zu beantworten:

- Für was – Auftrag, Beitrag zur Unternehmensentwicklung – steht das HRM, wie versteht es sich selbst?
- Wo in der Organisation ist das HRM zu verankern? Welchen Stellenwert erhält es damit?
- Welcher Service, welche Leistungen werden erwartet und angeboten? Wie rechnet sich der Service? Was sind die Erfolgsfaktoren?

- Welches Rollenverständnis entspricht den Erfordernissen des Unternehmens – Administrator, Berater, Broker von Qualifikation und Kompetenz, Task Force für Veränderungen, Kulturmanager, Coach und Mentor für spezifische Zielgruppen?
- Wie lässt sich ein Mission-Statement »HRM« fassen?

Daraus leitet sich ab, inwiefern HR-Manager in die Internationalisierung und strategische Entwicklung einzubeziehen sind bzw. einbezogen werden können. Grundsätzlich ist ein strategisch orientiertes HRM wegen seiner Bedeutung für die Unternehmensentwicklung nicht mehr weg zu denken. Die in Kapitel 3 erarbeiteten Themen und der künftige »Deal« (siehe Kapitel 4) sind strategisch angelegt zu erarbeiten. Abbildung 8 zeigt in Anlehnung an *Ulrich* (1997), dass nicht nur, aber natürlich auch die administrativen Serviceleistungen bedeutend sind. Wichtiger sind allerdings international gesehen die strategischen Beiträge. Das HRM ist aufgefordert diese Beiträge zu definieren und messbar zu machen, an der Kultur in ihrer Ausprägung effizienter Entscheidungsprozesse, von Vertrauen getragener Koordination, Führungsstil und Umgang und gemeinsam verfolgter Werte zu arbeiten und auf die Formulierung inspirierender Visionen für die Mitarbeiter hinzuwirken. Gerade dieses so oft vernachlässigte, in ihrer motivierenden Wirkung sträflich unterschätzte Arbeitsfeld muss eine Domäne des HRM sein. Das HRM muss auf die Klärung der Zielrichtung, auf die Formulierung und Kommunikation einer klar dargestellten, nachvollziehbaren, realistischen und vor allem glaubwürdigen Vision drängen. Erst mit einer klaren Zielrichtung macht HR-Arbeit im Sinne von Kultur-Management und Unterstützung der Unternehmensstrategie Sinn.

Arbeitet das HRM in allen vier Bereichen, dann nimmt es eine aktive, unterstützende, beratende Rolle ein. Die einseitige Diskussion um die rechnerischen »Business-Drivers« – TSR, EBITA, WACC etc. – der Globalisierung kann damit um die Diskussion der »Employee-Drivers« ergänzt werden. Viel wird über die genannten »Shareholder-Value«-Größen geschrieben, weniger über die für die Umsetzung unverzichtbaren – von einigen Firmen deshalb explizit geschaffenen – »Employee-Drivers«, die der Geschäftsbereich HRM liefern muss. Dies sind: Internationalität und »globale Denke« der Mitarbeiter, Kreativität, Innovation, Bindungsstärke und Einsatzbereitschaft, Teamfähigkeit, ex ante Koordination durch von Vertrauen getragene persönliche Netzwerke der Führungskräfte, konstruktive und auf den Markt ausgerichtete Streitkultur. Es sollte einem modernen HRM-Selbstverständnis entsprechen, sich insoweit als Business-Partner, als Treiber zu verstehen, der diese Employee-Values schafft, das Management der Human-Assets als zielorientiertes, proaktives Geschäft betreibt, interne Marktleistungen erbringt wie eine effiziente HR-Administration, integriertes Personalmarketing, Rekrutierung und Entwicklung betreibt, sich messen lässt und aktiv in die Unternehmensentwicklung eingreift.

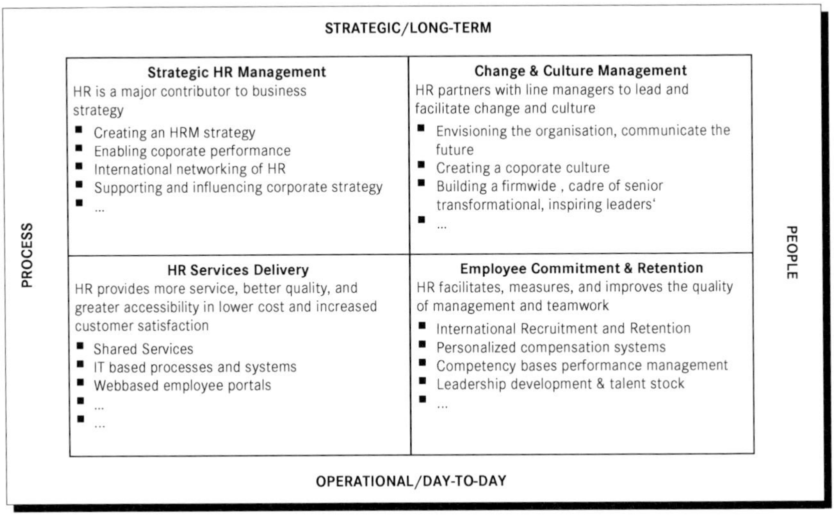

Abb. 8: Die strategische Ausrichtung des internationalen HRM

Um dies zu ermöglichen, sind die Rollen zu definieren. Abbildung 9 beschreibt grob die benötigten vier Rollen. Wissen, Konzepte, Vorgehensweisen, Programminitiativen werden im HR-Center of Excellence erarbeitet und über die HR-Business-Partner in die Linie getragen. Diese sind die Partner in allen HR-relevanten Fragen. Ihre Funktion ist es, zu helfen, die Geschäftsstrategie umzusetzen, das Tagesgeschäft HR zu erledigen, HR-Programme einzubringen und wirtschaftlich zum Erfolg zu bringen. Alle administrativen Vorgänge werden soweit als möglich im Sinne eines »Shared Services«-Konzeptes im Adminstrative-Service-Center konzentriert, automatisiert und unter Umständen wo möglich mit dem Ziel ausgelagert, Skaleneffekte zu erreichen. Die Prozesse werden in diesem Center weltweit einheitlich gestaltet, so dass ein schneller, unkomplizierter und kundenfreundlicher Service garantiert werden kann. Firmen wie Caltex, BOC, BP Amoco und Motorola haben dieses Konzept verwirklicht. Geleitet wird das HRM vom Corporate Center und dem HR-Leadership Team, das koordinierend wirkt und die Umsetzung globaler Konzepte der Führungkräfteentwicklung, High-Potential-Programme etc. sicherstellt.

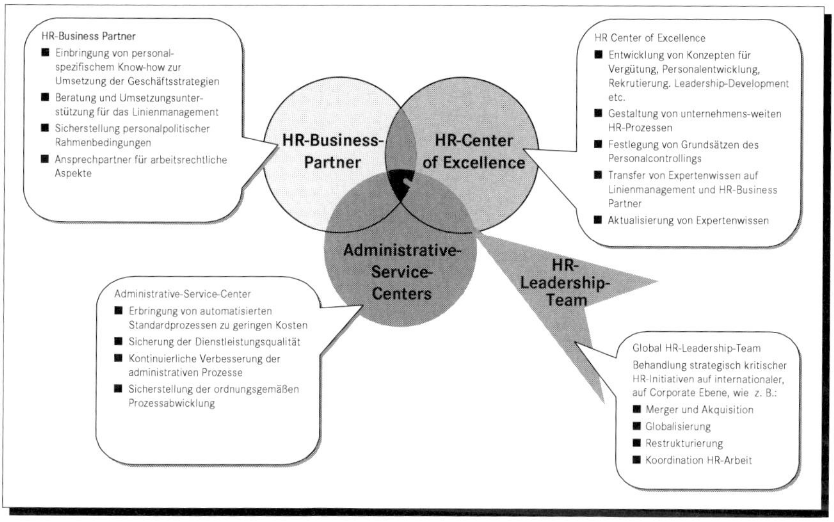

Abb. 9: Beispiel der Rollen in einem globalen HRM

5.2 Entwicklungsbedarf bei HR-Managern und Mitarbeitern

Die unternehmerische Verantwortung für die Human-Assets bedingen ein global angelegtes Denken, kulturell differenziertes Handeln, zielgruppenspezifisch ausgerichtete Beratung und internationale Vernetzung. Diese Grundhaltung und die hier diskutierten Befunde und Entwicklungen führen zu folgenden Konsequenzen für den Entwicklungsbedarf innerhalb HR:

- Es wird Zeit, dass HR-Manager ein »Global-Mind-Set« entwickeln, d. h. mehr Verständnis für das globale Geschäftsumfeld aufbringen, sich aktiv einbringen und die entsprechenden Rückschlüsse für ein effizientes, globales HRM ziehen.
- HR Manager müssen selbst internationaler in der Denkweise werden, länderübergreifende Erfahrungen sammeln und die internen

HR-Prozesse entsprechend den gewachsenen, globalen Ansprüchen gestalten.

- Formale und informale Koordinationsmechanismen müssen geschaffen werden, um die weltweite HR-Organisation und vor allem die Zusammenarbeit der HR-Professionals untereinander zu optimieren.
- HR-Manager müssen sich zur Geltung bringen und zeigen, dass sie als Funktion selbst ein »Business-Driver« für die Globalisierung sein können.
- HR-Manager müssen das eindimensionale Faktendenken überwinden und in übergeordneten Visionen und Strategien denken.
- Gestalten, Begleiten und aktiv Einfluss nehmen auf Veränderungs- und Entwicklungsprozesse muss zum Alltag eines HR-Managers gehören.
- HR-Manager müssen ihr Geschäft differenzieren in wertschaffende Unterstützung der weiteren Unternehmensentwicklung, in Beratung und Begleitung von Führungskräften und in effiziente, administrative Prozesse.
- Die erforderlichen Kompetenzen erweitern sich in fachlicher Hinsicht und ganz besonders bezüglich der unternehmerischen Mitverantwortung.

Die künftigen Anforderungen an HR-Manager fasst *Dave Ulrich* auf Grund einer Analyse vielfältiger Befragungen aus den letzten zwölf Jahren in drei Kategorien zusammen (siehe Abbildung 10). Nur auf den ersten Blick ist dabei erstaunlich, dass nicht das Wissen um HR-Programme, Werkzeuge, Initiativen die wichtigste Kategorie bildet, sondern das Wissen um Lenken, Fördern und Steuern von Veränderungsprozessen. Erklären lässt sich das mit folgender Argumentation: »Knowing the business lets an HR professional join the mangement team; knowing HR practices helps the professional contribute; and managing change helps the HR professionals make things happen.« (*Ulrich* 1997, S. 251). Wird dieses zugegebene grobe Rahmenmodell notwendiger Competencies als Zielgröße für international tätige HR -Professionals genommen, zeigt sich schnell eine erhebliche Entwicklungslücke (siehe die obigen Befunde in Kapitel 2, s. a. *Walker/Stopper* 2000).

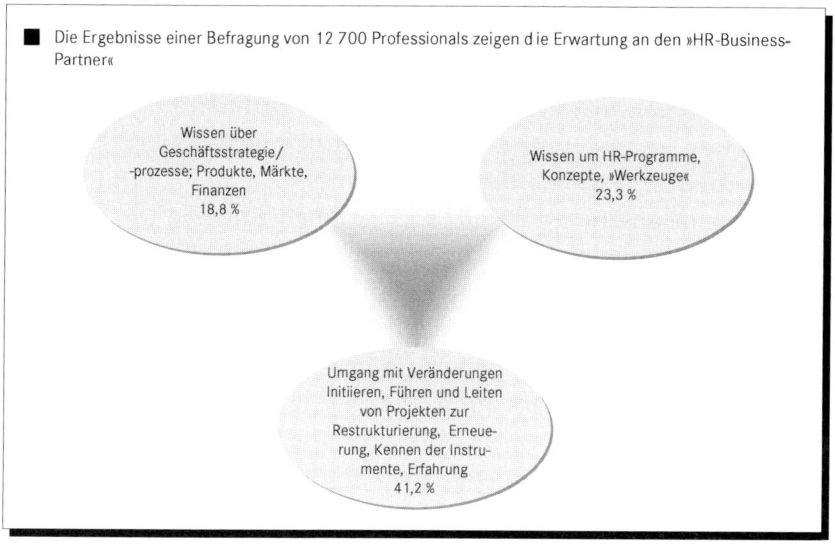

Abb. 10: Wissen und Können als HR-Business-Partner

In Analogie zu einem Investmentbanker argumentiert, ist der HR-Manager nicht nur für die Betreuung der Human-Assets und für die Gestaltung des jeweils spezifischen rechtlichen Rahmens zuständig. Viel wichtiger ist, dass er sich als der zuständige Broker versteht, der für den strategieorientierten Aufbau, den Erhalt, den stetigen Umbau sowie die Entwicklung der benötigten Competencies und des »Talent-Stocks« verantwortlich zeichnet. Best-Practices zeigen, dass genau in diese Richtung die Qualifizierung der HR-Manager geht: Mehr und mehr werden spezielle HR-Leadership-Competency-Modelle entwickelt, besondere Programme für HR-Strategieentwicklung aufgelegt, Steuerungsinstrumente zum Business-Impact von HR-Programmen als Grundbestandteil des HRM erlernt, Job-Rotation mit Linienfunktionen durchgeführt, individualisierte hochkarätige Ausbildungen an Topinstituten arrangiert, um die erforderliche General-Management-Qualifikation zu erreichen sowie für HR-Manager gezielt Einzelentwicklungspläne erstellt (siehe die Case-Studies bei *Walker/Stopper* 2000).

5.3 Das zentrale Thema: Internationale Führungskräfte-Entwicklung als verbindendes Element

Gerade international geht der altbekannte Glaubenssatz »Strategie → Struktur → Systemgestaltung → Erfolg« nicht länger 1 : 1 auf. Diese rationale, formale Gleichung ist schlicht unvollständig. Die Variablen »Mensch« und »Führung« sind einzufügen, um über ein solch rational konzipiertes Managementsystem hinaus Richtung und Motivation zu geben. *Bartlett/Goshal* (o. Jg.) sehen daher die wahre Aufgabe des Topmanagements in folgender Haltung: »Weniger auf strategische Pläne und mehr auf ein großes Unternehmensziel setzen, den Blick nicht so sehr auf formale Strukturen denn auf effektive Führungsprozesse richten, bei den Mitarbeitern weniger Wert auf Verhaltenskontrolle legen als auf die Entwicklung breiterer Fähigkeiten und Perspektiven« (Seite 35). Erfolgreiche internationale Konzerne wie 3M, AT&T, Intel, Kao oder Corning haben sich aufgrund solcher Managementprinzipien beständig weiterentwickelt. Dies sind die Themen, die von einem internationalen HRM, im besonderen von der Führungskräfteentwicklung (FKE) getragen sein müssen. Dabei steht nicht der formale, logische Qualifizierungsprozess im Vordergrund, sondern unternehmerisches Leadership – Inspiration, Sinngebung, Entwickeln einer Wertebasis und aktive Kulturentwicklung.

In einer im Jahre 2000 durchgeführten Studie von Towers Perrin in 16 multinationalen und in zehn ausgewählten DAX-Unternehmen zeichnen sich als Best-Practices einer internationalen Führungskräfteentwicklung folgende Leitlinien ab:

- Globale Unternehmen gehen weg von »Closed-Shop«-Lösungen, legen die vereinbarten Verfahren und Instrumente offen und kommunizieren das Thema Führungskräfteentwicklung als eines der wichtigsten Topthemen.
- Ein global definiertes und um Besonderheiten regionaler Kulturen ergänztes Competency-Modell schafft Transparenz und erlaubt ein einheitliches Performance-Management.
- Nachfolge- oder Talent-Pools werden an den definierten, international benötigten Competencies gemessen und bewusst als Mittel eingesetzt, die internationale Zusammenarbeit und Kommunikation zu verbessern und sicherzustellen.

- Führungskräfteentwicklung wird gezielt stärker systematisch angegangen: Ein verbindlicher Prozess mit festgelegten Zuständigkeiten ist definiert, die Vorgehensweise bei der Nominierung und Begutachtung des Potenzials ist durchdacht, die möglichen Qualifizierungsprogramme und die nötige Datenbasis werden laufend angepasst; in aller Regel wird das Thema federführend zentral, aber mit Hilfe der Linie bearbeitet und ist mit dem Geschäftsprozessmodell verbunden (Planungs-, Budgetierungsprozess etc.).
- Regelmäßig auf Topebene stattfindende Reviews werden genutzt, um die strategische Ausrichtung des Unternehmens, die geplanten organisatorischen Änderungen und Erfordernisse mit Personalfragen, Nachfolgealternativen, Entwicklungsplänen und dem vorhandenen Potenzial auf Topebene abzugleichen und zu verknüpfen.
- Nicht länger steht einseitig die Nachfolgeplanung für die Topebenen im Mittelpunkt; die erfolgskritischen Schlüsselpositionen werden differenzierter und umfassender identifiziert und die hierfür interessanten Talente weltweit ermittelt und in die Systematik einbezogen.
- Unternehmens-, Management- und auch die Ebene der Betroffenen werden integriert betrachtet (siehe Abbildung 11).
- Die Vernetzung mit den Themen Vergütung, »Employer of Choice« sowie »Retention and Attraction«, Kommunikation und Wertschaffung rückt in den Mittelpunkt.
- Einige Firmen bündeln die Identifikation und Entwicklung des Potenzials mit der Aufgabe »Attraction and Retention« in einer Position »Chief-Talent-Officer« auf Topführungsebene, um das Thema »Talent-Management« eng mit der Geschäftsstrategie zu verbinden
- Externes Coaching und und internes Mentoring nimmt als begleitende, unterstützende Beratung für Topführungskräfte und den umworbenen Führungsnachwuchs zu.

Mit einem unternehmensweit konsistenten, verbindlich angelegten und ausgeübten Rahmenkonzept wird das weltweit vorhandene Potenzial transparent, es wird regionalen Egoismen entgegen gearbeitet und vor allem ein globaler Ansatz verwirklicht. So dominieren nicht mehr die »Locals« auf den wichtigsten Positionen, vielmehr werden die weltweit als bestmögliche Kandidaten identifizierten Mitarbeiter gefördert und positioniert. Diesen Weg haben insbesondere Unternehmen wie IBM, GE oder Unilever eingeschlagen, um ganz bewusst eine »globale Denke« herzustellen. HRM liefert damit einen Beitrag für die »internationale Sozialisation des Managements«.

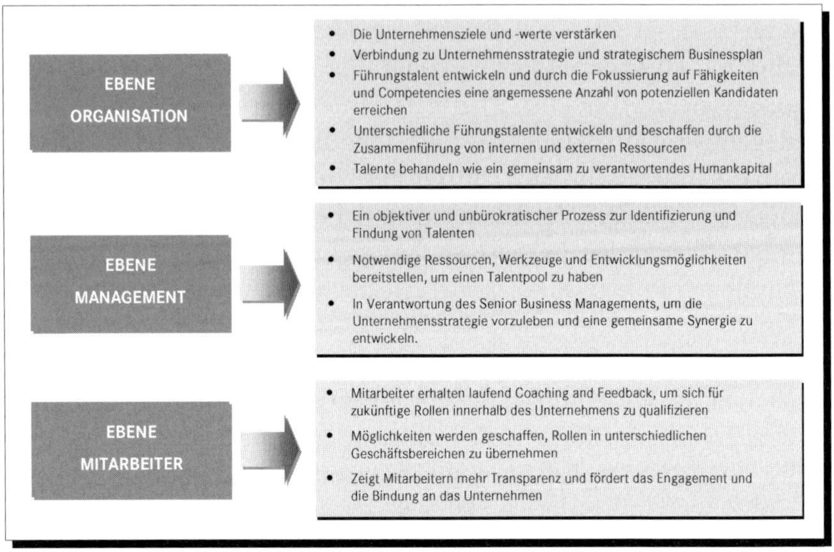

Abb. 11: Ziele auf Unternehmens-, Management- und Mitarbeiterebene

Abb. 12: Die Entwicklung von Best-Practices in internationalen Großunternehmen damals und heute

Die Trends sind in Abbildung 12 zusammengefasst. Verantwortete früher eine abstrakte, entfernte Funktion im HRM die Führungskräfteentwicklung, so zeichnet sich klar ab, dass dies mehr und mehr zu einer selbstverständlichen Aufgabe der Linienmanager selbst wird. Es zählt weniger ein isolierter, formal vorgenommener, planerischer Prozess als das tagtägliche Fördern und Fordern, offen in der Kommunikation, global in der Ausrichtung und in Selbstverantwortung der Mitarbeiter und der Führungskräfte. Natürlich global koordiniert, in besonderen »Portfolio-Konferenzen« aufgearbeitet und von HR gemanagt.

Die Gestaltungselemente eines solches Rahmenkonzepts und damit die vom HRM zu leistenden Arbeiten sind in Abbildung 13 dargestellt.

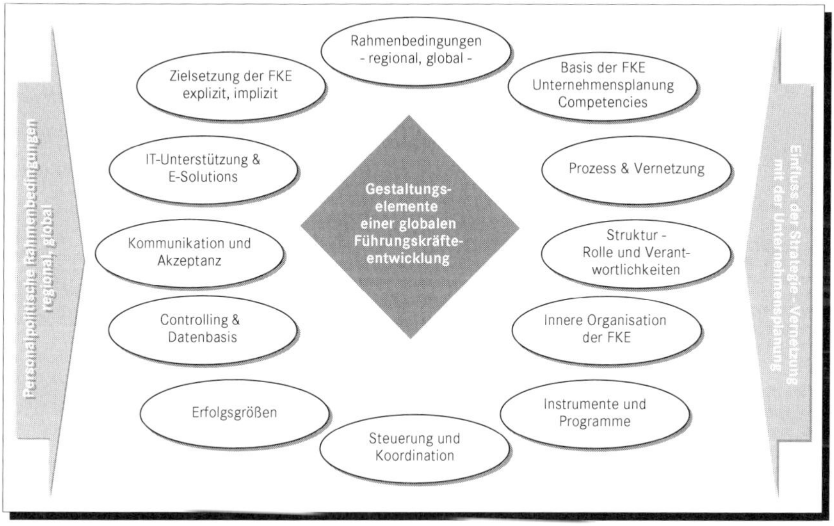

Abb. 13: Die zu vernetzenden Gestaltungselemente einer internationalen Führungskräfteentwicklung

Im Sinne von Prüffragen sind folgende Gestaltungsprinzipien zu klären:

- Zielorientierung und strategische Vernetzung
  - Ist das Konzept zukunftsbezogen und an die Strategie gebunden? Was leistet die Führungskräfteentwicklung, um die Strategie zu sichern? Inwiefern ist die Führungskräfteentwicklung an Besetzungsentscheidungen gekoppelt?
- Konfiguration
  - Wie wird die internationale FKE zu strukturieren sein? Wie sind die Zuständigkeiten, Schnittstellen und Informations-

flüsse definiert? Ist international, über Geschäftsbereiche und Regionen hinweg ein einheitliches, verbindliches System geschaffen? Wie werden die jährlichen Review-Prozesse organisiert, wer bereitet vor, wer nimmt teil, wer entscheidet?

- Formalisierung
  - Wie sind Prozesse, Instrumente und Programme verbindlich festgelegt? Wer führt wie das Controlling der Prozesse mit welchen Konsequenzen durch?
- Prozessorientierung
  - Inwiefern sind die Aufgaben innerhalb des Konzepts prozessorientiert aufeinander bezogen und greifen ineinander? Inwiefern ist die FKE mit Themen wie Vergütung, Attraction & Retention verknüpft? Wie ist die FKE in den innerbetrieblichen globalen Arbeitsmarkt eingebunden?
- Messung
  - Was hat sich bewährt? Welche Key-Performance-Indicators sind festzulegen? Welche Instrumente und Programme bringen welchen Erfolg, wie entwickelt sich das Potenzial, wie ist der Deckungsgrad Schlüsselstelle/Nachfolger u.ä.m.
- Steuerung
  - Welche Steuerungsgrößen liegen vor, welche sind erforderlich? Inwiefern sind Datenbasis und intra- und/oder internetbasierte Informationsflüsse definiert? Wie sind die Feedbackschleifen gestaltet?
- Kommunikation und Transparenz
  - Sind die Aufgaben, Leistungen und Verantwortlichkeiten der FKE an Nutzer und Betroffenen kommuniziert? Sind die Talent Pools, die Kriterien, die Programme und entscheidenden Gremien bekannt?
- Akzeptanz und Effizienz
  - Wie wird das FKE-System angenommen und seine Effizienz bewertet? Welche Feedbackschleifen werden routinemäßig gefahren?
- Instrumente und Programme
  - Welche haben sich bewährt, welche sind zu konzipieren, wie sind diese in sich zu vernetzen, welche Teile sind obligatorisch, welche fakultativ?

Das Thema Führungskräfte ist nicht von ungefähr nach aller Erfahrung und vielen Befunden die wichtigste Aufgabe eines globalen HRM. Führung prägt entscheidend die Kultur eines Unternehmens (siehe Abbildung 14). Die Führungskräfte selbst tragen ganz erheblich zu einer »internationalen Sozialisation« bei, prägen die Art und Weise der internationalen Zusammenarbeit und sind die ausschlaggebende Gruppe für die auf den ersten Blick nicht fassbaren »Selbstverständlichkeiten des Unternehmensalltags« – sprich die Kultur. Ein internationales HRM verfügt hier über einen mächtigen Hebel, durch gezielte Führungskräfteentwicklung die Kultur zu gestalten.

- Wie die Führungskräfte mit den Mitarbeitern umgehen, das Verhalten und die Leistung beurteilen, belohnen und kontrollieren
- Wie Führungskräfte kritische Situationen bewältigen
- Wie sich Führungskräfte als Rollenmodell präsentieren, wie sie unterstützen
- Welche Kriterien für Personalauswahl, Entwicklung, Rückzug aus dem Arbeitsleben ... zu Grunde gelegt sind
- Formale und informale Sozialisation
- Riten, Abläufe, Strukturen, Prozeduren
- Organisation - Struktur und Arbeitsplatzgestaltung
- Arbeitsumgebung und Gebäude
- Geschichten, Mythen über Leute und Ereignisse
- Formale Richtlinien, Verlautbarungen, Prinzipien, Umgangskodex

Zwischen 80 % und 90 % des Verhaltens ist durch die **ersten** drei Punkte geprägt

Abb. 14: Die ersten drei Punkte prägen nach Untersuchungen ganz überwiegend die Kultur eines Unternehmens

6. Zusammenfassung – Internationales HRM, Hindernis oder Treiber? Skizze eines Arbeitsprogramms für den Aufbau oder die Überarbeitung eines internationalen Human-Resources-Management

Es ist so einfach wie schwierig. Werden die Ziele für das HRM aus der internationalen Geschäftsstrategie abgeleitet, die erwarteten Leistungsbeiträge definiert, die entsprechende HR-Strategie erarbeitet und die passenden Instrumente, Programme und E-Lösungen geschaffen, dann kann über das HRM die Unternehmensentwicklung entscheidend beeinflusst und geprägt werden. HR-Arbeit stützt die indirekte Systemsteuerung durch Mitarbeit in der Strategieentwicklung und Antworten auf Fragen wie: »Was ist möglich mit den heutigen Mitarbeitern? Welches HR-Potenzial muss in der Zukunft vorhanden sein, um die Strategie umzusetzen?« Hierzu ist allerdings zunächst einiges an konzeptioneller Arbeit zu leisten.

Nach den oben skizzierten Befunden stehen einige Fixpunkte auf der Agenda eines internationalen HRM von vornherein fest. Eine global ausgerichtete Führungskräfteentwicklung und -betreuung sowie das Gewinnen und Halten von High Potentials und damit der Aufbau eines »Talent-Stocks« sind die unverzichtbaren Themen. Eine strategische Ausrichtung und Einbindung in die Unternehmensentwicklung sowie eine enge internationale Vernetzung der HR-Verantwortlichen basierend auf einem Verständnis als proaktiver »Business-Partner« sind die strukturellen Notwendigkeiten.

Die folgende Liste an Fragen fasst die wichtigsten Erkenntnisse in einer logischen Abfolge von Fragen zusammen, die zusammen genommen ein Arbeitsprogramm »Aufbau eines internationalen HRM« skizzieren.

1. Was ist die Geschäftsstrategie des Unternehmens? Wurden Bereichs-, Landes- und/oder Regionalstrategien entwickelt, sind diese auf die übergeordnete Geschäftsstrategie bezogen? Besteht ein glaubhaftes, realistisches, herausforderndes, von Führungskräften und Mitarbeitern nachvollziehbares Zukunftsbild?
2. Welche Kernkompetenzen des Unternehmens sind für die Erfüllung der Strategie erforderlich, welche Fähigkeiten braucht das Unternehmen, um als »Leading-Edge« wahrgenommen zu werden, was muss das Unternehmen so gut machen, dass die Kunden bei ihm kaufen und bleiben, die Stake- und Shareholder zufrieden sind, Mitarbeiter gewonnen werden können und im Unternehmen bleiben wollen?
3. Was sind die länderspezifischen Anforderungen und Besonderheiten? In welchem internationalen Rahmen bewegt sich das HRM? Erste Schlussfolgerungen?
4. Welchen Herausforderungen sehen sich die einzelnen Geschäftsbereiche, Regionen oder Länder gegenüber?

5. Was sind die Erwartungen der Linienmanager an ein HRM? Welchen Beitrag soll und kann das HRM lokal und global liefern, um zu helfen die Herausforderungen zu bewältigen bzw. die Erwartungen zu erfüllen?
6. Welche internationale HR-Strategie ergibt sich aus der (den) gegebenen Unternehmensstrategie(n), den Kernkompetenzen des Unternehmens und den ermittelten Rahmenbedingungen in den Zielländern?
7. Ergibt sich aufgrund dieser Daten zunächst eine ethnozentrische Strategie mit Entwicklungsansätzen für eine zukünftige polyzentrische, geozentrische Strategie?
8. Ist die HR-Strategie nach Land und/oder Geschäftsbereich und/oder Region zu differenzieren? Und umgekehrt: Ist die Geschäftsstrategie aufgrund der ermittelten Anforderungen an die HR-Strategie zu ändern?
9. Welches sind die HR-relevanten kritischen Erfolgsfaktoren und Leistungsindikatoren, die der Gestaltung des HRM zu Grunde zu legen sind? Was sind die »Guiding-Principles« für das HRM (wie etwa Kundenorientierung, Schnelligkeit, webbasierte Lösungen, Outsourcing, wo und was immer möglich etc.)?
10. Durch welche HR-Initiativen, Maßnahmen oder Programme können die definierten Kernkompetenzen des Unternehmens unterstützt und den ermittelten Herausforderungen begegnet werden? Was sind die Prioritäten? Was ist zentral, was lokal zu erarbeiten und zu verantworten?
11. Was sind die auf der Ebene der Mitarbeiter und Führungskräfte erforderlichen »Competencies« (Fähigkeiten, Erfahrungen, Verhaltensweisen), differenziert nach Geschäftsbereichen und/oder Ländern bzw. Regionen?
12. Welche Defizite sind festzustellen? Welche Rückwirkungen auf die Strategie sind anzunehmen?
13. Welche Rolle kommt dem Corporate Center, dem lokalen HRM bzw. dem regionalen HRM zu, welche Arbeiten sind auf Corporate-, Länder- oder regionaler Ebene zu erledigen?
14. Wie ist das HRM Konzept in das Geschäftsmodell der Unternehmung und in die Unternehmensstrategie eingebunden bzw. einzubinden?
15. Welches »Mind-Set« ist erforderlich, welche Competencies auf

Seiten der HR-Professionals? Wie kann das HRM selbst als Rollen-Modell für die Globalisierung des Unternehmens wirken?

16. Wie können Führungskräfte und Mitarbeiter (E-HR-Solutions!) in die Personalaufgaben eingebunden werden? Wie sieht die Arbeitsteilung HRM – Führungskräfte/Mitarbeiter aus?
17. Welches global, regional oder lokal vernetzte Organisationskonzept ergibt sich für das HRM? Welche Prozesse, Strukturen und Koordinationsmechanismen, welche Kultur und Technologien (IT, E-Solutions) benötigt das international aufgestellte HRM, um die definierten Beiträge zur Unternehmensentwicklung liefern zu können?
18. Wie können die Führungskräfte und die Mitarbeiter über HR-Initiativen informiert, wie eingebunden und für gefundene Lösungen gewonnen werden? Wie könnte und muss eine begleitende Kommunikationsstrategie aussehen?
19. Wie lässt sich die Betreuung der Führungskräfte am besten weltweit organisieren? Wie können die benötigten Talente beschafft, international entwickelt, kritische Stellen »bestens« besetzt werden? Wie halten wir in kritischen Märkten die wichtigen Schlüsselpersonen?
20. Was sind die Bestandteile des Total-Rewards-Konzeptes der einzelnen Länder oder Regionen, wie sieht der »Deal« je nach den Gegebenheiten in den einzelnen Ländern, Regionen und/oder Geschäftsbereichen aus? Sind besondere Zielgruppen (wie etwa Obere Führungskräfte, Talent-Pools) zu unterscheiden und besondere Programme bzw. Instrumente global aufzustellen?
21. Was sind die Topthemen? Was sind die zu priorisierenden HR-Aufgaben in den Dimensionen Dringlichkeit und Business-Impact?

Mit den Topkunden des HRM und innerhalb des Kreises der HR-Professionals sollten diese Leitfragen in einem Review bearbeitet und mit Inhalt gefüllt werden. Überlegungen zu Rolle, zu Selbstverständnis, zu den zu priorisierenden Themen und Überlegungen zur erforderlichen Organisation sind das Ergebnis.

Das HRM wirkt so je nach Ausgestaltung als Hindernis oder Treiber der Globalisierung. Wird allein der Kontrollaspekt betont und die Haltung »one Size fits all« global verwirklicht, steht letztlich Durchsetzung im Vordergrund mit der Folge eher geringer Effektivität des

HRM. Wird nach einem Laisser-faire-Modell verfahren, ist es ein stetiges Hinterhersein ohne wesentlichen Nutzen. Wird im Sinne eines international strukturierten Wertschöpfungscenters gearbeitet, ein vernetztes, organisatorisch eingebettetes und strategisch klar ausgerichtetes HRM verwirklicht, kann es als verbindendes, ermöglichendes und unterstützendes Kompetenzcenter genau das liefern, was in internationalen Organisations- und Prozess-Strukturen offensichtlich immer wieder fehlt: Aufbau eines gemeinsamen Verständnisses (»Wer sind wir?«), Durchdringen des Unternehmens mit einer gemeinsamen Kultur (»Als was wollen wir uns verstehen? Woran sind wir zu erkennen?«), Verfolgen einer gemeinsamen Richtung (»Wie arbeiten wir zusammen? Was wollen wir innerhalb der nächsten zwei bis sechs Jahren erreichen?«) sowie Schaffen eines gemeinsamen Leadership-Verständnisses und ›Cadres of Inspiring and Transformational-Leaders‹.

Literaturverzeichnis

Bartlett, C. A., Ghoshal, S. (o. Jg.), Die wahre Aufgabe des Topmanagements heute, in: Harvard Business Review, Ausgabe Leadership, o. Jg., o. V., S. 35–44

Benham, P. (1999), Challenges and trends in HR/IR programms: Bridging the gap for global competitiveness, in: S.A.M. Advanced Management Journal, Vol. 64, Nr. 3, S. 9–14

Böhm, H. (1999), Das Personalmanagement der Zukunft – Standortbestimmung und Perspektiven, in: Personalführung – Werkstatt der Zukunft (Zusatzheft 1999), hrsg. von DGfP, S. 4–9

Bowker, H. (1996), The new work for human resources professionals in global organizations, in: Benefits & Compensation International, Vol. 26, Nr. 1, S. 54–58

Cuthill, S. (2000), Managing HR across international borders, in: Compensation & Benefits Management, Vol. 16, Nr. 3, S. 43–45

Collins, J./Porras, J. I., Visionary Companies – Visionen im Management, München 1995

Conraths, B., Plompen, M. (2000), International Management Development: Trends and Perspectives, in: Welge, M. K., Häring, K., Voss, A. (2000), Hrsg., Management Development – Praxis, Trends und Perspektiven, Stuttgart, S. 257–273

Ferner, A., Varul, M. Z. (2000), Internationalisation and the personnel function in German multinationals, in: Human Resource Management Journal, Vol. 10, Nr. 3, S. 79–96

Greer, C. R., Youngblood, S. A., Gray, D. A. (1999), Human Resource Management Outsourcing: The make or buy decision, in: Academy of Management Executive, Vol. 13, Nr. 3, S. 85–96

Gerum, E., Schlesinger, S. (2000), Internationalisierung als Herausforderung für das Personalmanagement, in: Schwuchow, K., Gutmann, J. (2000), S. 125–130

Hilb, M. (1997), Transnationales Management von Human-Ressourcen, in: Klimecki, R., Remer, A. (1997), S. 3–45

Holtz, U., Benkowitz, A. (2000), Lokale versus internationale Personalstrategien, in: Schwuchow, K., Gutmann, J. (2000), S. 138–142

Klimecki, R., Remer, A. (1997), Hrsg., Personal als Strategie – Mit flexiblen und lernbereiten Human-Ressourcen Kernkompetenzen aufbauen, Neuwied/Kriftel

Macharzina, K., Wolf, J. (1999), Systemarchitektur für das internationale Personalmanagement – Organisatorische Lösungen im Spannungsfeld zwischen globalen Herausforderungen und lokalen Traditionen, in: Scholz (1999), S. 248–268

Pucik, V. (1997), Human Resources in the Future: An Obstacle or a Champion of Globalization?, in: Human Resources Management, Vol. 36, Nr. 1, S. 163–167

Remer, A., Personal und Management im Wandel der Strategien (1997), in: Klimecki, R., Remer, A., S. 399–417

Sattelberger, T. (1999.), Hrsg., Handbuch der Personalberatung, München

Scholz, C. (1999), Hrsg., Innovative Personal-Organisation – Center-Modelle für Wertschöpfung, Strategie, Intelligenz und Virtualisierung, Neuwied/Kriftel

Scholz, C. (1999a), Die Virtuelle Personalabteilung als Zukunftsvision, in: Scholz (1999), S. 233–253

Scholz, C. (1999b), Generation Y ante portas: Darwiportunismus, das neue Szenario im Berufsleben, in: Das Wirtschaftsstudium, 10, 1999

Schwuchow, K., Gutmann, J. (2000), Hrsg., Jahrbuch Personalentwicklung und Weiterbildung 2000/2001, Neuwied/Kriftel

Teagarden, M. B., v. Glinow, M. A. (1997), Human resource management in cross-cultural contexts: Emic practices versus etic philosophies, in: Management International Review, Vol. 37, Nr. 1, S. 7–20

Towers Perrin (Hrsg.), The Role and Effectiveness of the Corporate Center, 1998 Research Findings

Towers Perrin (Hrsg.), Internetworked Organization Survey Findings, February 2000

Towers Perrin (Hrsg.), Mitarbeiter – der strategische Wettbewerbsfaktor der Zukunft – organisatorische und personalplitische Herausforderungen in der Old und New Economy, 2000 Studie

The Economist Intelligence Unit/Towers Perrin (Hrsg.), Business, People and Rewards – Surviving and Thriving in the New Economy, London, Januar 2001

Ulrich, D. (1998), Delivering Results, Boston

Ulrich, D. (1997), Human Resource Champions, Boston

Walker, J. W., Stopper, W. G. (2000), Developing Human Resource Leaders, in: Human Resource Planning, Vol. 23, Nr. 1, S. 38–44

3. Führung im Center of Excellence

von Prof. Dr. Dieter Frey, Rudolf Kerschreiter und Andreas Mojzisch

Inhalt

Einleitung

Unter einem *Center of Excellence* verstehen wir Gruppen bzw. Abteilungen oder ganze Unternehmen, die höchsten Standards verpflichtet und in diesen führend sind. Diese Spitzenstellung kann sich auf unterschiedliche Kriterien beziehen: Leistung, Innovation, Adaption an Veränderungen, Marktführerschaft, Kostenführerschaft, usw. (vgl. *Frey* 1996, 1998).

Eine derartige Spitzenstellung korrespondiert mit der Ausprägung sogenannter »*Center of Excellence*«*-Kulturen* innerhalb eines sozialen oder kommerziellen Unternehmens (*Peters* & *Waterman*, 1982). Wir gehen auf diese »Center of Excellence«-Kulturen hier nur kurz ein, da sie an anderer Stelle bereits ausführlich dargestellt wurden (*Frey*, 1996, 1998; *Frey* & *Schulz-Hardt*, 1999). In diesem Beitrag konzentrieren wir uns auf Führungsprinzipien, die notwendig sind, damit die »Center of Excellence«-Kulturen auch gelebt werden können.

Wir unterscheiden die folgenden »*Center of Excellence*«-*Kulturen*:

Kundenorientierungskultur: Für die Verwirklichung einer Kundenorientierungskultur ist entscheidend, ob man die Erwartungen, Wünsche und Sorgen des Kunden kennt und versucht, darauf so einzugehen, dass ein Höchstmaß an interner und externer Kundenzufriedenheit oder gar Kundentreue erreicht wird. Es wird also immer um eine richtige Mischung von Kundenorientierung und Wirtschaftlichkeitserwägungen gehen; nicht alles, was der Kundenorientierung dient, ist wirtschaftlich vertretbar.

Benchmark-Kultur: Diese Kultur betrifft das Ausmaß, indem man sich an den Besten der Branche bzw. der Welt insgesamt orientiert; ebenso, inwieweit man sich innerhalb des eigenen Unternehmens an den besten Bereichen orientiert (Best-Practice). Sich mit den Besten zu vergleichen, heißt dabei nicht, dass man diese notwendigerweise imitiert. Man wird immer seinen eigenen, einzigartigen Weg gehen müssen. Notwendig ist allerdings, dass man weiß, worin andere die Besten sind und warum sie dies sind. Die Verinnerlichung dieser Kultur hat für jede einzelne Abteilung, für jede einzelne Person Konsequenzen, insofern, als sie reflektieren muss, wer der Beste ist, mit dem sie sich vergleicht.

Problemlösekultur: Mit Problemlösekultur ist gemeint, dass man Probleme als Herausforderungen und Chancen begreift und diese jeweils mit zwei bis drei Lösungsideen verbindet. Dabei wird man sicherlich zwischen veränderbaren und nicht veränderbaren Welten unterscheiden und im Rahmen von veränderbaren Welten auftauchende Probleme mit Lösungsideen verknüpfen. Aber auch bei sogenannten nicht veränderbaren Welten geht es darum, Idealwelten zu schaffen und konkrete Handlungsschritte aufzuzeigen, wie solche Idealwelten erreicht werden könnten. Problemlösekulturen im Rahmen eines Center of Excellence implizieren also, dass es die Aussage »Es geht nicht!« nicht gibt. Es geht darum, die Bedingungen aufzuzeigen, unter denen es gehen könnte. Die Art der Führung entscheidet, ob Mitarbeiter und Führungskräfte sich als Problemlöser verhalten oder nicht.

Fehler- und Lernkultur: Eine Fehler- und Lernkultur beinhaltet, dass Fehler nicht vertuscht, sondern als Ausgangspunkt für Verbesserungen genommen werden. Dienliche Techniken für eine Fehler- und

Lernkultur sind: fünf Warum-Fragen stellen (z. B. *Warum* gab es diese Kundenbeschwerde? Weil der Kunde vom Sachbearbeiter nicht informiert wurde. *Warum* wurde er nicht informiert? usw.), mit Mängellisten arbeiten, Teamreflexion betreiben (im Sinne von »Was lief gut, was lief nicht gut, was kann ich tun, was können andere tun, damit es besser wird?«). Bei der Fehler- und Lernkultur geht es letztlich darum, ein gesundes Maß an Selbstkritik zu zeigen, um aus vorhandenen Fehlern zu lernen.

Streit- und Konfliktkultur: Diese Kultur bezieht sich darauf, wie man mit unterschiedlichen Interessen, Werthaltungen und Einstellungen umgeht. Zu vermeiden ist beispielsweise eine falsche Harmonie; gefördert werden sollte, dass Mitarbeiter ihre Interessen und Positionen klar artikulieren und verteidigen (»tough on the Issue«), aber in der Austragung sachlich, konstruktiv und fair bleiben (»soft on the Person«). Nur durch eine Streit- und Konfliktkultur sind auf Dauer Spitzenleistungen möglich.

Phantasiekultur: Einstein sagte einmal: Es fehlt uns nicht an Wissen, sondern an Phantasie und die setzen wir zu wenig um. Es geht also darum, inwieweit Firmen ihre Mitarbeiter träumen bzw. spekulieren lassen, wie ihre Abteilung idealer Weise sein könnte und inwieweit man Mosaiksteinchen solcher Träume umsetzen kann.

Implementierungskultur: Mit einer Implementierungskultur meinen wir, dass nicht nur viel Energie in die Konzeptionsphase gesteckt werden sollte, sondern dass dieselbe Energie mit klaren Verantwortlichkeiten, Zeitpunkten, Kontrollen auch in die Implementierung investiert werden muss. Träume und Visionen werden nicht zu greifbaren Ergebnissen führen, wenn nicht gleichzeitig eine Handlungsorientierung vorliegt.

Teamkultur: Hier geht es darum, aus Einzelspielern ein Team zu bilden, das Synergieeffekte dadurch schafft, dass einerseits die Stärken miteinander vernetzt und andererseits die Schwächen der einzelnen Teammitglieder und Abteilungen durch gegenseitige Unterstützung reduziert werden.

Zivilcouragekultur: Eine Zivilcouragekultur beinhaltet, dass Mitarbeiter und Führungskräfte bereit sind, Miss-Stände offen anzusprechen. Dabei müssen Opportunismus, Angst und Trägheit überwunden werden.

Es ist nicht zufällig, ob die oben genannten »Center of Excellence«-Kulturen praktiziert und von Mitarbeitern und Führungskräften gelebt werden. Notwendige Bedingung für das Umsetzen solcher »Center of Excellence«-Kulturen ist die Verwirklichung von zentralen Führungsprinzipien, auf die wir im Hauptteil unseres Artikels eingehen werden. Das Ziel dieses Beitrags ist es, neben einer theoretischen Fundierung der einzelnen Führungsprinzipien insbesondere auch konkrete Gestaltungshinweise aus neueren Forschungsarbeiten abzuleiten.

Das Prinzipienmodell der Führung von Frey

Der Erstautor und seine Mitarbeiter haben in den letzten Jahren das sogenannte »Prinzipienmodell der Führung« entwickelt (*Frey* 1994, 1996, 1998; *Frey* & *Schulz-Hardt*, 1999; *Frey* & *Schuster,* 1996). Dieses Modell umfasst zentrale Prinzipien, an denen Führungskräfte ihr Führungsverhalten ausrichten sollten, wenn sie selbstbewusste, zufriedene und innovative Mitarbeiter erreichen möchten (vgl. Abbildung 1). Wir gehen davon aus, dass die Verwirklichung der Führungsprinzipien, die in den folgenden Abschnitten geschildert werden, sowohl die Einstellung und Motivation als auch das Verhalten der Mitarbeiter positiv beeinflusst. Dies geschieht dahingehend, dass einerseits Arbeitszufriedenheit, Selbstständigkeit sowie Leistungsmotivation der Mitarbeiter steigen, andererseits auf der Verhaltensseite geringerer Absentismus, geringere Fluktuation, höhere Kreativität und höhere Leistung resultieren. Die Umsetzung dieser Führungsprinzipien ist somit eine notwendige Voraussetzung dafür, dass ein Center of Excellence erreicht werden kann.

Die Führungsprinzipien sind durchweg aus psychologischen Theorien und psychologischer Forschung abgeleitet. Das Modell gründet auf der Annahme, dass Menschen durch fünf *psychologische Grundbedürfnisse* gekennzeichnet sind:

1. Prinzip der Sinn- und Visionsvermittlung
2. Prinzip der Transparenz
3. Prinzip der Zielsetzung und Zielvereinbarung
4. Prinzip der Autonomie und Partizipation
5. Prinzip der konstruktiven Rückmeldung
6. Prinzip der positiven Wertschätzung
7. Prinzip des persönlichen Wachstums
8. Prinzip der fachlichen und sozialen Einbindung
9. Prinzip der Passung und Eignung
10. Prinzip der flexiblen und adaptiven Führung
11. Prinzip des guten Vorbildes der Führungskraft
12. Prinzip der Fairness

Abb. 1: Das Prinzipienmodell der Führung

(1.) Menschen haben das Bedürfnis nach *Kompetenz.*
(2.) Menschen haben das Bedürfnis nach *Autonomie*, wollen also selbstbestimmt handeln.
(3.) Menschen haben das Bedürfnis nach *sozialer Eingebundenheit.*
(4.) Menschen haben das Bedürfnis nach einem hohen *Selbstwert.*
(5.) Menschen streben nach *Sinn*, d. h. sie möchten das Gefühl haben, dass das, was sie tun und erleben, für sie eine Bedeutung besitzt.

Im Unterschied zu der populären, empirisch jedoch kaum bestätigten Motivationstheorie (»Bedürfnispyramide«) von *Maslow* (1954) gehen wir davon aus, dass die von uns postulierten Bedürfnisse *nicht* – wie bei *Maslow* – *hierarchisch* aufeinander aufbauen, d. h. die Aktivierung eines bestimmten Bedürfnisses ist nicht notwendigerweise an die Befriedigung eines anderen Bedürfnisses gebunden. Ferner nehmen wir zwar wie *Maslow* (1954) an, dass das Bedürfnis nach *sozialer Eingebundenheit* von zentraler Bedeutung ist; unterscheiden uns aber sonst von *Maslow* (1954) in den jeweils postulierten Bedürfnissen (*Maslow* postuliert bspw. kein Bedürfnis nach *Kompetenz* oder *Autonomie*).

Die ersten drei der von uns postulierten Grundbedürfnisse entsprechen denjenigen, die auch *Deci* und *Ryan* (1985, 2000) im Rahmen ihrer *Selbstbestimmungstheorie* postuliert und durch umfangreiche Forschung dokumentiert haben. Darüber hinaus finden sich diese drei Bedürfnisse – wie auch die weiteren Bedürfnisse – in zahlreichen anderen Theorien. Das Bedürfnis nach *Kompetenz* steht in engem Zusammenhang mit *Banduras* (1997) Konzept der Selbstwirksamkeit, *Atkinsons* (1964) Konzept der Leistungsmotivation und *Whites* (1959) Konzept der »Wirksamkeitsmotivation« (Effectancy-Motivation). Das Bedürfnis nach *Autonomie* findet sich bspw. bei *Murray* (1938), *Erikson* (1963) und *Rogers* (1963). Das Bedürfnis nach *sozialer Eingebundenheit* steht in engem Zusammenhang mit *Murrays* (1938) »Affiliationsmotiv« (Need for Affiliation) und findet sich in den Theorien und Modellen von *Baumeister* und *Leary* (1995), *Bowlby* (1969), *Maslow* (1968) und *Sullivan* (1953). Das Bedürfnis nach einem hohen *Selbstwert* (Self Esteem) bildet eine wichtige Komponente der »cognitive-experiential Self-Theory« von *Epstein* (1990) sowie der »Terror-Management-Theory« von *Greenberg*, *Pyszczynski* und *Solomon* (1995). Das Bedürfnis nach *Sinn* findet in den Theorien von *Frankl* (1972; 1997), *Baumeister* (1991), *Kuhl* (2001) sowie *Schulz-Hardt* und *Frey* (1997) Berücksichtigung.

Die Bedeutung der Bedürfnisse nach *Kompetenz*, *Autonomie*, *sozialer Eingebundenheit* und *Selbstwert* wird auch von einer aktuellen sozialpsychologischen Untersuchung deutlich unterstützt (*Sheldon, Elliot, Kim,* & *Kasser*, 2001).

Im Folgenden werden die von uns postulierten Führungsprinzipien im Einzelnen dargestellt. Dabei sollte deutlich werden, dass sich zahlreiche dieser Prinzipien aus den oben angeführten Grundbedürfnissen ableiten lassen. Die Tatsache, dass wir auf manche Prinzipien ausführlicher eingehen, sollte nicht dahingehend missverstanden werden, dass die anderen Prinzipien weniger wichtig sind. Bestimmte Prinzipien besprechen wir deswegen ausführlicher, weil es uns bei diesen Prinzipien besonders wichtig erschien, neuere Forschungsergebnisse darzustellen und konkrete Hinweise für die Umsetzung zu geben.

1. Das Prinzip der Sinn- und Visionsvermittlung

Das Prinzip der Sinn- und Visionsvermittlung beinhaltet, dass die Führungsperson einerseits den Mitarbeitern die Möglichkeit eröffnen muss, ihre Arbeit als sinnvoll bzw. bedeutsam zu erleben; andererseits sollte sie eine Vision vermitteln im Sinne eines gemeinsamen

Ziels, einer klaren Orientierung, wohin sich das Unternehmen und jede einzelne Abteilung entwickeln soll. Der Mitarbeiter muss seine Arbeit in ein übergeordnetes Ganzes einordnen können, und er muss wissen, wohin sich das Unternehmen in Zukunft entwickeln will.

Das Prinzip der *Sinnvermittlung* kann unmittelbar aus den von uns postulierten psychologischen Bedürfnissen abgeleitet werden. Ferner bildet die erlebte Bedeutsamkeit bzw. Sinnhaftigkeit der Arbeitsaufgabe eine zentrale Komponente des »Job-Characteristics-Model« von *Hackman* und *Oldham* (1976). Dieses äußerst einflussreiche Modell postuliert unter anderem einen positiven Zusammenhang zwischen der erlebten Bedeutsamkeit der Arbeitsaufgabe auf der einen Seite und intrinsischer Motivation, positivem Emotionserleben und Arbeitszufriedenheit auf der anderen Seite. Dieser Zusammenhang konnte in zahlreichen empirischen Studien nachgewiesen werden (bspw. *Champoux*, 1991; *Saavedra* & *Kwun*, 2000).

Das Prinzip der *Visionsvermittlung* bildet einen essenziellen Bestandteil aktueller Führungstheorien. Dies schlägt sich in Konzepten wie der »charismatischen Führung« nieder (alternativ als »transformationale« oder »visionäre« Führung bezeichnet). Eine Durchsicht von Führungstheorien, die sich alle in irgendeiner Form auf das Konzept der »charismatischen Führung« beziehen (*Bass*, 1998; *Bennis* & *Nanus*, 1985; *Conger* & *Kanungo*, 1987; *House*, 1977; *Kouzes* & *Posner*, 1987; *Tichy* & *Devanna*, 1986), lässt drei Komponenten sichtbar werden, die allen diesen Theorien gemeinsam sind:

a) die Vermittlung einer Vision,
b) ein charismatischer Persönlichkeitsstil (bspw. hohes Selbstvertrauen, Entschlossenheit, Ausdauer) und
c) Handlungen, die der Implementierung der Vision dienen (bspw. vorbildhaftes Verhalten hinsichtlich der Werte, Demonstration von Integrität).

Mehrere Überblicksarbeiten (bspw. *Bass* & *Avolio*, 1993; *Shamir, House,* & *Arthur*, 1993) bzw. Meta-Analysen (*Lowe, Kroeck,* & *Sivasubramaniam*, 1996) sprechen für einen positiven Zusammenhang zwischen charismatischer (bzw. transformationaler) Führung auf der einen Seite und Leistung bzw. Einstellungen (bspw. Arbeitszufriedenheit) der Geführten auf der anderen Seite. Eine laborexperimentelle Untersuchung zur Frage, welche Komponenten charismatischer Führung für diesen Effekt verantwortlich sind, weist darauf hin, dass die Vermittlung einer Vision weitaus wichtiger ist als ein charismatischer Persönlichkeitsstil (*Kirkpatrick* & *Locke*, 1996). In einer neueren Längsschnittuntersuchung wurde darüber hinaus gezeigt, dass die Vermittlung einer Vision einen positiven Einfluss auf das Unternehmenswachstum hat (*Baum, Locke,* & *Kirkpatrick*, 1998).

2. Das Prinzip der Transparenz

Führungspersonen müssen ihre Mitarbeiter soweit wie möglich informieren. Anzustreben ist für jeden Mitarbeiter ein Höchstmaß an *Information* über seinen Aufgaben- und Verantwortungsbereich, aber auch über die Geschäftsziele, über aktuelle Entwicklungen, über Probleme und Schwachpunkte des Unternehmens. Nur Mitarbeiter, die genügend informiert sind, können sich zukunftsorientiert und verantwortlich verhalten und sind in der Lage, Vorschläge für Prozess- und Produktinnovationen zu formulieren. Und nur Mitarbeiter, die über ihren Arbeitsbereich hinaus über den Gesamtzusammenhang des Unternehmens informiert sind, können ihre Arbeit in ein sinnvolles Ganzes integrieren (siehe hierzu auch das »Prinzip der Sinn- und Visionsvermittlung«).

Die Forderung, dass Mitarbeiter ein Höchstmaß an Informationen erhalten sollten, kann auch aus dem *Bedürfnis nach Kompetenzerleben* abgeleitet werden (siehe oben). Es liegt auf der Hand, dass die Entwicklung von Kompetenzen ohne entsprechende Informationen unmöglich ist. Darüber hinaus erlebt ein informierter Mitarbeiter mehr Kontrolle bei der Ausführung seiner Arbeitsaufgabe (vgl. hierzu die *Theorie der kognizierten Kontrolle, Osnabrügge, Stahlberg,* & *Frey*, 1985); Kontrollmöglichkeiten über die Arbeit wiederum können als Puffer gegenüber den negativen Auswirkungen von Stressoren wirken (*Ganster* & *Fusilier*, 1989; *Terry* & *Jimmieson*, 1999).

Mitarbeiter müssen allerdings auch dazu ermuntert werden, nachzufragen und Informationen einzuholen. Transparenz ist ebenso eine *Bringschuld* wie eine *Holschuld*. Es genügt dabei nicht, Transparenz nur durch einseitiges Informieren zu erreichen; entscheidend ist vielmehr der *Dialog* zwischen Führungsperson und Mitarbeitern. Nur im persönlichen Dialog können Fragen gestellt werden, können Ziele neu vereinbart, können Rückfragen gestellt und Mitarbeiter ermuntert werden, sich nicht zu ärgern, sondern Verbesserungsideen zu formulieren. Dabei muss sich die Führungsperson sowohl durch die Fähigkeit auszeichnen, gut zuhören zu können und neue Ideen herausfiltern zu können, als auch wissen, wie man die richtigen Fragen stellt.

3. Das Prinzip der Zielsetzung und Zielvereinbarung

Die Fähigkeit, gemeinsam mit den Mitarbeitern herausfordernde Ziele zu vereinbaren, die eine erreichbare Messlatte darstellen und gleichzeitig von den Mitarbeitern akzeptiert werden, stellt eine der Schlüsselqualifikationen für den Führungserfolg dar (*Yukl*, 1998). Zielvereinbarung als Führungsaufgabe gehört zu den wichtigsten Aspekten des Führungsverhaltens. Will eine Führungskraft effektiv sein, muss sie in diesem Bereich gut sein. Durch die gemeinsame Zielvereinbarung soll chronische Unter- oder Überforderung vermieden und effiziente Förderung von Mitarbeitern erreicht werden (vgl. *Locke* & *Latham*, 1990 a und b; *Brandstätter*, 1998). Zielvereinbarungen können sich dabei sowohl auf die Dimensionen Zeit, Kosten, Qualität und Flexibilität als auch auf Innovation und Produktivität beziehen. Die Bedingungen für die Wirkung von Zielsetzungen lassen sich aufgrund zahlreicher neuerer Forschungsarbeiten relativ gut spezifizieren. Daher gehen wir auf diese Bedingungen etwas ausführlicher ein.

Der förderliche Effekt des Setzens von Zielen auf die Leistung bei einer Aufgabe ist eines der robustesten und replizierbarsten Ergebnisse in der psychologischen Literatur (*Locke, Shaw, Saari,* & *Latham*, 1981). Die wichtigste Theorie, die sich mit der Wirkung von Zielsetzungen befasst, ist die Zielsetzungstheorie von *Locke* und *Latham* (*Locke* & *Latham*, 1990a und b). Dieser Theorie liegt die zentrale Annahme zu Grunde, dass Ziele die unmittelbaren Regulatoren menschlichen Handelns sind. Die Wirkungen von Zielen sind dabei am verlässlichsten, wenn die Ziele spezifisch und schwierig sind, wenn es Feedback hinsichtlich der Fortschritte bei der Zielerreichung gibt, wenn eine Selbstverpflichtung (Commitment) gegenüber den Zielen besteht und eine hohe Selbstwirksamkeit, sowie Wissen darüber, wie die Ziele erreicht werden können, vorhanden sind. Unter Selbstwirksamkeit (Self-Efficacy) wird dabei die Überzeugung verstanden, der Aufgabe gewachsen zu sein. Außerdem kommt es darauf an, dass in Abhängigkeit von der jeweiligen Situation die richtigen Ziele gesetzt werden und keine Zielkonflikte vorliegen (*Latham* & *Locke*, 1995; *Locke* & *Latham*, 1990a).

Die Wirkung von Zielvorgaben ist nach *Locke und Latham* (1990b) darüber vermittelt, dass hohe Ziele und hohe Selbstwirksamkeit (a) die Ausdauer erhöhen, (b) zu größerem Einsatz führen, (c) die Aufmerksamkeit und das Verhalten der Person auf Handlungen ausrichten, die für die Zielerreichung wichtig sind, und (d) die Suche nach geeigneten Handlungsstrategien fördern.

In einer Erweiterung des Modells, die sie als Hochleistungszyklus (»High-Performance-Cycle«) bezeichnen, gehen *Locke* und *Latham* (1990b) auf die Wechselbeziehung zwischen Leistung und Arbeitszufriedenheit ein. Vereinfacht führt danach eine hohe Herausforderung oder ein schwieriges Ziel in Kombination mit einer hohen Erwartung, die Herausforderung erfolgreich zu bewältigen, oder hoher Selbstwirksamkeit (unter dem moderierenden Einfluss der unten genannten Bedingungen), zu hoher Leistung. Diese hohe Leistung wird nicht nur als befriedigend erlebt, sondern in der Regel auch extrinsisch belohnt. Entsprechen diese Belohnungen den Erwartungen der Person und sind sie ihr wichtig, führen sie zu Arbeitszufriedenheit, was die Bindung an die Organisation und deren Ziele erhöht. Dies wiederum fördert die Übernahme hoher Leistungsziele und der Zyklus beginnt von neuem.

Mittlerweile konnte darüber hinaus gezeigt werden, dass der Effekt von Zielsetzungen auch auf Gruppen anwendbar ist (vgl. *Ambrose* & *Kulik*, 1999). Sowohl für spezifische Ziele als auch für schwierige Ziele konnten positive Effekte auf die Gruppenleistung nachgewiesen werden (*O'Leary-Kelly*, *Martocchio*, & *Frink*, 1994).

Unter welchen Bedingungen haben Ziele am wahrscheinlichsten einen positiven Einfluss auf die Leistung?

(1.) *Spezifische, realistische Ziele*: Aus den Untersuchungen zur Wirkung von Zielsetzungen ist bereits seit langem bekannt, dass Ziele, die klar, spezifisch und hoch, aber dennoch realistisch sind, zu besseren

Leistungen führen (vgl. *Locke* & *Latham*, 1990a). Die Vorgabe konkreter, quantifizierbarer Ziele hat sowohl informative als auch motivationale Vorteile: Der Mitarbeiter weiß, welche Ziele er erreichen soll und ist auch motiviert, diese (realistische) Messlatte zu überspringen. Mitarbeiter mit spezifischen und herausfordernden Zielen erzielen bessere Leistungen als Mitarbeiter mit spezifischen leichten Zielen, wenig konkreten Zielvorgaben (»Tun Sie Ihr Bestes!«) oder gar keinen Zielvorgaben (*Locke, Shaw, Saari,* & *Latham,* 1981).

(2.) *Feedback*: Zielvereinbarungen sind dann am effektivsten, wenn durch Rückmeldungen die Fortschritte in Richtung Zielerreichung aufgezeigt werden (vgl. *Ambrose* & *Kulik*, 1999; *Latham* & *Locke,* 1991; *Locke*, 1996). Notwendige Bedingungen für die optimale Wirkung von Zielvereinbarungen sind deshalb beurteilende Mitarbeitergespräche mit jeweils neuen Zielvereinbarungen (Ober- und Unterziele) sowie genaue Maßnahmenkataloge und Szenarien über die jeweiligen Umsetzungen und Strategien für die Überwindung eventuell auftretender Hindernisse (siehe auch »Prinzip der konstruktiven Rückmeldung«).

(3.) *Akzeptanz des Ziels und Verpflichtung gegenüber dem Ziel*: Damit gesetzte oder mit dem Mitarbeiter vereinbarte Ziele die individuelle Leistung beeinflussen, muss der jeweilige Mitarbeiter das Ziel akzeptieren und sich dem Ziel gegenüber verpflichtet fühlen (*Locke* & *Latham*, 1990b). Das heißt, dass der Mitarbeiter auch wirklich ernsthaft versuchen muss, das gesetzte Ziel zu erreichen. Die individuelle Leistung resultiert daher aus der Interaktion zwischen der Schwierigkeit des Ziels und der Verpflichtung gegenüber dem Ziel, wobei sich die individuell höchste Leistung ergibt, wenn sich eine Person einem hoch gesteckten Ziel gegenüber stark verpflichtet fühlt (vgl. *Ambrose* & *Kulik*, 1999; *Klein, Wesson, Hollenbeck* & *Agle,* 1999).

Wie lässt sich nun die Verpflichtung gegenüber einem Ziel erhöhen? Eine erhöhte Verpflichtung gegenüber einem Ziel kann nach *Locke* und *Latham* (1990a) erreicht werden, wenn die Führungskräfte als legitimiert angesehen werden, die Ziele Informationen enthalten, die das Selbstbewusstsein fördern, die Ziele normative Informationen über Leistungsstandards beinhalten und Leistungserlebnisse fördern. Ferner ist die Verpflichtung gegenüber einem Ziel höher, wenn die Führungskräfte physisch präsent, unterstützend und vertrauenswürdig sind, einen überzeugenden Grund für das Ziel liefern, angemessenen Druck ausüben und kompetent und sympathisch sind (*Latham* & *Locke*, 1995).

(4.) *Partizipation, persönliche (selbstgesetzte) Ziele und Selbstwirksamkeit*: Partizipation und selbstgesetzte Ziele wurden als effektive Strategien zur Erhöhung der Selbstverpflichtung einem Ziel gegenüber erkannt (*Locke*, 1996). Ferner stellte sich heraus, dass die Selbstwirksamkeit sowohl einen Einfluss auf die Höhe der Schwierigkeit hat, die ein Ziel haben darf, das noch akzeptiert wird, als auch die Verpflichtung diesem Ziel gegenüber beeinflusst (*Locke*, 1996) (siehe *Prinzip der Autonomie und Partizipation*). Wird ein Ziel nicht nur kurz durch Schilderung der Zielinhalte gesetzt (»tell«), sondern das Ziel auch verkauft und eine Begründung für dieses Ziel gegeben (»tell and sell«), findet sich jedoch kein Unterschied in der Leistung im Vergleich zu partizipativ gesetzten Zielen (*Latham, Erez*, & *Locke*, 1988).

(5.) *Weitere Rahmenbedingungen für Zielsetzungen*: Hinsichtlich der Angemessenheit der Ziele an die jeweilige Situation sollten Mitarbeitern, die eine neue Aufgabe übertragen bekommen oder an einen neuen Arbeitsplatz gewechselt sind, zunächst Entwicklungsziele gesetzt werden, die sie dazu motivieren, optimale Strategien zu entwickeln, um mit den neuen Herausforderungen umzugehen (*Latham* & *Locke*, 1995). Die Mitarbeiter sollten also nicht sofort durch hoch gesetzte Ergebnisziele unter Druck gesetzt werden, sondern vielmehr zunächst die Möglichkeit haben zu lernen und zu experimentieren. Erst nachdem ein gewisser Grad der Beherrschung der Aufgabe erreicht wurde, sollten wieder konkrete Leistungsergebnisziele gesetzt werden (*Latham* & *Locke*, 1995). Wichtig ist also, dass die Mitarbeiter die Fähigkeit besitzen, die Ziele auch tatsächlich zu erreichen.

Eine weitere Rahmenbedingung für die Wirkung von Zielsetzungen ist, dass keine Zielkonflikte vorliegen. Multiple, miteinander unvereinbarte Ziele können dazu führen, dass eine Person einen Konflikt erlebt und die Leistung bei einem der Ziele zurückstellt, um ein zweites Ziel zu erreichen. Zielkonflikte resultieren damit insgesamt in niedrigerer Leistung (*Locke, Smith, Erez, Chah*, & *Schaffer*, 1994). Gleiches gilt für Einschränkungen in der Arbeitssituation, welche die Zielerreichung behindern.

Zusammenfassend kann festgehalten werden, dass die positiven Effekte von Zielsetzungen überzeugend belegt und die Bedingungen für die Wirkung von Zielsetzungen relativ gut spezifiziert sind. Die Berücksichtigung der Erkenntnisse der Zielsetzungstheorie ist ein ganz wesentlicher Hebelfaktor, um die zuvor genannten »Center of Excellence«-Kulturen umzusetzen. Dabei wird es immer auch darum gehen zu definieren, was die Umsetzung eines Ziels bedeutet oder nicht (oft ist gerade auch Letzteres wichtig), Positiv- und Negativbeispiele der Zielumsetzung zu diskutieren, sowie immer wieder Verantwortlichkeiten, den Zeitrahmen und die Prozessbegleitung festzulegen.

4. Das Prinzip der Autonomie und Partizipation

Gewöhnlich wird angenommen, dass Partizipation generell zu besseren Leistungen und höherer Zufriedenheit führt. Die empirische Evidenz für die positiven Effekte von Partizipation ist allerdings nicht so eindeutig. Beispielsweise kommen *Locke, Alavi* und *Wagner* (1997) in einer Übersicht von ungefähr 50 Jahren Forschung im Bereich Partizipation bei Entscheidungen zu dem Schluss, dass Partizipation zwar einige positive Effekte auf Leistung und Zufriedenheit hat, dass die Effekte aber weder groß noch konsistent sind. *Wagner* (1994) findet zwar ebenfalls eine positive Beziehung von Partizipation und Zufriedenheit sowie zwischen Partizipation und Leistung, die durchschnittlichen Effekte sind dabei allerdings so gering, dass sich die Frage nach ihrer praktischen Bedeutsamkeit stellt. Diese uneindeutigen Ergebnisse dürfen nun nicht fälschlicherweise dahingehend interpretiert werden, dass Partizipation bei Entscheidungen im Arbeitsleben wahrscheinlich keine bedeutsamen Vorteile mit sich bringt. Sie sollten im Gegenteil vielmehr als Hinweis darauf verstanden werden, dass es notwendig ist, sich die Bedingungen, unter denen die positiven Effekte von Partizipation zur Geltung kommen können, genauer anzusehen. Im Folgenden werden wir zunächst auf Variablen eingehen, die für die positiven Effekte von Partizipation auf die Leistung wichtig sind. Anschließend werden Variablen, die für den Zusammenhang von Partizipation und Zufriedenheit von Bedeutung sind, näher betrachtet. Schließlich wird die Bedeutung von Autonomie für Leistung und Zufriedenheit dargestellt.

Für den Bereich *Partizipation und Leistung* haben *Locke, Alavi* und *Wagner* (1997) eine Lösung für das Problem der inkonsistenten Ergebnisse vorgeschlagen. Sie argumentieren, dass der zentrale Vermittler für den Zusammenhang von Partizipation und Leistung das aufgabenspezifische Wissen ist. So konnte beispielsweise gezeigt werden, dass die Beteiligung von Mitarbeitern an der Entwicklung von Bearbeitungsstrategien für eine Aufgabe zu besseren Lösungsstrategien und diese wiederum zu höherer Leistung führen (*Latham, Winters, & Locke*, 1994). In ähnlicher Weise wird von anderen Autoren argumentiert, dass Partizipation in dem Maße von Vorteil ist, in dem die Mitarbeiter tatsächlich neue nützliche Informationen in die Entscheidungssituation einbringen können (*Scully, Kirkpatrick, & Locke*, 1995; *Vroom & Yetton*, 1973). Die Ergebnisse dieser Studien liefern Hinweise darauf, warum Partizipation bei Entscheidungen in Qualitätszirkeln und teilautonomen Arbeitsgruppen effektiv ist. Wenn die Mitarbeiter über relevantes aufgabenspezifisches Wissen verfügen und dieses austauschen und einsetzen, sollten die dabei entstehenden Entscheidungen einen positiven Effekt auf die Leistung haben (siehe auch *Prinzip der Transparenz*). Darüber hinaus finden sich Hinweise, dass Partizipation die Akzeptanz eines Ziels erhöht und die Akzeptanz des Ziels wiederum die Beziehung zwischen Partizipation und Leistung vermittelt (*Renn*, 1998).

Wenden wir uns als nächstes dem Zusammenhang von *Partizipation und Zufriedenheit* zu. Auch hier deutet einiges darauf hin, dass eine indirekte Beziehung vorliegt, in diesem Fall vermittelt durch die wahrgenommene »prozedurale Gerechtigkeit«. Verschiedene Studien zeigen, dass die Möglichkeit, auf einen Entscheidungsprozess Einfluss zu nehmen, dazu führt, dass die beteiligte Person den Prozess als fairer wahrnimmt (*Earley & Lind*, 1987; *Lind, Kanfer, & Earley*, 1990; *Renn*, 1998; *Tyler*, 1988). Zahlreiche Studien liefern außerdem Hinweise darauf, dass eine positive Beziehung zwischen der eingeschätzten Fairness und den individuellen affektiven Konsequenzen, einschließlich Zufriedenheit, besteht (vgl. *Lind & Tyler*, 1988). Verdeutlicht man sich die nachgewiesenen Beziehungen zwischen Partizipation und Fairness auf der einen Seite und zwischen Fairness und Zufriedenheit auf der andere Seite, lässt sich vermuten, dass Fairness ein Bindeglied zwischen Partizipation und Zufriedenheit darstellt.

Diese Annahme konnte in einer aktuellen Studie bestätigt werden (*Roberson, Moye,* & *Locke,* 1999).

In ähnlicher Weise lassen sich positive Effekte von Partizipation auch für den Bereich der Leistungsbeurteilung feststellen. Die Ergebnisse einer neueren Meta-Analyse (*Cawley, Keeping,* & *Levy,* 1998) unterstreichen, was von Wissenschaftlern schon seit einiger Zeit angeführt wurde: Partizipation an dem Beurteilungsprozess steht in direktem Zusammenhang mit der Zufriedenheit der Mitarbeiter mit dem Beurteilungssystem und der Akzeptanz des Beurteilungssystems bei den Mitarbeitern. Im Besonderen konnte gezeigt werden, dass Partizipation der Mitarbeiter an dem Beurteilungsprozess in einer positiven Beziehung steht zu der Zufriedenheit der Mitarbeiter mit der Beurteilungssitzung, dem Beurteilungssystem, der wahrgenommenen Nützlichkeit der Beurteilung, der Motivation der Mitarbeiter, ihre Leistung zu steigern und der wahrgenommenen Fairness des Leistungsbeurteilungssystems (*Cawley, Keeping,* & *Levy,* 1998).

Das Partizipationskonzept ist eng verbunden mit der *Theorie der kognizierten Kontrolle* (vgl. *Osnabrügge, Stahlberg* & *Frey* 1985). Dieser Theorie zufolge sind Menschen bestrebt, auf Ereignisse Einfluss nehmen zu können, sich erklären zu können, warum ihnen ein bestimmtes Ereignis zugestoßen ist, oder zumindest vorhersehen zu können, was ihnen zustoßen wird. Je mehr Beeinflussungsmöglichkeit, Erklärbarkeit und Vorhersehbarkeit aufgrund von Partizipation vorhanden ist, umso mehr sind Mitarbeiter auch bereit, aversive Situationen zu ertragen, und umso mehr identifizieren sie sich mit Führungspersonen, dem Unternehmen und dessen Zielen. Ein großer Teil des Fehlschlagens von Change-Management-Prozessen liegt wohl darin begründet, dass sich Mitarbeiter und Führungskräfte zu wenig eingebunden fühlen und daher von oben vorgegebene Entscheidungen nicht mittragen.

Die Theorie der kognizierten Kontrolle gibt aber auch gleichzeitig Hinweise, wann Menschen Verantwortung im Sinne von Partizipation ablehnen:

a) wenn sie sich überfordert fühlen, und
b) wenn sie durch die Übernahme von Verantwortung negativ sanktioniert werden können.

Führung muss demnach versuchen zu gewährleisten, dass sich Mitarbeiter bei mehr Partizipation nicht überfordert fühlen und sich durch die Übernahme von Verantwortung nicht eher Nachteile als Vorteile ergeben.

Das Konzept der *Autonomie* steht in einem engen Zusammenhang mit dem der Partizipation. Partizipation ermöglicht letztlich, dass sich die Mitarbeiter selbst als Verursacher ihrer Handlungen erleben. Damit sich Autonomieerleben einstellen kann, ist es notwendig, ein Höchstmaß an Freiräumen und Deregulierung zu schaffen. Insbesondere kreative Mitarbeiter brauchen Freiräume, um ihnen zu ermöglichen, ihr gesamtes Potenzial einzubringen. Ihre Aufgaben müssen daher so gestaltet sein, dass Autonomie und Verfügungsfreiheit maximiert werden (vgl. *Mumford*, 2000). Es besteht sogar Grund anzunehmen, dass einige der traditionellen Vorgehensweisen im Human-Resource-Management wie enge Aufgabendefinitionen, Beurteilung nur nach den Ergebnissen und individualisierte Belohnungen, Kreativität und Innovationen sogar hemmen. Ferner findet sich ein negativer Zusammenhang zwischen Zentralisierung, also dem Ausmaß in dem Entscheidungsbefugnisse in einer Organisation konzentriert sind, und Innovationen (vgl. *Damanpour*, 1991). Partizipative Arbeitsumgebungen hingegen fördern Innovationen durch die Steigerung der Akzeptanz von Zielen und der Involviertheit der Mitarbeiter. Im Kontext von Innovationsprozessen finden sich Hinweise darauf, dass Partizipation sowohl das Vorschlagen neuer Ideen als auch die Umsetzung dieser Ideen positiv beeinflusst (*Axtell, Holman, Unsworth, Wall, Waterson* & *Harrington*, 2000).

Macht man sich diese Zusammenhänge bewusst, ist offensichtlich, dass ein gewaltiges Verbesserungspotenzial vorhanden ist, sobald man erkennt, wo entreglementiert werden kann und man seinen Mitarbeitern ein Höchstmaß an Freiraum geben kann. Führungskräfte müssen deshalb für jeden einzelnen Mitarbeiter reflektieren, inwieweit er selbstverantwortlicher tätig sein kann und soll.

5. Das Prinzip der konstruktiven Rückmeldung

Wenn soeben von Autonomie und Freiräumen die Rede war, so heißt das natürlich nicht, dass man die Mitarbeiter sich selbst überlassen sollte – ganz im Gegenteil: Will man einer arbeitenden Person das Gefühl vermitteln, dass sie etwas leistet, ist es notwenig, die Fortschritte, die diese Person bei der Erreichung eines Ziels über einen gewissen Zeitraum macht, an sie zurückzumelden. Nur so können Mitarbeiter auf der einen Seite ein *Gefühl von Kompetenz* entwickeln und auf der anderen Seite erkennen, wo sie noch an sich arbeiten können und sollten. Rückmeldungen zielen also zum einen darauf ab, den Mitarbeiter über die von ihm erbrachte Leistung zu informieren (informationaler Aspekt). Zum anderen motivieren Rückmeldungen, indem sie ermöglichen, sich über bereits Erreichtes zu freuen, und aufzeigen, in welchen Bereichen noch Verbesserungsmöglichkeiten bestehen (motivationaler Aspekt). Damit diese informationalen und motivationalen Effekte von Rückmeldungen eintreten können, ist es wichtig zu wissen, unter welchen Bedingungen Rückmeldungen vom Empfänger auch angenommen werden können, d. h. wie Rückmeldungen aussehen müssen, die für den Empfänger hilfreich sind.

Was ist nun beim Geben und Annehmen von Rückmeldungen zu beachten? In Abbildung 2 finden sich *Regeln zur konstruktiven Verhaltensrückmeldung*. Schon fast von selbst versteht sich, dass diese Regeln nicht mechanistisch in immer gleicher Weise angewendet werden dürfen, da die betreffende Person sonst unglaubwürdig wirkt. Viele Führungspersonen lächeln, wenn sie diese Regeln des Rückmeldens sehen, weil sie diese bereits kennen. Aber *kennen heißt noch nicht können* und es ist immer wieder erstaunlich, dass viele Führungspersonen nicht in der Lage sind, derartige Regeln bei Rückmeldungen professionell umzusetzen. Unsere eigenen empirischen Untersuchungen (*Frey*, 1998) zeigen, dass es oft ganz banale Dinge sind, die Mitarbeiter an ihren Führungskräften vermissen: es fehlt das »Danke«, das »Bitte«, die Wertschätzung, die Konstruktivität in der Kritik und die Kulanz. Dadurch, dass diese menschlichen Dinge häufig nicht gelebt werden, und somit fundamentale Aspekte von Verhaltensrückmeldung verletzt werden, schickt man viele Mitarbeiter und Führungskräfte in die innere Kündigung. Selbst Kritik kann in vielen Situationen so vermittelt werden, dass es nicht zu einer Belastung der Beziehung zwischen Sender und Empfänger kommt. Damit dies gelingt, ist es wichtig die Sach- von der Beziehungsebene zu trennen (vgl. *Watzlawick, Beavin, & Jackson*, 1969; *Schulz von Thun*, 1981).

A. Wie gebe ich Rückmeldung?

1. Im Allgemeinen: Zuerst positives Feedback, dann negatives. (Kritik verletzt so weniger das Selbstwertgefühl und wird eher angenommen.)
2. Keine Pauschalkritik, sondern: einzelne Kritikpunkte genau benennen. (Sonst beginnt der Kritisierte sofort mit der Verteidigungsplanung, statt erst mal genau zuzuhören.)
3. Hinweisen auf Konsequenzen – positive oder negative. (Einsicht in die Folgen ist die beste Voraussetzung für die Bereitschaft, Feedback auch anzunehmen.)
4. Bei Kritik möglichst auch konkrete und realisierbare Änderungsvorschläge machen. (Ist hilfreich und vermittelt trotz Kritik eine wertschätzende Haltung.)
5. Geeigneten Zeitpunkt wählen: Möglichst unmittelbar, eventuell aber abwarten; Gefühlslage (Erschöpfung, Niedergeschlagenheit usw.) beachten. Empfänger soll offen sein für Rückmeldung.

B. Wie nehme ich Rückmeldung an?

6. Zunächst: Kritik in Ruhe anhören. Nicht sofort in Gegenkritik verfallen! (Das macht Sie stärker und gibt Gelegenheit, etwas Wichtiges zu erfahren.)
7. Kritik in eigenen Worten wiederholen und Verständnisfragen stellen. (Verhindert Aneinandervorbeireden und signalisiert Selbstsicherheit.)
8. Eventuell Andere um Rückmeldung bitten. (Oft wird negative Kritik relativiert.)

(aus: Günther & Sperber, 1993; S. 57)

Abb. 2: Regeln zur konstruktiven Verhaltensrückmeldung

Betrachtet man die erwähnten Vorteile von Rückmeldungen genauer, wird deutlich, dass nicht nur die Mitarbeiter von der Führungskraft gelobt und kritisiert werden sollten. Vielmehr müssen auch die Mitarbeiter dazu ermuntert werden, bei der Führungskraft diejenigen Verhaltensweisen, die für Motivation und Kreativität wichtig sind, besonders zu loben, umgekehrt aber auch konstruktive Kritik bei Führungsdefiziten zu üben.

Will man darüber hinaus erreichen, dass eine beurteilte Person Rückmeldungen nicht nur anhört, sondern auch nutzt und in Verhaltensänderungen umsetzt, so ist es erforderlich, dass sich die betreffende Person verantwortlich fühlt, ihr Verhalten auch entsprechend zu ändern. Wie lässt sich nun die Verantwortlichkeit für Veränderungen erhöhen? In einer fünfjährigen Längsschnittstudie (*Walker & Smither*, 1999) zeigte sich beispielsweise, dass Aufwärtsbeurteilungen besonders dann zu einer Verbesserung der Leistung der Führungskraft führen, wenn die Führungskraft die Ergebnisse ihrer jährlichen Leistungsbeurteilung in einer Feedbacksitzung mit ihren Mitarbeitern diskutiert. Die Autoren interpretieren dieses Ergebnis dahingehend, dass das Abhalten von Feedbacksitzungen zu einer erhöhten Verantwortlichkeit der Führungskräfte gegenüber den Rückmeldungen ihrer Mitarbeitern führt. Andere Maßnahmen, die dazu beitragen können, die Verantwortlichkeit für Veränderungen zu erhöhen, sind beispielsweise eine öffentliche Verpflichtung zu Verhaltensänderungen oder die Teilnahme an einem Training, das auf den Ergebnissen der Rückmeldungen aufbaut (vgl. *London, Smither, & Adsit*, 1997). Insgesamt gilt es, in der Organisation ein Klima der *kontinuierlichen Verbesserung* zu schaffen. Die Beurteilten müssen wissen, dass von ihnen erwartet wird, dass sie sich durch die Nutzung von Rückmeldungen kontinuierlich verbessern. Das Abhalten von Feedbacksitzungen kann den Einfluss von Beurteilungen allerdings nicht nur über eine erhöhte Verantwortlichkeit verstärken, sondern auch dadurch, dass die beurteilte Person in der Feedbacksitzung wesentliche zusätzliche Informationen erhält, beispielsweise darüber, wie bestimmte Rückmeldungen genau gemeint sind und konkrete Vorschläge bekommt, wie das bestehende Verhalten verändert werden könnte.

Ausgehend von der Überlegung, dass die Arbeitsleistung einer Person idealerweise immer auf Basis mehrerer Perspektiven und Bezugsquellen beurteilt werden sollte, findet vor allem in größeren Unternehmen das sogenannten *360°-Feedback* zunehmend Verwendung. Dabei werden Führungskräfte simultan aus verschiedenen Perspektiven beurteilt, typischerweise von Vorgesetzten, Gleichgestellten, Untergebenen und Kunden (*London & Beatty*, 1993; *Tornow*, 1993).

Die Art und Weise, wie Individuen *mit Rückmeldungen umgehen*, unterscheidet sich nach *Dweck* (1986; 1989) in Abhängigkeit davon, ob die betreffende Person eher eine Lernzielorientierung (Learning-Goal-Orientation) oder eine Leistungszielorientierung (Performance-Goal-Orientation) aufweist. Während Personen mit einer Lernzielorientierung Fehler oder negative Rückmeldungen eher als Information darüber, wie ihre Aufgabenbewältigung verbessert werden kann, interpretieren, sehen Personen mit einer stärkeren Leistungszielorientierung negative Rückmeldungen eher als (unvorteilhafte) Beurteilungen ihrer Kompetenz an (vgl. *Farr, Hofmann* & *Ringenbach,* 1993). Entsprechend können Personen mit unterschiedlichen Orientierungen ähnliche Rückmeldungen sehr unterschiedlich interpretieren. Beispielsweise kann die Reaktion eines Mitarbeiters auf den Kommentar seiner Führungskraft, »Sie haben in letzter Zeit wirklich hart gearbeitet«, deutlich variieren. Personen mit einer Lernzielorientierung interpretieren die Aufwendung von viel Einsatz bei der Bewältigung einer Aufgabe positiv, als Anzeichen, die Aufgabe bewältigen zu können, und finden Aufgaben, die wenig Anstrengung erfordern, eher langweilig. Leistungszielorientierte Personen hingegen werten die Notwendigkeit eines erheblichen Aufwandes als Indikator für niedrige Fähigkeit, wohingegen die Bewältigung einer Aufgabe mit wenig Aufwand für sie auf den Besitz hoher Fähigkeit hinweist. Dies lässt vermuten, dass sich im Organisationskontext unvorteilhafte Reaktionen auf (möglicherweise durchaus konstruktiv gegebene) Rückmeldungen mit negativem Inhalt nicht zuletzt deshalb so häufig finden, weil die dort vorherrschenden Rahmenbedingungen die Entwicklung einer Leistungszielorientierung fördern (vgl. *Farr, Hoffmann,* & *Ringenbach,* 1993).

Wie Personen mit negativen Rückmeldungen umgehen, unterscheidet sich außerdem deutlich in Abhängigkeit von der Motivstruktur der betreffenden Person. Personen mit hohem Leistungsmotiv profitieren von negativer Rückmeldung, nicht jedoch Personen mit hohem Machtmotiv (*Fodor* & *Carver,* 2000). Differenzielle Effekte zeigen sich auch hinsichtlich der Selbstwirksamkeit. Erhalten Personen wiederholte negative Leistungsruckmeldungen, so fuhrt dies bei Personen mit hoher Selbstwirksamkeit dazu, dass ihre Akzeptanz der Rückmeldungen abnimmt, während sich Personen mit niedriger Selbstwirksamkeit in ihrer Akzeptanz nicht verändern und eher ihre Selbstwirksamkeitseinschätzung an die Rückmeldung anpassen (*Nease, Mudgett* & *Quiñones,* 1999).

Zusammenfassend lässt sich festhalten, dass das Geben und Annehmen von Rückmeldungen keineswegs so einfach ist, wie man auf den ersten Blick vermuten könnte. Insbesondere die konstruktive Korrektur der Führungskraft durch den Mitarbeiter von Angesicht zu Angesicht ist sehr schwierig. Gerade aber ehrliche, offene Rückmeldung ist eine notwendige Voraussetzung für die kontinuierliche Verbesserung in Richtung auf ein Center of Excellence. Würde es gelingen, durch professionelle Ausbildung in Kommunikation, die Art, wie man lobt und konstruktiv korrigiert, aber auch wie man Rückmeldungen annimmt, zu verbessern, könnten viele Sachprobleme schneller gelöst werden. Leider wird an Schulen und Universitäten das konstruktive Geben und Annehmen von Rückmeldungen oder, noch weiter gefasst, die richtige Art der Kommunikation nur unzureichend gelehrt.

6. Das Prinzip der positiven Wertschätzung

Das Prinzip der positiven Wertschätzung steht in engem Zusammenhang mit dem Prinzip der konstruktiven Rückmeldung. Werden keine Rückmeldungen über die Leistungen des Mitarbeiters gegeben (oder sind diese destruktiv formuliert) oder werden Vorschläge von Mitarbeitern schroff zurückgewiesen, so zeugt dies immer auch von einer Geringschätzung des Mitarbeiters. Erforderlich ist aber das genaue Gegenteil: Führungskräfte müssen jedem Mitarbeiter hohe persönliche Wertschätzung entgegenbringen. Dies ist nicht nur aus humanitären, sondern auch aus kaufmännischen Gründen zu fordern. Nur dann nämlich wird sich der Mitarbeiter langfristig engagieren. Mitarbeiter, die sich nicht geachtet und respektiert – oder gar als anonyme Nummer behandelt – fühlen, werden kein überdurchschnittliches Engagement zeigen.

Wer keine persönliche Wertschätzung erfährt, wird seine Bedürfnisse nach Selbstwert, Kompetenz und sozialer Eingebundenheit nicht befriedigen können. Persönliche Wertschätzung ist daher auch das zentrale Prinzip, das der *humanistischen Schule* der Psychologie (vgl. *Rogers*, 1959) zu Grunde liegt. Der einzelne Mensch ist *in seiner Individualität* zu akzeptieren – mit all seinen Stärken, Schwächen und »Eigentümlichkeiten«. Dies bedeutet nicht, dass alle Schwächen toleriert werden müssen; natürlich dürfen Schwächen thematisiert werden, und es sollte angestrebt werden, daran zu arbeiten. Führungskräfte konzentrieren sich allerdings häufig mehr auf die Schwächen als auf die Stärken ihrer Mitarbeiter. Sie sollten sich eigentlich aber mehr auf die Stärken der Mitarbeiter konzentrieren, da diese im Allgemeinen leichter ausbaubar sind als Schwächen reduzierbar. Durch geschickte Teamzusammensetzung könnte man die Stärken vernetzen und die Schwächen durch gegenseitige Unterstützung ausgleichen. Eine Führungskraft sollte dabei aber nie vergessen, dass sie selbst eben *auch* bestimmte Schwächen hat und ebenfalls trotz dieser Schwächen respektiert, geachtet und wertgeschätzt werden möchte (siehe auch das »Prinzip der konstruktiven Rückmeldung«).

7. Das Prinzip des persönlichen Wachstums

Ein weiteres Prinzip, das auf die Ideen der *humanistischen Schule* von *Rogers* (1959) zurückgeht und in engem Zusammenhang mit dem *Bedürfnis nach Kompetenz* steht, ist das Prinzip des persönlichen Wachstums. Nach *Carl Rogers* haben Menschen das Bedürfnis, ihre Kompetenzen ständig weiterzuentwickeln. Jeder Mitarbeiter sollte daher die Möglichkeit erhalten, sich seinen Fähigkeiten, persönlichen Talenten und Interessen entsprechend weiterzuentwickeln. Bei entsprechender Qualifikation und Leistung sollte ein Aufstieg im Unternehmen ermöglicht werden oder – weil dies durch die Verflachung von Hierarchien immer schwieriger wird – eine Kompetenz- bzw. Verantwortungserweiterung möglich sein.

Damit geht es um die Umsetzung von Kriterien, wie sie vor allem *Hacker* (1998), aber auch *Hackman* und *Oldham* (1980) gefordert haben. Diese Kriterien besagen: Arbeit sollte so geregelt werden, dass Persönlichkeitsentfaltung möglich ist und die Aspekte von Ganzheitlichkeit und Vielseitigkeit vorhanden sind. Die Herausforderung für Führungskräfte besteht damit darin, ein Umfeld zu schaffen, in dem die Mitarbeiter ihr persönliches Potenzial voll entwickeln können (vgl. *Baveja & Porter,* 1996). Notwendig dafür sind Handlungsspielräume und eine Kultur, in der Fehler als unvermeidbar akzeptiert und als Ausgangspunkt für Verbesserungen angesehen werden.

8. Das Prinzip der sozialen Einbindung

Jedem Mitarbeiter muss ein Gefühl der sozialen und emotionalen Integration im Unternehmen gegeben werden, damit seinem *Bedürfnis nach sozialer Eingebundenheit* Rechnung getragen wird. Dies ermöglicht dem Mitarbeiter, neben einer personalen auch eine *soziale Identität* zu entwickeln – ein sehr bedeutsamer Aspekt, wie auch die umfangreiche Forschung im Rahmen der *Theorie der sozialen Identität* zeigt (vgl. hierzu z. B. *Tajfel*, 1978, 1981). Menschen möchten auf ihre Arbeitsgruppe, ihre Abteilung, ihr Unternehmen – wo sie ja einen großen Teil ihrer Lebenszeit verbringen – stolz sein und sich mit ihnen identifizieren können. In Unternehmen, die ein Center of Excellence darstellen, hat die Abteilung oder die Firma den Stellenwert einer »Familie«, d. h. die Mitarbeiter können sich auch in Schwächeperioden auf die Vorgesetzten und die Kollegen verlassen, ihnen vertrauen sowie mit Hilfe und Unterstützung rechnen.

Gerade hinsichtlich der Teamentwicklung ist das Prinzip der sozialen Einbindung von zentraler Bedeutung. Es geht dabei letztlich um eine *Verbesserung der Beziehungs- und Vertrauensebene*. Hier geizen viele Unternehmen, weil sie sich der Wichtigkeit der Beziehungsebene sowie der außerbetrieblichen Kontakte viel zu wenig bewusst sind. Es gibt sogar Firmen, die gemeinsame außerbetriebliche Aktivitäten der Mitarbeiter mit Argwohn betrachten. Dabei wissen wir, dass ein enger Zusammenhang besteht zwischen dem Betriebsklima auf der einen Seite und der Beteiligung am Vorschlagswesen, Krankheitsquoten sowie Zielerreichungsquoten auf der anderen Seite. Gerade die Umsetzung solcher sogenannter »Soft Factors« ist oft eine notwendige Bedingung, um die gewünschte Ausprägung der »Hard Factors« zu erreichen. Wer diese menschliche Schiene gering schätzt, wird nur selten auf Dauer innovative, flexible und höchst motivierte Mitarbeiter haben.

9. Das Prinzip der Passung und Eignung

Auch eine vollständige soziale Einbindung nützt wenig, wenn die Bedürfnisse und Fertigkeiten des Mitarbeiters auf der einen und die Gegebenheiten und Anforderungen des Arbeitsplatzes auf der anderen Seite nicht zusammenpassen. Oft sitzen hervorragende Personen am falschen Platz oder im falschen Team und können ihre Fähigkeiten nicht optimal umsetzen. Dadurch fühlen sich die Mitarbeiter unter- oder überfordert; Unzufriedenheit auf Seiten der Mitarbeiter und der Vorgesetzten ist die Folge.

Das Prinzip der Passung und Eignung bildet die Kernkomponente zahlreicher Theorien und Modelle, die alle unter der Bezeichnung »*Person-Environment Fit*« zusammengefasst werden können. Diese Theorien – bspw. die Theorie von *Holland* (1997) oder die »Theory of Work Adjustment« von *Dawis* und *Lofquist* (1984) – beziehen sich darauf, inwieweit Person und Arbeitsumwelt zusammen passen. Diese Passung wird als »Kongruenz«, »Korrespondenz« oder »fit« bezeichnet. Dabei lässt sich zwischen zwei Arten von Passung unterscheiden:

1.) eine Passung zwischen den Forderungen der Arbeitsumwelt auf der einen Seite und den Fähigkeiten und Fertigkeiten der Person auf der anderen Seite;

2.) eine Passung zwischen den Bedürfnissen der Person auf der einen Seite und den Gelegenheiten, mit denen die Umwelt diese Bedürfnisse erfüllen kann, auf der anderen Seite.

Es wurden mittlerweile weit mehr als 100 Untersuchungen zum »Person-Environment Fit«-Model durchgeführt. Eine neuere Überblicksarbeit (*Tinsley*, 2000) kommt zu dem Schluss, dass diese Studien die Vorhersagen des Modells mit wenigen Ausnahmen bestätigen. »Person-Environment Fit« steht dabei typischerweise in positivem Zusammenhang mit Arbeitszufriedenheit und Vertrauen sowie in negativem Zusammenhang mit Absentismus und Fluktuation (*Tinsley*, 2000).

Für die Führungsperson bedeutet dies nicht nur dafür zu sorgen, dass die richtige Person auch am richtigen Platz sitzt, sondern darüber hinaus zusammen mit dem Mitarbeiter Arbeitswelten so zu verändern, dass die gewünschte Passung erreicht wird. Durch Fragen wie: »Was muss passieren, damit Ihnen die Arbeit noch mehr Spaß macht?«, »Wo sind Störquellen?«, »Wo sind Ärgernisse?« können Führungspersonen zusammen mit dem Mitarbeiter Arbeitswelten derart verändern.

10. Das Prinzip der flexiblen und adaptiven Führung

Notwendig ist *situatives Handeln*. Umfangreiche Forschung hat gezeigt, dass ein bestimmter Führungsstil immer nur in bestimmten Situationen und bei bestimmten Personen Erfolg hat (als Überblick siehe *Brodbeck, Maier* & *Frey*, im Druck). Jede Situation und jede Person stellt ganz spezifische Anforderungen an die Führungskraft und nur wenn die Führungskraft diesen spezifischen Anforderungen gerecht wird, kann sie erfolgreich sein. Die Führungskraft muss folglich *flexibel* genug sein, ihr Handeln auf die jeweiligen situativen Anforderungen und die von ihr geführten Personen einzustellen. Wenn wir dabei ganz allgemein von »Handeln« sprechen, beziehen wir uns insbesondere auf Dimensionen wie »autoritär versus partizipativ«, »direktiv versus non-direktiv«, »aufgaben- versus mitarbeiterorientiert« oder »tough versus soft«. Gegenüber bestimmten Personen und in bestimmten Situationen bedarf es also bspw. relativ klarer, teilweise sogar autoritärer Entscheidungen und Verhaltensweisen. Andere Personen hingegen muss man mit Samthandschuhen anfassen. Bestimmte Situationen erfordern ausführliche Diskussionen und Partizipation, andere Situationen dagegen verlangen schnelle Entscheidungen und weniger Partizipation. Darüber hinaus darf auch nicht vergessen werden, dass sich gerade in der heutigen Zeit die Merkmale der jeweiligen Arbeitssituation rasch ändern können. Und natürlich können sich auch die Fähigkeiten und Einstellungen der Mitarbeiter ändern. Führungspersonen müssen also lernen, ihr Verhalten flexibel den jeweiligen Bedingungen anzupassen. Dies beinhaltet, dass Führungspersonen auch hinsichtlich ihrer Wahrnehmung geschult werden müssen – nur wer in der Lage ist, die Situation adäquat zu diagnostizieren und Mitarbeiter richtig einzuschätzen, kann flexibel und adaptiv führen.

Es existieren zahlreiche Theorien, die explizit den situativen Charakter von Führung thematisieren (als Überblick siehe *Brodbeck, Maier* & *Frey*, im Druck). Diese Theorien beziehen sich allerdings mitunter nur auf eine einzige situative Variable (bspw. nur auf den Reifegrad der Geführten) oder nur auf einen Ausschnitt des Führungsverhaltens (bspw. nur auf das Entscheidungsverhalten) oder sind empirisch nicht ausreichend bestätigt (und wenn, dann häufig in Labor- und weniger in Felduntersuchungen). Darüber hinaus sind reale Führungssituationen häufig deutlich komplexer als sie sich prinzipiell in Theorien abbilden lassen. Derartige Theorien dürfen somit, wenn überhaupt, höchstens als Orientierungshilfe verstanden werden. Keinesfalls können sie der Führungsperson die Entscheidung abnehmen, wie sie sich in einer spezifischen Situation verhalten und mit der Komplexität realer Führungssituationen umgehen soll.

Um Missverständnisse auszuschließen, möchten wir betonen, dass flexible und adaptive Führung natürlich nicht bedeuten soll, dass Führungskräfte ihre Persönlichkeit bzw. ihre individuelle Art und Weise, in der sie ihre Mitarbeiter führen, aufgeben müssen. Dieser persönliche »Stil« darf nur nicht starr und unflexibel sein. Ferner darf »adaptive Führung« nicht so verstanden werden, dass Führungspersonen ausschließlich passiv auf die jeweiligen Umweltbedingungen reagieren sollen. Natürlich sollen sie ebenso aktiv auf ihre Umwelt Einfluss nehmen. Schließlich gehen wir davon aus, dass einige – nicht jedoch alle – der von uns postulierten Führungsprinzipien weitgehend unabhängig von der jeweiligen Situation wirksam werden können. Es sollte bspw. selbstverständlich sein, dass persönliche Wertschätzung gegenüber den Mitarbeitern nie fehlen darf – auch dann nicht, wenn es die Situation erfordert, »hart durchzugreifen«. Gleiches gilt für die Prinzipien der Sinnvermittlung und des persönlichen Wachstums. Bei anderen Prinzipien dagegen, bspw. bei dem Prinzip der Partizipation, wird es erforderlich sein, das Ausmaß, in dem das Führungshandeln an dem Prinzip ausgerichtet werden soll, an die jeweilige Situation anzupassen.

11. Das Prinzip des guten Vorbilds der Führungskraft

Viele der bisher geschilderten Prinzipien werden relativ wirkungslos bleiben, wenn eine Führungskraft ihre Verwirklichung zwar predigt, jedoch nicht mit gutem Beispiel vorangeht. Führungskräfte müssen vor allem durch lebendiges fachliches und menschliches Vorbild überzeugen. Nur dadurch kann ein angstfreies Klima des gegenseitigen Vertrauens geschaffen werden, in dem Motivation und Kreativität gedeihen können.

Insbesondere die Theorie des sozialen Lernens bzw. *Modelllernens* von *Bandura* (1977) zeigt, wie entscheidend die Vorbildfunktion ist. Viele wichtige Aspekte des eigenen Verhaltensrepertoires lernt man von Anderen. Das Gleiche gilt für Werte und Wertesysteme. Menschen haben ein Bedürfnis nach Vorbildern, an denen sie sich orientieren können. Hinzu kommt, dass Führungspersonen, die in den

Augen ihrer Mitarbeiter mit gutem Beispiel vorangehen, als vertrauenswürdiger wahrgenommen werden (*Posner* & *Kouzes*, 1988).

Die Bedeutung der Vorbildfunktion der Führungsperson wird auch von der Theorie der *charismatischen Führung* (*House*, 1977) herausgestellt. Charismatische Führer verkörpern in ihrem Verhalten die Werte der Vision, indem sie Vertrauen in die Visionsverwirklichung und Opferbereitschaft für die Gemeinschaft demonstrieren. *Robert House*, der Begründer der charismatischen Führungstheorie, nennt als Beispiel Mahatma Ghandi, der in Armut und Selbstbescheidenheit lebte (*House* & *Shamir*, 1995).

12. Das Prinzip der Fairness

Wir haben dieses Prinzip mit Absicht an das Ende unserer Betrachtungen gestellt, weil wir davon ausgehen, dass die Verwirklichung der bisher diskutierten Prinzipien zur Wahrnehmung von Fairness führt. Typischerweise werden mindestens zwei Formen der Fairness bzw. Gerechtigkeit (die Begriffe werden alternativ verwendet) unterschieden: Unter *distributiver Fairness* wird die Fairness der Verteilung von Ressourcen verstanden, unter *prozeduraler Fairness* hingegen die Fairness hinsichtlich der Vorgehensweisen (Prozeduren) bei dieser Verteilung (*Greenberg*, 1990; *Konovsky*, 2000).

Empirische Studien unterstützen insbesondere den Einfluss von Partizipation auf die Wahrnehmung von prozeduraler Fairness (bspw. *Lind, Kanfer* & *Earley*, 1990). Zu Faktoren, welche die Wahrnehmung einer gerechten Behandlung gefährden, zählen insbesondere herabsetzende Beurteilungen, öffentliche Kritik, das Eindringen in die Privatsphäre sowie die Ausübung von Zwang (*Konovsky*, 2000). Auch die Organisationsstruktur scheint von Bedeutung zu sein: bspw. konnte in einer neueren Untersuchung von *Schminke*, *Ambrose* und *Cropanzano* (2000) gezeigt werden, dass ein negativer Zusammenhang zwischen dem Ausmaß an Zentralisierung und der wahrgenommenen prozeduralen Fairness besteht.

Zu den Konsequenzen wahrgenommener Fairness zählen in erster Linie eine höhere Arbeitszufriedenheit, geringere Fluktuation, eine höhere Bindung an die Organisation, ein höheres Ausmaß an Vertrauen und ein höheres Ausmaß an »Organizational-Citizenship-Behavior« (Verhaltensweisen auf freiwilliger Basis, die über die vorgeschriebene Arbeitsaufgabe hinausgehen und dem Wohl der Organisation dienen). Neuere Forschungsarbeiten weisen darauf hin, dass wahrgenommene Fairness häufig als vermittelnde Variable wirkt. So finden sich Hinweise, dass der positive Einfluss von Partizipation auf Arbeitszufriedenheit über das Ausmaß wahrgenommener prozeduraler Fairness vermittelt wird (*Roberson, Moye* & *Locke,* 1999; siehe dazu das »Prinzip der Autonomie und Partizipation«). Ebenso scheint der positive Einfluss von transformationaler (bzw. charismatischer) Führung auf Arbeitszufriedenheit und »Organizational-Citizenship-Behavior« über wahrgenommene Fairness vermittelt zu werden (*Pillai, Schriesheim* & *Williams,* 1999).

Abschließende Bemerkungen

Die einzelnen Führungsprinzipien sind den meisten Führungspersonen in sozialen und kommerziellen Organisationen bekannt. Sie *kennen* diese Führungsprinzipien. Eine ganz andere Frage ist, ob sie diese Führungsprinzipien umsetzen *können* und noch mehr, ob sie diese umsetzen *wollen* oder gar *dürfen*. Uns ging es in diesem Beitrag vor allem darum nachzuweisen, unter welchen Bedingungen die Führungsprinzipien gültig sind und welche vermittelnden Mechanismen dabei eine Rolle spielen. Dabei muss ein Missverständnis vermieden werden: Ganz selten wird man sagen können, je stärker ein Prinzip ausgeprägt ist, umso besser. Bei vielen Variablen wird es eher so sein, dass kurvilineare Beziehungen bestehen, d. h. wenn zu viel Transparenz oder zu viel Partizipation vorhanden ist, mag dieses durchaus nachteilig sein. Es wird letztlich immer darauf ankommen, einen goldenen Mittelweg zu finden und dies bedeutet zu reflektieren, wo ein Prinzip zu wenig oder aber auch zu stark ausgeprägt ist. Genau diese Feinadjustierung ist aber ganz entscheidend. Gute Führungskräfte unterscheiden sich nämlich gerade dadurch von schlechten, dass sie eben nicht pauschalieren, sondern je nach ihrer eigenen Persönlichkeit, der Persönlichkeit ihres Gegenübers und der Situation diese Feinadjustierung vornehmen.

Die Führungsprinzipien sind letztlich hervorragende Hebelfaktoren um einen mündigen, engagierten, selbstbewussten Mitarbeiter zu erreichen. Man kann dabei fast von einer »Psychologik« der Führung ausgehen: Wer die geschilderten Führungsprinzipien erfolgreich anwendet, d. h. lebt – und wiederum entscheidet nicht Selbst- sondern Fremdeinschätzung – wird eher einen engagierten, motivierten, selbstbewussten und verantwortungsbewussten Mitarbeiter erhalten. Allerdings werden einige Führungskräfte im Grunde ihres Herzens einen solchen Mitarbeiter eigentlich gar nicht haben wollen, sondern eher einen angepassten und gehorsamen. Eine solche Einstellung könnte unter anderem durch bestimmte, meist irrationale, Ängste motiviert sein, beispielsweise von anderen überflügelt zu werden oder ersetzbar zu sein. Das Überwinden derartiger Ängste bringt für die betreffende Person sowohl berufliche als auch persönliche Vorteile mit sich.

Ist Führungsverhalten lernbar?

Begrenzt ist Führungsverhalten lernbar, man kann z. B. lernen, wie man lobt, korrigiert, wie man grüßt, wie man »danke« und »bitte« sagt oder wie man ein konstruktives Gespräch führt. Kaum erwerbbar sind hingegen zentrale Motive und implizite Persönlichkeitstheorien, z. B. ob man ein positives oder ein negatives Menschenbild hat oder ob man glaubt, Menschen wären zu verändern oder nicht zu verändern.

Letztlich geht es bei Führungskräfteseminaren darum, die Teilnehmer dafür zu sensitivieren, dass das Spektrum an möglichen Verhaltensweisen größer ist als von ihnen angenommen. Um Motivation und Engagement zu fördern oder um einer inneren Kündigung entgegenzuwirken, kann man eben nicht nur korrigieren und konstruktiv kritisieren, sondern auch mehr loben, mehr Sinn vermitteln, mehr Transparenz durch Kommunikation erzeugen usw. Dieses breitere Spektrum der Verhaltensalternativen ist ein wichtiger Punkt, in dem sich gute von mittelmäßigen Führungskräften unterscheiden.

Ein zentraler Aspekt für das Lernen ist die Abgleichung der Selbsteinschätzung mit der Fremdeinschätzung: Führungskräfte neigen dazu, zu glauben, dass sie die von uns diskutierten Prinzipien (weil sie diese kennen) auch schon umsetzen. Viele Mitarbeiter sehen dies aber häufig anders. Es führt deshalb kein Weg daran vorbei, Selbsteinschätzungen und Fremdeinschätzungen abzugleichen. Führungspersonen müssen mehr denn je lernen, die Haupt- und Nebenfolgen ihres Handelns vorherzusehen. Wer hier sagt, »Interessiert mich nicht«, oder Feedback von Seiten der Mitarbeiter durch unterschiedliche Signale unterdrückt, wird sich zwar im Besitz der Wahrheit fühlen, aber selten Mitarbeiter haben, die motiviert sind, »Center of Excellence«-Kulturen zu leben.

Führungsprinzipien und Persönlichkeitsentwicklung

Die Umsetzung der Führungsprinzipien erfordert Persönlichkeit und Rückgrat. Es geht um Persönlichkeit im Sinne von Souveränität, persönliche Autorität, Ausstrahlung, Charakterstärke, Verantwortung für sich und andere. Es geht darum, Schwächen zugeben zu können, statt immer im Recht sein zu müssen, andere groß werden zu lassen, statt sich selbst in den Vordergrund zu stellen, Sinn und Visionen zu vermitteln, an der Basis zu sein, um zu kommunizieren und Hintergrundinformationen zu erläutern. Letztlich bedeutet diese Art von »Leadership« auch zu reflektieren, inwieweit durch das eigene Führungsverhalten jeder Mitarbeiter hinsichtlich fachlicher Kompetenz und Persönlichkeit profitiert.

Die Führungskräfteentwicklung in Richtung des Prinzipienmodells der Führung wird deshalb immer auch per se mit Persönlichkeitsentwicklung verbunden sein müssen.

Literatur

Ambrose, M. L., & Kulik, C. T. (1999). Old friends, new faces: Motivation research in the 1990s. *Journal of Management, 25*, 231–292.

Atkinson, J. W. (1964). *Introduction to motivation.* New York: Van Nostrand.

Axtell, C. M., Holman, D. J., Unsworth, K. L., Wall, T. D., Waterson, P. E., & Harrington, E. (2000). Shopfloor innovation: Facilitating the suggestion and implementation of ideas. *Journal of Occupational and Organizational Psychology, 72, 265–285.*

Bandura, A. (1977). *Social learning theory.* Englewood Cliffs, N.J.: Prentice Hall.

Bandura, A. (1997). *Self-efficacy: The exercise of control.* New York: *Freeman.*

Bass, B. M., & Avolio, B. J. (1993). Transformational leadership: A response to critique. In M. M. Chemers & R. Ayman (Eds.), *Leadership theory and research* (pp. 49–80). San Diego: Academic Press.

Bass, B. M. (1998). *Transformational Leadership.* Mahwah, N. J.: Erlbaum.

Baum, J. R., Locke, E. A., & Kirkpatrick S. A. (1998). A longitudinal study of the relation of vision and vision communication to venture growth in entrepreneurial firms. *Journal of Applied Psychology, 83*, 43–54.

Baumeister, R. (1991). Meanings of life. New York: Guilford Press.

Baumeister, R. F. & Leary, M. R. (1995). The need to belong: Desire for interpersonal attachments as a fundamental human motivation. *Psychological Bulletin, 117*, 497–529.

Baveja, A., & Porter, G. (1996). Creating an environment for personal growth: The challenge of leading teams. *Advances in Interdisciplinary Studies of Work Teams, 3*, 127–143.

Bennis, W. G., & Nanus, B. (1985). *Leaders: The strategies for taking charge.* New York: Harper & Row.

Bowlby, J. (1969). *Attachment and loss. Vol 1: Attachment.* New York: Basic Books.

Brandstätter, V. (1999). Arbeitsmotivation und Arbeitszufriedenheit. In C. D. Hoyos, & D. Frey (Hrsg.), *Arbeits- und Organisationspsychologie: Ein Lehrbuch* (S. 344–357). Weinheim: Beltz/Psychologie Verlags Union.

Brodbeck, F. C., Maier, G. W., & Frey, D. (im Druck). Führungstheorien. In D. Frey, & M. Irle (Hrsg.), *Theorien der Sozialpsychologie. Band II: Gruppen- und Lerntherorien.* Bern: Huber.

Cawley, B. D., Keeping, L. M., & Levy, P. E. (1998). Participation in the performance appraisal process and employee reactions: A meta-analytic review of field investigations. *Journal of Applied Psychology, 83*, 615–633.

Champoux, J. E. (1991). A multivariate analysis of curvilinear relationships among job scope, work context satisfactions, and affective outcomes. *Human Relations, 45*, 87–111.

Conger, J. A., & Kanungo, R. N. (1987). Toward a behavioral theory of charismatic leadership in organizational settings. *Academy of Management Review, 12*, 637–647.

Damanpour, F. (1991). Organizational innovation: A meta-analysis of effects of determinants and moderators. *Academy of Management Journal, 34*, 555–590.

Dawis, R. V., & Lofquist L. H. (1984). *A psychological theory of work adjustment.* Minneapolis, MN: University of Minnesota Press.

Deci, E. L., & Ryan, R. M. (1985). *Intrinsic motivation and self-determination in human behavior.* New York: Plenum Press.

Deci, E. L., & Ryan, R. M. (2000). The »what« and »why« of goal pursuits: Human needs and the self-determination of behavior. *Psychological Inquiry, 11*, 227–268.

Dweck, C. S. (1986). Motivational processes affecting learning. *American Psychologist, 41*, 1040–1048.

Dweck, C. S. (1989). Motivation. In A. Lesgold & R. Glaser (Eds.), *Foundations for a psychology of education* (pp. 87–136). Hillsdale, NJ: Lawrence Erlbaum Associates.

Earley, P. C., & Lind, E. A. (1987). Procedural justice and participation in task selection: The role of control in mediating justice judgements. *Journal of Personality and Social Psychology, 52*, 1148–1160.

Epstein, S. (1990). Cognitive-experiential self-theory. In L. A. Pervin (Ed.), Handbook *of personality: Theory and research* (pp. 165–192). New York: Guilford Press.

Erikson, E. (1963). *Childhood and society.* New York: Norton.

Farr, J. L., Hofmann, D. A., & Ringenbach, K. L. (1993). Goal orientation and action control theory: Implications for industrial and organizational psychology. In C. L. Cooper & I. T. Robertson (Eds.),

International review of industrial and organizational psychology (Vol. 4, pp. 193–232). Chicester, UK: Wiley.

Fodor, E. M., & *Carver, R. A.* (2000). Achievement and power motives, performance feedback, and creativity. *Journal of Research in Personality, 34*, 380–396.

Frankl, V. (1972). *Der Wille zum Sinn*. Bern: Huber.

Frankl, V. (1997). Man's search for ultimate meaning. New York: Plenum Press

Frey, D., & *Schulz-Hardt, S.* (1999). Zentrale Führungsprinzipien und Center-of-Excellence-Kulturen als notwendige Bedingung für ein funktionierendes Ideenmanagement. In D. Frey & S. Schulz-Hardt (Hrsg.), *Vom Vorschlagswesen zum Ideenmanagement*. Göttingen: Hogrefe.

Frey, D., & *Schuster, B.* (1996). Innovative Unternehmenskulturen: Wege zum Center of Excellence. *Absatzwirtschaft – Zeitschrift für Marketing, 2*, 42–46.

Frey, D. (1994). Bedingungen für ein Center of Excellence. *IBM Nachrichten – Das Magazin für Technologie und Lösungen, 44*, 50–57.

Frey, D. (1996). Psychologisches Know-how für eine Gesellschaft im Umbruch – Spitzenunternehmen der Wirtschaft als Vorbild. In C. Honegger, J. M. Gabriel, R. Hirsig, J. Pfaff-Czarnecka & E. Poglia (Hrsg.): *Gesellschaften im Umbau. Identitäten, Konflikte, Differenzen* (S. 75–98). Zürich: Seismo-Verlag.

Frey, D. (1998). Center of Excellence – ein Weg zu Spitzenleistungen. In P. Weber (Hrsg.). *Leistungsorientiertes Management: Leistungen steigern statt Kosten senken* (S. 199–203). Frankfurt: Campus.

Ganster, D. C. & *Fusilier, M. R.* (1989). Control in the workplace. In C. L. Cooper & I. T. Robertson (Eds.), *International review of industrial and organizational psychology* (Vol. 4, pp. 235–280). Chicester, UK: Wiley.

Greenberg, J. (1990). Organizational justice: Yesterday, today and tomorrow. *Journal of Management*, 16, 399–432.

Greenberg, J., Pyszczynski, T., & *Solomon, S.* (1995). Toward a dualmotive depth psychology of self and social behavior. In M. H. Kernis (Ed.), *Efficacy, agency, and self-esteem* (pp. 73–99). New York: Plenum Press.

Günther, U., & *Sperber, W.* (1993). *Handbuch für Kommunikations- und Verhaltenstrainer: Psychologische und organisatorische Durch-*

führung von Trainingsseminaren. München: Ernst Reinhardt Verlag.

Hacker, W. (1998). Psychische Regulation von Arbeitstätigkeiten. In C. G. Hoyos, & D. Frey (Hrsg.). *Arbeits- und Organisationspsychologie: Ein Lehrbuch* (S. 385–397). Weinheim: Beltz / Psychologie Verlags Union.

Hackman, J. R., & *Oldham G. R.* (1976). Motivation through the design of work: test of a theory. *Organizational Behavior and Human Performance*, *16*, 250–279.

Hackman, J. R., & *Oldham, G. R.* (1980). *Work redesign*. Reading, MA: Addison-Wesley.

Holland, J. L. (1997). *Making vocational choices. A theory of vocational personalities and work environments* (3rd ed.). Odessa, FL: Psychological Assessment Resources.

House, R. J., & *Shamir, B.* (1995). Charismatische Führung. In A. Kieser, G. Reber, & R. Wunderer (Hrsg.), *Enzyklopädie der Betriebswirtschaftslehre: Bd. 10. Handwörterbuch der Führung* (S. 878–897). Stuttgart: Schäffer-Poeschel.

House, R. J. (1977). A 1976 theory of charismatic leadership. In J. G. Hunt & L. L. Larson (Eds.), *Leadership: The cutting edge* (pp. 189–207). Carbondale, IL: Southern Illinois University Press.

Kirkpatrick, S. A., & *Locke, E. A.* (1996). Direct and indirect effects of three core charismatic leadership components on performance and attitudes. *Journal of Applied Psychology*, *81*, 36–51.

Klein, H. J., *Wesson, M. J.*, *Hollenbeck, J. R.*, & *Alge, B. J.* (1999). Goal commitment and the goal-setting process: Conceptual clarification and empirical synthesis. *Journal of Applied Psychology*, *84*, 885–896.

Konovsky, M. A. (2000). Understanding procedural justice and its impact on business organizations. *Journal of Management*, *26*, 489–511.

Kouzes, J. M., & *Posner, B. Z.* (1987). *The leadership challenge: How to get extraordinary things done in organizations*. San Francisco: Jossey-Bass.

Kuhl, J. (2001). *Motivation und Persönlichkeit. Interaktion psychischer Systeme*. Göttingen: Hogrefe.

Latham, G. P., & *Locke, E. A.* (1991). Self-regulation through goal-setting. *Organizational Behavior and Human Decision Processes*, *50*, 212–247.

Latham, G. P., & Locke, E. A., (1995). Zielsetzung als Führungsaufgabe. In A. Kieser, G. Reber & R. Wunderer (Hrsg.), *Enzyklopädie der Betriebswirtschaftslehre: Bd. 10. Handwörterbuch der Führung* (S. 2222–2234). Stuttgart: Schäffer-Poeschel.

Latham, G. P., Erez, M., & Locke, E. A. (1988). Resolving scientific disputes by the joint design of crucial experiments by the antagonists: Application to the Erez-Latham dispute regarding participation in goal setting. *Journal of Applied Psychology, 73*, 753–772.

Latham, G. P., Winters, D. C., & Locke, E. A. (1994). Cognitive and motivational effects of participation: A mediator study. *Journal of Organizational Behavior, 15*, 49–63.

Lind, E. A., & Tyler, T. R. (1988). *The social psychology of procedural justice*. New York: Plenum.

Lind, E. A., Kanfer, R., & Earley, P. C. (1990). Voice, control and procedural justice: Instrumental and noninstrumental concerns in fairness judgements. *Journal of Personality and Social Psychology, 59*, 952–959.

Locke, E. A. (1996). Motivation through conscious goal setting. *Applied and Preventive Psychology, 5*, 117–124.

Locke, E. A., & Latham, G. P. (1990a). *A theory of goal setting and task performance*. Englewood Cliffs, NJ: Prentice Hall.

Locke, E. A., & Latham, G. P. (1990b). Work motivation and satisfaction: Light at the end of the tunnel. *Psychological Science, 1*, 240–246.

Locke, E. A., Alavi, M., & Wagner, J. (1997). Participation in decision making: An information exchange perspective. In G. R. Ferris (Ed.), *Research in personnel and human resource management* (Vol. 15, pp. 293–331). Greenwich, CT: JAI Press.

Locke, E. A., Shaw, K. N., Saari, L. M., & Latham, G. P. (1981). Goal setting and task performance: 1969–1980. *Psychological Bulletin, 90*, 125–152.

Locke, E. A., Smith, K. G., Erez, M., Chah, D., & Schaffer, A. (1994). The effects of intra-individual goal conflict on performance. *Journal of Management, 20*, 67–91.

London, M., & Beatty, R. W. (1993). 360-degree feedback as competitive advantage. *Human Resource Management, 32*, 353–372.

London, M., Smither, J. W., & Adsit, D. J. (1997). Accountability: The Achilles' heel of multisource feedback. *Group and Organization Management, 22*, 162–184.

Lowe, K. B., Kroeck, K. G., & Sivasubramaniam, N. (1996). Effectiveness correlates of transformational and transactional leadership: A meta-analytic review of the MLQ literature. *Leadership Quarterly, 7,* 385–425.

Maslow, A. (1954). *Motivation and personality.* New York: Harper & Row.

Maslow, A. (1968). *Toward a psychology of being.* New York: Van Nostrand.

Mumford, M. D. (2000). Managing creative people: Strategies and tactics for innovation. *Human Research Management Review, 10,* 313–351.

Murray, H. (1938). *Explorations in personality.* New York: Oxford University Press.

Nease, A. A., Mudgett, B. O., & Quiñones, M. A. (1999). Relationships among feedback sign, self-efficacy, and acceptance of performance feedback. *Journal of Applied Psychology, 84,* 806–814.

O'Leary-Kelly, A. M., Martocchio, J. J., & Frink, D. D. (1994). A review of the influence of group goals on performance. *Academy of Management Journal, 37,* 1285–1301.

Osnabrügge, G., Stahlberg, D., & Frey, D. (1985). Die Theorie der kognizierten Kontrolle. In D. Frey & M. Irle (Hrsg.). *Theorien der Sozialpsychologie: Band III. Motivations- und Informationsverarbeitungstheorien* (S. 127–172). Bern: Huber.

Peters, T. J., & Waterman, R. H. Jr. (1982). *In search of excellence.* New York: Harper & Row.

Pillai, R., Schriesheim, C. A., & Williams, E. S. (1999). Fairness perceptions and trust as mediators for transformational and transactional leadership: A two-sample study. *Journal of Management, 25,* 897–933.

Posner, B. Z., & Kouzes, J. M. (1988). Relating leadership and credibility. *Psychological Reports. 63,* 527–530.

Renn, R. W. (1998). Participation's effect on task performance: Mediating roles of goal acceptance and procedural justice. *Journal of Business Research, 41,* 115–125.

Roberson, Q. M., Moye, N. A., & Locke, E. A. (1999). Identifying a missing link between participation and satisfaction: The mediating role of procedural justice perceptions. *Journal of Applied Psychology, 84,* 585–593.

Rogers, C. R. (1959). A theory of therapy, personality, and interpersonal relationships, as developed in the client-centered framework. In S. Koch (ed). Psychology: A study of a science. Vol. 3. Formulations of the person and the social context. New York, NY: McGraw-Hill.

Rogers, C. R. (1963). The actualizing tendency in relation to »motives« and to consciousness. In M. R. Jones (Ed.), Nebraska Symposium on Motivation (Vol. 11, pp. 1–24). Lincoln, NE: University of Nebraska Press.

Saavedra, R., & Kwun, S. G. (2000). Affective states in job characteristics theory. *Journal of Organizational Behavior, 21*, 131–146.

Schminke, M., Ambrose, M. L., & Cropanzano, R. S. (2000): The effect of organizational structure on perceptions of procedural fairness. *Journal of Applied Psychology. 85*, 294–304.

Schulz von Thun, F. (1981). *Miteinander reden 1: Störungen und Klärungen.* Reinbek bei Hamburg: Rowohlt Taschenbuch Verlag GmbH.

Schulz-Hardt, S., & Frey, D. (1997). Das Sinnprinzip: Ein Standbein des homo psychologicus. In H. Mandl (Hrsg.), *Bericht über den 40. Kongress der Deutschen Gesellschaft für Psychologie* (S. 870–876). Göttingen: Hogrefe.

Scully, J. A., Kirkpatrick, S. A., & Locke, E. A. (1995). Locus of knowledge as a determinant of the effects of participation on performance, affect, and perceptions. *Organizational Behavior and Human Decision Processes, 61*, 276–288.

Shamir, B., House, R. J., & Arthur, M. B. (1993). The motivational effects of charismatic leadership: A self-concept based theory. *Organization Science, 4*, 577–594.

Sheldon, K. M., Elliot, A. J., Kim, Y., & Kasser T. (2001). What is satisfying about satisfying events? Testing 10 candidate psychological needs. *Journal of Personality and Social Psychology, 80*, 325–339.

Sullivan, H. S. (1953). *The interpersonal theory of psychiatry.* New York: Norton

Tajfel, H. (1978). *Differentiation between social groups.* London: Academic Press.

Tajfel, H. (1981). *Human groups and social categories.* Cambridge: Cambridge University Press.

Terry, D., & Jimmieson, N. L. (1999). Work control and employee well-being: A decade review. In C. L. Cooper & I. T. Robertson (Eds.), *International review of industrial and organizational psychology* (Vol. 14, pp. 95–148). Chicester, UK: Wiley.

Tichy, N. M., & Devanna, M. A. (1986). *The transformational leader.* New York: Wiley.
Tinsley, H. E. A. (2000). The congruence myth: An analysis of the efficacy of the Person-Environment Fit Model. *Journal of Vocational Behavior, 56,* 147–179.
Tornow, W. W. (1993). Editor's note: Introduction to special issue on 360-degree feedback. *Human Resource Management, 32,* 211–219.
Tyler, T. R. (1988). What is procedural justice? Criteria used by citizens to assess the fairness of legal procedures. *Law and Society Review,* 22, 103–135.
Vroom, V. H., & Yetton, P. (1973). *Leadership and decision making.* Pittsburgh, PA: University of Pittsburgh Press.
Wagner, J. A. III. (1994). Participation's effects on performance and satisfaction: A reconsideration of the research evidence. *Academy of Management Review,* 19, 312–330.
Walker, A. G., & Smither, J. W. (1999). A five-year study of upward feedback: What managers do with their results matters. *Personnel Psychology,* 52, 393–423.
Watzlawick, P., Beavin, J. H., & Jackson, D. D. (1969). *Human communication: Forms, disturbances, paradoxes.* Bern: Hans Huber Publishers.
White, R. W. (1959). Motivation reconsidered: The concept of competence. *Psychological Review,* 66, 297–333.
Yukl, G. (1998). *Leadership in organizations.* Upper Saddle River, NJ: Prentice Hall.

II. Die Bewährungprobe des neuen Manager-Typus'

1. Die Psychologie der neuen Generation – Wertewandel und Nachwuchsmanagement

von Prof. Dr. Christian Scholz

Inhaltsverzeichnis

Die »neue Generation« – die Mitarbeiter, die momentan auf den Arbeitsmarkt drängen – wird zwar als »anders als früher« wahrgenommen, jedoch selten hinsichtlich ihrer Arbeitskonzepte differenziert betrachtet. Dies ist gefährlich, denn je nach gewähltem Entwurf wollen Mitarbeiter auf unterschiedliche Weise Leistungs- und Freizeitorientierung nutzbringend abstimmen. Unternehmen müssen daher diese Arbeitskonzepte kennen, damit sie sich erfolgreich in ihrem Nachwuchsmanagement daran orientieren können.

1. Wertewandel: Altes Thema – Neue Inhalte

Bereits seit den späten 70er-Jahren wird der gesellschaftliche Wertewandel als eine zentrale Herausforderung für das Personalmanagement angesehen: Man erkannte, dass die Berücksichtigung von Werten die Erfolgswahrscheinlichkeit betrieblicher Personalarbeit erhöht. Gleichzeitig wurden aber auch die Schwierigkeiten deutlich, die sich bei der Umsetzung dieser Erkenntnis ergaben: Zu nahe lag (und liegt) die Versuchung, Wertewandel als nicht-existent und Werteorientierung als unnötige Kür abzustempeln.

Leider: Auch wenn Entscheidungsträger immer wieder auf die Bedeutung gesellschaftlicher Werte hingewiesen werden, setzen sie dennoch nur selten dieses Wissen in ihrer Personalarbeit um – ein Manko, das sich Unternehmen nicht mehr lange erlauben können!

Was aber genau sind Werte und woher rührt die Tendenz zu ihrer Veränderung? Werte sind kognitive Präferenzstrukturen von Individuen, die als Entscheidungsregeln fungieren und so Verhalten steuern. Sie zeigen sich aber nicht nur bei einzelnen Personen, sondern ebenso in größeren Gruppen, letztlich also auch und gerade in einer Gesellschaft. Dieser kollektive Prozess der Wertebildung mit der sozialen Kommunikation über das, was als »richtig« angesehen wird und wann man »zufrieden« ist, führt dazu, dass Wertesysteme Änderungen unterliegen. Die gesellschaftliche Definition von Wertansprüchen wird beeinflusst durch Rahmendaten der staatlichen, demografischen und gesamtwirtschaftlichen Entwicklung. Sie beinhalten die gravierenden Veränderungen, die sich speziell im Hinblick auf Globalisierung, Marktdynamik sowie Technologisierung ergeben.

Seit den Anfängen der Erforschung von Werten wird festgestellt, dass in Deutschland bürgerliche Tugenden wie Höflichkeit, Sauberkeit und Sparsamkeit in ihrer Bedeutung abnahmen (vgl. *Noelle-Neumann* 1995, 23). Statt dessen rücken Werte in den Vordergrund, die Lebensgenuss betonen. Traditionelle monetäre Anreizsysteme verlieren aufgrund erreichter Sättigung tendenziell an Bedeutung, dafür kommen Aspekte wie individuelle Selbstbestimmung, Ungebundenheit und Eigenständigkeit zum Tragen (vgl. *Inglehart* 1979). Diese Verschiebungen betreffen Berufs- und Altersklassen in unterschiedlicher Weise und hängen zudem von der wirtschaftlichen Situation der Betroffenen ab.

2. Eingrenzung: Die neue Generation in der globalisierten Arbeitswelt

Verantwortliche für das Nachwuchsmanagement müssen die aktuellen Werte sowie ihre Veränderungstendenz in der globalisierten Arbeitswelt kennen!

Selbst ohne eine weitergehende Globalisierung ändert sich gegenwärtig die Einstellung zur Arbeit. So besteht Einigkeit darüber, dass der Wandel der Industrie- und Dienstleistungsgesellschaft zur Wissens- und Informationsgesellschaft zu verstärkter Individualisierung und Leistungsorientierung sowohl in der Arbeitszeit als auch in der Freizeit führt (vgl. *Opaschowski* 1999). Unbestritten ist ebenfalls die uneingeschränkte Konsumfreude. Gerade für die neu in den Arbeitsmarkt eintretende neue »Generation Y« stehen Arbeits-, Freizeit- und Bildungswelt eng nebeneinander. Arbeit ist in der Zukunft weniger etwas, was man hat, sondern vielmehr etwas, was man tut (vgl. *Klotz* 2000).

Allerdings bestehen hinsichtlich der Stärke der Gewichtung von Arbeit und Freizeit unterschiedliche Meinungen: Einige Autoren (vgl. *Goebel/Clermont* 1999; *Klages/Gensicke* 1999) sehen Selbstverwirklichung wichtiger als Leistung und Fleiß. Danach arbeitet die neue Generation nur noch dann, wenn die Arbeit ihren Anforderungen an Autonomie, Spaß oder Sinn genügt. Andere Autoren (vgl. *Tulgan* 1997; *Willke* 1999; *Horx* 2000) erkennen ein Gleichgewicht zwischen Lust und Leistung. Lust ist also keine Bedingung für das Arbeiten, vielmehr Arbeit Voraussetzung zur Befriedigung von Konsumbedürfnissen.

Bei der Mehrheit der Jugendlichen steht der Wunsch nach einem sicheren Arbeitsplatz im Vordergrund (vgl. *Esser/Holzer* 2000, 67), ein Trend, der durch die aktuellen Turbulenzen in der New Economy noch verstärkt wird. Gleichzeitig sinkt mit zunehmender Qualifikation die Bindungsbereitschaft an das Unternehmen – ein Phänomen, auf das später noch näher einzugehen sein wird.

Verstärkt werden diese Entwicklungen durch die Globalisierung. Sie beeinflusst das Rollenbewusstsein der Mitarbeiter, indem sie auf das Wertesystem wirkt. Das Phänomen der Globalisierung (vgl. z. B. *Steger* 1998) – gesehen als Bedrohung oder als Chance – schlägt durch bis zu den Karrierewegen junger Mitarbeiter: Die Anforderungen an sie hinsichtlich fachlicher Kompetenz (Wissen über die Globalisierung), Handlungskompetenz (Wie arbeite ich im internationalen und gegebenenfalls virtuellen Team?) sowie sozialer Kompetenz (Was ist eine andere Unternehmenskultur/Landeskultur?) steigen. Globalisierung betrifft aber nicht alle in gleicher Weise: Für Leistungsbereite steigen die Chancen, da der Arbeitsmarkt größer (weltweite Ausdehnung) und mobiler (stärkere Akzeptanz von Arbeitsplatzwechseln) wird. Für Ängstliche steigen die Risiken: Man ist einer größeren Konkurrenz ausgesetzt, und auch die Unternehmen können im harten Wettbewerb weder Bestandsschutz noch Beschäftigungssicherheit gewähren.

Zwischen der Zunahme an Freizeitorientierung und der Zunahme an Leistungsorientierung wollen junge Arbeitnehmer in der globalisierten Arbeitswelt ihre persönliche »Work-Life-Balance« finden.

Wenn Freizeitorientierung und Leistungsorientierung gleichzeitig – aber in unterschiedlichen Mischungsverhältnissen – auftreten, kommt es zu einer extremen Polarisierung der Rollenverständnisse. Hier hängt es von den Rahmenbedingungen im jeweiligen Arbeitsmarktsegment ab, welches unterschiedliche Rollenverhalten vorherrscht. Unabänderlich sind aber die Rückwirkungen auf die Unternehmenskultur: Wertewandel der Mitarbeiter in Richtung auf mehr Individualisierung und weniger Loyalität, verbunden mit Unsicherheit über die Unternehmensentwicklung, führt darüber hinaus zu Verhaltensformen, die über kollektive Verbundwirkungen die Unternehmenskultur beeinflussen. Diese wirkt ihrerseits auf das Verhalten der Mitarbeiter zurück, so dass in der gegenseitigen Abhängigkeit von Verhalten und Unternehmenskultur eine komplexe Dynamik entsteht (vgl. *Scholz* 2000b), die es zu verstehen und zu gestalten gilt.

3. Aufgaben: Verstehen und Gestalten

Unternehmen können sich im Hinblick auf ihr Nachwuchsmanagement den Wandlungsprozessen der globalisierten Arbeitswelt nicht entziehen und sollten zur Wahrung ihrer Wettbewerbsfähigkeit sowohl die Phänomene verstehen als auch die damit verbundenen Entscheidungsräume bewusst gestalten.

Die Veränderungen in der globalisierten Arbeitswelt führen zu verschärften Anforderungen an die Mitarbeiter (vgl. *Scholz* 2000a): Rollenzuordnungen wechseln immer schneller, Beziehungsnetze erhalten eine größere Relevanz, und die Akteure sind gefordert, polychron mehrere verschiedene Aufgaben gleichzeitig zu bewältigen. Zur selben Zeit erschweren die zerfließenden Unternehmensgrenzen eine gemeinsame Ausrichtung. Die eintretende Angst davor, als Gruppe die Identität zu verlieren, wenn sich die stabilitätserhaltende Integritätshülle des Unternehmenskontextes aufzulösen beginnt, führen zwangsläufig zu Gegenreaktionen: dem Überprüfen und gegebenenfalls Modifizieren von Werten.

Bei diesem Wertewandel fehlt jedoch eine Automatik, die sicherstellt, dass Beruf und Freizeit immer passende Rahmenbedingungen zum »Ausleben« des jeweiligen Wertesystems bereitstellen. Deshalb stehen Unternehmen vor der Notwendigkeit, frühzeitig Signale zu beachten, die auf einen Wertewandel hinweisen; sie müssen daher auch verstehen, wie diese Signale aussehen und wie sie entdeckt werden können.

An dieser Stelle beginnt das bewusste Gestalten:
Passt sich die Arbeitswelt an das neue Wertesystem an, das neue Wertesystem an die Arbeitswelt, oder beides aneinander?

Ein Szenario der wechselseitigen Anpassung von Wertesystem und Arbeitswelt ist der »Darwiportunismus« (*Scholz* 1999). Dieser besteht zum einen aus kollektivem Darwinismus – »nur wer besser ist als der Mitbewerber, überlebt.« Soziale Verantwortung, Fairness, »Menschen im Mittelpunkt« und Workholder-Value degenerieren zunehmend zu Worthülsen in Vorstandsreden und Firmendruckschriften, entbehren in vielen Fällen jeglicher realistischen Basis. Angesagt ist vielmehr eine Marktradikalität, ebenfalls mit weitreichenden Konsequenzen. Zum anderen unterstellt Darwiportunismus einen individuellen Opportunismus: Das klingt überzogen, bedeutet aber primär »radikales Nutzen von Chancen«. So geben immer mehr junge Mitarbeiter ihrem Arbeitgeber den Laufpass, sobald sie anderswo bessere Bedingungen vorfinden.

Zusammengesetzt ergibt sich der Darwiportunismus, bei dem der systemimmanente Darwinismus im Wirtschafts- und Geschäftsleben auf den individuellen Opportunismus des nutzenmaximierenden Mitarbeiters trifft. Unternehmen und Mitarbeiter wissen wechselseitig um ihre Werte und Handlungsschemata, kennen die innere Logik des Zusammenarbeitens und können so im Bewusstsein ihrer Positionen viel transparenter und konsequenter als bisher ihre Arbeitsverträge aushandeln. Der soziale Kontrakt zwischen Arbeitgebern und Arbeitnehmern lautet dann: »Akzeptanz des darwinistischen Verhaltens« gegen »Akzeptanz des opportunistischen Verhaltens«.

Die werteorientierte Personalentwicklung muss sich gerade in einer globalisierten Arbeitswelt mit ihren verstärkenden Bedingungen offensiv auf den Darwiportunismus einstellen und entsprechende Arbeitskonzepte realisieren.

Im Hinblick auf den Darwiportunismus ist es allerdings wichtig, nicht alle Unternehmen und erst recht nicht alle Mitarbeiter »in einen Topf« zu werfen. Vielmehr gibt es durchaus unterschiedliche Formen von Darwinismus und vor allem unterschiedliche Formen von Opportunismus. Dies lässt sich unter anderem aus der Shell-Studie (vgl. *Fritzsche* 2000, 147) ablesen, die generell – also ohne expliziten Bezug zum Darwiportunismus – fünf Wertetypen lokalisiert: Während die »Vielseitigen« und die »Traditionellen« Leistungsorientierung als ihre Lebenshaltung betrachten, betonen die »Distanzierten« und »Freizeitorientierten« mehr den unmittelbaren Nutzen und Spaß. Bei den »Modernen«, den Hoffnungsträgern der Wirtschaft, wird Spaß der Leistungsorientierung knapp vorgezogen. Um diese »Typen« herum spielt sich dann der Darwiportunismus ab!

4. Verstehen: Vier darwiportunistische Arbeitskonzepte

Darwiportunistische Arbeitskonzepte basieren auf den Dimensionen der Leistungsorientierung sowie der Freizeitorientierung und positionieren Arbeit (A) und Freizeit (F) im individuellen Lebensentwurf.

Das erste Arbeitskonzept ist der »Workaholic« (Abbildung 1): Er verlagert ständig seine Arbeit in den Freizeitbereich, der dadurch in seiner Bedeutung für das Leben abnimmt. Dies geht hin bis zur Gesundheitsschädigung durch Arbeitsüberlastung und fehlenden Ausgleich. Die inhaltliche Schere zwischen Berufs- und Privatleben geht dabei immer weiter auf, das Berufsleben beansprucht immer mehr Zeit. Ein Teufelskreis setzt ein, der letztlich zu Lasten von Mitarbeiter und Unternehmen führt, da Unternehmen (darwinistische Ausbeutung) und Mitarbeiter (opportunistisches Chancen-Nutzen) falsche Prioritäten setzen. Dieses Arbeitskonzept kann allenfalls temporär sinnvoll sein.

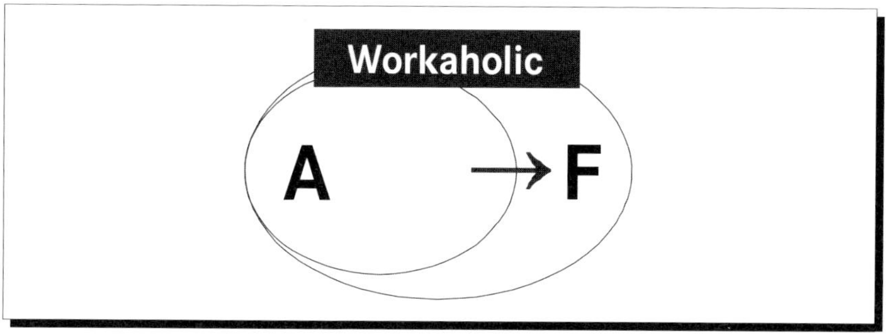

Abb. 1: Arbeitskonzept »Workaholic«

Das zweite Arbeitskonzept ist die »Konvergenz« (Abbildung 2): Hier gehen Arbeit und Freizeit ineinander über. Man hat einerseits Freizeitaspekte wie Spaß und Selbstverwirklichung in der Arbeit, andererseits werden Arbeitsaspekte auch nicht aus der Freizeit herausgehalten. Man entscheidet sich bewusst für einen Lebensstil, in dem das, was man im Beruf macht, den Werten im Privatleben entspricht. Im Übrigen bringt man verstärkt das Außerberufliche wie private Netzwerke und Beziehungen in das Arbeitsleben ein.

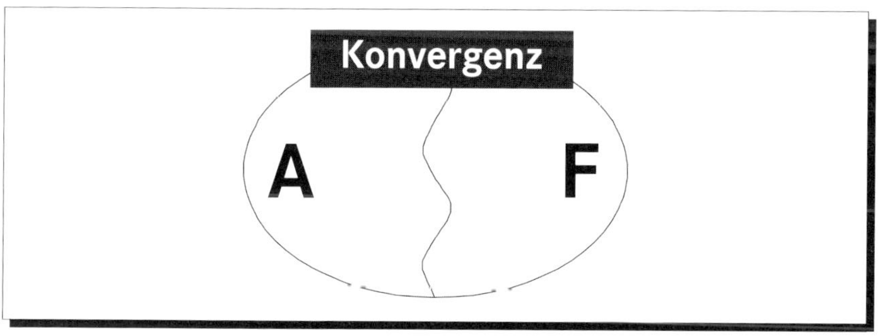

Abb. 2: Arbeitskonzept »Konvergenz«

Das dritte Arbeitskonzept ist die »Polarisierung« (Abbildung 3), die Arbeit und Freizeit strikt trennt. Nach dem Motto »alles hat seine Zeit« wird intensiv gearbeitet, genauso intensiv wird jedoch die Freizeit gestaltet. Beide Bereiche berühren sich nicht, sondern bleiben mental und organisatorisch strikt getrennt. Aus Sicht des Unternehmens kann dieses Arbeitskonzept bei Tätigkeiten sinnvoll und damit zulässig sein, die kognitiv nicht anspruchsvoll und tagesaktuell abschließbar sind. Für den opportunistischen Mitarbeiter mit hohem Entwicklungswunsch in der Freizeit und einer vollkommen andersartigen Freizeitgestaltung – die überhaupt nichts mehr mit dem Beruf zu tun hat – kann dieser Arbeitsentwurf ideal sein. Hier kann der Mitarbeiter es sich leisten, abends nach Hause zu gehen und vollständig »umzuschalten«.

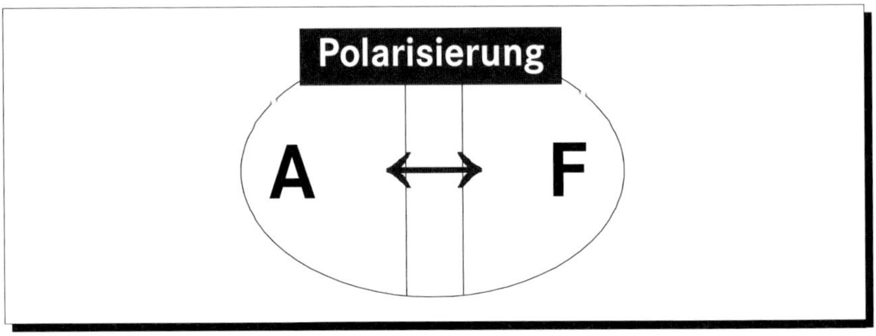

Abb. 3: Arbeitskonzept »Polarisierung«

Das vierte Arbeitskonzept soll mit »Freizeit-Shift« bezeichnet werden (Abbildung 4). In ihm dominiert die Freizeit. Die Bedeutung der Arbeit besteht lediglich darin, die materiellen Bedürfnisse zu befriedigen. Ansonsten gilt aber das gesamte (extrem opportunistische!) Engagement der Gestaltung der individuellen Selbstverwirklichung außerhalb der Arbeit. Ein solches Arbeitsverhalten könnte sich eigentlich kaum ein Unternehmen leisten, da allenfalls unerledigte Arbeit im Unternehmen umverteilt wird. Allerdings ist der Freizeit-Shift angesichts der Führungsschwächen in vielen Unternehmen nicht immer sofort als solcher erkennbar und leicht mit der Polarisierung zu verwechseln, der Output des Freizeit-Shifters entspricht jedoch nicht

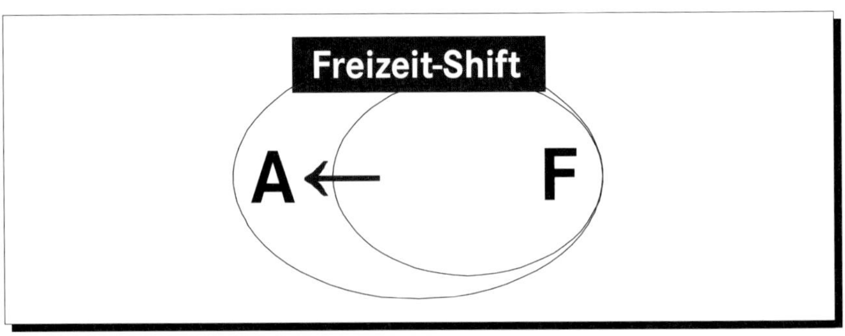

Abb. 4: Arbeitskonzept »Freizeit-Shift«

der erwarteten Qualität und Menge. Manche Unternehmen tolerieren jedoch den »Freizeit-Shift« aus Bequemlichkeit oder aber aus sozialen Gründen, wenn scheinbar glaubhafte persönliche Gründe bei den Mitarbeitern ein Vernachlässigen der Arbeit erfordern. Trotzdem ist auch dieser »soziale Zug« insbesondere den von Mehrarbeit betroffenen Kollegen nur schwer zu vermitteln.

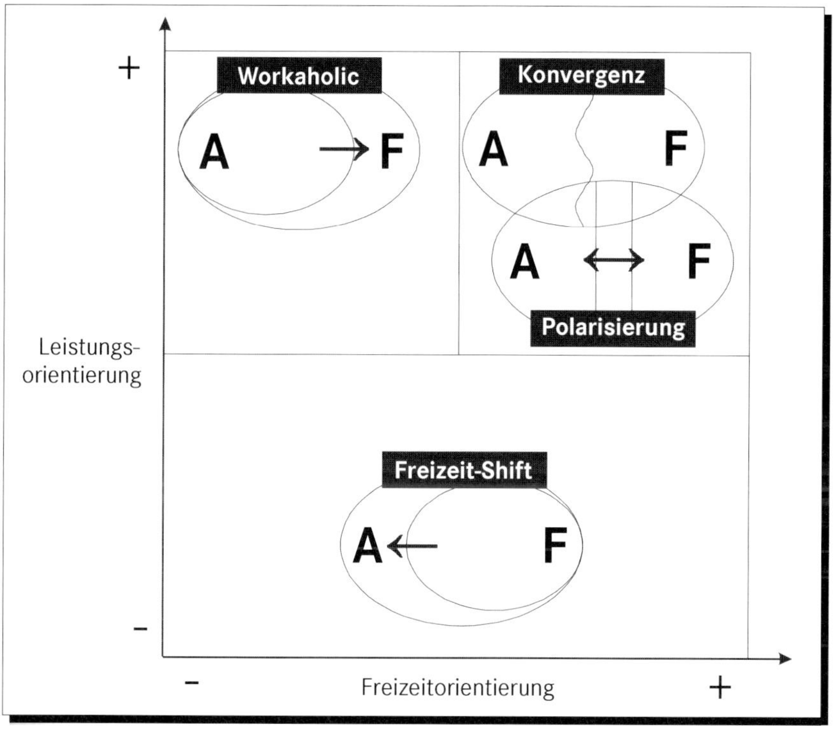

Abb. 5: Typologie darwiportunistischer Arbeitskonzepte

Positioniert man diese Arbeitskonzepte in einem Portfolio mit den Dimensionen Leistungsorientierung und Freizeitorientierung (Abbildung 5), so ergibt sich eine Einordnung des Workaholics bei einer hohen Leistungsorientierung und gleichzeitig einer niedrigen Freizeitorientierung. Das Arbeitskonzept Freizeit-Shift belegt die niedrige Leistungsorientierung. Interessant ist, dass sowohl die Konvergenz als auch die Polarisierung bei gleichzeitig hoher Leistungsorientierung und Freizeitorientierung vorkommen: Es sind alternative Lebensentwürfe, bei denen sich – den aktuellen Werten folgend – Leistung und Spaß nicht ausschließen.

5. Gestalten: Personalentwicklung und Personalführung im Darwiportunismus

Wenn – vor den Herausforderungen der Globalisierung – unternehmerischer Darwinismus und individueller Opportunismus aufeinander prallen, stellt sich für Unternehmen die Frage, wie sich überhaupt ein sinnvolles Nachwuchsmanagement gestalten lässt. Hier nehmen zwei Felder der Personalarbeit eine zentrale Rolle ein: Die Personalentwicklung sorgt dafür, bewusst eine unternehmensspezifische Integration von Unternehmenskultur und Wertesystemen der Mitarbeiter herbeizuführen. Die Personalführung beeinflusst Einsatzfreude und Motivation der Mitarbeiter und impliziert, dass hierzu eine offene Kommunikation mit bewusster Reflexion der jeweiligen Lebensentwürfe der Mitarbeiter erfolgen muss.

Nachwuchsmanagement im Darwiportunismus erfordert massive Investition in Personalentwicklung: Sie ist für Mitarbeiter immer dann besonders interessant, wenn sie zumindest mittelfristig der Karriereunterstützung dient. Dabei sind diese Opportunisten durchaus bereit, kurzfristig massiv Mehrarbeit zu leisten, da sie erkennen, dass Unternehmen letztlich Personalentwicklung in den unterschiedlichsten Facetten immer mehr als Karrieresprungbretter definieren.

Personalentwicklung verfolgt meist ganz handfeste Ziele, denn Unternehmen fördern selten aus reinem Altruismus heraus ihre Mitarbeiter. Mit zunehmendem Wettbewerbsdruck wächst die Notwendigkeit, immer konsequenter und vermeintlich kälter vorzugehen. Angesichts der beidseitigen Bindungslosigkeit machen entsprechende Investitionen kaum noch Sinn: Die Mitarbeiter sehen sich permanent nach anderen Optionen um (Opportunismus) und die Unternehmen nutzen alle Mechanismen, um bei den Mitarbeitern die Prozesskette Variation – Selektion – Retention zu realisieren (Darwinismus). Lediglich Mitarbeiter, die bereits ihre Loyalität zum Unternehmen gezeigt haben, werden auch »klassisch« gefördert.

Personalentwicklung durch Variation bedeutet hierbei zunächst Schaffung eines möglichst breiten Weiterbildungsangebotes, denn es geht darum, als Arbeitgeber gerade für hochqualifizierte Mitarbeiter möglichst attraktiv zu erscheinen. Gerade in den IT-Unternehmen der »New Economy« gilt die Devise, hier möglichst rasch möglichst viele Maßnahmen der Personalentwicklung auszuprobieren, um vielleicht durch eine neue Variante der Personalentwicklung kurzfristig Mitarbeiter anzulocken.

Personalentwicklung als Selektion impliziert, dass Entwicklungsmaßnahmen selber der Auswahl dienen. Neben den üblichen leistungsorientierten Kriterien aus dem Wertschöpfungsprogramm werden immer mehr Nachwuchsförderungsprogramme nach dem Prinzip »Survival of the Fittest« konzipiert. Bereits die Aufnahme in bestimmte Programme führt zur Klassifizierung in A-, B- und C-Mitarbeiter.

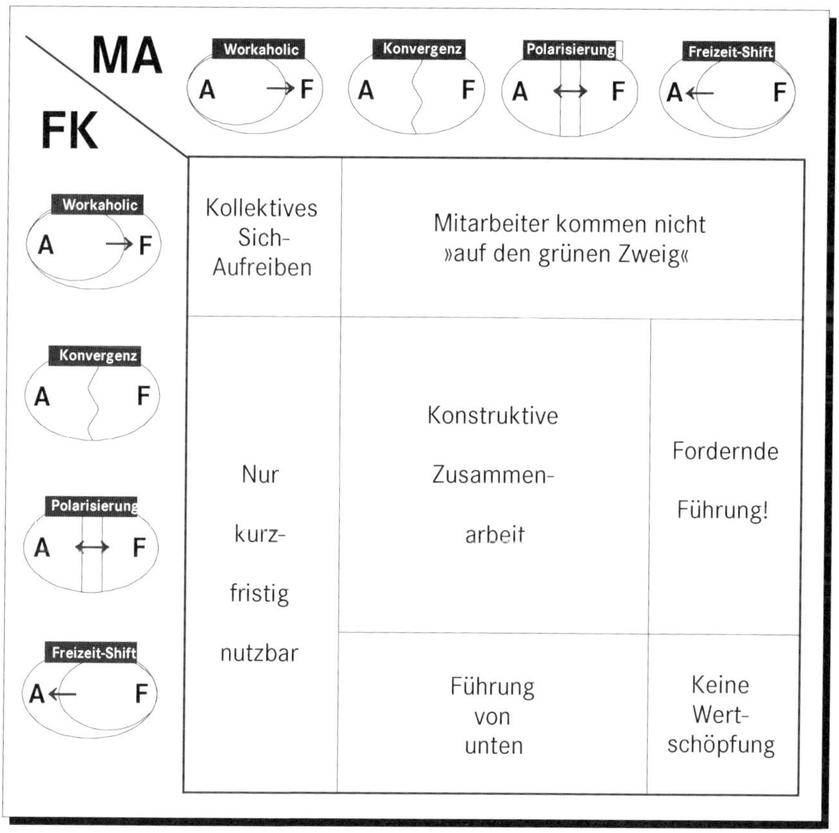

Abb. 6: Kombination von Arbeitskonzepten

Personalentwicklung zur Retention verlangt schließlich vom Unternehmen die Durchführung von Entwicklungsmaßnahmen unabhängig von einer direkten unternehmensspezifischen Funktionalität: Inzwischen ist hinlänglich bekannt, dass die Teilnahme an Qualifikation ein wichtiger Schlüssel zur Mitarbeiterzufriedenheit ist, geeignet, die Fluktuation von Mitarbeitern zu reduzieren. Zudem gilt: Ist ein Mitarbeiter erst durch die Personalentwicklung unternehmensspezifisch geprägt, so kann er weniger leicht in andere Unternehmen wechseln.

Nachwuchsmanagement im Darwiportunismus erfordert professionelle Personalführung: Die Führungskraft muss sich nicht nur mit den gesellschaftlichen Werten und ihrer Übersetzung in das Arbeitsleben auseinandersetzen, sondern sich auch ihres eigenen Arbeitsentwurfs und der daraus entstehenden Konstellationen hinsichtlich der Mitarbeiter bewusst werden.

Die Personalführung ergibt sich sehr direkt in der Beziehung zwischen Führungskraft und Mitarbieter. Sowohl die Führungskraft als auch der Mitarbeiter folgen hier einem eigenen typischen Arbeitskonzept, aber erst die Kombination dieser Konzepte entscheidet darüber, ob daraus eine stabile Zusammenarbeit zwischen der Führungskraft als Vertreterin des Untermehmens und dem Mitarbeiter resultiert (Abbildung 6). Trifft eine Workaholic-Führungskraft auf einen Workaholic-Mitarbeiter, so reiben sich beide mit der Zeit kollektiv auf. Alle anderen Mitarbeiter werden in der Perzeption einer Workaholic-Führungskraft langfristig nicht bestehen, weil sie im Vergleich zur Führungskraft immer zu wenig arbeiten. Eine Freizeit-Shift-Führungskraft wird Workaholic-Mitarbeiter – wie andere Führungskräfte auch – höchstens kurzfristig nutzen können; die Gefahr eines Burn-outs des Mitarbeiters und anschließender Demotivation ist groß. Trifft eine Freizeit-Shift-Führungskraft auf einen Freizeit-Shift-Mitarbeiter, so wird keine Wertschöpfung erzeugt. Spezifische Führungskonzepte ergeben sich, wenn eine Konvergenz- oder Polarisierungs-Führungskraft auf Freizeit-Shift-Mitarbeiter trifft: Hier wird eine fordernde Führung notwendig. Im umgekehrten Fall, wenn Konvergenz- oder Polarisierungs-Mitarbeiter einer Freizeit-Shift-Führungskraft gegenüberstehen, stellt sich wahrscheinlich am ehesten eine »Führung von unten« ein. Am konstruktivsten ist die Zusammenarbeit, wenn Konvergenz- und Polarisierungskonzept sowohl bei Führungskraft als auch bei dem Mitarbeiter bestehen.

Die Folge der gedanklichen Kombination von Arbeitskonzepten ist die Notwendigkeit zur Synchronisation dieser Konzepte zwischen Führungskraft und Mitarbeiter, nachdem man sich über sie klar geworden ist.

6. Fazit: Personalstrategie für die neue Generation

Man könnte es sich als Unternehmen einfach machen und die Veränderungen, die durch den Eintritt der neuen Generation in den Arbeitsmarkt auftreten, so lange wie möglich ignorieren. Denn es ist die weitaus schwierigere Aufgabe, sich frühzeitig mit den Konsequenzen des Auftretens der neuen Generation auseinander zu setzen und die Weichen für die Zukunft zu stellen. Doch aller Voraussicht nach ist gerade letzteres die erfolgreichere Strategie.

Die schwierigste Aufgabe wird es werden, den sich vollziehenden Paradigmenwechsel zu verstehen und dann auch zu gestalten: Letztlich werden ja, wie es im Darwiportunismus sichtbar wird, traditionell hierarchisch geprägte Personalmanagementsysteme in marktorientierte Systeme überführt. Die Abstimmung, welche Führungskraft bei welchem Unternehmen mit welchem Mitarbeiter wie lange zusammen arbeiten wird – und umgekehrt, welcher Mitarbeiter mit welcher Führungskraft – wird zunehmend nicht mehr »von oben« vorherbestimmt, sondern ergibt sich nach dem Prinzip des Abgleichs von Angebot und Nachfrage.

Für diese fundamentale Umstellung bedarf es erstens einer Phase intensiver gedanklicher Beschäftigung – die Unternehmen und ihre Führungskräfte müssen verstehen lernen, was ihre Mitarbeiter denken und wie sie sich ihr Arbeits- und Freizeitverhalten vorstellen. Hierbei ist es auch wichtig zu lernen, dass nicht jeder Mitarbeiter den selben Arbeitsentwurf verfolgt und dass man selber als Führungskraft ebenfalls ein individuelles Arbeits- und Freizeitverhalten hat. Eine zweite Phase umfasst die Definition einer klaren Personalentwicklungs- und Personalführungsstrategie für die neue Generation. In ihr werden die Ziele, Prinzipien und Methoden festgelegt, um die nun stärker marktorientierten Maßnahmen des Nachwuchsmanagements in Abgleich mit den gewünschten Reaktionen des Unternehmens auf den Wertewandel zu bringen. In einer dritten Phase schließlich geht es um das Schaffen von Akzeptanz für die sich ergebenden unterschiedlichen Konstellationen von Zusammenarbeit – was nicht zuletzt auch durch den Betriebsrat unterstützt werden muss.

Die Unternehmen haben bei der Formulierung dieser Personalstrategie für die neue Generation nicht viel Wahlmöglichkeiten: Ihnen bleibt, konstruktiv mit dem existierenden Wertewandel umzugehen, oder sie verlieren ihre Mitarbeiter, weil die Konkurrenten auf dem Arbeitsmarkt viel klarer artikulieren können, wie sie sich die gemeinsame Zukunft vorstellen!

Literatur

Esser, Barbara/Holzer, Kerstin, Jugend 2000, in: Focus, 20. 3. 2000, 62–74.

Fritzsche, Yvonne, Moderne Orientierungsmuster: Inlation am »Wertehimmel«, in: *Deutsche Shell* (Hrsg.), Jugend 2000. Band 1, Opladen (Leske + Budrich) 2000, 93–156.

Goebel, Johannes/Clermont, Christoph, Die Tugend der Orientierungslosigkeit, Reinbek bei Hamburg (Rowohlt) 1999.

Horx, Matthias, Die acht Sphären der Zukunft. Ein Wegweiser in die Kultur des 21. Jahrhunderts, Wien – Hamburg (Signum) 2. Aufl. 2000.

Inglehart, Ronald, Wertewandel in den westlichen Gesellschaften. Politische Konsequenzen von materialistischen und postmaterialistischen Prioritäten, in: *Klages, Helmut/Kmieciak, Peter* (Hrsg.), Wertewandel und gesellschaftlicher Wandel, Frankfurt – New York (Campus) 1979, 279–316.

Klages, Helmut/Gensicke, Thomas (Hrsg.), Wertewandel und bürgerschaftliches Engagement an der Schwelle zum 21. Jahrhundert, Speyer (Forschungsinstitut für öffentliche Verwaltung) 1999.

Klotz, Ulrich, Neue Unternehmensmodelle führen zu einer anderen Definition von Arbeit, in: Frankfurter Allgemeine Zeitung, 29. 5. 2000, 33.

Noelle-Neumann, Elisabeth, Erinnerungen an die Entdeckung des Wertewandels, in: *Kreyer, Volker J./Böhret, Carl* (Hrsg.), Gesellschaft im Übergang. Problemaufrisse und Antizipationen, Baden-Baden (Nomos) 1995, 23–30.

Opaschowski, Horst W., Generation @ – Die Medienrevolution entläßt ihre Kinder. Leben im Informationszeitalter, Hamburg (B.A.T.-Freizeitforschungsinstitut) 1999.

Scholz, Christian, Darwiportunismus: Das neue Szenario im Berufsleben, in: WISU. Das Wirtschaftsstudium 28 (1999), 1182–1184.

Scholz, Christian, Personalmanagement. Informationsorientierte und verhaltenstheoretische Grundlagen, München (Vahlen) 5. Aufl. 2000a.

Scholz, Christian, Strategische Organisation. Multiperspektivität und Virtualität, Landsberg/Lech (moderne industrie) 2. Aufl. 2000b.

Steger, Ulrich (Hrsg.), Wirkmuster der Globalisierung. Nichts geht mehr, aber alles geht. Bericht des Ladenburger Kollegs »Globalisierung verstehen und gestalten«, Ladenburg (Gottlieb Daimler- und Karl Benz-Stiftung) 1998.

Tulgan, Bruce, Generation-X-Management: 1963–1981 – eine Generation auf dem Weg von McJobs zu BigJobs, Wien (Signum) 1997.

Willke, Gerhard, Die Zukunft unserer Arbeit, Frankfurt am Main (Campus) 1999.

2. Manager im Test – Sichern die Diagnostiksysteme den Managementerfolg ab?

von Dr. Rüdiger Hossiep

Inhaltsverzeichnis

Die Bedeutung von Besetzungsentscheidungen im Management wächst. Das Methodenspektrum der Management-Diagnostik kann bei kompetenter Anwendung tragfähige Beiträge leisten, das Risiko von Fehlbesetzungen zu minimieren und Personalentwicklungsprozesse erfolgreicher zu gestalten. Die Chancen, auf diesem Feld nachhaltige Wettbewerbsvorteile zu realisieren, sind überaus günstig.

1. Zunehmende Bedeutung der Management-Diagnostik vor dem Hintergrund sich wandelnder Rahmenbedingungen

Als Management-Diagnostik kann die Gesamtheit der eignungsdiagnostischen Maßnahmen mit der Zielgruppe Management verstanden werden. Diesem Prozess sind eine Vielzahl von unterschiedlichen Methoden, Verfahrensweisen und Instrumenten zuzuordnen, in deren Zentrum die individuelle Feststellung und Prognose relevanter personengebundener Determinanten bzw. Merkmale für den Management-Erfolg, steht. Hierbei sind einige aktuelle Entwicklungen zu benennen, die von besonderer Auswirkung für Rekrutierungsprozesse im Management sind. So ist in allen Organisationsformen eine zunehmende personenbezogene Leistungsverdichtung sowie eine steigende Komplexität der Tätigkeitsanforderungen festzustellen. Während sich Leistungsverdichtungen positions- und funktionsübergreifend bemerkbar machen, ist die anwachsende Vieldimensionalität der Anforderungen vor allem auf der Topentscheider-Ebene zu beobachten. In Funktionen auf dieser Ebene ist auch angesichts der zunehmenden Besetzungsausdünnung die Wahrnehmung von zahlreichen Aufgaben nur noch defizitär möglich, wodurch richtungweisende geschäftsbezogene Entscheidungen vielfach suboptimal bleiben.

Die mit zukünftigen Entwicklungen einhergehenden personalen Anforderungen sind – im Gleichklang mit der abnehmenden technischen und marktlichen Gewissheit – zwar zunehmend unbekannt, jedoch weiterhin im Verlauf steigend – unabhängig von der Bekleidung einer bestimmten Position oder der Tätigkeit in einer bestimmten Branche. Mit Blick auf die Belegschaften von Organisationen ist eine Entwicklung weg von langfristigen Unternehmensbindungen hin zu einer »angeheuerten Söldnertruppen-Mentalität« zu konstatieren, welche in ihren Auswirkungen auch veränderte Anforderungen an die Fähigkeitsvoraussetzungen des Managements stellt. Bei der allgegenwärtigen Diskussion um weiter steigende Anforderungen sei darauf verwiesen, dass sich diese ja in der Regel auf Menschen beziehen und dabei nicht aus dem Auge zu verlieren ist, dass aus dieser Spezies zur erfolgreichen Verrichtung von Management-Tätigkeiten auch noch jemand vorhanden sein muss, der den exorbitant hohen Anforderungen gewachsen ist. Zur Veranschaulichung mag eine Passage aus dem Editorial des Manager Magazins (Kaden, 2001) dienen: »Weitermachen wie bisher geht nicht. Die Entscheidungen, die zu treffen sind, werden aber immer riskanter. In den vergangenen Jahren sind die Anforderungen an die Unternehmenslenker exponenziell gestiegen. Und sie werden weiter zunehmen – weil die Globalisierung die Konzerne komplexer und unüberschaubarer macht; weil die technologischen Umbrüche in immer kürzeren Fristen folgen; weil die Finanzmärkte für nie da gewesenen permanenten Überdruck sorgen.«

Die Problematik der möglichst sicheren Identifizierung von Potenzialträgern im Management wird insofern verschärft, als sich die Robustheit von Organisationen gegenüber Fehlern im überfachlichen Bereich fundamental verringert hat. Während man es in vergangenen Zeiten weitgehend mit geduldigen Mitarbeitern, gutmütigen Kunden und einer Konkurrenz zu tun hatte, die sich mehrheitlich an Spielregeln gehalten hat, ist dies in Zukunft immer weniger der Fall. Dadurch sind Managementdefizite immer weniger kompensierbar.

Die dargestellten Trends haben insofern tiefgreifende Auswirkungen auf Recruiting und Development, als man sich durch die zunehmende internationale geographische Mobilität von Führungskräften in der Auswahl vermehrt auf Basiskompetenzen (die z. B. standort- oder positionsübergreifend wichtig sind) konzentrieren muss. Überdies ist von einer weiteren Entsolidarisierung ganzer Führungsmannschaften auszugehen, was zu dramatisch nachlassender Loyalität führt (Folgen sind beispielsweise Abwanderung von Wissenskapital an Wettbewerber).

Im Zuge der Bestrebungen zur Professionalisierung der Personalarbeit wird unternehmensseitig versucht, die Personalentwicklung im Managementbereich zunehmend systematischer zu gestalten und an die Unternehmensstrategie anzubinden. Diesem Unterfangen steht allerdings entgegen, dass langfristig ausgerichtete Personalentwicklungsarbeit aufgrund der dramatisch abnehmenden Kontinuität unternehmensinterner Abläufe und -strukturen in nicht wenigen Bereichen immer weniger realistisch möglich ist (beispielsweise durch Fusionen und Übernahmen).

Insbesondere mit Blick auf Rekrutierungsprozesse von leitenden Mitarbeitern sind Gefälligkeitsentscheidungen somit in ihren Folgen nicht mehr finanzierbar. Zudem sind Fehler, die bei der Personalauswahl – seien es interne oder externe Bewerber – gemacht werden, durch spätere Qualifizierungsmaßnahmen kaum zu kompensieren. Fazit: Die Bedeutung von Besetzungsentscheidungen im Management wächst nachhaltig.

2. Welche Personenmerkmale befördern den Management-Erfolg?

Angesichts der obigen Ausführungen ist es problematisch von konsistenten Anforderungen an Personen, die im Managementbereich tätig sind, zu sprechen (s. hierzu im Detail und im Überblick das Standardwerk von *Sarges*, 2000a). So ist es für den erfolgreichen Manager vielfach sogar dysfunktional, auf der Ebene des spezifischen Verhaltens Konsistenz zu zeigen, da er nämlich über verschiedene Situationen hinweg flexibel, ja sogar widersprüchlich agieren muss. Das rasche Einstellen auf unterschiedliche Personen und Situationen in Einheit mit der eigenen Übernahme verschiedener Rollen ist häufig unabdingbare Erfolgsvoraussetzung.

Bei aller Anforderungsinkonsistenz existieren jedoch bestimmte Leistungsvoraussetzungen, die als überdauernde und situationsübergreifende erfolgsrelevante Dispositionen (z. B. Zielorientierung, Leistungsexzellenz, Lernfähigkeit und Verhaltensflexibilität) angesehen werden müssen. Als konsistente Merkmale können also für den Managementbereich auf der einen Seite motivationale Faktoren (z. B. hinsichtlich Leistungserbringung und Gestaltungsmotiv) sowie andererseits Faktoren bestimmter Kompetenzen (z. B. Kommunikationsfähigkeit, die Fähigkeit zu gedanklicher Komplexität, emotionale Belastbarkeit) zählen. Sarges (2000b) nennt als Personenmerkmale, die sich im Managementbereich über unterschiedlichste Tätigkeitsfelder hinweg als erfolgsrelevant erwiesen haben, vor allem Intelligenz (inklusive Lernfähigkeit), allgemeine Leistungsmotivation, soziale Kompetenz, Selbstvertrauen, Belastbarkeit sowie spezifisch für den Topmanagementbereich: Hohes Energieniveau, emotionale Stabilität, Integrität, Extraversion, mündliche Kommunikationsfähigkeit, Empathie und Überzeugen-Können, Dominanz, Initiative, Organisation/Planung/Kontrolle, Detailgedächtnis sowie Durchhalte- bzw. Stehvermögen. Zu diesen Eigenschafts- bzw. Fähigkeitsbündeln, welche sich in den einschlägigen empirischen Studien der letzten Jahrzehnte immer wieder als erfolgskritisch erwiesen haben, ist allerdings anzumerken, dass die entsprechenden statistischen Zusammenhangsmaße – zwischen den hier nur kursorisch aufgezählten Eignungsprädiktoren und Kriterien des Managementerfolges – generell relativ niedrig ausfallen, was einerseits sicherlich auf Mängel in dem methodischen Inventar hinweist, andererseits aber mit Sicherheit in einem gerüttelten Maße auch auf situative Zufälligkeiten (z. B. spezifische Marktgegebenheiten, bestimmte Personenkonstellationen im Unternehmen) zurückzuführen ist: Eine zufriedenstellende Prognose zukünftigen Managementerfolges kann immer nur näherungsweise und unvollständig gelingen kann.

Hinsichtlich der Erfolgsrelevanz bestimmter Eigenschaften und Verhaltensweisen, wird leider weitgehend vernachlässigt, welche Personenmerkmale die Wahrscheinlichkeit eines Scheiterns in der jeweiligen Funktion erhöhen. So ist aus Unternehmen immer wieder zu vernehmen und mittlerweile auch empirisch abgesichert, dass bei High Potentials, die am Anfang ihrer Managementkarriere stehen, Selbstüberschätzung und defizitäres Sozialverhalten als Hauptursachen für ein persönliches Scheitern angesehen werden müssen (vgl. *Groothuis*, 2000). Die Gründe für individuelles Versagen liegen im Management kaum je im fachlichen Bereich, sondern mit hoher Regelmäßigkeit auf dem Feld der überfachlichen Qualifikationen. So sind nach *Friederichs* (1999) etwa 80% der Führungskräfte an Defiziten bzw. Fehlern im Bereich der Führung, d. h. an der mangelnden Befähigung, geschäftliche Ziele gemeinsam mit den Mitarbeitern erfolgreich umzusetzen, gescheitert.

3. Das Methodenspektrum im Rahmen der Management-Diagnostik

3.1 Analyse der Bewerbungsunterlagen

Die am häufigsten genutzte Informationsquelle zur Beurteilung der beruflichen Eignung (s. Abb. 1) stellt auch im Managementbereich die Analyse der *Bewerbungsunterlagen* dar, die gewöhnlich in einem ersten Auswahlschritt geprüft werden. Bewerbungsunterlagen bestehen aus Anschreiben, Lebenslauf und entsprechenden Bescheinigungen über formale Qualifikationsprozesse sowie aus den verfügbaren Arbeitszeugnissen und enthalten insofern Elemente der Selbst- und Fremdbeurteilung. Die Prüfung dieser Unterlagen besteht in den meisten Fällen darin, eine Art Negativauslese vorzunehmen, so dass lediglich ein Teil der Kandidaten die nächste Auswahlstufe – zumeist das Vorstellungsgespräch – erreicht. Die Unterlagen können Auskunft geben über fachliche und personale Qualifikationen, die berufliche Entwicklung, Lebensalter und persönliche Verhältnisse, geografische Mobilität, Auslandserfahrung, Sprachkenntnisse und Einkommensvorstellungen. Somit kann eine Zeitfolgenanalyse (z. B. Arbeitsplatzwechsel, Lücken) und eine Positionsanalyse (z. B. Aufstieg, Abstieg, Berufswechsel) durchgeführt werden. Für das berufserfahrene Management kommt der Dauer des Beschäftigungsverhältnisses und der Analyse der jeweiligen Wechselbedingungen dabei die größte Aussagekraft zu.

Auswahl von höheren Führungskräften*

	D	*F*	*E*	*Benelux*	*GB*
Strukturiertes Interview mit der Personalabteilung	49	78	70	93	82
Persönlichkeitstest	5	44	50	67	71
Leistungstest	2	33	20	60	35
Intelligenztest	0	28	30	53	41
Biographischer Fragebogen	15	39	65	40	12
Assessment-Center	12	0	20	20	24
Graphologisches Gutachten	11	94	15	27	0

* Einsatzhäufigkeit der Verfahren zu Auswahlzwecken in Prozent der Anwender

Abb. 1: Einsatzhäufigkeiten von Verfahren zur externen Personalauswahl im europäischen Vergleich

Unterschiedlich wird im internationalen Raum die Praxis der Beilegung schriftlicher Referenzauskünfte beurteilt. In den USA würde es jeden Personalchef irritieren, wenn ein Bewerber nicht unaufgefordert mindestens drei Referenzen der Bewerbung beifügen würde, wohingegen in Deutschland Referenzen meist nur auf Anforderung des Unternehmens vom Bewerber beigebracht werden. Kritisch bei Referenzauskünften ist, dass es ausgesprochen leicht für einen Kandidaten sein dürfte, jemanden zu finden, der eine positive Aussage über ihn macht. Ein Umstand, der die Qualität dieser Referenzen vielfach in Frage stellt; andererseits ist es bisweilen schwierig, aus der Bewertung von Verhalten, etwa durch einen früheren Vorgesetzten, Konsequenzen für die zukünftige Position abzuleiten. Ähnlich problematisch dürfte es sich mit der Einschätzung des Informationswertes von Arbeitszeugnissen verhalten (s. z. B. *Weuster*, 1994; *Erber*, 2001), bei deren Abfassung (die »von verständigem Wohlwollen getragen sein muss«) viele Zwänge z. B. juristischer Art vorliegen, und auch das Phänomen des »Weglobens« unliebsamer Führungskräfte mit Hilfe blendender Formulierungen auftritt.

3.2 Biographische Fragebogen

Die mit *Biographischen Fragebogen* erfassten Informationen greifen den Gesamtbereich demographischer Gegebenheiten, Erfahrungen und Werthaltungen einer Person ab. Als standardisierte Instrumente dienen sie insofern der Erhebung soziodemographischer Variablen, Einstellungen, bisheriger Erfahrungen, schulischer und beruflicher Entwicklungen sowie Aktivitäten und Interessen. Selbstbeschreibungen durch Biographische Fragebogen beziehen sich auf alle berufsrelevanten Ausschnitte der Lebensgeschichte und stellen im Wesentlichen eine systematische Zusammenfassung dessen dar, was die Analyse der Bewerbungsunterlagen und das Einstellungsinterview an prognostisch relevanter Information enthalten.

Die grundlegende psychologische Prämisse ist, dass zukünftiges Arbeitsverhalten und Berufserfolg im Analogieschluss aus vergangenem Verhalten und Erfahrungen – bzw. deren subjektiver Verarbeitung und Wiedergabe – prognostiziert werden kann. In den USA haben biographische Fragebogen eine lange Tradition und sind in Deutschland besonders dort erfolgversprechend anwendbar, wo die in Frage kommenden Kandidaten bereits über mehrere Stationen beruflicher Art in ihrem Lebenslauf verfügen. Die Problematik der Verfahren findet ihre Ursache in den speziellen Konstruktionsprinzipien und der Ergebnisermittlung, wobei das Resultat in der Regel als Summe der entsprechend gewichteten Antwortausprägungen bestimmt wird. Der jeweilige Fragebogen ist also stark an die spezifische Analysestichprobe angepasst, ebenso an das verwendete Erfolgskriterium, was zu verminderter Generalisierbarkeit, d. h. der Erfordernis der organisationsspezifischen Überprüfung, und auch zu relativ häufigen Korrekturen während einer längeren Einsatzdauer führt.

3.3 Graphologie

Laut der Verfechter *graphologischer Ansätze* (s. z. B. *Grados-Ramos*, 2000) »gibt schon die Handschrift eines Bewerbers Aufschluss über eine überraschende Fülle von Eigenschaften, welche in ihrer Gesamtheit kaum ein anderes Testverfahren erfassen kann«. Trotz aller Kritik an graphologischen Methoden im Bereich berufsbezogener personeller Zuordnungen, die gelegentlich auch in die Nähe der Scharlatanerie gerückt werden, bleibt es eine unverkennbare Tatsache, dass z. B. in Deutschland und mehr noch in anderen europäischen Ländern (wie z. B. in Frankreich) graphologische Begutachtungen in nicht zu vernachlässigendem Umfang zur Personalauswahl herangezogen werden (vgl. hierzu die Angaben in Abbildung 1, die eine überwältigende Einsatzhäufigkeit graphologischer Gutachten für den französischen Raum belegen; aus der Aufstellung ist im Übrigen ersichtlich, dass der Aufwand, den deutsche Unternehmen zur Platzierung von höheren Führungskräften insgesamt betreiben, im Vergleich zu den aufgeführten Referenzländern deutlich geringer ist und insofern von der Bundesrepublik mit Berechtigung als einem »Entwicklungsland« für fundierte Auswahlverfahren gesprochen werden muss).

Nach allen vorliegenden empirischen Befunden kann die Graphologie zweifelsfrei gültige Diagnosen bei zahlreichen psychopathologischen Veränderungen beitragen, im wirtschaftsbezogenen Kontext tendiert ihr Beitrag nach überzeugenden Studien jedoch gegen Null. Die teilweise hohe Nutzungsfrequenz der Graphologie ist u. a. damit zu erklären, dass die graphologische Systematik auch dem Laien ad hoc plausibel erscheint.

3.4 Interviewverfahren

Interviewverfahren (Vorstellung- bzw. Einstellungsgespräche) stellen eine Informationsquelle dar, auf die in der Praxis – zumindest bei Personalentscheidungen im Managementbereich – so gut wie nie verzichtet wird. Das Einstellungsinterview ist nach Sichtung der Bewerbungsunterlagen die verbreitetste Methode der Personalauswahl. Vorstellungsgespräche sind allerdings recht heterogen in Bezug auf Inhalte, Handhabung, Formen, Einsatzgebiete und Funktionen: Von der völlig freien Gesprächsform über teilstrukturierte bis zu voll strukturierten Varianten bzw. standardisierten Abläufen und Fragestellungen. Die extreme Verwendungshäufigkeit des Interviews zur Personalauswahl und -beurteilung ist insofern erstaunlich, als gerade Interviews stark störanfällig sind. Die persönliche Begegnung mit einem Bewerber schafft vielfältige Möglichkeiten der Aktualisierung individueller Stereotype und Vorurteile. Vermutlich ist der subjektive Evidenzeindruck, der sich bei einem Interviewer leicht einstellt, einer der Gründe dafür, dass Interviews aus der Einstellungspraxis nicht wegzudenken sind. Nicht zu verkennen ist allerdings auch, dass das Gespräch für den (zukünftigen) Vorgesetzten in aller Regel die einzige Möglichkeit zum persönlichen Kontakt darstellt, und insofern aus Sicht des betroffenen Entscheiders aus Praktikabilitätsgründen unverzichtbar ist. Zudem scheinen Interviews auch deshalb unersetzlich, weil sie als typische Breitbandverfahren universell einsetzbar und flexibel handhabbar sind.

Stellungnahmen und Schilderungen des Interviewten und die Eindrücke, die der Interviewer aus dem Gesprächsverlauf gewinnt – beispielsweise nonverbales Verhalten des Bewerbers betreffend –, werden in der Regel intuitiv zu einem Gesamturteil verdichtet. Beim Interviewer stellt sich so eine implizite Einschätzung hinsichtlich Soziabilität und Karrieremotivation des Kandidaten ein, die mit anderen Verfahren so nicht gewonnen werden kann. Ungeachtet der hohen Akzeptanz unter Bewerbern – die im wesentlichen auf dem Phänomen der Kontrollillusion fußt, d. h. ihnen obliege die Steuerung des Gespräches – haben sich einschlägige Forschungsarbeiten immer wieder mit Aspekten der Störanfälligkeit, der Verzerrungen und der insgesamt geringen Vorhersagekraft konventioneller Einstellungsinterviews befasst. Die zentralen Gründe für die Mängel herkömmlich geführter Vorstellungsgespräche dürften in der Informationsverarbeitung durch den Interviewer zu suchen sein. So scheint eine verfrühte Urteilsbildung stattzufinden, die auf die Informationsverarbeitung und Gesprächsführung unzuträglich wirkt.

Vor dem Hintergrund testtheoretischer Gütekriterien ist einer der Hauptkritikpunkte die mangelnde Objektivität. Mit Blick auf die Güte ihrer Aussagen gibt es gute und schlechte Interviewer, die in der Unternehmenspraxis zum Teil ununterscheidbar nebeneinander stehen, zumal in der Selbsteinschätzung des jeweiligen Interviewers. Aus Vergleichsuntersuchungen ist belegt, dass tendenziell vorstrukturierte Interviews eine höhere prognostische Aussagefähigkeit zulassen als gering strukturierte Vorgehensweisen. Gleichwohl ist anzuraten, im Bereich der Management-Diagnostik stark strukturierte Interviewelemente mit niedrig strukturierten, d. h. völlig freien Passagen zu kombinieren. Gerade in Bezug auf hochrangige Entscheidungsträger ist es unabdingbar, die Person sozusagen als Ganzes auszuleuchten, was mit einem streng standardisierten Vorgehen (zumal mit vorgegebenen Antwortkategorien) nicht in der erforderlichen Tiefe gelingt. Vielmehr gilt es, die zu diagnostizierende Person in ihrer Gesamtheit nachzuvollziehen und zu verstehen, um auch vor dem Hintergrund von Beratungsgesichtspunkten die Situation auf jeden Fall förderlich für den Betreffenden zu gestalten.

3.5 Psychologische Testverfahren

Inhaltlich beziehen sich *Psychologische Testverfahren* auf bestimmte Verhaltens-, Fähigkeits- oder Eigenschaftsbereiche. Sie zeichnen sich in der Konstruktion durch Aneinanderreihung jeweils mehrerer Fragestellungen pro Merkmalsbereich sowie durch eine strenge psychometrische Überprüfung aus. Aus den gewonnenen Messwerten werden Schlüsse auf Eigenschaften der getesteten Personen oder auf ihr Verhalten in Leistungssituationen gezogen. Unter Klassifikationsgesichtspunkten ist die Einteilung in Instrumente zur Messung der intellektuellen Leistungsfähigkeit (häufig auch Fähigkeits-, Intelligenz- und Leistungstests genannt) sowie persönlichkeitsdiagnostische Verfahren am gebräuchlichsten (s. z. B. *Hossiep & Paschen*, 1999).

Bei der Diagnose beruflicher Eignungsvoraussetzungen finden vor allem Testverfahren zur Erfassung kognitiver Fähigkeiten, z. B. der Intelligenz und ihrer Komponenten, sowie Verfahren zur Prüfung allgemeiner Leistungsdispositionen Verwendung. Unter Intelligenz wird im Allgemeinen die generalisierte Fähigkeit zum Denken und Problemlösen verstanden. Als Intelligenztest kann man jene Gruppe von Verfahren bezeichnen, welche auf der Grundlage von Theorien zur Intelligenz die intellektuelle Leistungsfähigkeit in ihrer jeweiligen Ausprägung messen. Diese Verfahren prüfen diejenigen Ausschnitte aus dem Bündel kognitiver Fähigkeiten, die sich zu einer ökonomischen Messung in schriftlicher oder auch computergestützter Form anbieten.

Persönlichkeitsorientierte Verfahren, zu denen auch Interessens-, Wahl-, Neigungs- und Motivationstests zu zählen sind, liegen in überwiegender Mehrzahl in Fragebogenform vor. Seltener werden im Bereich der Berufseignungsdiagnostik Persönlichkeitsentfaltungsverfahren (projektive Testverfahren, z. B. sog. Tintenklecksverfahren) eingesetzt. Obwohl Persönlichkeitstests (ein Überblick zum Einsatz dieser Verfahren im Bereich des Personalmanagements findet sich bei *Hossiep, Paschen & Mühlhaus,* 2000) erst in neuerer Zeit verstärkt zu Zwecken der Personalauswahl konstruiert werden, ist weithin akzeptiert, dass z. B. Persönlichkeit und Interessen eines Positionsinhabers seinen Berufserfolg wesentlich beeinflussen. Zumeist besteht das methodische Prinzip der Instrumente in der Reduktion einer Vielfalt von Verhaltens- und Erlebnisbeschreibungen auf eine überschaubare Menge von als dahinterstehend angenommenen »Konstrukten« oder Persönlichkeitsmerkmalen. Transparente Fragebogenverfahren sind eher anfällig gegenüber Verfälschungstendenzen (namentlich beschönigenden Fragebeantwortungen). Wenngleich soziale Erwünschtheit und bestimmte unerwünschte Antworttendenzen kein spezielles Manko von Persönlichkeitstests darstellen – biographische Fragebogen und Interviewverfahren leiden in ähnlicher Form unter diesen Testmotivationseffekten –, sind leistungsorientierte Fähigkeitsprüfungen deutlich weniger solchen Verfälschungstendenzen ausgesetzt. Bei Personalentscheidungen spielen jedoch Persönlichkeitsvariablen stets eine Rolle, so dass unwesentlich ist, ob Tests einbezogen werden oder nicht; gleiches gilt für die intellektuellen Voraussetzungen, von denen sich die verantwortlichen Personalentscheider auch ein eher intuitives Bild machen. Fraglich ist lediglich, ob bei dieser Meinungsbildung auch objektive Testinstrumente herangezogen werden oder ob vor allem subjektive Eindrücke im Vordergrund stehen.

3.6 Situative Verfahren

Das Ziel *Situativer Verfahren* ist es, in geeigneter Weise Erfolgsfaktoren aus dem sozial-interaktiven Bereich zu erfassen. Die am häufigsten verwendeten Einzelübungen sind die »Postkorb-Übung« (»Inbasket-Technique«) und die »Führerlose Gruppendiskussion« (»Leaderless Group-Discussion«). Bei ersterer sind Kandidaten aufgefordert, eingelaufene Post und Mails, Berichte sowie Notizen, wie sie sich z. B. nach einem dreiwöchigen Urlaub auf dem Schreibtisch angesammelt haben könnten, effizient zu sichten, möglichst rationell zu strukturieren und entsprechende Veranlassungen zu treffen. Bei der Führerlosen Gruppendiskussion sollen die Teilnehmer im Rahmen eines Rollenspiels miteinander fiktive betriebliche Aufgabenstellungen wie Beförderungsentscheidungen, Investitions- oder Disziplinarmaßnahmen diskutieren. Weitere Verfahrensklassen sind Vorträge und Präsentationen, Fallstudien, Planspiele, simulierte Verhandlungssituationen, Managerdisputationen sowie Übungen, die jeweils auf den speziellen unternehmensbezogenen Kontext der Arbeitsverrichtung bezogen sein können.

In das *Assessment-Center* (AC) oder auch Gruppenauswahlverfahren finden sowohl situative Verfahren wie auch andere Einzelmethoden Eingang und werden zu einem Verfahrenssystem kombiniert, das zur Einschätzung aktueller Kompetenzen wie auch zur Prognose künftiger beruflicher Entwicklungen und Bewährungen dient und bereits seit einigen Jahrzehnten eine starke Verbreitung erfährt. *Hossiep* (1994) definiert das Assessment-Center als »eine Seminarveranstaltung, in der eine Teilnehmergruppe hinsichtlich einer Vielzahl von Dimensionen von mehreren trainierten Beobachtern gleichzeitig beurteilt wird. Dabei durchlaufen die Teilnehmer unterschiedliche Übungen, die Arbeits- und Entscheidungssituationen aus der beruflichen Realität simulieren. Abschließend werden die Einschätzungen des Beobachtergremiums mit dem Ziel gebündelt, Eignungsvoraussetzungen für bestimmte Aufgaben zu diagnostizieren und persönlichen Entwicklungsbedarf der Teilnehmer zu erkennen.« Zu den o.g. situativen Verfahren werden in AC's häufig noch folgende gebräuchliche Einzelverfahren kombiniert: Fähigkeitstests, Persönlichkeitstests, biographische Fragebogen und Interviewverfahren.

In den letzten Jahren ist zu beobachten, dass der AC-Begriff (im Übrigen ähnlich wie der des Coaching) einerseits inflationär verwendet wird, indem nämlich jede Beurteilungssituation zu einem Assessment hochstilisiert wird, und andererseits einige Unternehmen mittlerweile versuchen, Assessment-Center-Verfahren »sozial verträglicher« zu deklarieren (z. B. Förderworkshops). Insbesondere im Bereich von höheren Führungskräften wird man in der Tat häufig bestrebt sein, eine persönliche Begegnung von Mitbewerbern (seien es interne oder externe Kandidaten) zu minimieren bzw. vollständig zu vermeiden. Unter externen Bewerbern »kennt man sich« ab einer bestimmten Ebene, unter internen Kandidaten versucht man, die Verliererproblematik zu umgehen, so dass schwerpunktartig *Einzelpotenzialuntersuchungen* stattfinden (bisweilen auch unscharf als Einzel-Assessment bezeichnet), die besonders hohe Anforderungen an den durchführenden Management-Diagnostiker stellen.

Aktuelle Weiterentwicklungen der Assessment-Center-Technik beziehen sich z. B. auf die Aspekte der Dynamisierung, indem der Kandidat vor und nach einem Training beurteilt wird, so dass eine Kombination von Trainings- und Beurteilungselementen in das AC integriert wird. In praxi bedeutet dies, dass wesentliche Übungstypen zweimal durchgeführt werden, um eine systematische Vorher-Nachher-Bewertung zu ermöglichen und Differenzwerte (gleich Lerngewinne) zu erheben. Die Dauer solcher Verfahren ist in der Regel mehrtägig. Auch das Lernpotenzial-AC zeichnet sich durch einen mehrphasigen Aufbau aus. Hier besteht der Ansatz darin, den Kandidaten nach einer bestimmten ersten Phase (der Lernphase) gezielt Feedback zu geben und danach eine weitere Phase anzuschließen. Merkmale des Lernpotenzial-AC's sind, dass die Kandidaten vorab Informationen über Kriterien und Verhaltenserwartungen erhalten und nach jeder Übung Feedback erfolgt, um eine zielgerichtete Verhaltensänderung zu ermöglichen. In der Nachbereitung bekommen die Kandidaten Unterlagen, um selbst regelmäßig ihre Stärken und Schwächen zu überprüfen. Einen umfassenden aktuellen Überblick über den Stand der Weiterentwicklung der Assessment-Center-Methode gibt der von *Sarges* (2001) just in überarbeiteter Auflage erschienene Band.

3.7 Management-Audit

Eine Methode, die im Bereich des Topmanagements insbesondere in Phasen wirtschaftlicher oder organisatorischer Umbrüche wie z. B. Markteintritt neuer Konkurrenten, Änderungen der Organisationsform, Fusionen und Übernahmen zum Tragen kommt, ist das *Management Audit.* In Abgrenzung zum AC wird beim Management-Audit in der Regel das gesamte Führungsteam erfasst. Zudem findet eine Einbeziehung des Topmanagements statt, welche beim AC – zumindest typischerweise – so nicht Usus ist. Das Management-Audit strebt – im Gegensatz zum klassischen Assessment – an, die situative (nicht absolute) Eignung für das zukünftige strategische Konzept in der jeweiligen Unternehmenskultur spezifisch zu erfassen.

Das Management-Audit ist somit eine Methode zur Klärung der Erfolgsvoraussetzungen für künftige Anforderungen an einen Topmanager bzw. an eine gesamte Führungsspitze (höchstens 15 bis 18 Positionen). Meist ist eine Zielklärung, ob das derzeitige Management dem Zielwandel oder z. B. der zukünftigen Marktdynamik gewachsen ist, und welche organisatorischen und personellen Konsequenzen aus den Ergebnissen zu ziehen sind, mit dem Einsatz der Methode verbunden. Als Auditoren kommen ausschließlich akzeptierte externe Fachleute in Frage. Wichtig für deren Akzeptanz ist eine weitreichende Vertrauensbasis: Die Berater müssen vom »gleichen Kaliber sein« wie das Management-Team. Das methodische Vorgehen entspricht dabei am ehesten einer multiplen Einzelpotenzialuntersuchung. Im Zuge der Dynamisierung des Wirtschaftsgeschehens und ihrer weitreichenden Auswirkungen auf Personalentwicklungssysteme dürfte das Verfahren eine immer häufigere Verbreitung erfahren. Typische Arbeitsschritte sind folgende: Problemdefinition und Strategie-Briefing, Dokumentation zukünftiger Anforderungsprofile, Multiple Management-Intensiv-Interviews, Plausibilitätsprüfung der Ergebnisse, Dokumentation individueller Stärken-Schwächen-Analysen und des Team-Profils, Besprechung der Ergebnisse mit dem Auftraggeber (Klausurtagung), individuelles Feedback an alle Teilnehmer.

4. Gütekriterien der Instrumentarien

An alle Methoden bzw. Instrumente der Personalauswahl sind bestimmte Gütekriterien anzulegen, deren Veranschaulichung die qualitative Bewertung der unterschiedlichen Herangehensweisen im Rahmen der Management-Diagnostik gestattet. Hauptgütekriterien sind Objektivität, Reliabilität und Validität.

Die *Objektivität* einer Methode bezeichnet den Grad, in dem die Ergebnisse eines Verfahrens unabhängig vom Durchführenden bzw. Untersucher sind; und zwar hinsichtlich des Ablaufs, der Auswertung und der Interpretation. So ist etwa die Auswertung eines Intelligenztests in der Regel hoch objektiv, da exakte Vorgaben für Auswertung und Einordnung der Ergebnisse (z. B. Normierungen) vorliegen. Demgegenüber dürfte die Auswertung eines freien Interviews weit weniger objektiv sein. Die *Reliabilität* (d. h. die Zuverlässigkeit der Methode) bezeichnet den Grad der Genauigkeit, mit dem ein Verfahren ein bestimmtes Persönlichkeits- oder Verhaltensmerkmal misst, und zwar hinsichtlich der möglichst fehlerfreien Erfassung. Beispielsweise kann ein Test ein bestimmtes Persönlichkeitsmerkmal kaum zuverlässig und genau erfassen, wenn das spezifische Merkmal (z. B. Entscheidungsfreude) lediglich durch eine einzige Frage repräsentiert ist. Das dritte Hauptgütekriterium ist die *Validität* (auch: Gültigkeit) der Methodik. Innerhalb dieses Kriteriums wird das Ausmaß abgebildet, in welchem das Verfahren auch wirklich die Eigenschaft erfasst, die es zu messen beansprucht. Wenn also Hochschulabschlusszeugnisse die intellektuelle Befähigung zur erfolgreichen Bearbeitung theoretischer wie praktischer Problemstellungen wiedergeben sollen, dann darf es sich bei dem Zustandekommen der entsprechenden Bewertungen nicht primär um eine bloße Anpassungsleistung an die persönlichen Vorstellungen und Erwartungen des Hochschuldozenten handeln.

Über die Hauptgütekriterien Objektivität, Reliabilität und Validität hinaus bestehen sog. Nebengütekriterien, die eine weitere Vergleichbarkeit verschiedener prognostischer Methoden ermöglichen. Gemäß diesen Nebengütekriterien soll ein Test erstens normiert sein, was bedeutet, dass die Beschreibung individueller Merkmale einer bestimmten Person stets in Relation zur Merkmalsausprägung einer Vielzahl von Personen (der Referenzgruppe) gesetzt werden. Nur so kann eine sinnvolle Beschreibung von Ausprägungen bestimmter Eigenschaften eines Individuums erfolgen. Darüber hinaus liegt in diesem Aspekt eine zentrale Unterscheidung zwischen fundierten wissenschaftlichen Verfahren im Gegensatz z. B. zu den verbreiteten »Illustrierten-Tests«. Zum zweiten soll ein Instrument mit anderen Methoden, die den gleichen Zweck verfolgen, vergleichbar sein, so dass Ergebnisse bzw. Prognosen, die auf verschiedenem Wege generiert wurden, miteinander abgeglichen werden können. Zum dritten sollten berufseignungsdiagnostische Instrumente einen ökonomischen Charakter haben, woraus resultiert, dass der Aufwand zur Generierung von Informationen und der damit einhergehende Informationsgewinn in einem zufriedenstellenden Verhältnis stehen. Nicht zuletzt sollte der

Nutzen, der sich im Idealfall auch in pekuniären Kategorien ausdrücken lässt, möglichst exakt quantifizierbar sein.

5. Aussagekraft der Methoden zur Erfassung von Management-Potenzial

Ein wahrscheinlichkeitstheoretisch und statistisch anspruchsvolles Gebiet muss betreten werden, wenn es gilt, die prognostische Aussagekraft von verschiedenen Prädiktoren (Vorhersagemaße) zur Erfassung von Management-Potenzial (z. B. biographische Fragebogen) mit Kriterien für den Management-Erfolg (z. B. hierarchische Aufstiegsgeschwindigkeit) in Beziehung zu setzen. Im Rahmen dieser Überlegungen wird also ein Prädiktor mit einem Kriterium in Relation gebracht, um zu einer Maßzahl zu gelangen, die einen Vergleich der prognostischen Qualität alternativer Ansätze gestattet.

Wahrscheinlichkeitsüberlegungen beruhen gerade bei der Auswahl von High Potentials auf fundamentalen Fehleinschätzungen: Gern wird in diesem Zusammenhang der Begriff »Trefferquote« ins Feld geführt, und es wird argumentiert, dass man, wenn man eine Entscheidung über einen Kandidaten zu treffen hat und eine Münze werfe, doch die Erfolgswahrscheinlichkeit für eine richtige Entscheidung bei 50% liegen würde. Diese landläufigen Überlegungen greifen allerdings nur dann, wenn nahezu alle Personen in der Grundgesamtheit die geforderten Voraussetzungen auch erfüllen, was gerade im Bereich der Management-Diagnostik ja nicht der Fall ist, so dass mit Methoden, deren Zuordnungsprinzipien auf Zufall beruhen, kaum geeignete Kandidaten identifiziert werden können. Wir haben es also mit relativ geringen Quoten von Geeigneten in unserer Suchpopulation zu tun, was dazu führt, dass die damit einhergehenden Besetzungsentscheidungen besonders schwierig und mit relativ hohen Risiken behaftet sind.

Zusammenhänge zwischen Prädiktoren und Kriterien werden mit Hilfe des recht abstrakten Korrelationskoeffizienten veranschaulicht. Dieser Koeffizient kann Werte zwischen –1 und +1 annehmen. Bei einer Ausprägung von +1 wäre sozusagen eine perfekte Vorhersage des Management-Erfolges mit Hilfe des jeweils verwendeten Prädiktors möglich, d. h. ein bestimmtes, gutes Ergebnis hinsichtlich eines

Testverfahrens würde stets einen entsprechenden Managementerfolg nach sich ziehen. Bei einer Ausprägung von – 1 wäre das Gegenteil der Fall, d. h. ein hoher Testwert würde sozusagen das Scheitern garantieren. Wenn das Korrelationsmaß eine Ausprägung von nahe Null annimmt, lässt sich kein systematischer, statistisch relevanter Zusammenhang zwischen Vorhersagemaßen (Prädiktoren) und Bewährungskriterien beschreiben.

Aus Abbildung 2 sind die Vorhersagevaliditäten hinsichtlich des Managementerfolges für verschiedene Instrumentarien zu ersehen. Diese Maßzahlen sind im Wesentlichen auf US-amerikanische Befunde zurückzuführen, die mit Hilfe der Methode der sog. Metaanalytischen Validitätsgeneralisierung gewonnen wurden. Hierbei handelt es sich um ein anspruchsvolles mathematisch-statistisches Verfahren, bei dem eine quantitative Kumulation der Ergebnisse einer größeren Anzahl von Studien vorgenommen wird (zusammenfassend *Schmidt & Hunter*, 1998), so dass die hier berichteten Quotienten auf umfangreichen Populationen beruhen. Andererseits ist zu bedenken, dass die Erkenntnisse nicht ohne weiteres auf Europa übertragen werden können.

	Prognostische Validität
Analyse der Bewerbungsunterlagen	ca. .20
Biographischer Fragebogen	ca. .30
Einstellungsinterview	.15–.50
Persönlichkeitsorientierte Testverfahren	.15–.40
Tests zur intellektuellen Leistungsfähigkeit	.30–.50
Assessment-Center	.15–.50

Abb. 2: Validitätsabschätzungen eignungsdiagnostischer Verfahren für den Managementsbereich

Bei der *Analyse der Bewerbungsunterlagen* wie auch beim Einsatz biographischer Fragebogenverfahren ist zu befürchten, dass die ausgewiesenen Validitäten eine Überschätzung der tatsächlichen Zusammenhänge darstellen. So ist für die Sichtung von Bewerbungsunterlagen von einer Prognosefähigkeit von etwa .20 auszugehen. Allerdings ist diese optimistische Einschätzung wahrscheinlich für den deutschen Raum deutlich nach unten zu korrigieren, da sich aufgrund der erheblich weiteren Ausdifferenzierung und Uneinheitlichkeit des amerikanischen Studien- und Bildungssystems (bei noch weitgehend berufsunerfahrenen Kräften) und der größeren Dynamik des Arbeitsmarktes (bei berufserfahrenen Kräften) die Unterlagen US-amerikanischer Bewerber weit aussagekräftiger gestalten dürften, als dies für die Schriftform hiesiger Kandidaten gelten kann. Ähnlich verhält es sich mit der Beurteilung der prognostischen Güte *Biographischer Fragebogenverfahren*, die schwerpunktmäßig in Tätigkeitsbereichen einsetzbar sind, bei denen ein häufiger Wechsel des Arbeitgebers die Regel ist. Hier bieten sich etwa die Werbebranche, der Pharma-Außendienst sowie der Außendienst der Versicherungswirtschaft an.

Die ausgewiesenen Maßzahlen für das Einstellungsinterview schwanken besonders stark, wobei ein zunehmender Strukturierungsgrad im Schnitt mit höherer Prognosekraft einhergeht. Noch markanter wird die Schwankungsbreite der Aussagekraft der Validitätskoeffizienten von *Interviewverfahren*, wenn man von den hier referierten Korrelationen als alleinige Diskussionsgrundlage z.T. wieder abrückt: Es gilt insgesamt verstärkt zu berücksichtigen, welche Konsequenzen eine Korrelationshöhe für die Reduzierung von Unsicherheit bzgl. bestimmter Entscheidungen hat (die zunächst 100% beträgt). Diese sog. Varianzaufklärung kommt in einer weiteren Maßzahl (dem sog. Determinationskoeffizienten) zum Ausdruck, die im Quadrat mit dem Korrelationskoeffizienten wächst, woraus resultiert, dass vermeintlich geringfügige Steigerungen des korrelativen Zusammenhanges erhebliche Effekte nach sich ziehen. In der praktischen Anwendung hat dies, ausgehend von den für das Interview angegebenen Koeffizienten, zur Folge, dass die Erhöhung der Korrelation von .15 auf .50 in der Tat mehr als eine Versechsfachung des Determinationskoeffizienten (und damit der Varianzaufklärung, d. h. der tatsächlichen Unsicherheitsreduktion) bewirkt.

In Bezug auf *persönlichkeitsorientierte Testverfahren* ist in den letzten zehn Jahren im US-amerikanischen Raum und seit einigen Jahren auch in Deutschland eine massive Hinwendung zu einer fundierten Persönlichkeitserfassung mittels Testverfahren zur Vorbereitung von Personalentscheidungen zu beobachten (z. B. *Hossiep & Paschen*, 1998). Und in der Tat liegen im Einsatz von Persönlichkeitsfragebogen im beruflichen Kontext eine Reihe von Vorteilen. Sie sind sehr ökonomisch hinsichtlich Kosten- und Zeitaufwand: Durch seriöse Verfahren ist ein zusätzlicher Beitrag zur Prognosequalität bei den anstehenden Auswahlentscheidungen zu erreichen. Das Selbstbild des Kandidaten liegt als Ergebnisprofil kompakt vor, das Profil enthält einen »Benchmark« (bei geeigneter Vergleichsgruppe), es bieten sich Anknüpfungspunkte für weitere Fragen/vertiefende Gespräche und Personalentwicklungsmaßnahmen. Und nicht zuletzt sind Widersprüche und Auffälligkeiten im Selbstbild systematisch erkennbar. Für die sachgerechte Einschätzung persönlichkeitsdiagnostischer Ansätze im Bereich des Managements ist zudem anzumerken, dass die Ergebnisse persönlichkeitsorientierter Fragebogenverfahren nur moderat mit den Ergebnissen von *Tests zur intellektuellen Leistungsfähigkeit* zusammenhängen, so dass beiden testpsychologischen Herangehensweisen eine eigene Bedeutung zukommt.

Obwohl man sich in der deutschsprachigen Diskussion damit immer wieder schwertut, lautet das konsistente Resultat nahezu aller relevanten Untersuchungen der letzten 20 Jahre im westlichen Wirtschaftskontext zur Vorhersage von beruflichem Erfolg: Allgemeinintelligenz ist der Hauptprädiktor für Berufserfolg, und zwar weitgehend unabhängig von der hierarchischen Ebene der angestrebten Tätigkeit, der Branche etc. Problematisch war allerdings für die Management-Diagnostik in Deutschland, dass lange kaum aussagekräftige Verfahren, die im hohen Leistungsbereich der Intellektualität eine sinnvolle Unterscheidung ermöglichten, vorlagen. Allerdings versprechen Neu-Entwicklungen von Testinstrumenten (z. B. der Bochumer Matrizen Test, *Hossiep, Turck & Hasella*, 2001), die bestehende Lücke zu schließen.

Überraschen müssen die in Abbildung 2 referierten Validitätskoeffizienten für das *Assessment-Center* in ihrer erheblichen Spannbreite. Die unterschiedlichen Einschätzungen der Prognosefähigkeit finden ihre Ursache in den verschiedenen Ausgestaltungsmöglichkeiten dieser Methode. So scheinen vor allem die rein mit situativen Übungen bestückten AC's die Validität nachhaltig zu gefährden: Anders ist das gravierende Zurückfallen hinter die Einzelvaliditäten, die etwa persönlichkeits- oder intelligenzdiagnostische Verfahren bieten, kaum zu erklären. Bei einer ausschließlichen Gestaltung des AC's mit Übungen, die beobachtungsgestützt ausgewertet werden, tendiert die prognostische Güte des Verfahrens vielfach gegen Null, da z. B. häufig der vielzitierte »freundliche, anpassungsbereite Vielredner« ein Vertragsangebot erhält. Vor diesem Hintergrund kann immer wieder nur dafür plädiert werden, das AC mit einem möglichst breiten Methodenspektrum anzureichern (vgl. *Schuler*, 1998). Falls Verfahren aus allen Bereichen des psychologischen Mess-Spektrums im Sinne der ursprünglich angestrebten und auch einzig erfolgversprechenden Multimethodalität des Gruppenauswahlverfahrens tatsächlich fundiert zur Anwendung kommen, verspricht das AC die insgesamt beste Prognostik, da es die Vorteile aller Instrumente in sich vereinigen kann (einen Überblick über die Ausgestaltungsmöglichkeiten und Durchführungsmodalitäten bietet Abbildung 3). Neben der prädikativen Validität liefert das AC auch eine zusätzliche Nutzenstiftung wie etwa Personalmarketingfunktionen, Trainingseffekte bei den Beobachtern oder Anknüpfungspunkte für 360°-Analysen.

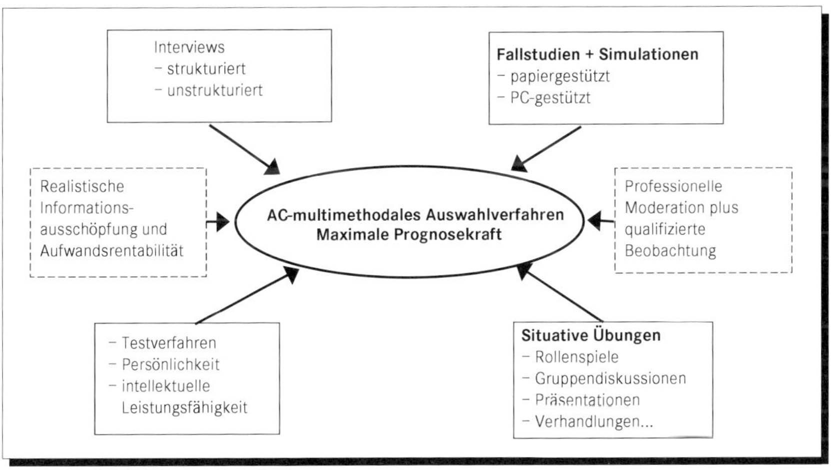

Abb. 3: Ausgestaltungsmöglichkeiten des Assessment-Centers

6. Management-Diagnostik als investive Entscheidung

Leider wird oftmals verkannt, dass mit jeder Personalentscheidung aus Unternehmenssicht eine erhebliche personenbezogene Investition getätigt wird. Die Verantwortlichen lassen sich häufig immer noch von der Fehleinschätzung leiten, dass die Erhöhung der Qualifikation der Mitarbeiter durch die Anwendung bestimmter Auswahlstrategien einer quantitativen Bewertung verschlossen bleibe. Da der Wahl einer fundierten Entscheidungsregel und den daraus resultierenden Zielerreichungsgraden höchste Bedeutung zukommt, müssen konsequent die erreichbaren Effizienzvorteile nachvollziehbar gemacht werden, was nur durch die Anwendung von Nutzen-Mess-Konzepten geschehen kann. Hierbei ist die Streuung der Leistung des Einzelnen im zu Grunde gelegten Kriterium (bisweilen als Produktivkraft bezeichnet) der entscheidende Aspekt. Insbesondere im Bereich des Managements ist davon auszugehen, dass eben diese Produktivkraft vom besten bis zum schlechtesten Performer erheblich schwankt. Die hohen Leistungsunterschiede hochrangiger Entscheidungsträger entsprechen im Übrigen jeder praktischen Erfahrung. Mutmaßlich verbirgt sich hier ein riesiges Potenzial unternehmensbezogener volkswirtschaftlicher Optimierungsmöglichkeiten, welches in Deutschland immer noch weitgehend brach liegt.

Die auffällige Diskrepanz zwischen der prinzipiellen Bedeutung von pekuniären Nutzenabschätzungen im Personalbereich einerseits und der spärlichen Anwendung andererseits beruht u. a. auch auf praktischen Durchführungsproblemen. Im Folgenden wird ein Berechnungsbeispiel (Vertiefungen finden sich bei *Cascio*, 1991; *Hossiep*, 2000) für den Nutzenzuwachs beim Einsatz eines Auswahlverfahrens mit einer bestimmten Validität ansatzweise durchkalkuliert (vgl. dazu die Angaben in Abbildung 4), bei dem ein wirklichkeitsnaher Fall aus dem gehobenen mittleren Management zu Grunde gelegt wurde. Insgesamt wird hier von mittleren gesamten Personalkostenaufwendungen von € 250 000 p.a. und entgeltwirksamen Gesamtbezügen von € 125 000 ausgegangen. Angenommen wird eine Selektionsquote von 20%, was bedeutet, dass von fünf in die engere Wahl gezogenen Kandidaten für die vakante Position einem tatsächlich ein Vertragsangebot unterbreitet wird. Als Validitätskoeffizient prädiktiver Art wird ein Wert von .40 angesetzt, der bei Durchführung einer Einzelpotenzialuntersuchung durchaus realistisch ist. Als Zeitspanne der Organisationszugehörigkeit werden zehn Jahre unterstellt. Als Schätzmaß für die Standardabweichung der Berufsleistung in Geldeinheiten werden € 125 000 (also 50% der Personalaufwendungen) angenommen. Die Kosten der Auswahl pro Bewerber werden mit € 2 500, also einem soliden Beratertag, veranschlagt, so dass insgesamt für die Auswahl der fünf untersuchten Kandidaten € 12 500 anzusetzen sind. Summarisch ergibt sich ein Nutzenzuwachs von € 687 500 in dem zu Grunde gelegten Zeitraum von zehn Jahren. Mit der Ausdifferenzierung solcher Berechnungen wird eine Parallelität zu Ansätzen erreicht, wie sie der betrieblichen Investitionsrechnung zu Grunde liegen. Auch ohne Zuhilfenahme der entsprechenden Nutzenformeln lassen sich Kalkulationen von Rekrutierungsentscheidungen im Management anhand von Plausibilitätsüberlegungen auf Basis von Trefferquoten anstellen.

Formel: $$\Delta U = N_A \bullet T \bullet r_{xy} \bullet \bar{Z}_x \bullet SD_y - C \bullet N_B$$

Mittlerer Personalkostenaufwand: ? 250 000 p.a.   Selektionsquote: 20%

Berechnungsbeispiel:

N_A	1	Anzahl der ausgewählten Bewerber
T	10	Betriebszugehörigkeit in Jahren
r_{xy}	.40	Validitätskoeffizient
Z_x	1,4	mittlerer standardisierter Prädiktorwert der ausgewählten Bewerber nach Naylor-Shine-Tabelle
Sd_y	125 000	geschätzte Standardabweichung der Berufsleistung in Geldeinheiten (50% der Personalaufwendungen)
C	2500	Kosten der Auswahl pro Bewerber
N_B	5	Anzahl der untersuchten Kandidaten
ΔU		**€ 687 500**

Abb. 4: Berechnung des Nutzenzuwachses (in €) durch Einsatz eines Auswahlverfahrens

Im Gespräch mit hochrangigen Entscheidungsträgern von Unternehmen findet man in der Regel einen Konsens dahingehend, dass etwa 70% der Rekrutierungen im Managementbereich »erfolgreich« sind. Konsensfähig ist ebenfalls, dass man bei etwa jeder zehnten Rekrutierung doch mehr oder weniger grob »daneben« liegt, und sich bei zwei von zehn Entscheidungen eine mangelnde Eignung des Kandidaten nicht wie im zuvor geschilderten Fall nahezu sofort, sondern erst mittelfristig herausstellt, so dass insgesamt von einer etwa 30%igen Quote suboptimaler Entscheidungen auszugehen ist. Wenn es nunmehr gelingt, die »Trefferquote« unter Zuhilfenahme des gesamten verfügbaren Methodenspektrums von 70% auf 85% zu erhöhen – was realistischerweise tatsächlich erreicht wird –, so ginge mit dieser vermeintlich geringfügigen Trefferquotensteigerung von 15%

eine Halbierung der Fehlentscheidungsquote von 30 auf 15% einher. Unterstellt man im konkreten Fall jährliche Gesamtpersonalaufwendungen von € 250 000 pro Positionsinhaber, so resultiert im Fall des traditionellen Vorgehens mit der unterstellten Trefferquote von 70% eine direkte Fehlinvestition pro Jahr von € 75 000, wohingegen sich diese im optimierten Entscheidungsfall halbiert. Von der errechneten Ersparnis von € 37 500 sind freilich noch die Kosten für die Auswahl pro Positionsinhaber abzuziehen.

7. Perspektiven

Obwohl einige Umfeld-Variablen für die Management-Diagnostik immer unwägbarer werden, sind die Chancen, sich über ein besonders qualifiziertes Recruiting nachhaltige Wettbewerbsvorteile zu verschaffen, so gut wie kaum je. Der Wettbewerb der Zukunft wird sich mehr denn je auf dem Personalsektor entscheiden; und auch hier liegt der Segen im Einkauf – es gilt sich von dem Mythos der beliebigen Entwickelbarkeit (auch auf der Managementebene) zu verabschieden. Der Aufwand, der für Nachqualifizierungen betrieben werden muss, ist exorbitant, und in ihren Folgen, d. h. den Auswirkungen auf Mitarbeiter und Kunden, sind Fehlbesetzungen kaum noch zu korrigieren, so dass in Fragen von Besetzungsentscheidungen immer gelten muss: Im Zweifel nie – lieber eine richtige Personalentscheidung zu spät als eine falsche rechtzeitig treffen.

Die Gefahr, dass Unternehmen bei Auswahl und Entwicklung auf der Managementebene leistungsfremden Kriterien aufsitzen (Effekthascherei, sich gut »verkaufen« können, Blenden, immer so schnell weg sein, dass die Konsequenzen der eigenen Handlung erst beim Nachfolger sichtbar werden etc.), ist so groß wie nie zuvor. Diesen unerwünschten Effekten muss u. a. durch eine möglichst fundierte Management-Diagnostik entgegengewirkt werden. Diese Aufgabe kann nicht nur dem Personalbereich, nicht nur der Geschäftsleitung (häufiges Problem: Schmitt sucht Schmittchen) und auch nicht unerfahrenen Beratern überlassen werden. Die Anforderungen an den Management-Diagnostiker sind denkbar hoch: Neben ausgeprägter fachlicher Kompetenz im Umgang mit den zur Verfügung stehenden Instrumenten sollte er über eine umfassende, langjährige Unternehmenserfahrung (am besten nicht nur aus Beratungsgesellschaften), Lebenserfahrung, vertiefte Kenntnisse über mittel- und langfristige Laufbahnentwicklungen und Karriereverläufe verfügen und all dies im Besetzungsprozess auch angemessen transportieren können. Der Einsatz von psychologischen Testverfahren erfordert weitreichende Expertisen, für die im Regelfall nur ein Psychologiestudium qualifizieren kann. Insbesondere bei »selbstgestrickten« Verfahren, d. h. Instrumenten, die nicht publiziert und über einen renommierten Testverlag bezogen werden und damit auch von der wissenschaftlichen Öffentlichkeit nicht bewertet werden können, ist höchste Vorsicht anzuraten – manch selbsternannte Testexperten stellen sich quasi eine Lizenz zum Gelddrucken aus. Insgesamt dürften die Anforderungen in dem komplexen Prozess der Management-Diagnostik so hoch sein, dass man die wirklichen Topleute auf diesem Feld an den Fingern der Hände abzählen kann. – Zudem ist eine auch durch die handelnden Personen getragene stärkere Verschränkung zwischen Recruiting und Development anzustreben, um den Auswahlprozess nicht als singuläre Maßnahme zu setzen, sondern den Ausgewählten anschließend durch Standortbestimmungen, Führungsfeedback, Balancefindung und Coaching zu begleiten.

Die externen Topkandidaten wiederum sind sehr wohl geneigt, Positionen und Unternehmen zu wählen, die »hard to get« sind: Wirklich exzellente Könner entscheiden sich nicht für Unternehmen, bei denen sie, möglichst ohne Aufwand zu betreiben, ein Vertragsangebot erhalten. Bei internen Besetzungsentscheidungen greift die jahrzehntelang geübte – und vielfach gescheiterte – Praxis, den besten Fachmann zur Führungskraft zu machen, immer weniger. Häufig schlägt man bei diesem Vorgehen zwei Fliegen mit einer Klappe: Man verfügt über einen exzellenten Fachmann weniger und über eine unfähige Führungskraft mehr.

Der Einsatz von Instrumenten der Testdiagnostik mit dem Ziel der Objektivierung oder auch der sich gerade auf der modischen Überholspur befindlichen Kompetenzmodelle darf keinesfalls zu einer Vereinheitlichung bzw. Gleichschaltung von Anforderungsprofilen dienen (die Versuchung ist allerdings sehr groß). Bei der Beobachtung von Top-Performern aus allen Bereichen der Wirtschaft fällt immer wieder auf, wie unterschiedlich diese Personen sind – mit einem einheitlichen Anforderungsprofil wäre kaum jemand dorthin gekommen, wo er heute ist, was von diesen Topleistern auch bestätigt wird. Es entspricht im Übrigen jeder praktischen Managementerfahrung, dass sich zahlreiche Personen segensreich in ihrem Wirken für das Unternehmen ausgewirkt haben, weil sie eben anders waren als es Anforderungskataloge eigentlich vorsahen. Vielmehr gilt es, jeden in seiner Individualität zu würdigen, wozu im Bereich des Developments auch gehört, nicht nur an Defiziten zu arbeiten, sondern Menschen insbesondere dort zu platzieren, wo sie ihre Stärken voll einbringen können. Die Anforderungen für alle auf einer bestimmten Ebene in gleicher Form festzuzurren (am besten noch mit einem Punktesystem) ist schlicht abwegig. Es gleicht dem Bemühen des Dirigenten, einen herausragenden Violinisten – im Zuge der Mehrfachverwendbarkeit – dazu zu verdonnern, jeden Abend eine Stunde Tuba zu üben. Das Ergebnis wird sein, dass das Orchester nach einem halben Jahr einen exzellenten Violinisten weniger hat, dafür einen mäßigen Tubaspieler zusätzlich.

An dieser Stelle seien auch einige Bemerkungen zur um sich greifenden Praxis des Online Testing gemacht: Diese Bemühungen können immer nur – wenn überhaupt – einen ersten Kontakt anbahnen. Insbesondere im Managementbereich werden Kandidaten gesucht, die eben keine Vakanz suchen, so dass ohne eine gewisse Direktansprache die Besetzungsprobleme nicht gelöst werden können. Neben den, was das Internet-Recruiting angeht, noch ungelösten Problemen der Identität des Bearbeiters und der letztlich nicht völlig wasserdichten Sicherheit, ist ein anderer Aspekt aber viel entscheidender: Der weit überwiegende Teil der Informationen über eine andere Person geht ohne die persönliche Begegnung verloren, zumindest das im wahrsten Sinne des Wortes für die Person Wesentliche.

Nach Meinung intensiver Beobachter und Kenner der Recruitingszene darf durchaus mit Berechtigung davon gesprochen werden, dass einzelne, besonders befähigte Recruiter an zentraler Stelle das wesentliche personale Spitzenpotenzial eines größeren Unternehmens aufgleisen können, wohingegen andere in der Lage sind, durch einige Fehlentscheidungen Entwicklungen auf Jahrzehnte hinweg zu behindern. Durch eine kompetente Management-Diagnostik besteht, auch vor dem Hintergrund des weit verbreiteten Dilettantismus in diesem Bereich, eine enorme Chance – und trotzdem verbleibt bei aller rationalen Betrachtung, wissenschaftlicher Methodik und empirischer Fundierung stets ein Hauch des Mythos der Management-Diagnostik.

Literatur

Cascio, W. F. (1991), Costing human resources: The financial impact of behavior in organisations, 3. Aufl., Kent, Boston.

Erber, C. (2001), Wenn das Wort Geselligkeit ein Synonym für Alkoholprobleme ist. Frankfurter Allgemeine Zeitung – Beruf und Chance, 6.1.2001, 59.

Friederichs, P. (1999), Mitarbeiterführung zwischen Anspruch und Wirklichkeit. Personalführung, 2, 14–16.

Grados-Ramos, M. (2000), Welche Rolle spielen graphologische Gutachten bei der Stellenbesetzung? Frankfurter Allgemeine Zeitung – Beruf und Chance, 16.12.2000, 67.

Groothuis, U. (2000), Recruiting: Lautes Denken. Wirtschaftswoche, 29, 108–111.

Hossiep, R. (1994), Das Assessment Center. Diagnostica, 40, 1, 89–104.

Hossiep, R. (2000), Konsequenzen aus neueren Erkenntnissen zur Potentialbeurteilung. In: Rosenstiel, L.v. & Lang-von-Wins, T. Hrsg. (2000), Perspektiven der Potenzialbeurteilung, Verlag für Angewandte Psychologie, Göttingen, S. 75–105.

Hossiep, R. & Paschen, M. (1998), Das Bochumer Inventar zur berufsbezogenen Persönlichkeitsbeschreibung (BIP), Hogrefe, Göttingen.

Hossiep, R. & Paschen, M. (1999), Psychologische Testverfahren zur Unterstützung von Personalentscheidungen. In: Sattelberger, T. Hrsg. (1999), Handbuch der Personalberatung, Beck, München, S. 266–281.

Hossiep, R., Paschen, M. & Mühlhaus, O. (2000), Persönlichkeitstests im Personalmanagement, Verlag für Angewandte Psychologie, Göttingen.

Hossiep, R., Turck, D. & Hasella, M. (2001), Bochumer Matrizentest (BOMAT). Advanced – short-version, Hogrefe, Göttingen.

Kaden, W. (2001), Versuch und Irrtum. Manager Magazin 1, 31, 5.

Sarges, W. Hrsg. (2000a), Management-Diagnostik, 3. Aufl., Hogrefe, Göttingen.

Sarges, W. (2000b), Eignungsdiagnostische Überlegungen für den Managementbereich. In: Sarges, W. Hrsg. (2000), Management-Diagnostik, 3. Aufl., Hogrefe, Göttingen, S. 1–21.

Sarges, W. Hrsg. (2001), Weiterentwicklungen der Assessment Center-Methode, 2. Aufl., Verlag für Angewandte Psychologie, Göttingen.

Schmidt, F. L. & Hunter, J. E. (1998), The validity and utility of selection methods in personnel psychology: Practical and theoretical implications of 85 years of research findings. Psychological Bulletin, 124, 262–274.

Schuler, H. (1998), Psychologische Personalauswahl. Verlag für Angewandte Psychologie, Göttingen.

Weuster, A. (1994), Personalauswahl und Personalbeurteilung mit Arbeitszeugnissen, Verlag für Angewandte Psychologie, Göttingen.

3. »Den Weg selbst wählen«

Interview mit Dr. Markus Rieß, Sprecher der Geschäftsführung Allianz Asset Management GmbH

P. Friederichs:

Sie sind an der Spitze eines modernen Finanzkonzerns weltweit tätig. Mich würde interessieren, wie Sie Personalentwicklung an Ihrer eigenen Person erlebt haben? Wie war Ihr Weg an die Spitze? Wie passiert Personalentwicklung bei der Allianz Asset Management heute? Wie entwickeln Sie High Potentials? Was sind Ihre persönlichen Ideen, Vorstellungen und Anregungen zur Personalentwicklung?

Dr. M. Rieß:

Wenn ich auf meinen bisherigen Weg zurückblicke, dann ist meine Einschätzung, dass ich nicht eine fortlaufende, strukturierte Personalentwicklung im klassischen Sinne genossen habe, aber eine Reihe von zielorientierten Entwicklungen durchgemacht habe, die sich auch an einzelnen Skills festmachen lassen:

Ich habe meine Karriere bei der Allianz begonnen und dort im Prinzip ein formales fachliches Training bekommen. Auch Führungstraining und was dazugehört, wenn man ganz jung ist und einsteigt.

In meiner ersten Zeit bei der Allianz hatte ich die Möglichkeit, an einem ganz konkreten Projekt mitzuarbeiten, das ich mir selber gesucht habe und an dem ich auch fachliches Interesse hatte, welches ich dann auch dem Vorstand vorgetragen habe. Das war damals für mich eine ganz besondere Geschichte, weil das eine große »Ehre« und eine besondere Herausforderung war, dort eine Präsentation zu geben. Das habe ich als interessante Personalentwicklung empfunden und das hat auch ohne eine Vorbereitung und ein entsprechendes Coaching stattgefunden.

Als nächste Station bin ich zu McKinsey gewechselt und habe dort aus meiner Sicht den wesentlichsten Teil der Personalentwicklung durchgemacht. Einerseits durch ein Kennenlernen der Internationalität, andererseits durch »Learning by Doing«. Besonders hervorheben möchte ich in diesem Kontext ein strukturiertes Verfahren, was für mich sehr wichtig war und das ich persönlich für das geeignete Instrument der Weiterentwicklung halte, nämlich das konsequente Gegenspielen von Fremd- und Selbsteinschätzung. Am allerwichtigsten ist es, die Kernprobleme in den jeweiligen Feedback- und Coachingsituationen sauber herauszuarbeiten. In der Realität stehen Sie als Manager ja vor dem Problem, dass Sie Mitarbeiter mit exzellenter Performance haben, denen sie aber dennoch Defizite glaubhaft und motivierend vermitteln müssen. Ich habe die Bedeutung von »Feedback« selber erlebt. Bei McKinsey wurden sehr professionelle Fragebögen an meine Kunden, meine Kollegen und meine Vorgesetzten versandt, die ganz im Sinn der 360-Grad-Beurteilungsmethode mein Selbstbild, – nämlich dass ich ein geborener Menschenführer und großer Visionär sei –, dramatisch auf die Realität reduziert hatte. Zu meiner Überraschung wurde mir jedoch das Fremdbild eines Administrators, der gut strukturiert arbeiten kann, vermittelt und nicht der »visionäre Führer«, den ich erhofft hatte. Das hat mich damals wirklich »geschockt« und zur Selbstreflexion angeregt. Dieses realitätsnahe Bild hätte mir so drastisch und wahr keiner in meinem Umfeld vermittelt. Nachdem das aber so klar als Feedback zurückkam, war das für mich sehr positiv, weil ich mich mit dem Ergebnis produktiv auseinandersetzen konnte. Nun hatte ich ein für mich wichtiges Thema für meine eigeninitiierte Personalentwicklung. Ich hatte eine Standortbestimmung und habe mich nicht mehr einem Selbstbildnis »hingegeben«, das mit der Realität nichts zu tun hat. Die wirklich einfachsten Dinge, nämlich die Selbsteinschätzung mit der Fremdeinschätzung zu spiegeln, halte ich persönlich für einen kaum zu überbewertenden Themenkomplex der Personalentwicklung. Gerade in der Entwicklung von High Professionals ist eine saubere Diagnostik beinahe das Wichtigste. High Potentials, das ist meine Erfahrung aus unserem Unternehmen, haben weniger Interesse daran Lösungen vorskizziert zu bekommen, als eine Lösung auf Basis einer sauberen Problemanalyse selbst zu entwickeln. Voraussetzung dafür ist jedoch Selbstreflexion, also die Standortbestimmung der eigenen Leistungsfähigkeit, auch im Bereich der Menschenführung. Ein weiterer, wesentlicher Baustein in der persönlichen Entwicklung, ist Kommunikationsverhalten. Entscheidend für den Manager oder Experten ist bei unterschiedlichen Partnern das adäquate Kommunikationsverhalten zu entwickeln. Begeisterung, Anordnung. Konfliktsuche oder Konflikt vermeidendes Verhalten wirkt auf die Menschen völlig unterschiedlich. Ich kenne Manager, die den Konflikt deshalb suchen, um Punkte zu machen. Es gibt aber auch viele, die konsensual argumentieren. Ohne dass man das eine als besser oder schlechter bewerten muss, kommt es darauf an, das Kommunikationsverhalten auf die spezifische Situation zuzuschneiden Dieses Feeling entwickelt man nur durch Feedback, 360-Grad-Beurteilung, – also wichtige Tools der Personalentwicklung.

Ich habe im Verlauf meiner Entwicklung eine Reihe von »formalen« Trainings und spannende Aufgaben genossen. Aber was mich persönlich wirklich »geschliffen« hat ist die Interaktion mit den Menschen, also mit den Mitarbeitern, mit den Vorgesetzten und den Kunden. Man muss jedoch selber bereit sein und offen Rückmeldungen erhalten. Aus dieser interaktiven Schleife entsteht fast eine Art »Charakterprototyping«. Als junger Mensch kann man daraus eine ganze Menge lernen und somit Personalentwicklung, – also persönliche Entwicklung erleben.

P. Friederichs:

Warum sind Sie trotz Ihrer Akzeptanz bei Ihrem ersten Arbeitgeber weggegangen? Was war das Spezifische Ihrer Leistung, dass Sie in relativ jungen Jahren mit großen Aufgaben betraut wurden? Mit anderen Worten, was war Ihr Personalentwicklungs-Leitmotiv?

Dr. M. Rieß:

Warum von der Allianz weg? Das hatte zwei Gründe mit einem Leitmotiv. Mein Leitmotiv ist, das ich die Allianz, in dem Umfeld, in dem ich damals war, trotz hervorragender Interaktionen mit dem Team, mit dem ich arbeiten durfte und meinem Chef, der auch heute in meinem Aufsichtsrat ist, als zu »inflexibel« empfunden habe. Für mich war damals ein sicherlich sehr attraktiver Karriereweg in der Allianz vorgezeichnet. Mir war das aber zu eingleisig, ich wusste einfach zu diesem Zeitpunkt noch nicht genau, ob ich diesen Karriereweg wählen wollte. Ich hatte ein wachsendes Interesse an Finanzen, das war aber zu dem Zeitpunkt in der Allianz noch kein Kerngeschäftsfeld. Um Karriere in der Allianz zu machen, hätte ich in den Vertrieb wechseln müssen. Eine Vorstandsassistenztätigkeit als Anschluss war mir damals zu sehr auf einem präjudizierten Gleis. Ich komme aus einer Arztfamilie und mein Vater hatte eine gutgehende Praxis, die ich einmal übernehmen sollte. Ich habe mich aber dagegen entschieden, weil ich mit 20 Jahren oder mit 30 Jahren nicht auf etwas festgelegt werden wollte, was ich mit 40 Jahren oder 50 Jahren noch mache. Meine Überlegung war deshalb auch bei der Allianz, dass ich in eine ähnliche Situation hineinkommen könnte. Das war das unterliegende Leitmotiv. Dazu kam dann, dass ich der Auffassung war, dass eine klassische Karriereentwicklung mit vielen vordefinierten Stufen – arrogant gesagt – für mich nicht der Weg sein konnte. Über meinen Weg gab es dann Dissens an der einen oder anderen Stelle im Unternehmen, was ich auch gut verstehen kann. Auf der anderen Seite wollte ich mich auch nicht auf ein Fachgebiet festlegen lassen, nämlich auf Finanzen. Ich wollte bewusst noch einmal den Horizont erweitern. Ich bin Diplom-Volkswirt, habe in Wirtschaftstheorie promoviert und habe während des Studiums viele Praktika gemacht im volkswirtschaftlichen Bereich. Ich wollte nicht Chef-Volkswirt werden. Zum damaligen Zeitpunkt war ich 24 Jahre und habe ich mich gegen diesen Weg entschieden. Das war der Grund zu McKinsey zu gehen.

P. Friederichs:

Ihren Worten entnehme ich, dass Sie eine klare Vorstellung von sich selbst hatten, die man mit »autonom sein wollen« beschreiben kann. Was ist heute Ihr berufliches Selbstbild und Ihre berufliche Zukunftsprojektion?

Dr. M. Rieß:

Ich glaube, dass mein Selbstbild zu dem Zeitpunkt und in frühen Stadien meiner Karriere sehr vom »Lernen wollen« geprägt war. Ich wollte einfach viele neue Dinge kennenlernen, ohne aber den Standard-Trainee-Durchlauf zu machen, mal sechs Monate da, mal sechs Monate hier. Ich hatte schon immer Interesse an der tiefen Auseinandersetzung. Trainee hat man mir damals auch bei der Allianz vorgeschlagen, das wollte ich aber auf keinen Fall, weil mir schon an den »Tiefenmaßnahmen« gelegen ist. Dies ist im Rahmen von sechs Monatsaufenthalten kaum erreichbar. Aber Neugier ist der primäre Treiber seinerzeit gewesen. Als ich dann zur Hypo-Bank gegangen bin und jetzt wieder zur Allianz, war und ist in der Tat das wesentliche Thema Freiheitsgrade und Umsetzungsmöglichkeit optimal auszuschöpfen. Ich bin bereit alles zu geben und zu investieren, wenn ich Rahmenbedingungen vorfinde, die mir Gestaltungsfreiheit ermöglichen. Ich möchte jedoch differenzieren. Hier geht es glaube ich darum, im Vorfeld genau zu verstehen, was sind die Ziele und auch die Rahmenbedingungen. Ich halte nichts davon, auf der grünen Wiese ohne definierte Rahmenbedingungen als Start-up etwas auszuprobieren. Das ist auch nicht mein Ding. Ich sehe mich persönlich in die Rahmenbedingungen eines großen Konzerns eingebunden, möchte aber dann in einem nucleus, eine Treiber- und Change-Management-Funktion wahrnehmen.

Ich möchte einen Teil eines größeren Ganzen weiterentwickeln und neu gestalten. Das ist für mich ein Essential. Der Gesamtnutzen des eigenen Wirkungskreises ist nicht immer besonders groß, da gebe ich mich auch keinen Illusionen hin. Aber darauf kommt es auch nicht so an. Wichtig ist, dass man an eine Vision glaubt, da schließt sich darin der Kreis zu meinem Selbstbild. Ich bin mehr Visionär als Administrator, aber die Verbindung dieser Rollenbilder muss sauber implementiert werden. Die Differenzierung liegt in der Implementierung. Mir geht es nicht darum, Visionen zu verkünden, die nachher keiner haben will. Da möchte ich mich wirklich gerne sauber abstimmen und versuchen im Konzern, d.h. im Vorstand, oder im Gremium die Menschen zu begeistern für die wichtigen Projekte. Ich brauche aber die Freiheitsgrade, diese Vision dann so zu implementieren. Über den Grad der Implementierung streite ich gerne und konstruktiv. Also, ob die Implementierung zur Vision noch konsistent ist, bzw. ob die Vision dem Zeit-Check Stand halt, denn Implementierungen dauern lange. Möglicherweise ändern sich Marktbedingungen, alles muss täglich auf den Prüfstand kommen. Aber dazu brauche ich oparationale Freiheitsgrade. Diese Freiheitsgrade hatte ich in der damaligen Hypo-Bank und die habe ich ganz definitiv hier in der Allianz. Das ist das, was für mich den Charme dieser Tätigkeit ausmacht.

P. Friederichs:

Wie gelingt es Ihnen Menschen für Ihre eigene Vision zu gewinnen und zu begeistern? Geben Sie diesen Mitarbeitern auch die Freiheitsgrade die Sie für sich beanspruchen?

Dr. M. Rieß:

Ich bin mir nicht sicher, ob ich wirklich dem Anspruch genüge, den meine Mitarbeiter und Kollegen erwarten. Ich sehe meine Rolle darin, in der Makro-Ressourcen-Allokation die Weichen zu stellen, das nehme ich für mich auch in Anspruch und ich beanspruche für mich die Budgetautoriät dafür. Ich steuere die Manager also im Wesentlichen über Budgets. Innerhalb des Budgets, und das ist das, was ich den Führungskräften auch immer wieder sage, sind die Freiheitsgrade meiner Kollegen und meiner Mitarbeitern sehr groß. Dort sind natürlich gewisse Breakpoints zu beachten. Senior-Professionals, die mit mir gemeinsam arbeiten, – und wir haben gerade in unserer europäischen Rolle eine ganze Reihe von hochkalibrigen Mitarbeitern gewinnen können –, beanspruchen das Gleiche, was ich auch für mich beanspruche. So wie ich mich als Moderator einer Diskussion sehe, einer nicht einfachen Diskussion über Strategie-Implementierung, insbesondere, wenn das jeweilige Senior-Management-Gremium bereits die Entscheidung getroffen hat. Wie sieht die Rollenteilung aus? Meine Rolle ist, die Resourcen-Allokation vorzuschlagen, die dann mit dem vom Senior-Management-Gremium getroffenen Zielen kompatibel ist. Die Rolle der Kollegen ist, diese Resourcen-Allokation optimal umzusetzen. Dieses Ineinandergreifen der Rollen bringt für jeden Verantwortung und Freiheitsgrade in gleichem Maße.

P. Friederichs:

Wie vermitteln Sie Ihre Managementvision und wie implementieren Sie die Core-Competencies bei der Auswahl und in der Führung?

Dr. M. Rieß:

Ich glaube, dass dies durch die Schaffung einer partnerschaftlichen Kultur zu erreichen ist. Dies gilt insbesondere im Umgang mit Konflikten: Wenn es z.B. um Probleme im deutschen Privatkundenvertrieb geht, dann stelle ich mich gemeinsam mit meinen Kollegen der kritischen Diskussion. Ich versuche die Menschen für neue Lösungen zu begeistern. Dazu gehört auch, eine »schmissige« Rede zu halten. Wenn kritische Fragen kommen, dann stehe ich selber für die Fehlleistungen gerade und delegiere das nicht. Das ist, glaube ich, ein wesentlicher Aspekt unserer Kultur, den Mitarbeitern Orientierung und Vertrauen zu geben. Nun welche Mitarbeiter brauchen wir für diese Kultur? Wen rekrutieren wir? Bei der Rekrutierung achten wir auf den Mitarbeitertypus, der Umsetzungsstärke mitbringt. Also muss Implementierungsfähigkeit von Ideen wirklich konsequent geprüft werden. Es gibt viele Menschen mit Visionen, aber wenige, die sauber implementieren können. Ich lege heute auf diese Core-Competencies einen eindeutig höheren Fokus als vor wenigen Jahren. Auf der anderen Seite will man natürlich auch nicht die rein operativen Manager, die sozusagen sich für die Gesamtstrategie nicht interessieren. Der richtige Mix der Core-Competencies ist ein Balanceakt. Den gilt es in jeder Bewerbung und in jedem Gespräch neu auszutarieren. Die wichtigere Anforderung an den Manager der Globalisierung ist die Balance zwischen operativem Management und strategischer Vision gerade unter hohem unternehmerischem Risiko geschickt auszutarieren.

P. Friederichs:

Das bringt mich jetzt zu dem Thema Unternehmenskultur von Allianz Asset Management, einem globalisierten Unternehmen. Wie sehen Sie Ihre Unternehmenskultur und welchen Einfluss hat sie auf den wirtschaftlichen Erfolg des Unternehmens?

Dr. M. Rieß:

Ich würde die Kultur mit leistungsorientiert, teamorientiert und partnerschaftlich beschreiben.

Leistungsorientiert insoweit, als es klar ist, dass die Leistung der Erfolgsmaßstab für uns alle ist. Wir müssen exzellente Investment-Performance liefern, wir müssen exzellente Bilanzen vorzeigen und wir müssen exzellent im Kundenservice sein. Ansonsten können wir im Markt nicht existieren, und da können wir noch so teamorientiert oder partnerschaftlich sein. Wenn das nicht stimmt, dann nützt die beste Kultur nichts.

Teamorientiert ist für uns insofern wichtig, als das wir keine Starkultur zu entwickeln versuchen. Bei uns soll sich eigentlich niemand über Gebühr in den Vordergrund rücken, um des lieben Vordergrundrückens willen. Wir haben gerade in der Investmentbranche viele Unternehmen, die sehr stark auf die Starkultur setzen. Wir sind nicht der Auffassung, dass das eine gute Idee ist. Das hat mehrere Gründe. Einerseits hat man im Unternehmen natürlich immer ein Risiko, wenn der Star dann weggeht. Andererseits ist es mir aber wichtig, dass durch die Teamkultur die Kunden von uns eine institutionalisierte Qualität kaufen und keine individualisierte. Es ist eminent wichtig, dass man an die Qualität glaubt und nicht nur an die Personen die den Prozess treiben. So versuchen wir Managementprozesse so zu definieren, dass sie personenübergeordnet sind. So generieren wir eine möglichst breite prozessuale Managementbasis. Die Herausforderung bleibt natürlich, den Einzelnen zu begeistern.

Partnerschaftlich zu agieren ist unser Anspruch. Drei Jahre nach Gründung und nach dem Erwerb vieler internationaler Gesellschaften in Amerika müssen wir daran noch hart arbeiten. Das Ziel ist eine eindeutige Kultur der offenen Kommunikation und eine unpolitische ergebnisorientierte Handlungskompetenz zu etablieren, damit es uns gelingt in diesem sich extrem schnell verändernden globalisierenden Markt weder den allen Thesen noch den neuen Egoismen nachzuhängen. Wir brauchen im Team auch die Kraft, wenn der Markt sich ändert, Dinge wieder einzustampfen. Dazu bedarf es, glaube ich, einer Unternehmenskultur des Herausforderns. Die Amerikaner nennen es »Challenging«. Wir haben das Ziel, diese Kultur auch global breit zu etablieren. Wir suchen den Diskurs, wir haben keine Ja-Sager-Kultur.

P. Friederichs:

Wie sehen Sie das Verhältnis der Motivationskomponente »erfolgsorientierte Bezahlung« und der Motivation über Freiräume und Unternehmertum?

Dr. M. Rieß:

Ich habe eine ganz klare Meinung zu diesem Thema und diese ist: Kompensation ist notwendig, aber nicht ausschlaggebend. Sie werden immer jemanden finden, der mehr zahlt. Nun muss man diese Aussage qualifizieren; Ich glaube, dass wir gerade im Asset-Management-Bereich in den letzten Jahren eine dramatische Anpassung der Marktgehälter hatten. Da muss man sich auf die Hinterbeine stellen, um da mitmachen zu können und hier muss man auch in Zukunft eine hohe gehaltliche Flexibilität an den Tag legen. Die wirklichen High Performer steigen deshalb über einen hohen variablen Teil regelmäßig ins 1. Quartal der Kompensation auf. Bei uns im Asset-Management ist jedoch der Vergleich extrem schwierig. Mit wem sollen wir uns vergleichen? Sollen wir uns mit deutschen Asset-Management-Gesellschaften, europäischen oder besser internationalen vergleichen? Die jeweilige Marktkompensation variiert um Faktor 1 bis 4, je nachdem, welchen Vergleich Sie wählen. Das ist schwierig. Wir haben keine allumfassende Lösung, so dass Kompensation immer ein Thema sein wird. Meine Erfahrung ist aber, dass es viel wichtiger ist eine Kultur zu schaffen, in der die Mitarbeiter gerne arbeiten. Ich nehme mich einmal als pars pro toto: Ich glaube, dass das Klima, das wir hier haben mit meinen Kollegen, meinen Mitarbeitern und Vorgesetzten eine Kultur ist, die mich persönlich sehr motiviert. Auch für mich ist es deswegen uninteressant, ob ich bei einer X-Company 10 oder 20 Prozent mehr verdienen könnte. Solange unser kulturelles Umfeld so bleibt, habe ich überhaupt kein Interesse, woanders hinzuschauen. Ich glaube, dass es meine Kollegen und Mitarbeiter genauso einschätzen. Wir haben auf der direktberichtenden Ebene eine sehr geringe Personalfluktuation. Klar muss aber bleiben, Kultur und Kompensation müssen ausbalanciert sein.

P. Friederichs:

Können Sie das typische Ihrer Unternehmenskultur einmal an einem Beispiel veranschaulichen?

Dr. M. Rieß:

Als Beispiel für diese Kultur würde ich die PIMCO-Akquisition sehen. Bei der PIMCO-Akquisition haben wir von Anfang an ein sehr partnerschaftliches Verhältnis. Das heißt, dass wir, von meinem Aufsichtsrat die Herren Dr. Breitpohl, Dr. Faber sowie mein Kollege Herr Frank und ich, von Anfang an diese Gespräche gemeinsam in einer sehr offenen Atmosphäre geführt haben. Insbesondere gelang die

Kooperation über den Teich zwischen den stark im operativen Geschäft Stehenden und den Stäben sehr gut. So gab es nachher in der Implementierung keinerlei Schwierigkeiten. Wir haben die »Ärmel aufgekrempelt« und uns »zusammengerauft«, d. h. diejenigen, die hier in Deutschland für das Geschäft verantwortlich sind und die Kollegen in USA, von PIMCO, unserer wichtigen Akquisition. Ich erinnere mich noch gut an Gespräche in unserem Townhouse in New York und am Flughafen von New York in einem Hotel. Da standen wir ums Flipchart und bei den Problemen waren wir möglichst unkompliziert, die Amerikaner sagen »Hands-on«. Was bleibt in der Erinnerung? Die Diskussion, die vielen kreativen Überlegungen und das Mitgestalten. Wir hörten einander zu, der Ratschlag wurde gesucht und wir standen zum Ergebnis, auch wenn manche Dinge vielleicht anders entschieden wurden als man zunächst wollte. Ich habe mich dort als integraler Partner dieser wichtigen Akquisition gefühlt. Es bleibt und motiviert das kulturbildende Ergebnis, dass nicht über den Kopf entschieden wird, sondern mit einem zusammen entschieden wird und man selbst nicht nur der Form halber eingebunden wird, sondern substanzielle Beiträge liefern konnte. Diese Partnerkultur ist, glaube ich, hier in der Allianz im besonderen Maße gegeben.

P. Friederichs:

Ihr Unternehmen steht mitten in der Globalisierung. Wie arbeiten Ihre Mitarbeiter, die aus vielen Nationen zusammenkommen? Jeder hat eine starke Kulturprägung. Wie schmieden Sie daraus ein Erfolgsteam?

Dr. M. Rieß:

Da muss man verschiedene Bereiche unterscheiden. Im Investmentbereich ist es am deutlichsten. Wir haben einen globalen Investmentprozess. Lassen Sie mich ein Beispiel aus unseren Investmentprozess nennen. Dabei handelt es sich um einen Investmentprozess, der im Wesentlichen eine Mischung aus einem reinen wertgetriebenen und einem reinen wachstumsgetriebenen Investmentansatz ist. Dort haben wir europaweit Teams aufgestellt. Wir steuern diese Teams in einer virtuellen Struktur, aber in einer virtuellen Struktur mit klaren Verantwortlichkeiten. Unsere Erfahrung ist. Klare Verantwortlichkeiten sind das Entscheidende. Ganz konkret: Wir setzen ein Master-

Portfolio-Team auf, z. B. ein Master-Portfolio-Team für europäische Telekommunikationswerte. Dort sitzt dann der Sector-Head beispielsweise in Mailand, dessen Mitarbeiter sitzen in Mailand, Paris, ggfs. auch in New York, weil nämlich Telekommunikationsbranchen sich ohne den New Yorker Input kaum erklären lassen, aber teilweise auch in Asien. Wir haben also wirklich eine globale sektorale Organisation und bei der Bonusfindung der einzelnen Mitarbeiter wird der globale Sector-Head eine entscheidende Rolle spielen. Das alles geht nur durch globale Vernetzung. Wenn bei uns unsere zentralen E-Mail-Server mal nicht funktionieren, dann bricht hier ein katastrophaler Zustand aus, weil dann die Leute nicht mehr miteinander online kommunizieren können. Ein sehr zeitnaher Datenaustausch ist extrem wichtig. Daran habe ich mich erst gewöhnen müssen, ein E-Mail in zwei Minuten zu beantworten. Wenn Sie gerade nicht am Schreibtisch sind haben Sie ein Problem, aber das ist ein Erfordernis der Kultur. Ich reise nur mit meinem Notebook, mit dem ich weltweit mein E-Mail-Account bedienen kann. Das heißt für uns alle globale Verfügbarkeit und Erreichbarkeit. Manchmal »gnadenlos« aber notwendig um internationale Prozesse zu steuern und möglich zu machen. Wie bauen wir eine globale Kultur? Es gibt Trainings über interkulturelle Zusammenarbeit. Das ist eine wichtige Voraussetzung, aber nicht hinreichend und es hängt auch davon ab, wie die Impulse durch Leadership in Teams multipliziert werden. Da gibt es viele, die entwickeln schnell globales Team-Denken, anderen fällt es manchmal schwerer. Das ist einfach ein Kulturprozess, der im Werden ist und durch Feedback und permanente kritische Hinterfragung vorangetrieben werden muss. Im Vertriebsbereich ist unser Hebel das Thema »Budgetisierung«. Wir sind in Frankreich, Italien, Deutschland, Griechenland, Österreich und Amerika und bauen gerade in Asien neue Retail-Vertriebsstrukturen auf. Hier gibt es weniger Interaktion, weil der Focus auf dem Land liegt. Alles was keinen direkten unmittelbaren Value-Added hat sollte man lieber lassen, weil ein Diskussionsforum ohne Output schnell tot ist. Vor diesem Hintergrund haben wir uns entschieden, die globale Vertriebsverantwortung über Budget wahrzunehmen. Einzelne Budgets schlage ich vor und diskutiere sie dann mit dem jeweiligen lokalen Management. Sie agieren im Rahmen ihrer Budgetvorgaben lokal autonom. International vernetzt außerhalb dieser Bereiche sind nur einige wenige Funktionen, wie die Produktentwicklung beispielsweise. Dort wo

Economy of Scales und Scope sinnvoll sind, stellen wir das sicher. Eine globale Organisation ist nur dann sinnvoll, wenn der Added-Value klar kommunizierbar ist. Ein möglicher weiterer Schwerpunkt der Internationalisierung kann auch IT sein.

P. Friederichs:

Sie haben in München ein »schlagkräftiges« Personalmanagement mit einer engagierten Personalentwicklung. Was sind die Ziele oder die Aufträge, die Sie dem Personalmanagement geben und was erwarten Sie von der Personalentwicklung?

Dr. M. Rieß:

Die Personalentwicklung haben wir in mehreren Schritten aufgebaut. Wir haben mit einer Personalentwicklung für Deutschland begonnen, haben dann eine Koordinationsfunktion für Europa eingeführt, so dass wir in Europa mit den gleichen Zielvereinbarungen und Feedback-Instrumenten arbeiten und auch die gleichen Prozesse dahinterzusetzen versuchen. Jetzt haben wir im Rahmen der Reorganisation unserer globalen Personalverantwortlichkeit eine Zentrale für globale Stabsfunktion etabliert, so dass wir zunehmend die globale Personalentwicklung ausbauen. Ich glaube dabei kommt es nicht darauf an, »schicke« Personalentwicklungsseminare zu machen, sondern die individuellen Bedürfnisse der Mitarbeiterinnen und Mitarbeiter zu verstehen. Aus meiner Sicht ist das direkte Gespräch immer noch das Beste. Hierdurch kann man sich sehr intensiv und differenziert mit dem Mitarbeiter auseinandersetzen. Das lässt sich nicht standardisieren oder als Routineprozess überstülpen, dann erzielt man keine Resultate. Es will ja auch nicht jeder Personalentwicklung. Auf dem Silbertablett sollte man die Dinge deshalb auch nicht servieren. Die Aufgabe des Managements ist es die Talente zu identifizieren, insbesondere da wo eine internationale Personalentwicklung notwendig ist. Dann heißt es, die Erwartungshaltung zu hinterfragen und eine saubere Personalentwicklungsplanung aufzulegen. Bei uns heißt das im Wesentlichen Karrieremöglichkeiten im internationalen Bereich zu schaffen. Es gibt wenig Mitarbeiter, die ihre Division wechseln wollen, also die z.B. von Aktien- auf die Rentenseite oder die Retail-Seite wollen. Es gibt mehr Mitarbeiter, die die Standorte wechseln wollen. Andere, die aus einer Investmentverantwortung in eine Business-Verantwortung streben. Das geht um so besser, je besser man die Karrieremöglichkeiten versteht und dann auf globaler Ebene die Kandidaten identifiziert. Das ist für uns eine entscheidende Frage, denn die Realität ist, dass wir eine Knappheit an Managementresourcen haben. Karrieren wollen wir fördern, aber jede Besetzung initiiert eine neue Besetzungskette. Das Problem ist also die Lücke, die gerissen wird, schnell und effektiv zu schließen. Was ich mir wirklich von Personalentwicklung erhoffe ist: Retention. Ich glaube, dass wir durch eine gute Personalentwicklung die Zufriedenheit unserer High Potentials deutlich steigern können. Der Grund dafür ist, dass beste, ausgebildete und motivierte Mitarbeiter in den Funktionen tätig sind und so diese Talente dem Unternehmen länger zur Verfügung stehen. Das Unternehmen ist für sie eine echte Heimat und das ist, glaube ich, die Kernaufgabe der Personalentwicklung.

4. »Room to Move« – Die Psychodynamik von Fusionen

von Dr. Mathias Lohmer und Mauritius Lohmer

Inhaltsverzeichnis

Einleitung

Fusionen und Übernahmen werden von ihren Befürwortern trotz massiver Post-Merger-Schwierigkeiten (z. B. DaimlerChrysler) oder spektakulärem Scheitern (z. B. Deutsche und Dresdner Bank) als notwendige Maßnahmen unternehmerischen Wachstums gesehen. Kosteneinsparungs- und Synergiepotenziale, vor allen Dingen aber Marktführerschaft und nicht zuletzt das Kalkül, damit selber vor

Übernahmen geschützt zu sein (»schlucken oder geschluckt werden«), sind dabei die auf einer bewussten Ebene am häufigsten genannten Gründe für große Fusionen. Auf einer unausgesprochenen, inoffiziellen oder unbewussten Ebene scheinen uns Fusionen aber häufig auch durch Angst motiviert zu sein: Der Angst, im derzeitigen Rennen nach Wettbewerbsfähigkeit zurückzubleiben, ausgelassen zu werden, nicht rechtzeitig auf den Zug aufzuspringen. Dahinter steht die unbewusste Annahme, durch die Bildung großer und mächtiger Konzerne vermeiden zu können, von anderen (z. B. Konkurrenten, Kunden und Lieferanten) abhängig zu sein und in der Wettbewerbsfähigkeit ins Hintertreffen zu geraten. Angesichts weltweiter Überkapazitäten, z. B. im Banken-, Auto- oder Elektronikgeschäft, wird damit eine Welt imaginiert, in der einem die wirtschaftliche Dominanz ein Gefühl der illusionären Sicherheit vermitteln soll.

Der in Fusionen auch enthaltene, ohne Zweifel richtige Gedanke einer intensivierten Zusammenarbeit wird sich dagegen in Zukunft eher in dem materialisieren, was eine »Wert-Konstellation« (Value-Constellation) genannt werden kann: Allianzen oder Netzwerke von Kunden, Lieferanten, Nutzern und strategischen Partnern, die ihre Geschäftspläne und Werte zusammen erwirtschaften. Dadurch könnten die Vorteile einer engen Zusammenarbeit realisiert werden ohne die vielfältigen Probleme einer Fusion bewältigen zu müssen.

Aber ob es sich nun um klassische Fusionen oder solche komplexen kooperierenden Netzwerke handelt – die Notwendigkeit einer Strukturen übergreifenden intensiven Zusammenarbeit bedeutet immer auch eine Bedrohung einer eindeutigen Firmen- oder Gruppenzugehörigkeit und einen Verlust von Kontrolle. Die Sicherheit der eigenen Gruppe (»Home-Base«), der Zugehörigkeit und Identität muss zugunsten neuer Grenzen in einer neu Geschaffenen gemeinsamen Unternehmung aufgegeben werden. Dies hat folgenreiche Konsequenzen für das grundlegende Sicherheits- und Beheimatungsgefühl von Mitarbeitern und erfordert ein durchdachtes Management von Unsicherheit und emotionalen Turbulenzen.

Dieser Artikel beschäftigt sich nicht mit den betriebswirtschaftlichen bzw. rechtlichen Aspekten von Fusionen, sondern beleuchtet anhand von sechs Thesen die psychodynamischen Auswirkungen von Fusionen und Übernahmen auf Mitarbeiter und Firmenkultur. Entsprechend werden konkrete Interventionsmöglichkeiten für das Personal- oder Human-Resource-Management vorgeschlagen.

Sechs Thesen zum Management von Fusionen und Übernahmen

1. Der Prozess von Übernahme und Fusion ist mit Ängsten verbunden. Dies sind Ängste vor dem persönlichen Machtverlust, vor dem Verlust der Kontrolle und die Angst, zu den Verlierern in der neuen Organisation zu gehören. Da die Ängste meistens nicht konkret adressiert werden, sind psychosoziale Abwehrmechanismen die Regel.

Menschen haben in ihrem privaten wie auch beruflichen Leben in Organisationen ein hohes Bedürfnis nach Vorhersehbarkeit und Sicherheit. Ebenso wie in kleinen Dingen (Ordnung am Schreibtisch, ritualisierter Tagesablauf, fester Sitzplatz in der Kantine) wird diese Sicherheit auch in der Klarheit der eigenen Rolle und Funktion innerhalb der Organisation gesucht. Die eigene Abteilung und Aufgabe bildet dabei eine wichtige *Grenze*, die Ordnung und Übersicht schafft und zumindestens die Illusion von *Kontrolle* über die eigene Lebensgestaltung innerhalb der Organisation ermöglicht. Von daher wird von vielen Mitarbeitern eine nicht zu häufig wechselnde Aufgabe sowie Team-, Abteilungs- und Firmenzugehörigkeit als Sicherheit und damit identitätsvermittelnder Heimatort (»Home-Base«) verstanden, der in der Regel freiwillig nur dann verlassen wird, wenn Karrieresprünge, interessante neue Aufgaben und ein Zugewinn an Status oder materieller Ausstattung absehbar und wiederum mit genügend großer Sicherheit planbar sind. Die heute allgemein geforderte hohe Flexibilität bei Mitarbeitern und Führungskräften wird in der Regel nur unter dem Druck von Umweltforderungen bzw. ausreichend hohen Belohnungssystemen und auch da nur für begrenzte Zeit gelebt. (vgl. a. *Gould* et al. 1999).

Die zumeist relativ plötzlich und unerwartet bekannt gegebenen Pläne über eine Fusion oder Übernahme lösen deshalb in aller Regel bei Mitarbeitern und Führungskräften zunächst eher Ängste und Befürchtungen aus, alte Sicherheiten und Territorien zu verlieren, als dass sie als Eröffnung neuer Entwicklungschancen und Betätigungsfelder erlebt würden.

Auf der Realebene entsteht zunächst oft Angst, Opfer von Kosteneinsparung werden zu können. Darüber hinaus aber entsteht auch bei solchen Mitarbeitern Angst, die sich aufgrund ihrer Qualifikation eigentlich gute Chancen ausrechnen könnten, auch innerhalb der neuen Organisation gebraucht zu werden. Angesichts der Bedrohung, die durch die plötzliche, von einem selbst kaum beeinflussbare Veränderung bewirkt wird, besteht der naheliegende Sicherheitsreflex darin, die alten Strukturen und Territorien »abzusichern« und sich »einzuigeln« in der Hoffnung, dass die Integrationsbewegung wie eine große Welle über einen hinwegrollen könnte. Es ist psychologisch gesehen ein normaler Abwehrmechanismus innerhalb einer Gefahrensituation, zunächst verstärkt auf vertraute Verhaltensweisen und Umgebungen zurückzugreifen, um ein irritiertes Sicherheitsgefühl wieder zu stabilisieren. Vertraute Kollegen, Aufgaben und Organisationsstrukturen werden so zunächst intensiv als etwas »zu Bewahrendes« erlebt, ohne dass zunächst mit Schwung und Neugier die alte Konstellation auf den Prüfstand gestellt werden könnte, wie es die Führung in einem solchen Organisationsprozess von ihren Mitarbeitern erwartet und fordert. Wie in jedem Veränderungsprozess bedarf es zunächst also eines Momentes der *Trauer* um einen *Verlust*, um offen zu werden für eine neue Entwicklung.

Auch sollte nicht unterschätzt werden, dass z. B. bei einer Übernahme, auch wenn sie dem Interesse der übernommenen Firma und Mitarbeiter langfristig dient, der Verlust z. B. des eigenen Firmennamens, des Firmensitzes oder Vergleichbarem als Einbuße erlebt wird, die das eigene Identitätsgefühl, d. h. die Identifikation der Person mit dem Unternehmen irritiert. Hier wird deutlich, dass ein Unternehmen immer auch der Empfänger von machtvollen Projektionen der Mitarbeiter ist, die dem Wunsch entsprechen, mit einem starken, Schutz und Stolz vermittelnden, idealisierbaren Unternehmen verbunden zu sein. Das Unternehmen vermittelt dem Mitarbeiter so das Gefühl, Teil von etwas Größerem zu sein, das dem Dasein einen Sinn gibt. Eine Fusion oder Übernahme in der Rolle des »kleineren Partners« kann schmerzhaft, fast wie der Tod einer Sicherheit und Identität vermittelnden elterlichen Person erlebt werden. Umgekehrt kann das Erlebnis einer Fusion auf der Seite des »stärkeren Partners« als Sieg, Machtbeweis und Stärke erlebt werden, ohne dass damit die

Ängste vor der Konkurrenz durch die Mitarbeiter des »kleineren Partners« gemildert wären.

Angesichts einer Fusions- oder Übernahmeankündigung wird bei Mitarbeitern daher in aller Regel neben Lähmung und Paralyse durch die oben beschriebenen Prozesse in einem zweiten Schritt hektische Betriebsamkeit zur eigenen Karriereabsicherung einsetzen. Es wird um die Bildung oder Nutzung von Seilschaften gehen und um vielfältige politische Bemühungen, die eigene Rolle, Position oder Leistung vor den zukünftigen Entscheidern ins rechte Licht zu rücken. Für diese Aktivitäten, die das eigene Überleben sichern sollen, wird in den sensiblen Phasen der Post-Merger-Integration ein hohes Ausmaß der Arbeitsproduktivität sowie Kreativität und Lösungskompetenz der Mitarbeiter gebunden.

Gehört ein Mitarbeiter oder eine Führungskraft zu der »übernommenen« Firma bei einer Übernahme oder zum kleineren Partner bei einer Fusion, so stellt sich zumeist rasch das Gefühl ein, zu den »Verlierern« zu gehören, verbunden mit starken Ängsten, auch bei guten Leistungen aus »politischen« Gründen in der neuen Firma unterlegen zu sein, sowie einem starken Vorbehalt bis hin zu massiven Aggressionen gegenüber der neuen Leitung.

So fiel dem Leiter einer Forschungsabteilung innerhalb eines Pharmakonzerns auf, dass bei der Schließung eines kleineren Standortes zugunsten des größeren beim Transport von Forschungsmaterialien und Glasbehältern ein weit überdurchschnittlicher Teil der Materialien verloren ging oder zerstört wurde. Pikanterweise war bei dieser Fusion der Forschungsbereich der übernommenen Firma der bedeutendere, so dass diejenigen, die sich eigentlich als die wirtschaftlichen »Sieger« gewähnt hatten, nun plötzlich die fachlichen »Verlierer« waren – sicher ein Aspekt, der zu dem hohen Schaden sowie zu den massenhaften Austritten auch qualifizierter Forschungsmitarbeiter des »kleineren« Bereiches beitrug. Auch dies scheint uns eine akute Gefahr der »Zwischenphase« eines Post-Merger-Managements zu sein: Dass gerade die qualifizierten Mitarbeiter, die zu der »Verliererseite« gehören, das Unternehmen in großer Zahl verlassen, um bei der Entwicklung einer neuen Position, eines neuen Arbeitsplatzes *selber* die Kontrolle zu haben und nicht auf den »Good Will« der Führungskräfte des dominanteren Firmenteils angewiesen zu sein.

»Das Schicksal in die eigenen Hände zu nehmen« erscheint so oft eher durch ein stolzes Verlassen der Firma möglich als durch ein kooperatives Engagement im neuen Firmenverbund und der – hier oft gewünschten – aktiven Suche nach einer neuen Rolle und einer neuen »Home Base«.

Auf der Seite der Entscheider und Steuerer einer Übernahme oder Fusion steht diesen Ängsten, Kontrollwünschen und Sicherheitsmaßnahmen oft ein bloß strategisches und betriebswirtschaftliches Denken gegenüber, das den emotionalen Aufruhr, den ein solcher Prozess verursacht, nicht ausreichend bedenkt und der Bearbeitung dieses Aufruhrs keinen ausreichenden Platz innerhalb der Post-Merger-Integrationsphase einräumt. Komplementär zur Angst und dem Sicherheitsbedürfnis von Führungskräften und Mitarbeitern, die sich als »Opfer« der Fusion erleben, wehren in aller Regel auch die »Macher, Gestalter und Täter« einer Fusion die Ängste vor einer letztlich nicht genauen Steuerbarkeit, dem Risiko des Scheiterns und dem enormen emotionalen Druck, unter dem sie stehen, ab, indem sie unbewusst ebenfalls auf vertraute Bewältigungsmechanismen zurückgreifen, d. h. sich mit einer Haltung des »Augen zu und durch« auf das Gestalten der neuen Strukturen und Aufgaben konzentrieren, nicht aber auf den Bereich der emotionalen Bewältigung dieses Prozesses. So wirbt die Führung im Rahmen eines Fusionsprozesses in der Regel um das Zutrauen der Mitarbeiter in den nun notwendigen Prozess der Stellenbesetzung, weist auf die »gleichen Chancen« hin, die alle in dem nun eingerichteten Assessment-Center haben sollen und betont die Möglichkeiten der neuen Positionierung am Markt. Sie ignoriert in der Regel aber den Bereich der Befürchtungen, Vorbehalte und des rasch ansteigenden Misstrauens, so dass dieser Bereich in den Untergrund der »Toiletten- und Kantinengespräche« abgedrängt wird. Wo es aber keinen Rahmen und Raum zur Formulierung und Bearbeitung der mit der Fusion verbundenen Ängste und Fantasien gibt, etablieren sich dysfunktionale *psychosoziale Abwehrmechanismen* von Ängsten (vgl. *Lohmer* 2000 a) und Bewältigungsstrategien, wie sie oben beschrieben wurden.

2. Post-Merger-Integration – ein schöner Begriff und ein Vorhaben mit hohem Anspruch. Aber die Praxis der Realisierung legt nahe, auf ihn zu verzichten

»Die Vokabel der Integration löst in fusionierenden Organisationen vielschichtige Ängste aus, da unmittelbar der Verlust an individueller und organisationaler Identität und Eigenheit assoziiert wird.« So beschreibt *Stephan A. Jansen* (2000, S. 37) in zehn Thesen gegen Post-Merger-Integration-Management die Wirkung allein der Vokabel Integration. Dieser ursprünglich positiv besetzte Begriff löst also genau die gegenteiligen Assoziationen aus, obwohl im Wortstamm eigentlich »integer, unversehrt« steckt. Der Begriff der Integration leitet sich von integratio ab, was soviel »wie Schaffung einer Identität« und »Wiedereinführung des Ganzen« heißt. Wieso aber löst die Konfrontation mit diesem Begriff solche Ängste aus?

Wir vertreten die These, dass dieser Begriff häufig im Sinne eines »Etikettenschwindels« gebraucht wurde. Oft wurde er zu Beginn der Fusion eingesetzt, um den Mitarbeitern einen ihre Interessen und Bedarfe berücksichtigenden Prozess der Zusammenführung zu suggerieren. Die tatsächlichen Erfahrungen widersprechen dann aber diesen Erwartungen. Die meinungsbildenden Medienberichte von z. B. der BMW-Rover-»Katastrophe«, dem Deutsche Bank-Dresdner Bank-»Desaster of Equals« (Börsenzeitung) oder dem Daimler Chrysler-»Trauerspiel« verstärken bzw. bestätigen diese Eindrücke.

Ein Höhepunkt der Desillusionierung über die Ernsthaftigkeit solcher Integrationsabsichten ergab sich sicherlich in dem Interview mit H.-J. Schrempp (Vorstandsvorsitzender der DaimlerChrysler AG), in dem er verlautbarte, der Merger of Equals, also von Gleichberechtigten, sei eigentlich von Anfang an eine Übernahme von Chrysler durch Mercedes Benz gewesen. Die Empörung, die Wellen, die dieses Interview in den USA auslöste, waren sehr deutlich auch auf dieser Seite des Atlantiks wahrzunehmen. Wie viele Integrationsteams hatte man nicht überall gebildet, um diese Fusion zu einem Erfolg werden zu lassen. »Reality-Bites« sagen die Amerikaner, und die Fakten dieser Fusion lassen solche Integrationsankündigungen im Nachhinein nur noch als blanken Hohn erscheinen.

Es gibt einen zweiten Aspekt, durch den das Post-Merger-Management bedroht wird. Die Teilnehmer einer Fusion oder einer Übernahme geraten häufig in eine Art »Double Bind«-Situation, die ihnen das Leben zu einem späteren Zeitpunkt ungemein schwer macht. Es ist die Frage nach dem angemessenen Preis für das Unternehmen. Jede Seite versucht die »Braut« so vorteilhaft wie möglich zu präsentieren. Denn auf dem Spiel steht einmal das eigene Selbstwertgefühl, welches im Preis seinen Ausdruck finden soll. Weiterhin geht es darum, für die Stakeholder, denen man schon Jahre verpflichtet ist, einen guten Preis herauszuholen. Die Verfahren der Due Diligence (die sorgfältige Prüfung der potenziellen Partner) durch z. B. unabhängige Wirtschaftsprüfungsorganisationen sollten dazu beitragen, einen für beide Seiten akzeptierbaren, »objektiven« Preis festzulegen. Aber da Unternehmen hochkomplexe Gebilde darstellen, ist eine transparente, objektivierbare Preisbildung nahezu unmöglich. Viele Preiskalkulationen sind eine Frage der Bewertung, und Bewertungen sind wiederum stark vom Standpunkt des Bewerters abhängig.

In ihren Untersuchungen, warum Fusionen nicht die erwarteten Vorteile gebracht haben, kam das Wirtschaftsprüfungsunternehmen PricewaterhouseCoopers zum Ergebnis, dass häufig die Kaufpreise zu hoch waren und dieses Investment wirtschaftlich nicht sinnvoll war. So lastet natürlich auf der Seite der Käufer ein ungeheurer Druck, nicht zu viel zu bezahlen und mehr noch, nicht zuviel bezahlt zu haben. Spätestens einige Zeit nach Abschluss der Fusion kommt für gewöhnlich der »Augenblick der Wahrheit«.

In der Übernahme von Nixdorf durch Siemens kam es ca. neun Monate nach der Übernahme zum Eklat, als die sehr starken Unterschiede in den finanziellen Bewertungen der ausländischen Vertriebsniederlassungen deutlich wurden. Die Käufer fühlten sich »über den Tisch gezogen« und in ihrem Ruf als »kompetente Macher« geschädigt. Diese Situation bringt die Käufer auch gegenüber ihren Stakeholdern in eine unangenehme Lage. Sie müssen erklären, wieso sie als erfahrene Industrie-Manager, als ausgebuffte Kaufleute, als so hoffnungsvolle Kandidaten für spätere Vorstandsposten nicht in der Lage waren, die Problematik vorherzusehen und somit die Millionenverluste zu vermeiden. Bei solchen Vorwürfen werden zur Entlastung rasch Schuldige und Opfer gefunden. Meistens sitzen diese nicht auf der Seite der Mächtigen, sondern auf der anderen Seite. So mussten bei SNI ehemalige Nixdorf-Vertriebschefs ihren Hut nehmen.

Durch die Presse ging ein weiterer Fall völlig unterschiedlicher Bewertung. Im Merger DaimlerChrysler brach nach einem Jahr der Chrysler-Umsatz auf Grund einer verfehlten Produktpolitik heftig ein, das ganze Unternehmen geriet ins Strudeln, und der bereits dezimierte Chrysler-Vorstand musste vollständig demissionieren.

Die Dynamik ist immer die Gleiche. Die »Braut« wird (sehr) vorteilhaft dargestellt, sie wird genau so – und mit vielen nicht ausgesprochenen Erwartungen – gekauft. Nach einiger Zeit stellt sich heraus, dass das Wesen nicht das halten kann, was die Oberfläche versprochen hatte. Um sich auch machtpolitisch aus der Affäre zu ziehen, müssen Schuldige gefunden und Opfer präsentiert werden.

Wir haben hier nur auf einige spektakulären Fälle angespielt. Im kleineren Maßstab laufen diese Prozesse bei jeder Fusion, bei jeder Übernahme ab. Im Unterschied zur normalen Situation der Konkurrenz sitzen die Opfer aber nicht auf der anderen Seite, sondern im »gleichen Boot«. Sie sind also in der erwähnten »Double Bind«-Situation: Sie sind verpflichtet, ihr Unternehmen so gut es geht zu verkaufen, und sie wissen gleichzeitig, dass sie dafür später zur Rechenschaft gezogen werden, bis hin zu persönlichen Konsequenzen. Diese Erfahrungen sind mittlerweile so verbreitet, dass sie in Integrationsprozessen von den Beteiligten vage erwartet werden.

Angesichts der beschriebenen Phänomene müsste aber eine Zielvorstellung in den Vordergrund gerückt werden. Unabhängig, ob es sich um einen »Merger of Equal«, eine Fusion oder um eine Übernahme handelt: Die Zusammenführung zweier Unternehmen/Organisationen führt zwangsläufig zu einem *neuen* Unternehmen bzw. Organisation. Im Grunde geht es doch bei der Vereinbarung um die Willenserklärung, gemeinsam etwas Neues, Drittes zu erschaffen, mit welchem sich größere Chancen als in den getrennten, alten Systeme ergeben. Ein Beispiel dafür ist die Fusion von Hoechst und Rhone-Poulane zu Aventis SA, die ein neues, den alten Unternehmen Überlegenes schuf. In manchen Situationen mag es zwar berechtigte Gründe geben, den Namen eines Unternehmens (Branding) weiterzuführen, doch innerhalb der »Außenhaut« müsste sich das Topmanagement für das neue »Dritte« stark machen und es von der »Geburt bis zur Selbstständigkeit« wachsen lassen.

3. Kulturelle Unterschiede werden oft als ein Hauptgrund für das Nichterreichen der geplanten Vorteile bzw. für das Scheitern vieler Fusionen angegeben. Allzu oft werden sie aber als eine Entschuldigung für nicht bearbeitete Konflikte benutzt.

Selten wird ein Begriff im Zusammenhang mit Fusionen so häufig benutzt wie jener der »Kultur«. Dieser abstrakte Begriff wird anscheinend immer dann verwendet, wenn konkrete Erklärungen nicht möglich sind. Er dient leicht als »Einheit des Vielfältigen« (*D. Baecker* 2000, S. 99). Hinterfragt man nämlich, was genau unter »Kultur« in einem Unternehmen verstanden wird, hört man eine große Bandbreite von Äußerungen, die unterschiedliche Wertvorstellungen, unterschiedliche Kommunikationsformen, unterschiedliche Selbstverständlichkeiten, unterschiedliche Geschäftsüberzeugungen usw. enthalten. *Ed Schein* (1995, S. 25) definiert Kultur als »ein Muster gemeinsamer Grundprämissen, das die Gruppe bei der Bewältigung ihrer Probleme externer Anpassung und interner Integration gelernt hat, das sich bewährt hat und somit als bindend gilt; und das daher an neue Mitglieder als rational und emotional korrekter Ansatz für den Umgang mit diesen Problemen weitergegeben wird«.

Für *Paul Bate* (1997) gibt es nicht *eine* Kultur, sondern viele separate und überlappende Denkgewohnheiten, Kulturkreise oder -blasen, die nebeneinander herdriften, manchmal kollidieren und sich abstoßen, manchmal zu größeren Blasen verschmelzen. Sie sind ein loses Paket aus Diversitäten. Kultur ist immer eine Vielzahl und nie etwas Einzelnes, Kulturen sind keine physischen Einheiten, sondern komplexe soziale Phänomene, die durch Interaktion entstehen.

Folgendes Beispiel soll die grundsätzliche Bedeutung kultureller Unterschiede beleuchten: In der Zusammenarbeit zwischen einem Deutschen und einem schwarzen Südafrikaner wird ein Begriff verwendet, z. B. »Arbeit«. Beide Gesprächspartner gehen davon aus, dass der andere die selben Inhalte mit diesem Begriff verbindet. Implizit wird angenommen, dass das eigene Verständnis vom Gegenüber geteilt wird. Im Laufe der weiteren Zusammenarbeit stellen beide zur großen gegenseitigen Verblüffung fest, dass der andere jeweils verschiedene Inhalte, Vorstellungen, Bedeutungen oder Bewertungen mit dem gleichen Begriff verbunden hat:

Ein Deutscher verbindet »Arbeit« mit der Erledigung einer Aufgabe. Der schwarzer Südafrikaner denkt mehr »an ein gemeinschaftliches, soziales Ereignis«. Beide treffen sich zur Arbeit. Sie kommen mit unterschiedlichen Erwartungen. Vermutlich ist jeder nach einiger Zeit enttäuscht, denn »die Produktivität dieser schwarzen Südafrikaner ist nicht berauschend«. Für den Südafrikaner war »das Zusammensein fade und langweilig und ob man morgen zur gleichen Zeit wiederkommen wolle, wisse man noch nicht«. Schon öffnet sich das Tor für weitere Enttäuschungen. Jeder fühlt sich in seiner Welt im Recht. Der gleiche Begriff »Arbeit« wird mit unterschiedlichen Vorstellungen und Bewertungen belegt. Ohne sich über diese Unterschiede auszutauschen, wird miteinander, aber eigentlich »aneinander vorbei« kommuniziert. Oft werden zwar Verschiedenheiten erkannt, seltener aber die konkreten inhaltlichen Unterschiede eruiert. Und noch viel seltener wird darüber verhandelt, wie dann »Arbeit« in der Gemeinsamkeit verstanden und gehandhabt werden soll.

Nun brauchen wir gar nicht nach Afrika zu gehen, um diese Erfahrungen zu machen. In einem Projekt, in welchem wir die Zusammenführung einer Montage- und einer Vertriebseinheit mit mehreren hundert Mitarbeitern begleiteten, sprachen wir wie selbstverständlich von einem Treffen im »Büro«, ohne zu ahnen, auf welche Unterschiede wir stoßen würden. Für den Vertriebsmitarbeiter ist sein Büro der zweite selbstverständliche Arbeitsplatz nach dem Büro des Kunden. Für den Monteur ist das Büro der Ort, an dem »die anderen intelligent sprechen und schreiben«, fremdes Territorium, wo die eigenen Werkzeuge (Hilti, Meißel) stumpf sind und welches gerne gemieden wird. So wie sich der Vertriebsmitarbeiter selbstverständlich im Büro bewegt, bewegt sich der Monteur selbstverständlich auf der Baustelle.

Die Aufforderung »Vertrieb und Montage sollten sich mehr im Büro zusammensetzen« wurde völlig verschieden aufgefasst. Lange fragten wir uns, warum die Monteure dieser Aufforderung so schleppend nachkamen, bis wir den Hintergrund verstanden. Zwischendurch hatten wir dabei eher Mauern errichtet als Brücken geschaffen.

Durch verschiedene Reflexionsschleifen konnten wir entdecken, wie wir diese Mauern errichtet hatten und konnten gegensteuern. Dies ist nicht immer der Fall. Das Problem wird dann schwer zu lösen, wenn der Konflikt auf eine Ebene gehoben wird, die der Einzelne nicht mehr bearbeiten kann. Dies geschieht z. B. in dem Augenblick, wenn eine Erfahrung generalisiert und wenn sie zum Vorurteil stilisiert wird. Vorurteile werden gerne gepflegt, weil sie u. a. entlasten. Sie entlasten uns vom Bemühen, Brücken zu bauen, Unterschiede zu bearbeiten und nicht selten dienen sie als Entschuldigung. Häufig werden »kulturelle Unterschiede« als Entschuldigung benutzt, Widersprüche und Konflikte nicht mehr bearbeiten zu müssen.

In einer von uns evaluierten Fusion zwischen einem Anlagenbauer und einem Produktproduzenten konnten wir beobachten, wie Welten der Unterschiedlichkeit aufeinander prallen. Anlagenbauer denken z. B. in langen Zyklen, in komplexen Projekten oder in umfangreichen Vertragsgestaltungen. Produktproduzenten denken z. B. an kurze Fristen, schnelle Realisierbarkeit und Einfachheit des Produktionsprozesses. Das Problem besteht darin, dass die jeweils eigene Denkweise aus der jeweiligen Art der Aufgabe erwachsen ist und so selbstverständlich geworden ist, dass sie nicht mehr aktiv in Frage gestellt und mit der Sichtweise der Fusionspartner verglichen wird. Entscheidungen fallen vor dem Hintergrund dieser Denkmodelle und sind für die einen klar und logisch und für die anderen nicht nachvollziehbar. Schnell entsteht ein Empfinden, die anderen verstünden nichts vom eigenen Geschäft und es wäre besser, die Fusion würde wieder rückgängig gemacht. Unterschiede von heute auf morgen abstellen oder aus der Welt schaffen zu wollen wäre jedoch eine Allmachtsphantasie.

Welche Konsequenzen sollten gezogen werden? Wir glauben, dass an dieser Stelle der Kommunikationsaufwand deutlich wird, mit dem Brücken über unterschiedliche Selbstverständnisse gebaut werden müssen. Ein guter Start ist die Verständigung in »kleinen Fragen«.

Die Lenker bei DaimlerChrysler mussten erleben, dass ihr Anspruch, schnell und im großen Stile diese Unterschiede überwinden zu wollen, zu einer frühen Stagnation des Integrationsprozesses führte, zum Aufbau anstatt zum Abbau von Mauern.

Dagegen hat es sich oft als erfolgreich erwiesen, die kleinen Felder der Übereinstimmung auszubauen, die Geschäftsprozesse mit den Mitarbeitern im Detail durchzusprechen und den Dialog über kulturelle Unterschiede zu fördern.

Dies setzt natürlich voraus, dass die Meinungsbildner im neuen Unternehmen die Fusion tatsächlich wollen, d. h. dass sie vom Sinn und Nutzen innerlich wirklich überzeugt sind. Im wirtschaftlichen Umfeld werden der Markt, die Kunden und die Lieferanten zeigen, mit welcher Kultur Unternehmen erfolgreich sind. Wenn die Zusammenarbeit zwischen einem Anlagenbauer und einem Produktproduzenten keinen Mehrwert erwirtschaftet, ist die Fusion zu überdenken, weil das Ergebnis den Aufwand nicht rechtfertigt.

4. Die Kultur des Post-Merger-Managements ist entscheidend für das Gelingen der Fusion

»Im Handeln zeigt die Organisation ihr wahres Gesicht.« Wir wissen nicht, wem wir dieses Zitat zuordnen dürfen. Es beschreibt sehr gut die in der These formulierte Botschaft. Das Post-Merger-Management bzw. das Integrationsmanagement folgt den offiziellen Verkündigungsreden auf den internen Public-Relations-Veranstaltungen, oft »Predigten« mit der gemeinsamen Botschaft: »Das gelobte Land liegt vor uns, ihr müsst die Chancen nur nutzen«. Für die Mitarbeiter ist entscheidend, *wie* ins gelobte Land eingezogen wird. Sind die Claims schon abgesteckt, wenn der erste Wagen über die letzte Hügelkette rollt? Wie wird sich der Alltag durch »die Neuen« ändern? Wie viel Zeit und Aufwand müssen sie in den Weg investieren, bzw. wann können sie wieder ihren Geschäften nachgehen?

Dabei helfen Dialog-Runden im Sinne *David Bohms*, in denen wirklich zugehört wird, in denen Gefühle in ihren unterschiedlichsten Facetten geäußert werden und in denen gemeinsame Perspektiven sich entwickeln können.

Auf einer Lernexpedition im Frühjahr 2000 in Südafrika haben wir mit vielen gesprochen, die am Aufbau des neuen Staates, der »Fusion« Schwarz/Weiß beteiligt sind. Auf unsere Frage, woher sie ihren Optimismus für die Zukunft nehmen, verwiesen viele auf die bisherigen Erfahrungen (»Schauen Sie, was wir schon erreicht haben«) im Übergang vom alten rassistischen Systems zur neuen südafrikanischen Konstitution. Entscheidend war hier das Management des Übergangs, das lange vor dem eigentlichen Wechsel begann. Den Weißen ist, auch durch den Druck der internationalen Gemeinschaft, mehr als deutlich geworden, dass sie an einer Veränderung nicht vorbei kommen, d. h. der »Sense of Urgency« war gegeben. Der ANC (die mächtigste Vertretung der Schwarzen in Südafrika, der Afrikanische Nationalkongress) hat wiederum signalisiert, die weiße Diktatur nicht durch eine schwarze ersetzen zu wollen. In vielen gemeinsamen Kommissionen und Projekten haben sie sich nach dem Prinzip des »Sufficient-Consensus« vorangearbeitet und kontinuierlich Vertrauen aufgebaut. Unter Sufficient-Consensus verstehen sie die Fähigkeit und Bereitschaft, einerseits das Erreichte zu würdigen und darauf aufzubauen, andererseits danach Ausschau zu halten, wo die größte Möglichkeit für einen weiteren Konsens zu sein scheint und diesen Aspekt gemeinsam zu bearbeiten. Oder wie *Niklas Luhmann* (1989, S. 20) es beschreibt: »Zwar ist Vertrauen nur in einer vertrauten Welt möglich; es bedarf der Geschichte als Hintergrundsicherung. Man kann jedoch nicht ohne Anhaltspunkt und ohne alle Vorerfahrungen Vertrauen schenken.« Die Ergebnisse in den vielen gemeinsamen Projekten hat ihnen eine Geschichte ermöglicht, auf der sie ihr Vertrauen gründen. Damit können sie die schweren Aufgaben, wie z. B. die Landreform angehen.

Jedoch welche Anhaltspunkte hatten sie vor diesen Erfahrungen? Hier spielte sicherlich ein »Leader«, Nelson Mandela, die entscheidende Rolle. Er, der 27 Jahre seines Lebens von Weißen in Gefängnissen festgehalten wurde, zeigte den politischen Weg zur Gemeinsamkeit: Mandela hatte Autorität und Respekt erworben und die emotionale Qualität (manche sprechen von Liebe), die notwendig ist, um nicht nur die Köpfe, sondern auch die Herzen der Menschen zu erreichen. Er diente, und dient noch immer vielen als Vorbild.

Was bedeutet dieser kurze Exkurs für unsere Fragegestellung? In der Art und Weise des Post-Merger-Managements schafft sich das »neue Unternehmen« erste gemeinsame Erfahrungen, eine erste gemeinsame Geschichte. Diese Erfahrungen können einen Unterschied zu den bisherigen, eingefahrenen Grundmustern der Unternehmen ausmachen. Ein Unterschied, der allen Beteiligten die Eigenheit des neu entstandenen Gebildes vermittelt. Neben der Art und Weise des Post-Merger-Management ist in den frühen Phasen der Fusion die Art des Vorgehens bei zentralen Geschäftsthemen von besonderer Bedeutung. Gelingt es hier, in einer neuen Art Erfolge zu erreichen, kann die Unsicherheit reduziert werden, ob das Alte vielleicht doch besser das Neue ist. Erst dadurch entsteht die Chance, dass sich neue

Grundmuster ausprägen mit denen dann wieder in neuer, erfolgreicher Art Geschäfte abgeschlossen werden können.

Fusionen oder Übernahmen sind auch deshalb eine schwierige Aufgabe, weil es um Macht, Einfluss und Geld auf allen Ebenen geht. Von Oben bis Unten wird »claim-managament« (nicht im kaufmännischen Sinne, im Eintreiben von Forderungen, sondern im besitzergreifenden Sinn) betrieben – dazu werden Koalitionen geschmiedet, Projektteams gezielt besetzt, Themen von der Tagesordnung genommen, wenn der Mentor verhindert ist, besiegbare Gegner als nicht kompetent angeschwärzt, unbesiegbare mit hohen Abfindungen entsorgt. Hier geht es nicht um Macht als Ausdruck der offiziell zugestandenen *Autorität*, Entscheidungen zu treffen und Ressourcen zu nutzen, sondern um die »dreckigen« Aspekte der Macht, um Winkelzüge, Intrigen und Schachzüge, die primär dem eigenen Vorteil oder Überleben bzw. dem der eigenen Bezugsgruppe dienen sollen. Die ganze Palette der mikropolitischen Interventionen wird eingesetzt, denn es gibt viel zu gewinnen und zu verlieren. Es ist ganz verständlich, sich mit allen Kräften für die eigenen Interessen einzusetzen. Die Fragestellung ist nicht, ob dies legitim ist oder ob dies die einzige Motivation ist, sondern wie die persönlichen Interessen aus dem Schatten der Sachthemen hervorgeholt und zum Gegenstand der Verhandlungen gemacht werden. Weiterhin geht es darum, wie man das zerstörerische Potenzial dieser unvermeidbaren Dynamik in Grenzen halten kann.

Der Merger zwischen der Deutschen und der Dresdner Bank ist im Wesentlichen daran gescheitert, dass der Vorstandssprecher der Deutschen Bank, *R. E. Breuer*, den Widerstand im eigenen Haus, namentlich seines Vorstandskollegen Josef Ackermann und dessen Londoner Statthalters Edson Mitchell völlig unterschätzt hatte.

Oswald Neuberger (1995) spricht vom »Management der Ungewissheit«. Überall dort, wo große Zonen der Ungewissheit entstehen, werden Machtfragen handlungsrelevant. Jeder versucht seinen Einfluss geltend zu machen, was zunächst ganz legitim ist. Wenn dieser Prozess ausufert, kann er jedoch wichtige Entscheidungen verzögern, kann Stellenbesetzungen zu einem Proporzhandel verkommen lassen und kann den gegenseitigen Nutzen, auf unterschiedlichen Fachgebieten vom jeweils Besseren zu lernen, gegen Null senken.

Nur die Verantwortlichen und daher »Mächtigen« eines Post-Merger-Management-Prozesses können das mikropolitische Spiel in Grenzen kontrollieren. Daher muss das Thema aus der Tabuzone befreit und in adäquater Form und wohl vorbereitet auf die Agenda der Lenkungskreise, der Projektsteuerung und der Entscheidungsgremien gesetzt werden. Es kommt auf den Mut, den Status und das Fingerspitzengefühl der Verantwortlichen an, dieses Thema bewusst anzuschneiden und gezielt zu bearbeiten.

5. Statt um Integrationsmanagement geht es um das Management der Grenzen: Um das Management der Schnittstellen, der Übergänge und der Ergänzungen zwischen verschiedenen Organisationseinheiten.

Wir haben in den bisherigen Thesen bereits ausgeführt, dass es im Rahmen eines Fusionsmanagements nicht um die Durchsetzung oder Neuschaffung einer einzigen dominierenden Organisationskultur gehen kann, sondern um die sinnvolle Verbindung und Vernetzung möglichst vieler spezifischer und aufgabengerechter »Sub-Kulturen«, die ihrerseits einer gemeinsamen Vision, gemeinsamen Werten und Führungsgrundsätzen entsprechen müssen. Organisationen der Zukunft werden auch nach Fusionen weniger in einer schieren Aufblähung alter Organisationsstrukturen in neue Bereiche und Abteilungen bestehen, sondern aus einer aktiven Vernetzung kleinerer Einheiten, die genug Gemeinsamkeit aufweisen, um noch gesteuert werden zu können. Gleichzeitig werden sie genug Dezentralisierung und Spezifität aufweisen müssen, um marktgerecht schnell und flexibel agieren zu können. Nur so kann gewährleistet werden, dass neu entstehende Organisationsstrukturen nicht dazu führen, dass die Mitarbeiter mehr mit sich und ihren Strukturen zu tun haben als mit der Aufgabe und dementsprechend z. B. die Anzahl der Patente im fusionierten Unternehmen gegenüber dem vorher bestehenden Einzelunternehmen dramatisch zurückgeht.

Entsprechend schlägt *Jansen* (2000) vor, statt vom »Post-Merger-Integration-Management« von einer »symbiotischen Vernetzung als ein dynamisches interorganisationales Grenzmanagement« (S. 37) zu sprechen.

Der Begriff der *Grenze* ist ein zentraler Organisationsbegriff innerhalb der psychodynamischen und systemischen Organisationstheorie. Nach *Hirschhorn* und *Gilmore* (1992) werden Organisationen der Zukunft immer weniger durch feste *strukturelle* Grenzen (Abteilungen, Bereiche), die auf dem Organigramm ablesbar sind, bestimmt werden, sondern *psychologische* Grenzen werden an Bedeutung gewinnen. Anstelle von rationellen Grenzen von Hierarchie, Funktion und Geographie sind dies Grenzen, die im Geist und Denken von Führenden und Mitarbeitern bestehen und die immer wieder in den Arbeitsbeziehungen »inszeniert« und definiert werden müssen. Diese vier grundsätzlichen psychologischen Grenzen sind die Grenze der *Autorität*, die Grenze der *Aufgabe*, die *politische* Grenze und die Grenze der *Identität.* Die Grenzen in diesem Sinne bezeichnen *Übergänge* zwischen Zuständigkeiten, Aufgabendefinitionen, Interessengestaltung und dem Gefühl der Zugehörigkeit.

Die Grenze der *Autorität* mit der Schlüsselfrage »*Wer* ist für was verantwortlich?« bezeichnet die Notwendigkeit zu führen, zu entscheiden, Macht im Dienste der Aufgabe auszuüben und Zuständigkeiten festzulegen. In Netzwerkorganisationen kann dies nicht mehr durch eine klare hierarchische Zuordnung der Entscheidungsautorität geschehen, sondern Autorität zu entscheiden (z. B. in Projektgruppen, Komitees, Matrixorganisationen) muss immer wieder neu ausgehandelt, vereinbart und geklärt werden. Dabei erweist sich die zweite Grenze, die Grenze der *Aufgabe* als entscheidend. Die Frage »Wer tut *was*?« muss an der Natur der Aufgabe ausgerichtet werden und sich gegen störende andere, z. B. politische Interessen, Abteilungsegoismen und Einflussnahme von Seilschaften behaupten. Gleichzeitig ist es notwendig, die *politische* Grenze zu verdeutlichen, d. h. die Frage nach dem Interesse (»Was *nützt* es uns?«) aus dem Untergrund der Organisation an die Oberfläche zu holen und zu einem »zulässigen« Anliegen zu machen. Nur wenn die Interessen der Beteiligten und der unterschiedlichen Bereiche, die sie z. B. in Projekten repräsentieren, in der gemeinsamen Aufgabe ausreichend berücksichtigt werden, kann die Arbeit in dieser auch mit wirklicher Energie und Leben gefüllt werden. Die Grenze der *Identität* (»Wer gehört zu *uns* – wer nicht?«) wird in einem fusionierten Unternehmen von kontinuierlicher Bedeutung sein, da – wie oben beschrieben – der psychosoziale Stress einer Fusion dazu einlädt, rasch alte Grenzen zu verfestigen oder Ersatzgrenzen aufzubauen, in denen ein »Wir-Gefühl« gegen eine »Die da draußen«-Wahrnehmung verteidigt wird. Es bedarf eines überlegten Grenzmanagements, um eine Gruppenidentität so an einer gemeinsamen Aufgabe auszurichten, dass mit Rivalität und Abgrenzungsbedürfnissen konstruktiv umgegangen werden kann und die notwendige Offenheit nach außen bewahrt wird.

Gerade diese Grenze der Identität wird bei Fusionen zentral berührt. Die Gründung der neuen oder Übernahme in die neue Organisation bedeutet gleichzeitig die Auflösung der bisherigen Organisation.

Als damals interner Berater bei Siemens hatte einer der Autoren (*Mauritius Lohmer*) die Gelegenheit, die Fusion des Computerbereichs von Siemens mit der Firma Nixdorf zu Siemens-Nixdorf International (SNI) mitzuerleben. Dabei fiel auf, wie lange noch Nixdorf auf der einen Seite und Siemens auf der anderen Seite in den Köpfen und Herzen der Mitarbeiter weiterlebte, obwohl es offiziell diese Einheiten gar nicht mehr gab, und wie dadurch die gemeinsame Entwicklung von SNI massiv behindert wurde. Management-Entscheidungen wurden häufig mit dem Argument »das mag für einen Siemensianer richtig sein, aber nicht für einen Nixdorfer« (natürlich auch umgekehrt) auf die lange Bank geschoben. Erst vier Jahre nach der längst vollzogenen betriebswirtschaftlichen und organisatorischen Zusammenführung gründete Gerhard Schulmeyer mit der Culture-Change-Bewegung symbolisch die neue SNI. Dann endlich konnten sich die Mitarbeiter (viele, nicht alle) so weit von ihren alten Identitäten, ihren Ursprungsorganisationen lösen, dass sie nun bereit waren, sich für SNI mit dem Herzen zu engagieren.

Welche Schritte waren dazu notwendig? Die Mitarbeiter mussten sich von ihren alten Identitäten als Nixdorfer oder Siemensianer verabschieden. Sie mussten diese Grenzen, denn erst durch Grenzen ist ja eine Unterscheidung möglich, auflösen. Danach mussten sie das Umgekehrte tun, sie mussten neue Grenzen definieren. Grenzen um etwas, mit dem sie sich identifizieren konnten und wollten. Da der Mensch zum Vergleichen neigt, braucht diese neue Identität eine höhere Attraktivität als die alte Identität, sonst wird sie nicht akzeptiert.

Sollen wirksam neue Grenzen etabliert werden, muss sich das Management intensiv darum kümmern, die zum Teil personifizierten alten Selbstverständlichkeiten, bzw. die praktizierten alten Regelsysteme aufzulösen und durch neue Grenzen (Personen, Spielregeln, Feedbacksystem, Regelschleifen etc.) zu ersetzen. Diese Form des Grenzmanagements ist aufwendig.

Wie oft lesen wir aber in der Manager-Literatur, dass die erhofften Vorteile aus der Fusion nicht im gewünschten Umfange umgesetzt werden konnten. Unsere These dazu lautet, dass nicht intensiv genug an der Veränderung der eingefahrenen Betriebsabläufe zu Gunsten der gewünschten neuen Abläufe (der neuen Grenzen) gearbeitet wurde, bzw. dass die Notwendigkeit dazu gar nicht gesehen wurde. Das Argument, »das ließ sich bei uns nicht umsetzen«, beschreibt diesen Zustand. Es geht also darum, die gewünschte Veränderung durch ein aktives Grenzmanagement gegen die internen und externen Anspruchsgruppen durchzusetzen.

Wir glauben daher, dass wir die Komplexität einer Organisation innerhalb eines Fusionsprozesses adäquater erfassen, wenn wir sie immer wieder auf die Veränderungsnotwendigkeit ihrer Grenzen hin untersuchen. Organisatorische Grenzen, Grenzen der Selbstverständlichkeiten und der Regelsysteme, Grenzen der Personen und Grenzen der Prozesse (in ihrem Verlauf vom Ende bis zum Anfang).

6. Neben der Bearbeitung der rechtlichen, der strategischen und der organisationalen Aspekte hängt der Erfolg einer Fusion bzw. einer Übernahme von der emotionalen Akzeptanz der Führungskräfte und dem Containment der mit der Fusion verbundenen Ängste bei den Mitarbeitern ab.

Subgruppen, Subsysteme und die in ihnen tätigen Mitarbeiter brauchen begeisternde übergeordnete Ziele, um Kooperation entwickeln und Ängste reduzieren zu können. Diese Ziele und die Kooperation müssen durch überzeugende, *glaubwürdige Führungspersonen* repräsentiert werden, die für *Entscheidungs-* und *Handlungsfähigkeit, Aufgabenorientierung,* die *Transparenz* des Prozesses und das *Containment der Ängste* stehen. In der Folge wollen wir diese zentralen Führungsdimensionen näher ausführen.

Das Eingeständnis von Herrn Schrempp, dass es sich bei der Fusion mit Chrysler eigentlich um eine Übernahme gehandelt habe und es nur aus »psychologischen Gründen« anders genannt worden war, hatte deswegen so verheerende Konsequenzen, weil damit seine zentrale Führungseigenschaft der *Glaubwürdigkeit* erschüttert wurde. Unter einer *psychodynamischen* Perspektive, die Gruppen- und Zeitphänomene unter dem Aspekt von unbewussten Gruppenprozessen und ihrem Zusammenwirken mit den Handlungen von Einzelnen sieht, fällt auf, dass Schrempp mit diesem Denken nicht wirklich innerlich *verbunden* mit der emotional-geistigen Befindlichkeit (»Mental-State«) seiner Mitarbeiter und der Fusionspartner von Chrysler, aber auch der kritischen Öffentlichkeit war. Die Position eines strategischen Konzernlenkers stellt eine gewaltige Verführung dar, einem Allmachtsdenken zu erliegen und die emotionale Verbundenheit mit Firmenangehörigen und Öffentlichkeit durch das alleinige Gefühl strategischer Handlungskompetenz zu ersetzen. Die Innensicht eines strategisch denkenden, inneren Zirkels wird mit der Wahrheit an sich gleichgesetzt und es entsteht ein partieller Realitätsverlust. Die einmal erschütterte Glaubwürdigkeit hatte folgenreiche Konsequenzen für Schrempp und die Führung von DaimlerChrysler: Die gesamte Berichterstattung wurde zunehmend kritisch und Schrempp wurde in den darauffolgenden Monaten Anfang 2001 medial auf die »Abschussliste« gesetzt; damit verlor aber nicht nur er als Person an Glaubwürdigkeit, sondern das gesamte Fusionsunternehmen, das durch ihn ja symbolisiert wird, wurde den Beteiligten zunehmend suspekter.

Die *Entscheidungs- und Handlungsfähigkeit* erweist sich vor allen Dingen in den ersten Monaten einer Fusion oder Übernahme als zentral. Wir haben weiter oben schon beschrieben, wie bedeutsam es ist, dass wichtige Führungspositionen rasch besetzt und die strukturelle Reorganisation zügig beschlossen wird. Erst nach einer solchen grundsätzlichen Klärung können Mitarbeiter ein *Commitment* für die neue Organisation entwickeln, sich selbst in dieser verorten und kritisch überprüfen, ob sie einen Platz in dieser haben. Sie können dann ihre Kraft vollständig für ihre neue Funktion in der Organisation oder die Orientierung nach »draußen« und die Suche nach einem neuen Job einsetzen. Entscheidungs- und Handlungsfähigkeit bedeutet für die Mitarbeiter auch, dass die Führung das »primäre Risiko« (*Hirschhorn* 2000), sich trotz Zweifel für eine unternehmerische Strategie entscheiden zu können, aufnimmt und nicht in Ambivalenzen gegenüber strategischen Möglichkeiten und Interpretationen der Marktsituation gelähmt bleibt. Eine überlegte und entschiedene Positionierung am Markt mit einer stärkeren Betonung der Schaffung neuer Geschäftsfelder und -möglichkeiten anstelle von z. B. reiner Kostenreduktion, und damit die Konkretisierung künftiger Aufgaben wirkt deutlich *Angst reduzierend*, da nun eine Wiedergewinnung der Kontrolle durch *Handeln* anstelle von passivem *Erleiden* eines Fusionsprozesses möglich scheint.

Eine solche deutlich markierte *Aufgabenorientierung*, für die Führungspersonen stehen, muss das Übergewicht gegenüber mikropolitischen Erwägungen bekommen und kann – wenn sie ernst genommen wird – zusammen mit der *Transparenz* der Entscheidungsprozesse das Vertrauen der Mitarbeiter stärken, dass die Fusion sinnvoll war oder zumindest sinnvolle Perspektiven birgt. Jede Fusion bedeutet eine Re-Definition der »primären Aufgabe« (vgl. *Hirschhorn* 2000) eines Unternehmens und seiner Subsysteme, d. h. derjenigen Tätigkeiten, die für Wachstum und Überleben der Organisation im lebendigen Austausch mit der Umwelt essenziell sind. Gerade aber weil die Sozio-Dynamik von Fusionen mit all den politischen Gründen für eine Fusion, den Personalkarussellen und Gruppeninteressen in den entscheidenden Phasen des Post-Merger-Integrationsprozesses so dominiert, braucht es eine starke Aufgabenorientierung, die immer wieder zur Klärung der jeweiligen primären Aufgabe beiträgt.

Das *Containment* der Ängste (vgl. *Lohmer* 2000a) bezeichnet schließlich die Notwendigkeit, einen *emotionalen Halt* speziell für Veränderungsprozesse zu gewährleisten. *Containment* (engl. für »Halt geben, eingrenzen, in sich aufnehmen«) bezeichnet dabei die einzelnen Schritte eines solchen Verarbeitungsprozesses, wie er zuerst von der Psychoanalyse für die kindliche Entwicklung und die Therapeut-Patient-Beziehung, später dann auch das Management von Ängsten und emotionalen Spannungen in Organisationen untersucht wurde. Dabei wurde deutlich, dass Menschen, ob als Kleinkinder, Patienten oder Angestellte in einem Unternehmen, phasenweise tiefe und auch unbewusste Existenzängste erleben, die nur teilweise realistischer Natur sind und teilweise inneren lebensgeschichtlich und organisationskulturell bedingten unbewussten Phantasien entsprechen (z. B. »Wenn ich nicht selber die völlige Kontrolle habe, werde ich abstürzen«, »Wenn ich etwas sage oder tue, was der Absicht meiner Eltern oder Vorgesetzten widerspricht, werde ich brutal fallengelassen«). Es bedarf dann einer von diesen Ängsten selbst nicht so direkt erfassten Person (z. B. eines Elternteils, Therapeuten, Beraters oder Führenden), die diese Ängste, unbewussten Phantasien und emotionalen Spannungen erkennt, selber emotional erleben kann, sie in einen größeren Zusammenhang einordnen und damit *verarbeitbar* machen kann. Die in allen Veränderungsprozessen so häufig und heftig geäußerten Wünsche nach mehr Information, die auch durch ständig neue Informationen nicht wirklich befriedigt werden können, sind im Grunde genommen nichts anderes als der Ausdruck dieses Bedürfnisses nach Gehaltenwerden und Vermittlung von Sicherheit durch Führungskräfte, die diese Existenzängste verstehen, benennen, und in einen Sicherheit gebenden größeren Kontext der Unternehmensentwicklung und des Platzes, den jeder Einzelne bei dieser Entwicklung hat, einordnen können. Daher ist die »emotionale Intelligenz« bei Führungskräften gerade in Übergangszeiten wie Fusions- und Übernahmeprozessen eine unabdingbare Führungsqualität. Erst durch das Zusammenwirken von sinnvollen aufgabengerechten und Rollenklarheit ermöglichenden Strukturen und dem oben beschriebenen emotionalen Raum für die Auseinandersetzung mit emotionalen Spannungen und Existenzängsten entsteht daher ein wirkungsvolles Containment der Ängste.

Der *äußere* Raum für ökonomische und strategische Bewegungen in Fusionen muss also einen *inneren* Raum für die emotionalen Bewegungen enthalten – »Room to Move«, wie wir *John Mayalls* Musiktitel anfangs zitierten.

Modell und Wirkung der Führenden sind also von entscheidender Bedeutung für den Gruppenprozess und die Dynamik einer Fusion. Deshalb müssen die »Key-Player« auch sichtbar sein und ein Gutteil ihrer Zeit für offene Kommunikation und emotionalen Verarbeitung zur Verfügung stellen. Erst dann ist es möglich, dass sich Mitarbeiter emotional mit der neuen Organisation verbunden fühlen können und damit eine Chance erhalten, sich in der neuen Organisation zu verorten und diese – im positiven Fall – schließlich mit Freude, Interesse, Neugier und Zugehörigkeitsgefühl zu ihrer eigenen zu machen. Die *Identifikation* mit der neuen Organisation wird allerdings länger brauchen, als es die Zeit des Integrationsprozesses in der Regel vorsieht.

Um sich schließlich in einer Fusion wirklich als *Beteiligten* zu erleben und nicht nur als *Objekt* von Prozessen, braucht es also einen strukturellen Rahmen und einen emotionalen Raum, in dem auch Ängste und Wünsche, Misstrauen und Hoffnung, eigene »private« Ziele und Ambitionen ausgesprochen, bedacht und mit den strategischen Erwägungen verbunden werden können. Deutlich wird: Strategische Zieldiskussionen und Teamfindungsprozesse sind nicht zu trennen, sondern gehören unmittelbar zusammen. Psychologische und ökonomische Ebene, »Hard Facts« und »Soft Facts« können nicht, wie bislang üblich, getrennt werden, sondern sind Teil eines *integrierten, strategischen Human-Resource-Management.*

Gestalten anstatt verwalten – Personalarbeit in einer Fusion

Wir haben in den bisherigen Abschnitten versucht, ein facettenreiches Bild der Themen in Fusionsprozessen zu zeichnen. Da das Personalwesen den Produktionsfaktor Personal vertritt und da an allen Themen maßgeblich die Menschen (das Personal) beteiligt sind, ist es nur konsequent zu fordern, dass das Personalwesen in Fusionen eine gestaltende, eine treibende Rolle übernehmen soll. Dies ist in vielen Unternehmen ein Bruch mit der eingeübten Rolle, zu reagieren anstatt zu agieren. Wir sind der Meinung, dass das Personalwesen im Einklang mit der strategischen Ausrichtung des Unternehmens und eingebettet in die strukturgebenden OE-Prozesse im Fusionsprozess eine führende Rolle übernehmen muss. Führend im rechtzeitigen Einsatz der klassischen Personal-Dienstleistungen, führend im Management des Post-Merger-Prozesses und führend im mikropolitischen Minenfeld.

Einen großen Anteil am Gelingen einer Fusion haben die *Personalbesetzungen.* Wir haben in dieser Arbeit immer wieder festgestellt, wie entscheidend die richtige, schnelle und transparente Stellenbesetzung für den Prozess der Fusion ist. In diesen Zeiten der besonderen Unsicherheit suchen Mitarbeiter nach Orientierung und suchen diese verstärkt bei Personen. Die Frage nach der eigenen Position/Funktion in dem neuen Gebilde, nach den Kollegen und Vorgesetzten, sind Fragen von zentraler Bedeutung. Ein Beispiel:

In einer Fusion, die wir ein Stück begleiten konnten, erlebten wir, wie im Bereich Vertrieb die Personalfragen geklärt waren, nicht aber im

Bereich Entwicklung. Diese beiden Bereiche unterschieden sich fundamental im Fortschritt ihres Integrationsprozesses. Im Vertrieb waren die Personalfragen im Wesentlichen geklärt. Hier wurden schon organisatorische und geschäftsstrategische Themen der Fusion bearbeitet. Da im Entwicklungsbereich die Personalbesetzungen noch nicht geklärt waren, wurden auch die geschäftsrelevanten Themen nicht bearbeitet. Alle Aufmerksamkeit wurde vom Thema Personal gebunden. Diese Ungewissheit produzierte weitere Phänomene. Andere Mitspieler im Unternehmen versuchten, dieses Entscheidungsvakuum zu nutzen, um ihre Leute in Managementpositionen in der Entwicklung zu platzieren. Das mikropolitische Schauspiel begann und die Akteure versuchten ihren Einfluss gelten zu machen – auf Kosten der Mitarbeiter des Bereiches, die sich als abgewertet empfanden.

Oswald Neuberger (2000) sieht in diesen Konstellationen eine »zwingende Chance« für die Personalarbeit. Auch in Fusionen ist Personal ein knapper, einzigartiger und wertschöpfender Produktionsfaktor. Je besser das Personalwesen den *Produktionsfaktor Personal* vertritt, desto größer ist sein genereller Einfluss. Daher sollte das Personalwesen in allen Prozessen, in denen »Personal verhandelt wird«, eine gestaltende, eine führende Rolle übernehmen. Das bedeutet, die mikropolitische Bühne des Unternehmens zu betreten und Einfluss auszuüben. Durch diese aktive Ausübung wird es unausweichlich in Konflikte mit anderen betrieblichen Funktionen (Einkauf, Produktion, F&E usw.) geraten. Aber »die Kunst« und spezielle Qualität der Personalmanager in Fusionsprozessen muss darin bestehen, diese strukturellen Konflikte bewusst anzugehen und zu meistern.

Eine weitere Aufgabe sehen wir in der Gestaltung des *Post-Merger-Management-Prozesses* an sich. In einer Fusion ändert sich vieles: Change Management ist hier ständig gefordert. Es geht um die sinnvolle prozessuale Gestaltung des Veränderungsprozesses an sich. Wann und wie müssen strategische Perspektiven entwickelt und kommuniziert werden, damit sie der Organisation eine Ausrichtung geben? Wann und wie muss die neue Organisationsstruktur mit Führungskräften besetzt werden? Wie können kommunikative Regelkreise gebildet werden, um zwischen Basis und Topmanagement Fortgang und Erfahrungen im Fusionsprozess zu besprechen? Wann helfen die im Augenblick so aktuellen Großgruppenveranstaltungen oder wozu werden externe Berater eingesetzt? All diese Fragen und viele mehr müssen gemanagt werden und zwar sowohl unternehmensweit wie auch bereichsspezifisch.

Sowohl *Ulrich* (1997) wie auch *Sattelberger* (1999) sehen die *Transformation* und den *Kulturwandel* als zentrale Aufgaben des Personalwesens an. Sie verstehen das Personalwesen unter anderem als Change Agents für Transformation und Innovation. Dass viele Personalabteilungen heute diesem Anspruch noch nicht genügen und ihre Stärken eher in den administrativen Aufgaben sehen, steht auf einem anderen Blatt. Hier ist Entwicklungsarbeit gefragt. Es geht darum, die professionelle Qualifikation der internen Prozesssteuerung im eigenen Unternehmen aufzubauen. Einzelne Themen können und sollten nach wie vor an externe Berater vergeben werden.

Wir haben in unseren Thesen formuliert, mit welchen Fragen, Unsicherheiten und Ängsten Führungskräfte in Fusionen konfrontiert werden und wie entscheidend es ist, dass diese Themen bearbeitet werden. Coaching bietet sich dazu besonders gut an, weil Unsicherheiten, Frustrationen oder Wut normalerweise nicht im Kollegenkreis bearbeitet werden. Viele Führungskräfte haben heute immer noch Ressentiments gegenüber dieser Unterstützungsleistung. Hier kann das Personalwesen gestalten. So hat die Personalabteilung im Bereich »Passage« der Lufthansa AG dieses Thema durch eine intensive Informationspolitik für breite Führungsebenen eingeführt. Das Coaching selbst wird durch externe Berater durchgeführt.

Eine letzte Aufgabe sehen wir in dem, was häufig als »strategische Personalentwicklung« beschrieben wird. Darunter fallen zwei Aspekte. Zum einen, die Umsetzung der Strategien des Unternehmens durch qualifiziertes Personalmanagement sicherzustellen. Zum anderen aber, ausgehend von den Human-Ressources, neue Geschäftsmöglichkeiten durch z. B. neues Know-how oder durch die Ergänzung von Know-how-Feldern vorzuschlagen. Hier würde das Personalwesen nicht reagieren, sondern würde Vorschläge entwickeln, wie das neue Know-how für zusätzliche Geschäfte genutzt werden kann. Das durch die Fusion entstandene Human-Resource-Potenzial ist eine unschätzbare Quelle für neue Leistungsangebote. So erlebten wir eine Fusion, in der ein Unternehmen in der Kundenberatung viele Erfahrungen/Know-how gesammelt hatte. Das andere Unternehmen hatte sein Know-how in den spezifischen Produktkenntnissen. Die Verbindung von tiefen, fundierten Produktkenntnissen mit dem Know-how der Kundenberatung eröffnete neue, zusätzliche Geschäftsmöglichkeiten.

Das Personalwesen kann durch die *strategische Personalentwicklung* in eine Vorreiterrolle gehen und den Fusionsprozess entscheidend unterstützen. Viel zu häufig wird der Nutzen der Fusion mit Synergieeffekten, mit Kosteneinsparungen begründet. Kosteneinsparungen bedeuten fast immer Personalabbau. Dies ist nicht motivierend. Die umgekehrte Perspektive, welche *neuen Geschäftsmöglichkeiten* sich aus der Fusion ergeben, wird viel zu wenig in der Vordergrund gestellt. Aber, dies ist der Stoff aus dem die Träume der Gestalter in Unternehmen bestehen – neue, zusätzliche Geschäfte aufbauen zu können.

Literatur:

Baecker, Dirk (2000), Wozu Kultur? Kulturverlag Kadmos, Berlin.

Bate, Paul (1997), Cultural Change Strategien zur Änderung der Unternehmenskultur. Gerling Akademie, München.

Gould, Laurence J., Robert Ebers, Ross McVicker Clinchy (1999), The Systems Psychodynamics of a Joint Venture: Anxiety, Social Defenses, and the Management of Mutual Dependence. Human Relations, 52, 6, 697–722.

Hirschhorn, Larry und Thomas Gilmore (1992), The New Boundaries of the »Boundaryless« Company. Harvard Business Review, 70, 104–115.

Hirschhorn, Larry (2000), Das primäre Risiko. In: Lohmer, Mathias (Hrsg.), Psychodynamische Organisationsberatung, 98–118.

Jansen, Stephan A. (2000), 10 Thesen gegen Post Merger Integration. Zeitschrift OrganisationsEntwicklung 1, 32–47.

Lohmer, Mathias (2000) (Hrsg.), Psychodynamische Organisationsberatung. Konflikte und Potenziale in Veränderungsprozessen. Klett-Cotta, Stuttgart.

Lohmer, Mathias (2000 a), Das Unbewusste im Unternehmen: Konzepte und Praxis psychodynamischer Organisationsberatung. In:

Lohmer, Mathias (Hrsg.), Psychodynamische Organisationsberatung, 17–39.

Luhmann, Niklas (1989), Vertrauen: Ein Mechanismus der Reduktion sozialer Komplexität. Stuttgart.

Neuberger, Oswald (1995), Mikropolitik: Der alltägliche Aufbau und Einsatz von Macht in Organisationen. Enke, Stuttgart.

Neuberger, Oswald (2000), Personalwesen heute und morgen: Getriebener Treiber? Unveröffentliche Rede auf der Arbeitstagung »Herausforderungen für das Personalmanagement – Zukunft gestalten – statt verwalten« Köln, 8.–9. November 2000.

Sattelberger, Thomas (1999), Wissenskapitalisten oder Söldner? Personalarbeit in Unternehmensnetzwerken des 21. Jahrhunderts. Gabler, Wiesbaden.

Schein, Edgar H. (1995), Untenehmenskultur ein Handbuch für Führungskräfte. Gabler, Frankfurt/Main.

Ulrich, Dave (1997), Human Resource Champions. Boston.

5. On Integrating Deutsche Bank and Bankers Trust – A Human Resources Perspective

by Michael Svoboda, Deutsche Bank AG Frankfurt/Main

With the acquisition of Bankers Trust in 1999, Deutsche Bank grew to a size of more than 90,000 employees, organized into five globally operating business divisions with corporate headquarters located in Frankfurt, Germany. At that point, less than half of all employees spoke German as their native language, and considerably more than half of the business was done in global markets. The integration of more than 20,000 previous Bankers Trust employees and the setup of the global business platforms required concentrated and consistent support of management through the Human Resources (HR) function in both the transactional, but also in the strategic and consulting area of HR Management.

Table of Contents

1. Why do so many mergers and acquisitions fail to achieve the benefits predicted?

The rationale for a merger or acquisition (M&A) can look great on paper, yet all to often

- envisaged cost savings do not appear
- combined sales are less, not more, than the sum of the old parts
- market share goes down rather than up
- instead of a new clarity of purpose, there is confusion about corporate strategy
- there is more internal conflict rather than more customer focus
- the acquisition just seems »disappointing«.

It is estimated that between 50 and 75 percent of all mergers and acquisitions do not deliver the business results expected. »Buying is fun, merging is hell«, as one senior vice president of a company which made an acquisition recently summarized his feelings. There have been many studies which show that historically it has been difficult to achieve the synergies from M&A. For example:

- The University of Virginia tracked the post-merger performance of companies throughout the last century and found that more than half were unsuccessful.
- London Business School and Simon School of Business both found that the stock price of companies making acquisitions goes down when the takeover is announced. The stock price of the company being acquired however, goes up! This was also true in the case of Deutsche Bank and Bankers Trust (although the DB stock price has increased tremendously again since then).
- More than one third of all acquisitions are so unsuccessful that they are subsequently divested, e.g.:
  - AT & T of NCR
  - Quaker Oats of Snapple
  - British Aerospace of Rover cars
  - BMW of Rover.

Three factors, in particular, cause failures in M&A:

- Management processes – failure to lead and manage the merged company effectively, often starting with failure to manage integration proactively.

- People issues – failure to retain top talent, or get the best from people who stay.
- Cultural factors – failure to recognize what is good and valuable in both companies.

Increasingly, people are recognizing that cultural differences are a major factor in a merger or acquisition. As Sir Brian Pitman of Lloydes TSB said, »a merger is won or lost after the deal is done«. Successful M&A requires not only a great deal to be agreed on paper, but for two organizations with different histories and traditions to come together and start working together for the same goals and objectives in the market place.

Furthermore, in a Forbes survey of Chief Financial Officers, even the »numbers people« agreed that cultural differences are the biggest cause of failure in M&A (Exhibit 1).

Survey of Forbes 500 CF OS

Rank	Factor	Negative Impact
1	Incompatible cultures	5.60
2	Inability to manage target	5.39
3	Unable to implement change	5.34
4	Synergy non-existent or overestimated	5.22
5	Did not forecast fore seeable events	5.14
6	Clash of management styles/egos	5.11
7	Acquirer paid too much	5.00
8	Acquired firm too unhealthy	4.58
9	Need to spin off or liquidate too much	4.05
10	Incompatible marketing systems	4.01

Note: Assessed on a scale of 1 to 7, where 7 is high.

Fig. 1: Why integration Synergies are not achieved

And finally, »The Economist« news magazine, which has a reputation for concentrating on hard-edged business issues, also identified culture as the most significant issue in the success of mergers: »Study after study of past merger waves has shown that two of every three deals have not worked ... Look behind any disastrous deal and the same word keeps popping up – culture. Culture permeates a company and differences can poison any collaboration« (»The Economist«, January 1999).

2. How can Human Resources help?

Taking into consideration the studies on the impact of people and culture issues in successful M&A, the role of Human Resources becomes extremely important.

Based on some presentations to the Acquisition Team and the *Konzernvorstand* of Deutsche Bank, HR was tasked to work on these issues starting just after the takeover announcement in late 1998, a whole six months prior to the closing of the deal. But what are those issues concretely and how can they be successfully addressed without absorbing excessive resources?

Firstly, it must be acknowledged that successful integration will to some extent involve the entire group. This also includes those areas which, at first glance, might not seem to be affected. And it will require more than aligning pay and benefit systems and identifying jobs to be cut. It will also be necessary to avoid culture clashes, minimize the number of unintentional leavers and achieve buy-in for change from around the organization.

Secondly, management must be aware that the way integration itself is handled will have a profound effect on long term success of the combined new organization (even if not intended). Values and culture of that organization will emerge from the way the integration process is managed. It would be a big mistake to assume that the culture could be shaped at a later stage. In this context, the selection and appointment of senior management is one of the most defining and highly visible cultural statements to be made at the outset of the integration process. And, the integration process may well begin with articulating key cultural attributes for the new organization – which, in turn, are critical to the selection process.

In doing so, the aim must be to enhance the ability of people from both companies to work together to create value. Added value is generated by adopting the »best of both« cultures combined with new elements to shape a new organization. In our case, the new culture could therefore not have been the culture of either Deutsche Bank or Bankers Trust. The impact of existing corporate cultures must not be underestimated or we will find people fight the respective »other« culture for a long time because they do not see their value systems adequately reflected in the culture of the other entity.

At Deutsche Bank, HR was prepared to meet these challenges using a systematic holistic approach. This encompassed the six most important HR issues:

1. Support leadership
2. Select, retain, teminate, and manage transition
3. Manage expectations/uncertainly
4. Integrate HR policies and programs
5. Shape desired culture
6. Integrate and reinvent HR.

Concrete measures were to be worked out with each integration team per business area as far as appropriate and included support from some of our global external partners familiar with large merger situations.

A brief description of the support HR offered is outlined below:

2.1 Support Leadership

Starting point is the clarification of the merger purpose and the common vision in order to determine the appropriate integration strategy, e.g.

- how much integration
- how much parallel running.

The sort of integration you need is different in different types of merger (see figure 1):

1. In a »holding company« type situation, you do not need cultural integration.
2. In a pure absorption situation, the acquirer wants the acquired to adopt its culture as soon as possible. Therefore, an »induction program« to »train« the acquired company in the culture of the acquirer would bet appropriate. GE Capital, for example, whose

whole business model involved frequent acquisitions, does this quite explicitly.

3. If two merger companies try for »best of both«, there is a need to understand the existing cultures in both companies, so that action can be taken to keep the best of each.
4. If companies seek to create something wholly new from the merger, there is also a need to understand both companies' cultures. The next step is to define the »ideal culture«, and then work out how you get from the current cultures to the ideal culture.

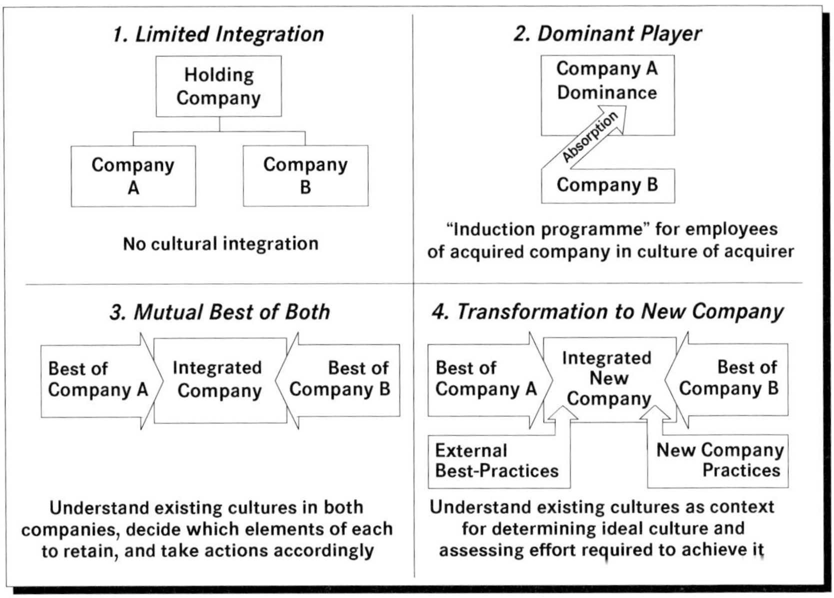

Fig. 2: Four Basic acquisition integration philosophies

»Best of both« is a model which is often stated to be the aim in a merger situation, but experience suggests it is not the best option in a complex merger because:

- People see the results as win/lose – either company A »wins« a decision, or company B »wins« it, and this leads to turf battles – people try to keep what they were used to in their old company.
- The best that can be achieved from such approaches tends to be 1 + 1 = 2. But often it is less than 2.

The fourth model – transformation to a new company – is far more likely to be successful:

- Everyone feels they can be a part of creating something new – it reduces the barriers between people from both companies (gives everyone something to shoot for).
- People feel they can leave the past behind and start to work together on the future (allows people to leave existing turf behind, as somewhere to move from).
- As a result, there is at least the potential for 1 + 1 = 2, although you still have to work hard to achieve it.

This is the approach Deutsche Bank aimed for, but it had to be established by top management not only on the overall Deutsche Bank's level, but in a differentiated way on the respective divisional and business area levels as well.

HR facilitated this process and helped to set the agenda, e.g. by producing a written document based on leadership statements and/or workshop results. Based on this agenda, HR had to define what this meant for the workforce and how to transform it into the various HR policies, systems and practices.

In order to maximize the effectiveness of integration teams, HR offered team coaching, meeting facilitation, process management support, and documentation in a coordinated manner to the various teams as well as tools and toolkits to standardize activity and define expectations.

2.2 Select, retain, terminate and manage job transitions

The clarification of organizational design, roles, and responsibilities is an unavoidable prerequisite to avoid territorial fights and power struggles. Problems start with unclear responsibility of executives and continue with frequently changing reporting lines. Other problems include the appointment of co-heads for certain units, which is generally not good for the prosperous development of that unit. The same is true for the co-heading of integration teams until it is clear who will be the future head of the combined business.

At Deutsche Bank, HR offered documentation support to the various integration teams and functioned as a gatekeeper for the integration office in terms of organizational charts and appointments.

Selection of the executive posts – those who report to the respective members of the *Konzernvorstand*, and the level immediately below – was managed in a »cascade« fashion. Senior executives usually are selected based on their reputation, experience, the criticality of the role, the strategic impact of the role, and the »symbolic value« of particular assignments. For example, is it important to achieve a certain balance in the selection of Deutsche Bank and Bankers Trust executives? In which phase? Are certain individuals significant in terms of the messages the workforce will derive from their appointment or non-appointment?

The next level of management – upper and middle managers – were largely selected based on position and identified performance criteria, specific, identified competencies, and/or cultural fit. This required that we had performance criteria for these levels, and that the integration committee defined competencies and critical dimensions of the desired culture, very early in the process.

The success of the management staffing process depends on the clarity of the future organization and culture. Additionally, the great uncertainty our leaders and employees felt at this time could be partly alleviated by clearly communicating and adhering to some core principles. It was critical to define these core principles, communicate them, and fulfill them.

Selection and assessment does not only refer to management posts. We had to go through the whole bunch of 40,000–50,000 people in order to find out whom we wanted to keep and whom we thought should leave. There are always people in the systems and administrative area, who are key for the functioning of certain processes and they had to be earmarked as early as possible.

HR drove and supported the entire process. As it was difficult to establish reliable performance criteria quickly enough, we were able to use one of our standardized approaches, which utilizes an external database of employees capabilities and competencies.

Once selected, the Bank needed to retain key players. Retention tactics naturally included some kind of pay mechanisms. However, the best talents were as concerned about long-term opportunity as about short-term pay.

Deutsche Bank, in line with its overall reward philosophy, believes that the best foundation for retaining and rewarding is aiming at striking a holistic »deal« with individuals by which the individual commits to high standard performance and prolonged commitment and is in turn adequately rewarded by the Bank. To be effective such adequate reward cannot, however, be represented by mere additional monetary compensation, but encompasses – among others – learning and development opportunities, cultural and brand aspects as well.

This approach is supported by recent research which suggests that successful reward and retention measures are mainly those which

- follow a holistic approach,
- beware of internal equity issues and
- communicate a longer-term message

rather than representing an albeit generously »packaged« one-off.

In order to ensure a proper and timely accomplishment of the huge assessment and selection task, HR provided line management with valid and coordinated tools in hese fields. The same applied to the professional handling of terminations. Mistakes in this area could be extremely costly in terms of money and reputation.

In addition, executive contracting was a critical issue to be, looked at from a cost saving perspective – especially where US tax law with regard to Change in Control (CIC) severance programs applies (of course without adverse impact on executives). Strategies included pre-CIC negotiations with executives, conversion of severance obligations into other forms of compensation (e.g., non-compete or consulting arrangements), tax-advantaged activity such as stock option exercise or adjustment of payment cycles for incentive awards, and delaying terminations, among others.

2.3 Manage Expectations/Uncertainty

It is important to take into account that during the entire process people receive information from many sources and are bound to interpret it in many ways. This can potentially create situations of unrealistic expectations and/or uncertainty which can heavily affect the integration process.

The only possibility to avoid such adverse effects is to rigorously align all messages transmitted in the process, e.g. by selection exercises, transition programs, performance management, leadership behavior and formal communication. To achieve this, it was crucial that HR and Corporate Communication form a common operating platform, e.g. through a communication steering committee.

This joint approach also included all surveys and/or questionnaires conducted with Deutsche Bank and/or Bankers Trust staff. HR acted as a gateway for all staff- related communication during the entire integration process, including the subsequent stages of cultural and behavioral change, when involvement and participation (in formats like focus groups, team development, large group conferences etc.) became critical in addition to pure information (see figure 2).

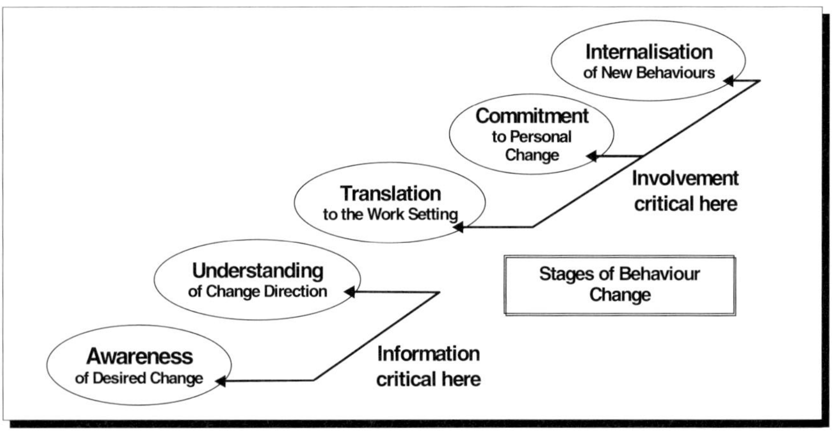

Fig. 3: Communication and involvment work together to drive change

2.4 Integrate HR Policies and Programs

The consistency of messages already referred to also needed to be reflected in all HR policies and programs as swiftly as possible. A common platform emerged as a result. Compensation and benefit programs therefore had to be scrutinized and assessed against the Bank's reward policy and from a performance management perspective. Once differences had been identified, items that were inconsistent needed to be changed short-term. Furthermore, a corporate grading structure needed to be introduced to produce consistency in the new organization.

In the longer term, decisions were made with respect to all Bankers Trust programs and systems to be either incorporated with existing Deutsche Bank ones, discontinued or maintained (and the other way round). The process of reviewing and integrating benefit, compensation, performance management, administration, and training programs was a unique opportunity of reshaping HR programs as necessary in line with the business vision and strategy.

2.5 Shape Desired Culture

A vital ingredient of a successful integration is the ability of people from both companies to work together to create value. Added value was generated by adopting the »best of both« culture and adding new elements to shape a really new identity, which could not be the identity of either Deutsche Bank or Bankers Trust. A deliberately and professionally managed process of culture integration was key for success of the envisaged merger.

Starting point was a cultural diagnosis carried out by an independent external institute in order to have a powerful database for all kinds of integration and change decisions as far as people are concerned. People of both organizations must thoroughly understand their own company culture and the other company's. It was important to maintain a respectful posture toward each other, if we wanted to retain talent and engage employees in our new business. Understanding culture means recognizing cultural gaps, as well as synergies between the two companies.

Second, the Integration Committee had to define the core attributes of the desired culture that fitted the requirements of the business. HR's primary contribution to this process is likely to be facilitative and consultative. In our case we used some executive education programs organized and conducted on the newly established DB University platform to develop and establish the new identity of Deutsche Bank by Executives from »old« Deutsche Bank and former Bankers Trust (see »Our Identity«).

Third, we had to cascade our new identity throughout the organization and help employees manage the transition from old to new (e.g. transition workshops). This had to be aligned with the formal media approach provided by our colleagues from Corporate Communication.

Fourth, we had to design programs and develop initiatives that spoke for the new culture. Our management selection process was one of them. In addition, we selected a set of defining interventions that brought cultural attributes into operational systems. These were reward systems, ownership programs, learning systems, succession planning approaches, and recognition programs.

Fifth, the cultural integration process had to be combined with team development and large group activities. HR was asked to bring together a team of internal and external change specialists to provide

- workshops to build new teams and help them develop their strategies
- executive conferences to mobilize and align top management
- support to deal with any cultural and team conflicts that might arise
- learning programs on managing change and improve performance
- support managing virtual or distributed teams
- incorporation of former Bankers Trust management in DB Universities learning programs.

2.6 Integrate and reinvent HR

Mergers and Acquisitions provide a natural opportunity for HR functions to redefine themselves and their role within the business – to become more of a strategic support to delivering business results through people. The integration of Bankers Trust's HR functions into Deutsche Bank's global HR division was used to start a global transformation program for more than 1600 HR professionals (for details see *Svoboda/Schultz*).

3. Cultural Audit as a Basis for Action

The cultural audit was a major element of HR's contribution to the merger between Deutsche Bank and Bankers Trust. It was begun in both organizations worldwide a full six months prior to change of control.

3.1 Why was it so important to conduct a cultural audit?

There were a number of reasons why it was important to invest in a cultural audit and do it early in the integration process. From our point of view, an objective assessment was a solid foundation for integration activity and for defining the real issues. Knowing that rumors tend to spread quickly about what »the other company« is like and these rumors can easily be taken as »facts«, we needed to make hard data available fast. By involving the opinions of key executives, the audit also helped the Bank to understand future strategic staffing needs. Perhaps most importantly, the audit was a powerful symbol to employees: participants from all around the world consistently said how much they welcomed the audit because it showed that the Bank really did care about the critical issues.

In terms of deliverables for top management, the cultural audit provided critical information on the cultural similarities and differences both between Deutsche Bank and within Bankers Trust. We also did a »healthcheck« on the general perceptions of the pace and success of the integration, and included date on optimism levels. Finally, we used the results to define a set of actions required to bring the employees of each company together successfully.

3.2 What methodology did we use?

The cultural audit involved evaluating both qualitative and quantitative inputs. Executive interviews and focus groups, facilitated by external consultants to foster an environment of openness and honesty, provided us with qualitative information. Focus group participants filled out a questionnaire-based survey (called Organizational Culture Inventory – OCI), which served as the quantitative element of the analysis.

In total, the audit involved over 1,200 employees from all major locations and business divisions. Each focus group contained 6-10 employees from one business division who were at approximately the same level of responsibility. Sessions lasted about 2 hours, with 90 minutes of structured discussion on a consistent agenda, and 30 minutes to complete the OCI questionnaire.

3.3 What were the key findings?

We classified the key findings into four categories:

- Current culture of Deutsche Bank and Bankers Trust (»what is it like to work here?«)
- Integration issues
- Hopes and fears for the future
- OCI results

With respect to culture, it became clear that Deutsche Bank had many different cultures: from both a geographical perspective and between the lines of business. While Bankers Trust also had different cultures, we found there was a strong common core: the words ›entrepreneurial‹, ›innovative‹ and ›non-hierarchical‹ were used consistently.

We also identified a variety of integration issues, such as a lack of clear communication by top management on the rationale behind the acquisition and a potential regative impact on clients. There was a lot of official communication, but employees felt it was not interactive enough and that line managers did not directly engage their employees in discussion. Employees from both organizations generally felt that clients would view the acquisition positively.

Hopeful statements made by focus group participants revolved around the opportunities the acquisition might bring:

- Be #1 in the world
- Truly act globally
- Take advantage of cross-selling opportunities
- Create exciting and new development opportunities for employees
- Be part of a process that combines the best of both organizations

- Remain neither DB nor BT, creating something new and better instead

But it was also clear that:

- The employees at both banks knew little about their counterparts at the other bank
- An accelerated integration is important: the employees have to be convinced of and enthusiastic about the new Deutsche Bank within the first six months; retention programs alone do not suffice
- Many employees did not yet comprehend the motives for the merger
- Deutsche Bank employees in certain regions, like Southern and Eastern Europe, for example, felt they weren't at all affected or only little affected by the acquisition

The OCI results (see figure 3) provided us with important information on working styles of the two banks, grouped into three clusters: constructive styles, aggressive/defensive styles and passive/defensive styles. Both banks displayed relatively high aggressive/defensive styles, suggesting a fast-paced, dynamic and competitive environment. To everyone's surprise, Bankers Trust appeared to have internalized the »new« values of Deutsche Bank to a greater degree than Deutsche Bank itself.

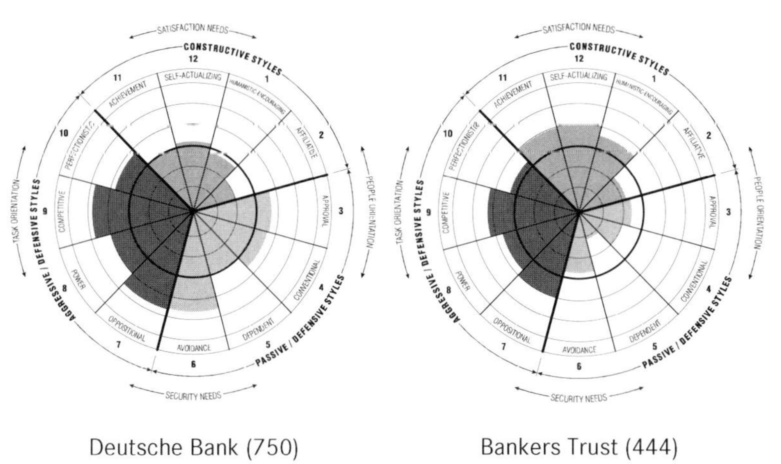

Fig. 4: Deutsche Bank/Bankers Trust OCI-comparsion

3.4 How did we feedback the results?

The feedback process started immediately after the »change of control« in June (see figure 4). The results of the cultural audit, which were reported not only to *Konzernvorstand* and senior leadership bench, but to all business divisions as well, were used for integration planning and implementation. Together with corporate communications we also introduced a new corporate identity, set of values and brand attributes for the entire Deutsche Bank group (see »Our Identity«).

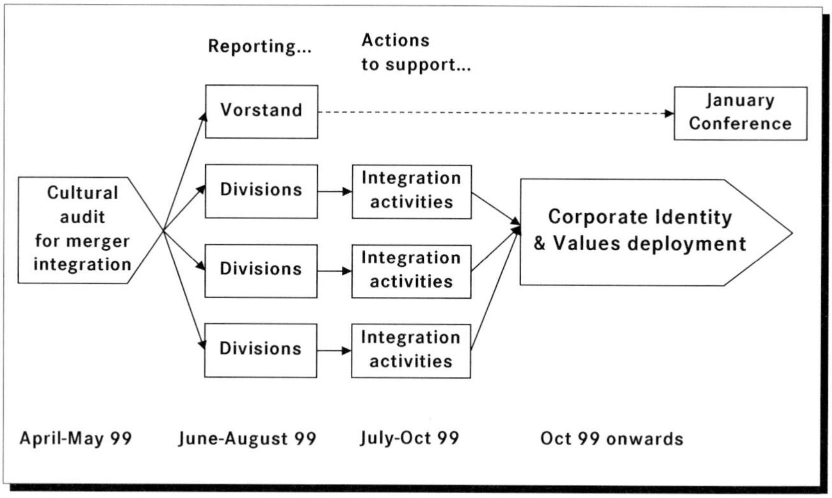

Fig. 5: Cultural Audit: Process and timeline

In addition, HR provided support to the divisions on a number of integration activities, including

- further research at divisional levels
- facilitating senior management events to develop business purpose and values in the new organization
- providing toolkits for managers to use in integrating their teams

4. Lessons Learned

Our experience gained during the acquisition of Bankers Trust certainly put us on a steep learning curve in a very short period of time. Any future integration should

- create rigorous systematic central project management to coordinate and support the business units with a clear program for action
- set the vision of what the new organization will be, including redefining business goals and values
- establish integration teams for each line of business and support function, which design the new organization in line with agreed business goals and values
- implement integration plans
- communicate early and often, keep communication and measuring opinion after closing
- understand what you are bringing together – a truly comprehensive cultural »due diligence«, providing the opportunity for transformation to the new company
- publicize early wins and successes.

In late 1998, the announcement of the acquisition of Bankers Trust was met with considerable skepticism from the financial press, especially from newspapers like »The Wall Street Journal«. In November 1999, this very same newspaper wrote, »The acquisition was marked by the usual clash of cultures, but Deutsche Bank has done a terrific job in getting over the hurdles and moving forward with the acquisition.«

References

»*Our Identity*«, download from: www.deutsche-bank.de, »About us«
Svoboda, Michael/Schultz, Silke »Managing HR in the New Economy«, in: Alois Clermont et al., Strategisches Personalmanagement in Globalen Unternehmen, Verlag Franz Vahlen, München, 2001

III. Personalentwicklung als Treiber globaler Unternehmen

1. Performance-Management – Ein internationales Personalentwicklungskonzept für Führungskräfte

von Dr. Roland Schulz, pers. haftender Gesellschafter Henkel KGaA, und Dr. Jürgen Maaß, Direktor Human Resources Henkel KGaA

Inhaltsverzeichnis

Zusammenfassung:

Die zunehmende Internationalisierung von Henkel erfordert Personalentwicklungskonzepte, die sowohl die Entwicklung einer einheitlichen Managementkultur unterstützen, als auch gleiche Förderungs- und Entwicklungschancen für ein internationales Managementteam sicherstellen. Ein breites Bündel von miteinander verknüpften Instrumenten zur Auswahl, Beurteilung, Förderung und Entwicklungsplanung von Führungskräften stellen den Rahmen für ein systematisches Performance-Management dar. Ein einheitliches System von Eignungskriterien, das in den unterschiedlichsten Instrumenten zugrunde gelegt ist, bildet die Basis für Entwicklungs- und Auswahlentscheidungen. Personalmanagement, Vorgesetzter und Mitarbeiter tragen gemeinsam die Verantwortung für den Prozess.

Wenn heute im Wettbewerb um die besten Nachwuchsführungskräfte vom »War for Talents« gesprochen wird, so mag das überspitzt klingen, zeigt aber, dass die Bedeutung des Human-Capital als wichtige Stellgröße des Unternehmenserfolgs zugenommen hat. Die klassischen Erfolgsfaktoren wie etwa Kapitalausstattung, Größe oder technologische Vorsprünge verlieren zunehmend an Bedeutung. An ihre Stelle treten der Umgang mit Wissen und die Ausschöpfung

Personen bezogener Potenziale. Es gilt, die Mitarbeiter als entscheidende Werte im Unternehmen zu verstehen und dementsprechend Personalmanagement als Wertemanagement zu gestalten.

Bei dieser Betrachtungsweise fällt naturgemäß der Personalentwicklung eine besondere Rolle zu. Sie ist gewissermaßen der unternehmenspolitische Hebel, um Mitarbeiter zu fördern, zu entwickeln, um ihnen die Möglichkeiten und Herausforderungen zu schaffen, die es ihnen erlauben, ihre Fähigkeiten, ihre Bereitschaft zur Leistung und ihr Engagement in das Unternehmen einzubringen.

Die Personalentwicklung steht daher bei Henkel im Zentrum eines umfassenden Systems personalpolitischer Instrumente, die darauf gerichtet sind, Leistung und Kompetenz des Einzelnen zu entwickeln und zu belohnen. Im Bereich der Führungskräfte sprechen wir daher von Performance-Management und beschreiben damit ein weltweit Anwendung findendes System von Instrumenten zur Auswahl, Förderung, Leistungs- und Kompetenzbeurteilung und zur Entwicklungsplanung von Führungskräften.

Der hohe Grad an Internationalität unseres Unternehmens – über 75% der Mitarbeiter sind außerhalb Deutschlands tätig – macht es erforderlich, dass diese Instrumente weltweit einheitlich angewandt werden. Sie gelten damit für über 9 000 Führungskräfte in über 70 Ländern. Nur die weltweite Einführung aller Instrumente und die Etablierung gleicher Normen und Bewertungsverfahren ermöglicht die Vergleichbarkeit des Managements, dessen Fähigkeiten und Kompetenzen in der gesamten Henkel-Gruppe. Gleichzeitig ist die Identifizierung von Führungspotenzialen und die gezielte Förderung und Bindung solcher Potenziale an Henkel ein wichtiger Erfolgsfaktor in der Globalisierung des Unternehmens.

Die zunehmende Internationalisierung des Unternehmens und die stärkere Orientierung an globalen Märkten erforderte einerseits eine stärkere Systematisierung und Standardisierung der Personalentwicklungskonzepte. Andererseits war es wichtig, auf dem Weg dahin die notwendige Rücksicht auf unterschiedliche Managementkulturen zu nehmen. Natürlich war das Verständnis eines idealen Führungsprofils oder die Wertigkeit von Ergebnisorientierung im Verhältnis zur Prozessorientierung nicht von vornherein in allen Teilen der Welt gleich. Wir haben daher durch intensive Einbindung des Managements der unterschiedlichen Länder in Strategiekonferenzen und durch ausgiebige Diskussionen der Instrumente zunächst ein allgemeines Verständnis über Ziele und Normen herstellen müssen. Eine wesentliche Rolle hat dabei auch die enge und mittlerweile fest installierte Zusammenarbeit mit den Personalverantwortlichen der Länder und Regionen gespielt. In regelmäßigen Treffen werden personalpolitische Instrumente und Personalstrategien auf internationaler Ebene weiter entwickelt und gemeinsam implementiert.

1. Grundlagen eines ganzheitlichen Personalentwicklungskonzeptes

Einen wichtigen Beitrag zur Harmonisierung der internationalen Personalsysteme hat die Einführung einer einheitlichen weltweiten Positionsbewertung geleistet. Sie stellt nicht nur die Vergleichbarkeit in der Positionswertigkeit über alle Regionen, Divisionen und Funktionen sicher, sondern ist gleichzeitig Basis der Informationspolitik im Unternehmen, ist Grundlage für die Festlegung differenzierter Management-Anforderungsprofile und bildet die Struktur für Karrierepfade. Die Positionsbewertungen erfolgen auf der Basis des HAY-Bewertungssystems nach den Kriterien Fachwissen, Managementwissen, Umgang mit Menschen, Denkleistung, sowie den Kriterien Handlungsfreiheit, Dimension des Handelns und Art des Einflusses. Die Positionswerte bestimmter Bandbreiten werden sogenannten Management-Circles – insgesamt drei – zugeordnet. Jedem Management-Circle sind ein bzw. zwei Gehaltsbänder zugeordnet. Sie reflektieren den Verantwortungsrahmen für verschiedene Management-Gruppen. Management-Circle I (MC I) stellt das Kern-Führungsteam von Henkel dar. Die Mitglieder des MC IIa bilden das Nachwuchspotenzial für das Kern-Team. Damit ist eine einheitliche Struktur für Bezahlung, Entwicklung und Information der Führungskräfte gelegt. (Abb. 1)

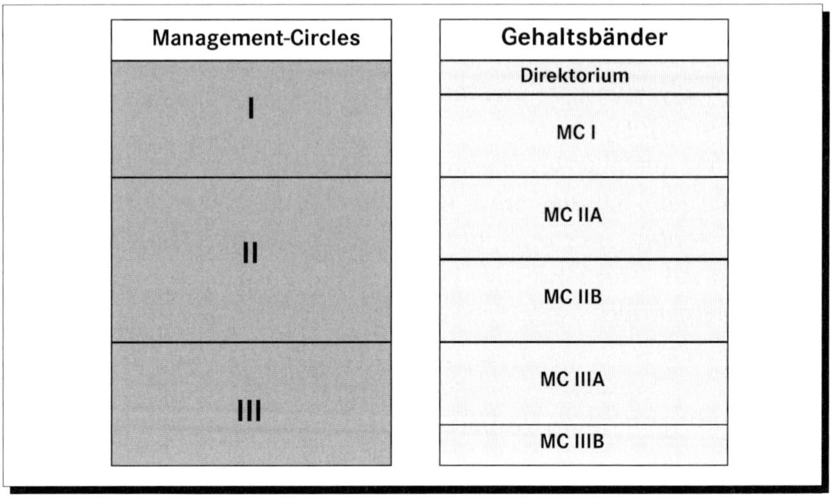

Abb. 1: Management-Struktur

Den zweiten Eckpfeiler des Personalentwicklungssystems bildet ein einheitliches System von Eignungskriterien. Diese Eignungskriterien spiegeln die erforderlichen Schlüsselqualifikationen des Managements wider. Die Führungspersönlichkeit – verbunden mit der Fachkenntnis und der strategischen Kompetenz – ist maßgeblich für den Erfolg einer Führungskraft verantwortlich. Nur wer in der Lage ist, Mitarbeiter zu motivieren und zu führen und in einen nach allen Seiten offenen Dialog eintreten kann, wird als Führungskraft der Zukunft erfolgreich sein. Zentrale Kriterien sind im Wesentlichen die Leistungsmotivation, die Teamfähigkeit, soziale Sensibilität, Veränderungsbereitschaft, Risikobereitschaft, Verantwortungsbewusstsein und internationale Orientierung.

Die zwölf Dimensionen der Führung werden als unternehmensweit einheitliche Beurteilungskriterien herangezogen. Sie dienen schon bei der Auswahl der Mitarbeiter u.a. mit Hilfe der Assessment-Center-Methode als Einstellungskriterien und werden konsequent über den gesamten Entwicklungsprozess verfolgt (Abb. 2).

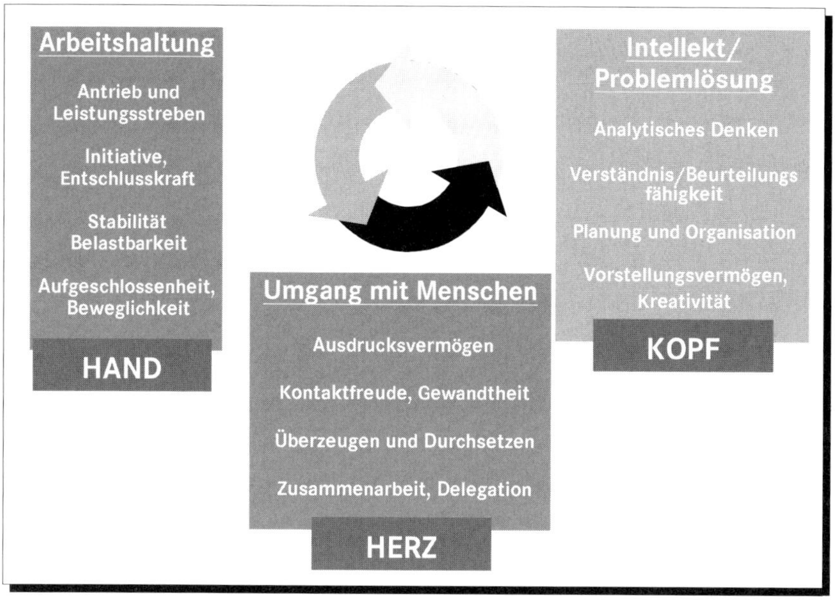

Abb. 2: Dimension der Führung

Das Personalentwicklungssystem Henkel besteht aus folgenden Instrumenten:

- Zielgespräche
- Leistungs- und Kompetenzbeurteilung
- Führungsdialog
- Management-Review
- Development-Center

Ein effizientes Performance-Management setzt voraus, dass Personalmanagement, Vorgesetzter und Mitarbeiter selbst gemeinsam den Prozess gestalten. Die Rolle des Personalmanagements ist weitgehend die des Facilitators, des Prozessgestalters. Die konkrete Handhabung der Instrumente hat letztlich immer durch den Vorgesetzten und seine Mitarbeiter zu erfolgen. Der Vorgesetzte wird damit zum wichtigsten Personalentwickler, er bestimmt Inhalte und Ergebnisse der Maßnahmen – um so wichtiger ist es, dass er sich seiner Rolle bewusst ist und sie auch aktiv wahrnimmt. Wir bei Henkel haben daher großen Wert darauf gelegt, den Vorgesetzten mit seiner Rolle und dem Verständnis der Instrumente vertraut zu machen, denn der größte Teil der Personalentwicklung erfolgt »on the Job«.

Management-Development folgt in unserem Unternehmen generell dem Grundsatz »Promotion from within«. Damit wollen wir nicht nur Leistung und Engagement honorieren, sondern auch zu persönlichen Entwicklungsanstrengungen motivieren. In Einzelfällen lassen wir allerdings Ausnahmen zu, insbesondere wenn es nötig ist, in bestimmten Aufgabenfeldern neue Ideen in das Unternehmen herein zu holen oder bewusste Anstöße für Veränderungen zu geben.

Die genannten Instrumente bilden das Performance-Management. Sie verbindet das Ziel, Leistung und Potenzial der wichtigsten Führungskräfte des Unternehmens festzustellen und für personalpolitische Entscheidungen transparent und bewertbar zu machen. Die Erkenntnisse daraus sind die Basis für Beförderungs- und Nachfolgeplanung, für individuelle Trainings und Job-Rotation-Maßnahmen, fließen aber auch in die jährlichen Gehaltsentscheidungen ein.

Die Instrumente stellen unterschiedliche methodische Ansätze dar und führen daher auch erst in ihrer geschlossenen Anwendung zu den angestrebten Aussagen. Alle Instrumente werden sowohl mit der Zielrichtung individueller, also führungskräftebezogener Aussagen eingesetzt, als auch mit dem Ziel, Aussagen über Qualifikations- und Kompetenzprofile ganzer Organisationseinheiten zu gewinnen (Abb. 3).

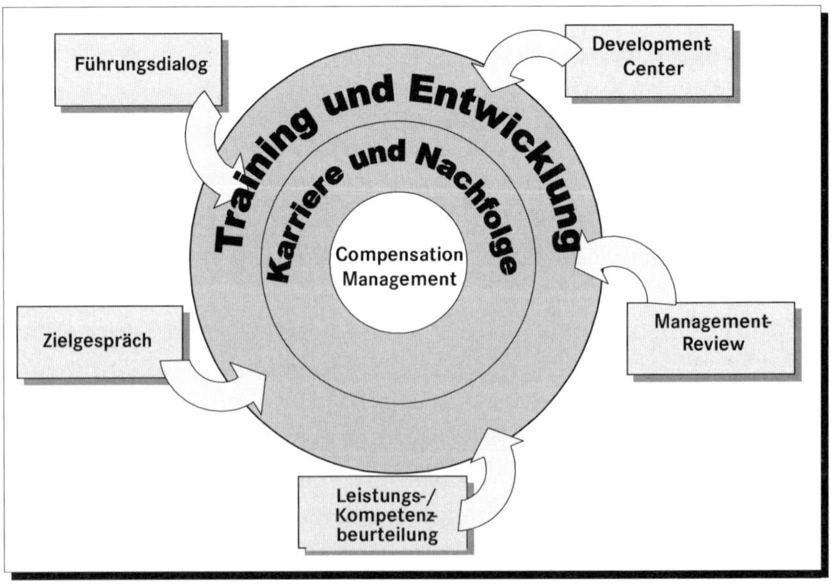

Abb. 3: Instrumente des Performance-Managements

2. Zielgespräche

Mit allen Führungskräften wird jährlich ein Zielvereinbarungsgespräch geführt. Dabei werden ausgehend von der Gesamtstrategie des Unternehmens die quantitativen und qualitativen Ziele für die einzelne Führungskraft festgelegt. Vorgesetzter und Mitarbeiter vereinbaren gemeinsam die Individual- und Teamziele für das bevorstehende Jahr. Der Grad der Zielerreichung bildet die Basis für die jährlichen Incentive-Zahlungen. Wichtig ist daher, die Messbarkeit und Bewertbarkeit durch eine klare und nachvollziehbare Festlegung der Ziele sicherzustellen.

20% der Ziele entfallen auf das Unternehmensziel. Es wird durch die Geschäftsführung festgelegt und beinhaltet Umsatz- bzw. Ergebnisziele der Henkelgruppe.

Die nächste Zielebene bilden die sogenannten Teamziele. Sie haben eine Gewichtung von 50% der Gesamtziele und beziehen sich auf Ergebnis oder Umsatzgrößen von strategischen Geschäftseinheiten oder Divisionen. Sie werden von den Leitern der entsprechenden Geschäftseinheiten festgelegt und sind von den Zielen der Gesamtgruppe abgeleitet. Funktionale Organisationen werden gemessen an den Erfolgsgrößen ihrer Leistungsabnehmer. Weitere 30% des Incentive-Wertes repräsentieren die Individualziele. Sie werden im Dialog zwischen direktem Vorgesetzten und Mitarbeiter entwickelt und festgelegt und sollen soweit möglich quantifizierbar sein.

Die Zielerreichungsgrade für alle drei Zielebenen sind in einer Staffel von 1 bis 4 (3 = Ziel erreicht) definiert. Die maximalen Opportunitäten liegen bei 40% des Jahresbasisgehaltes für den Management-Circle I, bei 30% für MC II und bei 20% für MC III.

Die Bedeutung der Zielgespräche liegt allerdings nicht nur in der Festlegung der jährlichen Incentives, sondern gleichzeitig darin, dass sie einen offenen Dialog zwischen Mitarbeiter und Vorgesetzten über Leistungsverhalten und Leistungsbeitrag gemessen an gemeinsam definierten Zielen herstellen. Das Zielgespräch ist damit auch gleichzeitig ein jährliches Feedback- und Entwicklungsgespräch. Schließlich fließen die Ergebnisse der jährlichen Zielerreichung auch als Entscheidungsgrundlage in die jährliche Überprüfung des Basisgehaltes ein. Auf eine feste Koppelung zwischen Zielerreichungsgrad und jährlicher Gehaltsüberprüfung ist allerdings bewusst verzichtet worden, um Raum für weitere Dimensionen in der Gehaltsfindung zu belassen. (Abb. 4)

Henkel

Target Dialogue 2001

Use the following degrees of achievement:

degree 1,0 not achieved
degree 1,5 threshold
degree 2,0: still acceptable
degree 3,0: achieved
degree 4,0: clearly exceeded

Employee's name Organisation unit

	Agreed objectives	Date	Weighting Factor	Degree of achievement
1.	**Objective Henkel Group (20%)** Achievement of planned Net Sales Growth and EVA Henkel Group	XXXXX XXXXX	XXXXXXXXX XXXXX	
2.	**Team Objectives (50%)**			
	Total achievement of **Team Objectives**	XXXXX XXXXX	XXXXXXX XXXXXXX	
3.	**Individual Objectives (30%)**			
	Total achievement of Individual Objectives	XXXXX XXXXX	XXXXXXXXX XXXXX	

Target Dialogue

Copies

Date Employee Evaluator

* Employee

Target Achievement Dialogue

* Evaluator

* Evaluator's

Supervisor
Date Employee Evaluator

Abb. 4: Formular zur Gehaltsfindung

3. Führungskräftebeurteilung – das Management-Competencies-Assessment

Das Management-Competencies-Assessment wird mit allen Führungskräften in zweijährigem Rhythmus durchgeführt. Es bietet die Struktur für einen systematischen Dialog zwischen Vorgesetztem und Mitarbeiter über Stärken und Schwächen in definierten Dimensionen des Führungs- und Leistungsverhaltens. Insgesamt werden zwölf Dimensionen auf der Basis der aktuellen Stellenanforderungen der Führungskräfte auf einer Skala von 1 (deutlicher Entwicklungsbedarf) bis 4 (deutliche Stärke) beurteilt. Das Management-Competencies-Assessment ist damit eine Einschätzung der aktuellen Leistungssituation und keine Potenzialeinschätzung. Auf eine Gesamtnote wird bewusst verzichtet, da die Diskussion um eine Gesamtnote die notwendige offene Diskussion über das Kompetenzprofil, die unterschiedliche Ausprägung in den einzelnen Dimensionen, erschweren könnte (Abb. 5).

Neben der Rückmeldung über das Profil steht die Vereinbarung über konkrete individuelle Entwicklungsmaßnahmen im Fokus des Prozesses. Ebenso wird die Erreichung vereinbarter Entwicklungsmaßnahmen permanent überprüft. Die Bewertungsergebnisse werden in einer Datenbank gesammelt und ausgewertet. Auf diese Weise lässt sich ein Qualifikationsprofil für einzelne Einheiten bilden, so dass gezielte organisationsspezifische Entwicklungsmaßnahmen eingeleitet werden können.

Anderer Typus **von Führungskraft**

Manager/»Macher«	**Führer/Coach/»Spieltrainer«**
➔ Instrumentale Führung	➔ Personale Führung
➔ über Instrumente = indirekt	➔ über Mitarbeiter = direkt

Neues Bild **vom Mitarbeiter**

Funktionale Rationalität	**Personale Rationalität**
♦ **Mitarbeiter = Funktionsträger**	♦ **Mitarbeiter = Potenzialträger/Persönlichkeit**
♦ **Interesse am Mitarbeiter** • funktioniert in jeweiliger Aufgabe	♦ **Interesse am Mitarbeiter** • als Personal/individuelle Persönlichkeit • Potenzial/zusätzliche Fähigkeiten
♦ **Grundeinstellung, dass der Mitarbeiter** • sich von alleine nicht voll einbringt • nicht kompetent ist • zum Erfolg motiviert werden muss • überwacht und kontrolliert werden muss • zum eigenverantwortlichen Handeln nicht bereit und fähig ist	♦ **Überzeugung, dass der Mitarbeiter** • von sich aus Leistungen erbringen will • in der Regel kompetent und kreativ ist • grundsätzlich engagiert und motiviert ist • in der Regel genau weiß, was erforderlich ist • Verantwortung und Selbständigkeit gerne übernimmt und übernehmen kann

Erfolgsparamenter (nach Charles Handy, London Business School)

➔ Lernumgebung

Statische Organisation

- **Annahme von Inkompetenz**
  - Machtpyramiden, Kontrolle, Regeln
  - viele Hierarchieebenen
- **Stark ausgeprägtes Bedürfnis nach Sicherheit**
  - »Lieber fünfmal kontrollieren lassen als Fehler machen«
- **Fehler machen ist »verboten«**
  - Fehler werden bestraft
  - Erfolg wird nicht gelobt
- **Misstrauen**
  - Klima des Misstrauens
  - geringe Glaubwürdigkeit
  - Distanz zu Mitarbeitern
  - geringe Risikobereitschaft

Lernende Organisation

- **Annahme von Kompetenz**
  - Delegation von Arbeit und Verantwortlichkeit
  - flache Organisation, wenig Hierarchieebenen
- **Neugier**
  - immer neue Lösungen finden
  - Experimentier- und Innovationsfreude
- **Fehler sind nicht unverzeihlich**
  - Lernen aus Fehlern wird als Ergebnis gelobt
- **Vertrauen**
  - Klima des Vertrauens und der Offenheit
  - Glaubwürdigkeit
  - Nähe zu Mitarbeitern
  - Innovationsklima

Abb. 5: Das neue Komptenzprofil

4. Führungsdialog

Dieses Instrument zielt darauf ab, dem Vorgesetzten Rückmeldung darüber zu geben, wie er in seiner Rolle als Vorgesetzter in seinem Arbeitsumfeld wahrgenommen wird. Der Führungsdialog soll Diskussionsprozesse anregen und damit zu einer erlebbaren Verbesserung des Führungs- und Arbeitsklimas in den Organisationseinheiten des gesamten Unternehmens beitragen. Das Verfahren beruht auf einer Selbsteinschätzung des Vorgesetzten, die einer Beurteilung der gleichen Kriterien durch die Mitarbeiter gegenübergestellt wird. Abweichungen in der Fremd- und Eigeneinschätzung bilden die Grundlage für gezielte Diskussionen über mögliche Veränderungen in der Führungsbeziehung. Die Beurteilungen erfolgen über Fragebögen, die von einem externen Institut ausgewertet werden. Das Verfahren wird so gesteuert, dass die Anonymität gewährleistet ist. Die Ergebnisse erhält jeweils nur der Vorgesetzte, der allerdings verpflichtet ist, diese mit seinen Mitarbeitern zu besprechen. Für die Aufarbeitung der Ergebnisse kann er einen externen Berater hinzuziehen. Vorgesetzte oder Personalmanagement werden bewusst nicht in die Information über die Ergebnisse eingeschaltet. Der Grund dafür ist, dass mögliche »Risiken« für den Vorgesetzten so gering wie möglich gehalten werden sollen. Ziel ist es, dem Vorgesetzten die Möglichkeit zu geben, in einen Spiegel mit dem Wahrnehmungsbild seiner Mitarbeiter hineinzuschauen. Die Wahrscheinlichkeit, dass ein verantwortungsbewusster Vorgesetzter daraus für sich die Konsequenzen zieht, ist nach den bisher gemachten Erfahrungen groß.

Nachdem das Instrument zunächst zwei Jahre auf freiwilliger Basis durch die Vorgesetzten eingesetzt wurde und eine äußerst positive Resonanz erfahren hatte, wird es derzeit verbindlich auf weltweiter Basis für den MC I und II eingeführt.

Für die Zukunft planen wir, dieses Feedback-Instrument durch die Entwicklung des Inter-/Intranet zu unterstützen, also zur »Online-Befragung« überzugehen. Auf diese Weise wird die Geschwindigkeit des Rückmeldeprozesses deutlich erhöht und damit die Spontanität des Prozesses verbessert.

Management-Competencies-Assessment und Führungsdialog werden von Fall zu Fall durch gezielte (interne) Kundenbefragungen und Kollegenbeurteilungen ergänzt. Auf eine institutionalisierte Anwendung der 360°-Beurteilung haben wir bewusst verzichtet, da es sich dabei um einen äußerst aufwendigen Prozess handelt, der bei flächendeckender Anwendung zu einer nicht mehr vertretbaren Zeitbelastung der Beteiligten führt, ohne den »Added-Value« deutlich zu erhöhen.

5. Development-Center

Für die Nachfolge- und Entwicklungsplanung von Führungskräften ist nicht nur die Einschätzung der aktuellen Leistung und des aktuellen Leistungs- und Führungsverhaltens entscheidend, sondern insbesondere auch die Frage nach dem Potenzial einer Führungskraft. Als Instrument hierzu wird bei Henkel das Development-Center eingesetzt. Dabei handelt es sich methodisch um ein Assessment-Center zur Potenzialanalyse. Maßstab sind die bereits erwähnten zwölf Kriterien der Führungseignung, die anhand von Fallstudien, Gruppenarbeiten, Führungsgesprächen, Präsentationen und Tests für jede teilnehmende Führungskraft bewertet werden. Die Aufgaben bestehen aus Arbeitsstichproben einer Führungskraft auf einem über dem bisherigen Job-Level liegenden Niveau. Der Vorteil der AC-Methode besteht darin, Gruppenübungen anwenden zu können, um die soziale Kompetenz in komplexen Gruppensituationen beobachtbar zu machen. Als Beobachter fungieren in der Methode geschulte Linienvorgesetzte, die durch externe Fachleute, zumeist Psychologen, unterstützt werden. Die Beurteilungsergebnisse werden zu ausführlichen Gutachten je Teilnehmer zusammengefasst und dann in Einzelgesprächen mit dem Teilnehmer ausführlich besprochen. Bei diesem Entwicklungsgespräch werden gezielte individuelle Personalentwicklungsmaßnahmen und mögliche weitere Entwicklungsschritte vereinbart. Ein wichtiger zusätzlicher Effekt der AC's wurde dadurch erzielt, dass sich durch die Beteiligung der überwiegenden Mehrheit der Mitglieder des oberen Management als Beobachter an den Development-Center mittlerweile ein Konsens im Unternehmen über Kriterien und Maßstäbe der Bewertung der Managementpotenziale ergeben hat.

Die Development-Center werden weltweit durchgeführt und sind Voraussetzung für die Beförderung in den Management-Circle I und IIa. Dabei sind sie nicht als striktes Auswahl-Assessment zu verstehen, sondern als ein individuelles Entwicklungsinstrument, das ergänzende und/oder bestätigende Informationen liefert.

6. Management-Review

Die Ergebnisse aller Beurteilungsinstrumente fließen zusammen im Management-Review und werden in einer unternehmensbereichsbezogenen Potenzialanalyse zusammengefasst. Das Management-Review ist in seinem Kern ein jährliches Gespräch, das der Leiter des Personalmanagements mit dem Leiter der Unternehmensbereiche führt. Inhalt ist der Abgleich der personellen Anforderungen aus der jeweiligen Geschäftsstrategie mit der konkreten Personalsituation, insbesondere im Hinblick auf Nachfolgeplanung und Potenzialeinschätzung der Mitarbeiter in den oberen Führungsebenen. Beim Management-Review werden alle Führungs- und Führungsnachwuchskräfte in eine Matrix mit den Dimensionen »beobachtbare Leistung« und »vermutetes Potenzial« für weiterführende Aufgaben eingeordnet. Jede dieser Dimensionen wird mit jeweils drei Ausprägungsgraden dargestellt, so dass insgesamt neun Einordnungsmöglichkeiten entstehen.

Das Ergebnis dieser Einstufung ist die Grundlage für konkrete Entscheidungen über Entwicklungsmaßnahmen, über Job-Rotation oder Versetzungen, schließlich über Nachfolgeregelungen und die Besetzung von Führungspositionen.

Gleichzeitig gewährt die Matrix über die tatsächliche Belegung der einzelnen Leistungs-/Potenzialfelder einen Überblick über das aktuelle Kompetenz-Portfolio einzelner Organisationseinheiten bzw. des gesamten Unternehmens. Dies bietet die Grundlage, um strategische Entscheidungen im Hinblick auf das Kompetenz-Portfolio im Unternehmen zu fällen und entsprechende Maßnahmen einzuleiten (Abb. 6).

• neu in Firma und oder Aufgabe • hohes Potenzialversprechen → muss zügig Startphase überwinden → kurzfristige Entwicklungsschritte Ziel: B 1, A 1	• hat bereits Entwicklungsschritte realisiert • hat noch Performance-Spielraum in gegenwärtiger Aufgabe → an individuelles Leistungsmaximum heranführen → Aufstiegsposition sorgfältig suchen Ziel: A 1	• deutliche Entwicklungsmöglichkeit über gegenwärtige Aufgabe hinaus → durch planmäßige Herausforderung entwickeln → Ausstiegsgefahr minimieren Ziel: neue Position	1
• neu in Firma und/oder Aufgabe • Potenzial erkennbar, gefördert zu werden → Startphase überwinden → Entwicklungsschritte Ziel: B 2, A 2	• Stärken und Schwächen noch nicht realisiert → an konkreten Aufgaben Fähigkeiten prüfen → den nächsten Entwicklungsschritt klären Ziel: A 2	• solide Anzeichen, dass Potenzial noch nicht ausgeschöpft → sorgfältiges Heranführen an erweiterte Aufgaben Ziel: mittelfristige Perspektiven entwickeln	2
• Leistungsmängel • Weiterentwicklung in derzeitiger Aufgabe erfolglos → Trennung, Versetzung Ziel: Veränderung	• zuverlässiger Mitarbeiter • weiteres Entwicklungsotenzial nicht erkennbar → Führungsmaßnahmen, um Leistung und Motivation zu halten bzw. zu verbessern Ziel: A 3	• MA mit großer Erfahrung • Dauerleistungsträger auf hohem Niveau • Entwicklungspotenzial ausgeschöpft → Motivation erhalten, u.a. durch adäquate Dotierung Ziel: Halten	3
C	B	A	

Abb. 6: Leistungs-/Potenzial-Analyse

7. Job-Rotation und Trainingsprogramme

Die Ergebnisse der unterschiedlichen Bewertungs- und Beurteilungsinstrumente fließen schließlich in gezielte Förderungskonzepte für die einzelne Führungskraft. Erst die enge und systematische

Koppelung von Bewertungs- und Entwicklungsmaßnahmen führt zu einem geschlossenen Personalentwicklungskonzept. Verantwortlich dafür, dass diese Vernetzung entsteht, sind in der Personal-Organisation unseres Unternehmens Key-Accounts, d.h. Personalbetreuer für die einzelnen Unternehmensbereiche, die sicherstellen, dass Erkenntnisse und Maßnahmen für die einzelne Führungskraft ineinander greifen und systematisch verfolgt werden.

Die Informationen aus Management-Competencies-Assessment und Development-Center bilden daher auch eine wesentliche Basis für konkrete Trainingsmaßnahmen oder systematische Job-Rotationen. Job-Rotationsmaßnahmen zielen auf das Gewinnen neuer Erfahrungen sowohl in neuen Aufgaben als auch in anderen Ländern ab. Neben der Tatsache, dass insbesondere junge Nachwuchskräfte die frühe Herausforderung im Ausland suchen, legen wir als internationales Unternehmen großen Wert auf eine gezielte Förderung von interkulturellen Kompetenzen. Grundsätzlich gilt bei Henkel, dass die Übernahme höherwertiger Führungsaufgaben multifunktionale und multinationale Erfahrung voraussetzen soll. Wir nennen das Tripple-2-Bedingung und meinen damit, dass Führungskräfte ab einer bestimmten Managementebene Erfahrung in mindestens **zwei** unterschiedlichen Unternehmensbereichen, in **zwei** verschiedenen Funktionen und in **zwei** verschiedenen Ländern gesammelt haben sollten.

Das Management-Training baut auf fünf unterschiedlichen Stufen von Qualifizierungskriterien auf, denen jeweils Trainingsinhalte zugeordnet werden. Angefangen von Fachwissen über Sozialkompetenz, Führung und strategischen Managementfähigkeiten bis hin zur Fähigkeit zur Vermittlung und Gestaltung der Unternehmenskultur (Abb. 7).

Management-Training hat neben der Vermittlung von Wissen, Fähigkeit und Verhalten in der Henkel-Gruppe vor allem aber auch das Ziel, Gruppenidentität zu schaffen, internationale Netzwerke aufzubauen, Verständnis von Zielen, Strategien und Verhaltensweisen zu vermitteln. Dementsprechend wird ein wesentlicher Teil der Seminare als Corporate Seminare international durchgeführt. Diese Seminare sind in unserer Henkel Global Academy zusammengefasst und stellen ein systematisches Angebot an Führungs-, General-Management und international ausgerichteten Fachseminaren dar. Die

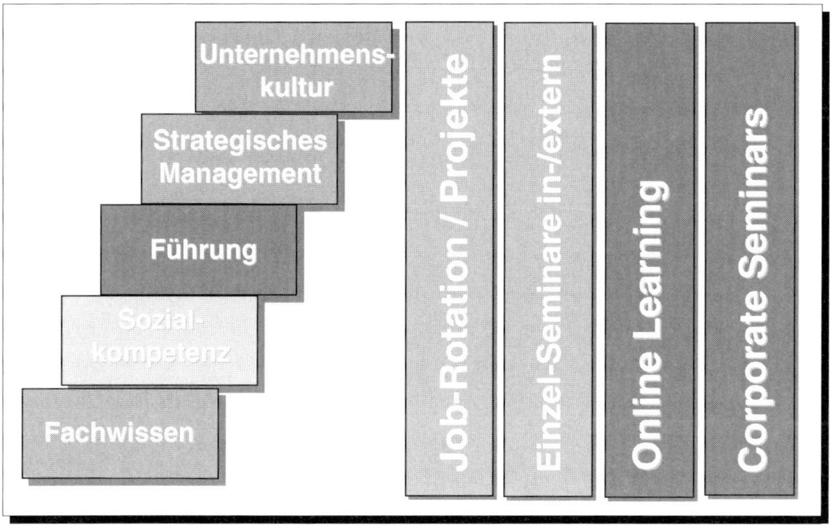

Abb. 7: Entwicklung der Qualifikation

Seminare verbinden Henkel-Managementwissen und Henkel-Werte mit neuesten Erkenntnissen aus der Wissenschaft und den unterschiedlichen Feldern der internationalen Unternehmenspraxis. Kooperationspartner der General-Management-Seminare sind daher verschiedene europäische und außereuropäische Universitäten. Die Global Academy zielt schließlich auch darauf ab, die Lernfähigkeit der Gesamtorganisation zu verbessern, den Ideen- und Wissensstrom im Unternehmen zu intensivieren und die Umsetzung vorhandenen Wissens zu beschleunigen. Mit der Entwicklung und Implementation des Systems Techknowledgy haben wir einen ersten Schritt gemacht, um Lernprozesse und Wissensmanagement miteinander zu verknüpfen. Wir erwarten daraus neue Synergien, aber auch neue Impulse für den Lernprozess im Unternehmen (Abb. 8).

Ergänzend zu der Global Academy, die auf dem klassischen Classroom-Learning basiert, haben wir ein Programm von Online-Learning-Aktivitäten entwickelt und bereitgestellt. Auf diese Weise wollen wir einerseits aktuelle unternehmensbezogene Inhalte schnell an jeden Standort in der Welt vermitteln können, andererseits aber auch individuell zu steuernde Lernprozesse unterstützen. Das Programm reicht heute schon von henkelspezifischem Prozess- und Methodenwissen bis hin zu einem General-Management-Programm.

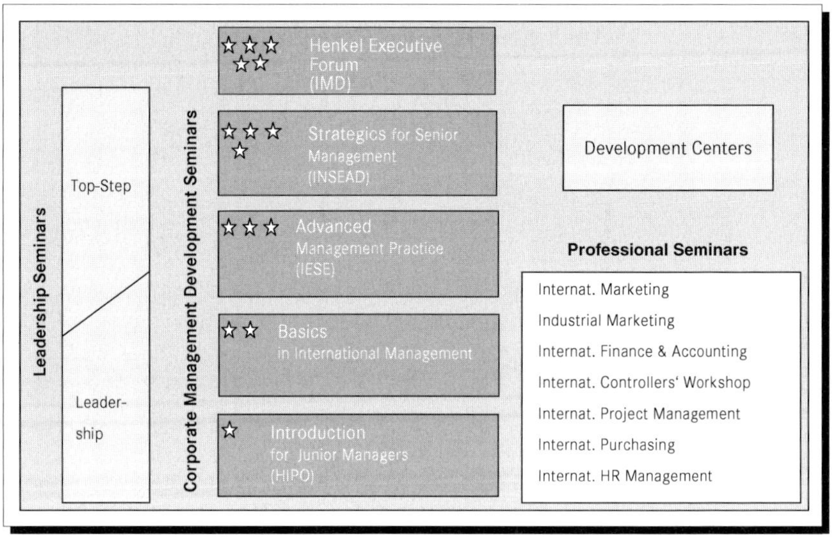

Abb. 8: A System of Corporate Seminars

Neben den internationalen Trainingsaktivitäten stehen natürlich jeweils länderspezifische Seminaraktivitäten, mit denen die besonderen lokalen Fortbildungsbedarfe abgedeckt werden.

Fortbildungsmaßnahmen haben bei Henkel traditionell einen hohen Stellenwert, sowohl unter dem Aspekt der individuellen Förderung unserer Mitarbeiter, aber auch als Teil einer auf Wandel und Veränderung ausgerichteten Managementkultur. Rückblickend können wir feststellen, dass die Konzeption unseres schon sehr früh auch international ausgerichteten Managementtrainings einen bedeutsamen Beitrag zur Internationalisierung der Henkel-Gruppe geleistet hat.

Bei der Frage, wie wir den Erfolg unserer Personalentwicklung messen, verweisen wir auf den Erfolg unseres Unternehmens. Aus unserer Sicht bildet die Personalstrategie einen integrierten Bestandteil der Unternehmensstrategie und muss sich deshalb auch an den konkreten Unternehmenswertkategorien messen lassen.

Henkel

Vertraulich

Name des Mitarbeiters

Organisationseinheit

Führungskreis

Datum

Beurteilungsskala						
Deutlicher Entwicklungsbedarf		Entwicklungsbedarf		Entspricht voll den Anforderungen		Deutliche Stärke
1.0	1.5	2.0	2.5	3.0	3.5	4.0

1. Fähigkeit, andere zu beeinflussen – Nutzt effektiv verschiedene Kommunikationswege und -techniken, bewirkt Engagement und beeinflusst andere, Leistungen zu erbringen, die den Anforderungen entsprechen oder darüber hinaus gehen.

2. Engagement – Zeigt konstant ein hohes Niveau an persönlicher Energie, ist in der Lage, ein hohes Maß an Begeisterung bei anderen zu erzeugen.

3. Teamarbeit – Entwickelt und fördert kooperative Arbeitsbeziehungen sowohl innerhalb des Verantwortungsbereiches als auch organisationsübergreifend.

4. Veränderungsfähigkeit – Leistet in der Organisation einen wesentlichen Beitrag dazu, notwendige Veränderungen rechtzeitig zu erkennen, einzuleiten und effizient umzusetzen.

5. Ergebnis-Orientierung – Erreicht dauerhaft vereinbarte Ziele innerhalb der vorgegebenen Zeitrahmen, kann etwas bewirken.

6. Kundenbewusstsein – Erzeugt eine positive kundenorientierte Haltung gegenüber internen und externen Kunden und leistet einen nachvollziehbaren Beitrag, der zu einer kontinuierlichen Verbesserung der Kundenzufriedenheit führt.

7. Risikobereitschaft – Hat die Bereitschaft, Entscheidungen zu treffen und Maßnahmen zu ergreifen in Situationen, in denen der potenzielle Nutzen groß, das Eintreffen des Ergebnisses aber unsicher ist.

8. Geschäftswissen – Besitzt eine umfassende Kenntnis der Produkte, Serviceleistungen, Kundenbedürfnisse und des Wettbewerbs und ist in der Lage, dieses Wissen zur Verbesserung der Unternehmensergebnisse einzusetzen.

9. Konzeptionelles/Analytisches Denken – Führt strategische Überlegungen auf der Basis fundierter Analyse durch, entwickelt kreative Lösungen für komplexe Probleme.

10. Globale Perspektive – Zeigt Verständnis für geschäftliche Sachverhalte und Prozesse, die interne und externe Kundenbeziehungen in der ganzen Welt beeinflussen

11. Antrieb zur Leistungssteigerung – Stellt hohe Ansprüche an die eigene Leistung und an die seiner Mitarbeiter*, zeigt dauerhaft die Fähigkeit, herausfordernde Ziele zu verfolgen und zu erreichen.

12. Fähigkeit, Mitarbeiter zu entwickeln – Erkennt die Notwendigkeit der kontinuierlichen Weiterentwicklung der Mitarbeiter, implementiert kurz- und langfristige Maßnahmen, um dies zu erreichen.

Zusammenfassung des Assessment der Management Competencies:

Mitarbeiter

Vorgesetzter

Nächsthöherer Vorgesetzte

*) nur für Mitarbeiter mit Personalverantwortung

Abb. 9: Management-Competencies-Assessment
Henkel-Gruppe Führungskreis I–III

Entwicklungsbedarf:

-

-

-

Entwicklungsmaßnahmen: Durch:

-

-

-

Fortschrittskontrolle/Ergebnis

Wir haben den Entwicklungsplan besprochen und sind bereit, die für die Erreichung der festgelegten Ziele notwendige Zeit, Anstrengungen und Ressourcen bereitzustellen.	
Mitarbeiter	Datum
Vorgesetzter	Datum
Nächsthöherer Vorgesetzter	Datum

2. Globalisierung versus Lokalisierung der Personalkonzepte

von Andreas Benkowitz

Inhaltsverzeichnis

Globalisierung zumindest aber Internationalisierung ist ein starker Trend für viele Unternehmen. Wie sehen Personalkonzepte in diesem Trend aus? Mehr Globalisierung? Oder gerade Rückbesinnung auf lokale Stärken? Sicherlich ist dies vor allem in Abhängigkeit des jeweiligen Unternehmens zu sehen. Wenn Mitarbeiter der entscheidende Wettbewerbsvorteil sind, braucht man andere Konzepte, braucht man Personalabteilungen, die dicht an den Entscheidungsträgern sitzen und mitentscheiden. Es hängt dann eher von der Unternehmensstrukur ab, ob die Personalkonzepte zentral oder stärker lokal geprägt ist. Entsprechend der Organisationsstruktur stellen sich dann die Personalabteilungen auf. Zentralisierung ist in vielen Fällen strategisch wichtiger oder einfach effizienter. Andererseits sind Innovationen in einem sich schnell ändernden Umfeld überlebenswichtig für eine Organisation. Diese finden sich jedoch nur dann, wenn lokalen Personalbereichen genügend Freiraum gegeben wird und die Bereitschaft existiert, lokale Best-Practices regional bzw. weltweit zu implementieren. Wirkliche Innovationen sind in einer rein zentralen Organisation sehr selten. Dieser Artikel hat keineswegs den Anspruch der Allgemeingültigkeit. Vielmehr wird dar-

gestellt, wie Microsoft mit seinen Personalkonzepten agiert. Es werden einige der zentralen Elemente der weltweiten, regionalen und lokalen Personalarbeit beschrieben. Dabei werden auch die Gründe und Ursachen dargelegt, weshalb diese Konzepte gobal, regional oder lokal implementiert wurden.

1. Die Entwicklung der Personalkonzepte bei Microsoft

Die Personalkonzepte haben sich bei Microsoft parallel mit den Herausforderungen an die Firma entwickelt. In der ersten Phase der Internationalisierung der Firma wurden Niederlassungen in Ländern außerhalb der USA gegründet. In dieser Phase wurden die Personalkonzepte – zu diesem Zeitpunkt vor allem Richtlinen – komplett vom Corporate Headquarter heraus entwickelt und implementiert. Die Organisationen in den Ländergesellschaften waren zu diesem Zeitpunkt zu klein, um Personalverantwortliche in den Niederlassungen einzustellen. Es galten die weltweiten Konzepte und diese wurden implementiert.

Mit dem Wachsen der Auslandstöchter übernahmen die jeweiligen Country-General-Manager neben ihren Aufgabenstellungen in Vertrieb, Marketing und Support auch die anfallende Personalarbeit – nach Vorgaben der Corporation – für ihr Land. Mit wachsendem Umsatz und steigender Mitarbeiterzahl war dies ab einer Größenordnung von ca. 50 Mitarbeitern nicht mehr als zusätzliche Aufgabe zu bewältigen. Die Corporate HR-Abteilung begann daraufhin, zusammen mit dem entsprechenden Land, einen lokalen Personalleiter einzustellen. Dieser berichtete direkt an den jeweiligen Country-General-Manager und indirekt an die Fachabteilung in USA. Mit dieser Dezentralisierung der Personalabteilungen ging in vielen Bereichen auch die Dezentralisierung der Konzepte einher. Zwar gab es weiterhin globale Programme (z. B. Stock-Option-Pläne) aber durch die starke Anbindung an die jeweilige Landesorganisation entstanden lokale Konzepte, um sich den jeweiligen lokalen Gegebenheiten optimal anpassen zu können. Dabei galt es inbesondere das starke Personalwachtum optimal zu begleiten.

Mit dem Wachstum von Microsoft wurden immer mehr lokale Personalabteilungen aufgebaut. Als in der Region EMEA (Europe, Middle East, Africa) mehr als 15 dezentrale, lokale Personalabteilungen entstanden waren, führte man eine weitere Ebene, den regionalen Personalbereich ein.

Von dort wird die Arbeit der lokalen Personalabteilungen in EMEA koordiniert, und insbesondere die Verbindung zwischen den lokalen Personalabteilungen und der Corporation hergestellt. Dabei werden regionale Konzepte entwickelt, die eine angemessene Mischung aus Effizienz und Synergien einerseits und Anpassung der globalen Konzepte an die lokalen Notwendigkeiten andererseits ermöglicht.

1.1 Strukturierung der Personalkonzepte

Die operative Personalarbeit bei Microsoft ist überwiegend dezentral geprägt. Die dahinter stehenden strategischen Personalkonzepte hingegen stellen einen Mix aus globalen, regionalen und lokalen Programmen dar. Einerseits muss den lokalen Gegebenheiten Rechnung getragen werden, andererseits ist regionale bzw. weltweite Konsistenz wichtig. Die internationale Ausrichtung der Personalarbeit versucht die Effektivität durch den Einsatz von einmal entwickelten und standardisierten Programmen und Werkzeugen zu erhöhen. Dabei wird den Ländergesellschaften andererseits genügend Spielraum gelassen, damit sich Innovationen entwickeln können. Viele der besten Konzepte sind zunächst lokal entwickelt worden, bevor sie regional oder weltweit übernommen und implementiert wurden.

Im Spannungsfeld von lokalen Gesetzen und einer zunehmenden Transparenz ist der Aspekt der Gleichbehandlung von Mitarbeitern über politische Grenzen hinweg ebenfalls ganz entscheidend für eine positive, global geprägte Firmenkultur.

Unter welchen Bedingungen welche Ausrichtung: Kriterien für die Entscheidung Entwicklung und Implementierung von Personalkonzepten bei Microsoft

Die Entscheidung unter welchen Bedingungen die Personalkonzepte an welcher Stelle in der Organisation entwickelt und implementiert werden, hängt bei Microsoft von einer Reihe von Faktoren ab. Teilweise sind diese sehr spezifisch für die entsprechenden Initiativen und sind nicht immer vollkommen rational. Andererseits gibt es in den meisten Fällen klare Kriterien, an denen entlang sich die Entscheidung treffen lässt, an welcher Stelle im Unternehmen die Konzepte entwickelt und implementiert werden sollten.

1.2 Kriterien für globale Konzepte

Allgemein lässt sich für Microsoft sagen, dass die Konzepte immer dann global entwickelt werden, wenn:

1. es effizienter ist, Konzepte global zu implementieren,
2. man bei der Implementierung der Programme der Gesetzgebung der USA unterliegt,
3. Einheitlichkeit aus strategischen Gründen gefragt ist.

Beispiele für größere Effizienz durch Einheitlichkeit ist z. B. das Recruitment mit Hilfe des Internets oder der Aufbau von Informationsstrukturen über Richtlinen und Standard-Prozesse im Intranet.

Ein Beispiel zu Punkt 2. ist der Umgang mit Aktiensparplänen und dem Stock-Option-Plan. Hier zwingt das amerikanische Recht dazu, weltweit einheitliche Standards zu setzen.

Der Hauptgrund für globale Konzepte sind jedoch meistens strategische Überlegungen. Microsoft stellt seinen Managern ein ausgefeiltes Management-by-Objectives-System und – damit verbunden – ein klar strukturiertes Leistungsbeurteilungs- und Gehaltssystem zu Verfügung. Die Annahme ist, dass diese Systeme allgemeingültig effizientes Management ermöglichen. Deshalb werden sie weltweit implementiert. Dabei ist das Gehaltssystem ein Beispiel für die Vermischung eines globalen und lokalen Ansatzes: während das System selber global ist, sind die Inhalte (Gehaltsbandbreiten, Positionierung der Jobs in den Gehaltsbandbreiten) selbstverständlich den lokalen Gegebenheiten angepasst.

Global ist auch das weltweite Key-People-Program. Dabei geht es darum, die wichtigsten Mitarbeiter weltweit zu identifizieren, um diese im Gesamtunternehmen entsprechend fördern und platzieren zu können.

Auch die Mitarbeiterbefragung – MS Poll – wird weltweit gesteuert. Hier ist eine Vergleichbarkeit der Ländergesellschaften das Ziel. Mit Hilfe der Ergebnisse können Themen wie Arbeitszufriedenheit, Führung, Abteilungsübergreifende Zusammenarbeit etc. gesteuert werden, und Best-Practices kommuniziert und implementiert werden.

1.3 Kriterien für regionale Konzepte

Ähnlich verhält es sich bei den regionalen Konzepten. Die Kriterien für eine Regionalisierung von Konzepten sind:

- Effizienz
- und strategische Überlegungen.

Darüber hinaus sind es häufig lokale Best-Practices, die regional einen internationalen Testlauf bekommen. Ein Beispiel dafür ist das elektronische Manager-Feedback, das in einer Landesorganisation entwickelt wurde und dann regional aufgegriffen, implementiert wurde und nun auf dem Weg ist, weltweit eingesetzt zu werden.

Auch dort, wo Einheitlichkeit sinnvoll ist, jedoch weltweite Einheitlichkeit keine Priorität hat, sind regionale Konzepte implementiert worden. Beispiele hierfür sind das Management-Curriculum, das regionale Key-People-Program und die Nachfolgeplanung (Succession-Planning).

1.4 Kriterien für lokale Konzepte

Lokale Konzepte werden immer dann implementiert, wenn:

1. lokale Gesetzgebung lokale Ansätze notwendig macht,
2. starke regionale oder kulturelle Unterschiede bestehen,
3. in den gegebenen Freiräumen lokal innovative Projekte entstehen.

Beispiele für 1. und 2. sind z. B. die Gehaltsfindung, die sich am lokalen Arbeitsmarkt orientiert, das gesamte operative Personalgeschäft oder auch spezielle Verhaltenstrainings. Ein Beispiel für lokale innovative Konzepte sind die Learning-Networks.

Personalkonzepte bei Microsoft

Von den globalen Programmen werden im folgenden der Performance-Review, die Mitarbeiterbefragung und das weltweite Key-People-Program (KPP) dargestellt. Im Abschnitt »regionale Konzepte« das Manager-Feedback, das regionale KPP, die High-Potential-Förderprogramme Bench und ExPo, das Basis-Management-Development-Program und die Nachfolgeplanung (Succession-

Planning). Im Abschnitt »lokale Konzepte« werden als ein innovatives lokales Konzept die Learning-Networks dargestellt.

Weltweit	Regional	Lokal
Performance-Review*	Key-People (EMEA) *	Learning-Networks*
MS Poll*	Manager-Feedback*	Gehaltsfindung
Key-People (ww)*	Bench-Programm*	Recruitment
Internet-Recruitment	ExPo-Programm*	
Stock-Option-Plan	Management-Development-Programm*	

* diese Programme werden im Verlauf detaillierter beschrieben

1.5 Globale Konzepte

Performance-Review

Der Performance-Review ist das zentrale Instrument der Personalarbeit bei Microsoft, ein »Management by Objectives«-System (MbO). Ziele des Performance-Reviews sind:

1. mit jedem Mitarbeiter klare und herausfordernde Ziele zu vereinbaren, die einen Bezug zur Gesamtstrategie des Unternehmens herstellen,
2. das Ziel, aber nicht unbedingt den Weg zum Ziel festzulegen, d.h. den Mitarbeitern möglichst viel Freiraum zu schaffen,
3. eine leistungsgerechte Bewertung der Arbeit der Mitarbeiter zu ermöglichen,
4. daraus abgeleitet, eine möglichst leistungsgerechte Bezahlung zu erreichen und auch leistungsgerecht zu befördern,
5. eine schnelle Ausrichtung und Fokussierung der Firma zu ermöglichen, da die festgelegten Ziele direkt aus den Strategien abgeleitet werden.

Die Leistungsbeurteilung findet zweimal jährlich zu festen Zeitpunkten für alle Mitarbeiter (inkl. Manager) statt. In einem Gespräch zwischen Mitarbeiter und Vorgesetztem wird die Zielerreichung für die vergangene Beurteilungsperiode diskutiert und eine Bewertung festgelegt. Diese Bewertung und die Lage des Mitarbeiters in seiner Gehaltsbandbreite bestimmen unmittelbar die Höhe des Bonus für den Mitarbeiter und – einmal jährlich – die Gehaltserhöhung. Es gibt eine Matrix, die diese Werte exakt festlegt. Diese Matrix wird an alle Mitarbeiter kommuniziert.

Im zweiten Teil des Gespräches findet dann die Vereinbarung der Ziele für die nächste Beurteilungsperiode statt. Der Zielvereinbarungsprozess ist weitesgehend ein Top-down-Prozess, d.h. die Unternehmensziele werden in der Organisation zunächst auf Bereich und dann auf alle Mitarbeiter heruntergebrochen. Da dieser Prozess alle sechs Monate stattfindet, ist es möglich, strategische Änderungen schnell in das Unternehmen zu bringen und die Organisation neu zu fokussieren. Ein sehr gutes Beispiel ist das Thema Internet bei Microsoft. Im Dezember 1995 hatte Bill Gates die strategische Fokussierung von Microsoft auf das Internet bekannt gegeben. Im Februar 1996 hatten beinahe alle Mitarbeiter Ziele, die das Thema Internet betrafen.

Ein drittes Element des Performance-Review ist das Thema Mitarbeiterentwicklung und Karriere. Im Review-Gespräch wird dieses diskutiert und entsprechende Maßnahmen festgelegt. Diese Maßnahmen sind on the Job (z. B. spezielle Projekte) oder Trainings oder andere Weiterbildungsmaßnahmen.

Speziell für Vorgesetzte geht es im Review-Gespräch um das Thema Führung. Grundlage der Diskussion ist das Manager-Feedback, das weiter unten beschrieben wird.

Der Performance-Review ist aus strategischen Gründen global implementiert. Das System ermöglicht die Umsetzung der strategischen Ziele eines leistungsorientierten Gehaltssystems, der schnellen Ausrichtung der Organisation bei strategischen Änderungen durch den Zielvereinbarungsprozess und ermöglicht indviduelle Karriere- und Weiterbildungsplanung.

1.6 MS Poll – Die Mitarbeiterbefragung

Ziel der Mitarbeiterbefragung ist es, das Unternehmen aus Mitarbeitersicht zu beleuchten, und auf der Basis dieser Information Verbesserungen zu implementieren.

Die Mitarbeiterarbeiterbefragung findet jährlich statt und wird weltweit zum gleichen Zeitpunkt durchgeführt. Der Datenerhebungsprozess erfolgt dabei komplett elektronisch über das Internet. Dem Mitarbeiter wird per E-Mail ein Link auf die entsprechende Internetseite zugeschickt. Darüber hinaus erhält er ein individuelles Passwort, damit das System die Person identifizieren kann. Diese Information wird nach »abschicken« des Fragebogens sofort gelöscht. Die Mitarbeiter füllen den Fragebogen direkt am PC aus. Die Daten werden direkt in eine Datenbank geschrieben, die früher übliche Erfassung mit Papier und Bleistift entfällt. Dadurch liegen die Ergebnisse der Befragung deutlich schneller vor. Dies führt zu schnellerer Rückmeldung über die Ergebnisse und entsprechende Maßnahmen können zügiger ergriffen werden. Beides erhöht die Akzeptanz der Mitarbeiterbefragung.

Wichtiger als die Befragung selber ist jedoch der Follow-up-Prozess. Sobald die Ergebnisse vorliegen, werden diese dem Management auf den entsprechenden Ebenen im Unternehmen präsentiert, das die wichtigsten drei Themen identifiziert und Aktionspläne erarbeitet. Im unmittelbarem Anschluss werden die allgemeinen Ergebnisse und die Aktionspläne an die Mitarbeiter kommuniziert.

Im nächsten Schritt werden von einem speziell zusammengestellten »Survey-Team« die jeweiligen Ergebnisse der Arbeitsgruppen in den »Survey-Meetings« bearbeitet. Das Survey-Team setzt sich aus Mitarbeitern aus unterschiedlichen Bereichen des Unternehmens zusammen. Aufgabe dieses Teams ist es, die Survey-Meetings durchzuführen. Für diese Meetings werden für jede Gruppe bei Microsoft die Ergebnisse der Mitarbeiterbefragung für diese spezielle Gruppe ausgewertet. In den Survey-Meetings werden die Ergebnisse der Mitarbeiterbefragung dann der jeweiligen Gruppe präsentiert, die zu bearbeitenden Themen definiert, diskutiert und Aktionspläne erarbeitet. Dies geschieht über alle Hierarchiebenen hinweg. Am Ende des Prozesses hat somit jeder Mitarbeiter die Ergebnisse seines Teams im Vergleich zur Gesamtorganisation gesehen, diskutiert, und weiß, an welchen Themen in seinem Team gearbeitet wird.

Die Mitarbeiterbefragung ist ein zentrales Element der »Veränderungskultur« bei MS. Der ständige Prozess von Feedback der Mitarbeiter, Rückmeldung über die Ergebnisse der Befragung, Aktionsplanung und Umsetzung von Verbesserungen, schafft eine positive Schleife, die Mitarbeiterzufriedenheit, Kundenzufriedenheit und die Effizienz und Effektivität des Unternehmens erhöht.

Auch die Mitarbeiterbefragung wird vor allem aus strategischen Überlegungen heraus global umgesetzt. Mitarbeiterzufriedenheit korreliert mit Kundenzufriedenheit; die Situation, die Einstellungen, Gedanken und Gefühle der Mitarbeiter korrelieren mit der Effizienz und Effektivität der Teams in denen sie arbeiten und korreliert mit Fluktuationsraten. Aus diesen Gründen ist es wichtig diese Daten zu haben, um ggf. gezielt und einheitlich Veränderungen herbeizuführen.

Ein weiterer Grund bei der Mitarbeiterbefragung ist die Effizienz. Eine zentrale Stelle für die Steuerung der Umfrage, von der Fragebogenentwicklung bis zur Generierung der Berichte macht den Prozess schlanker, schneller und effizienter.

Key-People-Program (weltweit)

Ein weltweites Programm für High Potentials ist die Key-People-List. In der Key-People-List werden diejenigen ca. 600 Mitarbeiter identifiziert, die die aktuellen und vorraussichtlich künftigen Leistungsträger der Firma sind bzw. sein werden. Dabei wird nach drei Potenzialstufen unterschieden: Potenzial für eine Vice-President-Position, Potenzial für eine General-Manager-Position und »Rising-Stars«. Diese Kandidaten werden in einer Datenbank erfasst, die dem obersten Management zugänglich ist. Dies sorgt für eine bereichsübergreifende Transparenz dieser Personen. Ihre Entwicklungsmaßnahmen werden besonders geplant und sie nehmen an speziellen Weiterentwicklungsprogrammen teil. Wenn im Unternehmen Schlüsselpositionen zu besetzen sind, wird diese Liste herangezogen, um geeignete Kandidaten gezielt ansprechen zu könne. Dieses eröffnet diesen Mitarbeitern einerseits Weiterentwicklungsmöglichkeiten, andererseits hilft es, den konkreten Bedarf der Firma zu decken.

Das weltweite KPP wird ganz klar aus strategischen Überlegungen global implementiert. Die Unternehmensleitung möchte Transparenz über ihre Leistungsträger, um diese entsprechend fördern und platzieren zu können.

1.7 Regionale Konzepte

Manager-Feedback

Ein bereits kurz erwähntes Element des Performance-Review ist das Manager-Feedback. Im Rahmen dieses Feedbacks beurteilen die Mitarbeiter individuell ihren jeweiligen Manager (Buttom-up-Beurteilung). Ziel des Manager-Feedbacks ist es, über das Feedback der Mitarbeiter Führungsverhalten zu verbessern. Aus diesem Grund ist das Manager-Feedback eng mit dem Performance-Review verzahnt. Die Bewertung durch die Mitarbeiter findet unmittelbar vor den Performance-Review-Gesprächen statt. Jeder Mitarbeiter ist aufgefordert, seinen unmittelbaren Vorgesetzten zu beurteilen. Das Feedback wird anonym über eine Intranet-Anwendung gegeben. Nachdem das Feedback »abgeschickt« wurde, kann der Vorgesetzte selber und der Vorgesetzte des Vorgesetzten die konsolidierten Ergebnisse unmittelbar einsehen. Dazu steht ihm ebenfalls eine Intranetanwendung zur Verfügung. Diese erlaubt es, die Ergebnisse unmittelbar nach dem Eintrag durch die Mitarbeiter zu konsolidieren, sowie Berichte über einzelne Organisationseinheiten zu erstellen. Dies ermöglicht eine extrem zeitnahe Auswertung, was die Akzeptanz der Ergebnisse erhöht und diesen Prozess in dieser Form überhaupt erst praktikabel macht.

Die Ergebnisse werden dann im Performance-Review des Managers diskutiert und gehen in die Leistungsbewertung des Managers ein. Darüber hinaus werden die Ergebnisse genutzt, um einen Entwicklungsplan für den Manager zu erstellen. Ergebnis sind dann individuelle Trainingspläne, ggf. mit Coaching-Elementen, speziellen Unterstützungsmaßnahmen oder einfach nur speziellen Aspekten des Führungsverhaltens, auf die der Manager in den nächsten Monaten sein Hauptaugenmerk legt.

Das Manager-Feedback hat sich als ein sehr erfolgreiches Instrument erwiesen. So hat sich die durchschnittliche positive Beurteilung des Führungsverhaltens in den letzten zwei Jahren um über 15% gesteigert. Das unmittelbare Feedback ermöglicht die Fokussierung auf die wahrgenommenen Schwächen, an denen dann gearbeitet wird.

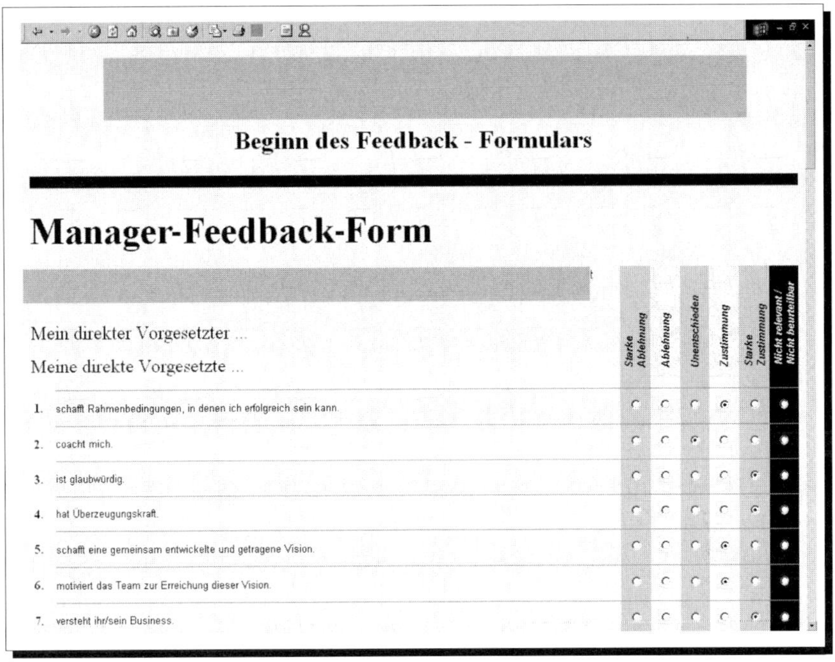
Beginn des Feedback - Formulars

Manager-Feedback-Form

Mein direkter Vorgesetzter ...

Meine direkte Vorgesetzte ...

	Starke Ablehnung	Ablehnung	Unentschieden	Zustimmung	Starke Zustimmung	Nicht relevant / Nicht beurteilbar
1. schafft Rahmenbedingungen, in denen ich erfolgreich sein kann.						
2. coacht mich.						
3. ist glaubwürdig.						
4. hat Überzeugungskraft.						
5. schafft eine gemeinsam entwickelte und getragene Vision.						
6. motiviert das Team zur Erreichung dieser Vision.						
7. versteht ihr/sein Business.						

Gleichzeitig zeigt sich, dass das Instrument sehr sensibel ist. Wird vom Manager in der richtigen Art und Weise auf bestimmte Aspekte der Führungsverhaltens fokussiert, verbessert sich innerhalb einer Performance-Review-Periode das Feedback speziell zu diesen Aspekten deutlich.

In der Mitarbeiterbefragung haben die Mitarbeiter sich sehr positiv über das Manager-Feedback und dessen Nutzen geäußert.

Darüber hinaus machen Auswertungen über das Feedback in der gesamten Organisation oder in Organisationsteilen, das Manager-Feedback zu einer soliden Grundlage, um allgemeinen Weiterbildungsbedarf zum Thema Management-Development zu entdecken und festzulegen.

Das Manager-Feedback ist aus einer lokalen Best-Practice entstanden. Eine Länderorganisation hatte aufgrund der Ergebnisse der Mitarbeiterbefragung festgestellt, dass es Mängel im Bereich Mitarbeiterführung gab. Es war strategisch wichtig, das Führungsverhalten zu verbessern. Auf der Basis der Ergebnisse erstellte das Management Team Führungsgrundsätze. Der nächste Schritt war dann, die Umsetzung dieser Grundsätze zu messen. Daraufhin wurde das Manager-Feedback-Tool entwickelt. Es erwies sich als eine sehr hilfreiches und erfolgreiche Innovation, wurde aus diesem Grund zur Best-Practice und dann auch regional implementiert.

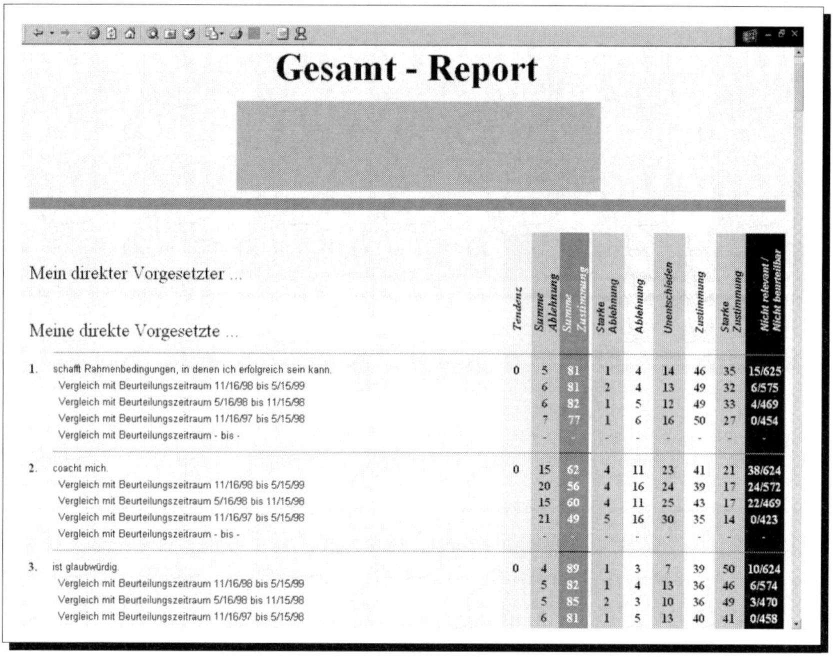

Gesamt - Report

Mein direkter Vorgesetzter ...

Meine direkte Vorgesetzte ...

	Tendenz	Summe Ablehnung	Summe Zustimmung	Starke Ablehnung	Ablehnung	Unentschieden	Zustimmung	Starke Zustimmung	Nicht relevant / Nicht beurteilbar
1. schafft Rahmenbedingungen, in denen ich erfolgreich sein kann.	0	5	81	1	4	14	46	35	15/625
Vergleich mit Beurteilungszeitraum 11/16/98 bis 5/15/99		6	81	2	4	13	49	32	6/575
Vergleich mit Beurteilungszeitraum 5/16/98 bis 11/15/98		6	82	1	5	12	49	33	4/469
Vergleich mit Beurteilungszeitraum 11/16/97 bis 5/15/98		7	77	1	6	16	50	27	0/454
Vergleich mit Beurteilungszeitraum - bis -		-	-	-	-	-	-	-	-
2. coacht mich.	0	15	62	4	11	23	41	21	38/624
Vergleich mit Beurteilungszeitraum 11/16/98 bis 5/15/99		20	56	4	16	24	39	17	24/572
Vergleich mit Beurteilungszeitraum 5/16/98 bis 11/15/98		15	60	4	11	25	43	17	22/469
Vergleich mit Beurteilungszeitraum 11/16/97 bis 5/15/98		21	49	5	16	30	35	14	0/423
Vergleich mit Beurteilungszeitraum - bis -		-	-	-	-	-	-	-	-
3. ist glaubwürdig.	0	4	89	1	3	7	39	50	10/624
Vergleich mit Beurteilungszeitraum 11/16/98 bis 5/15/99		5	82	1	4	13	36	46	6/574
Vergleich mit Beurteilungszeitraum 5/16/98 bis 11/15/98		5	85	2	3	10	36	49	3/470
Vergleich mit Beurteilungszeitraum 11/16/97 bis 5/15/98		6	81	1	5	13	40	41	0/458

Succession-Planning

Microsoft bewegt sich in einem sehr dynamischem Marktumfeld. Dadurch ist die Organisation von ständigen Änderungen geprägt. Dazu kommt durch den großen Erfolg ein starkes Personalwachstum. Umso wichtiger ist es, dort wo es möglich ist, längerfristige Ansätze zu haben. Microsoft hat für die Region EMEA ein Succession-Planning (Nachfolgeplanung) implementiert, das ebenfalls mit dem Performance-Review-Prozess stattfindet. Dabei legt ab einem bestimmten Hierachielevel jede Führungskraft fest, wer ihr/sein potenzieller Nachfolgekandidat/in im Fall der Fälle wäre. Ein Ergebnis kann auch sein, dass es keinen geeigneten Kandidaten gibt. Die Pläne der einzelnen Manager werden dann in den jeweiligen Management-Teams diskutiert und abgestimmt. Es wird auch geprüft, ob eine Manager aus dem Bereich X nicht als Nachfolger für den Manager des Bereiches Y geeignet wäre. Dieses Vorgehen ermöglicht damit auch bereichsübegreifende Wechsel.

Bei der Planung wird unterschieden nach »kurzfristig« (sofort bis max. ein Jahr) und »mittelfristig« zwei bis drei Jahre. Es wird auch geprüft, wie lange ein Manager bereits in seinem aktuellen Job ist, um ggf. rechtzeitig Alternativen aufzeigen zu können. Darüber hinaus deckt das Instrument Lücken auf und ermöglicht es, diese Lücken auch bei Neueinstellungen zu berücksichtigen.

Für die identifizierten Manager werden in Abstimmung mit der Personalentwicklung spezielle Entwicklungspläne mit Maßnahmen erstellt, mit deren Hilfe noch bestehende Schwächen bearbeitet werden.

Die Implementierung des Succession-Planning-Programmes hat strategische Gründe. Das EMEA-Management und das Management der Ländergesellschaften muss wissen, inwieweit bei personellen Änderungen die Nachfolge gesichert ist, bzw. in welchen Bereichen die Lücken existieren, die es zu füllen gilt. Dieses Wissen ermöglicht dann eine gezielte Förderung der potenziellen Nachfolger bzw. gezielte Aktionen für Bereiche, in denen keine Nachfolger zur Verfügung stehen.

Key-People-Program (regional)

Das regionale Key-People-Program ist an das weltweite KPP angelehnt, geht jedoch darüber hinaus. Das Programm hat vor allem zwei Ziele:

1. die wichtigsten Mitarbeiter im Unternehmen gezielt weiterzuentwickeln und zu platzieren,
2. die wichtigsten Mitarbeiter im Unternehmen zu halten.

Im KPP werden die wichtigsten 10% der Mitarbeiter identifiziert. Diese Mitarbeiter können auf allen Ebenen des Unternehmens arbeiten.

Im Rahmen dieses Prozesses werden auch die Mitarbeiter identifiziert, die an den regionalen Förderprogrammen (Bench-Program und ExPo-Program teilnehmen, s.u.). Die Identifikation der Mitarbeiter ist selbstverständlich nur der erste Schritt. In individuellen Gesprächen mit allen KP werden deren aktuelle Situation, ihre Ambitionen und Ziele, Stärken und Entwicklungsbereiche identifiziert und gesammelt. Auf dieser Basis werden individuelle Entwicklungspläne erstellt, und diese Mitarbeiter in spezielle Prozesse, Projekte und Entscheidungen eingebunden, zu denen sie ansonsten an ihrer Position im Unternehmen keinen Zugang hätten. Darüber hinaus werden spezielle Trainingsprogramme aufgesetzt. Auch die Kompensation dieser Mitarbeiter wird sehr genau betrachtet und ggf. angepasst.

Das regionale KPP ist – ähnlich wie dem Manager Feedback – aus einer lokalen Best-Practice entstanden. Eine Länderorganisation, die es für sich als strategisch wichtig ansah, die wichtigsten zehn Prozent der Mitarbeiter besonders zu behandeln, hat das Programm entwickelt. Es erwies sich als sehr erfolgreich und wurde aus diesem Grunde auch regional implementiert.

Das Bench-Programm

Das regionale Bench-Programm ist ein Topmanagement-Entwicklungsprogramm. Pro Jahr werden 20 Mitarbeiter ausgewählt, die das Potenzial haben, Vice Presidents oder General Manager zu werden. Ziel ist es, diese Mitarbeiter auf diese Aufgabe vorzubereiten und entsprechend zu fördern. Das Programm läuft für die Teilnehmer über drei Jahre. Die Hauptelemente sind:

- eine 1 : 1-Betreuung durch Microsoft interne Consultants,
- ein intensives 360°-Feedback,
- spezielle Trainings, die nur dieser Gruppe zugänglich sind,
- ein Mentorprogramm, das den Zugang zum weltweiten Top-Management ermöglicht. Die Mentoren sind in General Manager und Vice Presidents, sowohl in der EMEA-Region, als auch weltweit,
- Teilnahme am regionalen und weltweiten Planungsprozess. In diesem Zusammenhang haben die Teilnehmer auch die Möglichkeit an besonders relevanten, strategischen Projekten mitzuarbeiten und diese dem obersten Management zu präsentieren,
- Ab dem zweiten Jahr werden die Bench-Teilnehmer Mentoren für die ExPo-Teilnehmer. Die Idee ist, dass durch das Mentoring eine Lerngelegenheit für beide Seiten geschaffen wird: die ExPo-Teilnehmer lernen duch das Coaching der Bench-Teilnehmer, die Bench-Teilnehmer lernen, indem sie coachen.

Das EMEA-Bench-Programm hat sich als sehr erfolgreich erwiesen. Die Rückmeldung der Teilnehmer ist exzellent und eine ganze Reihe der heutigen General Manager und Vice Presidents in EMEA waren in den vergangenen Jahren Teilnehmer des Programms.

Das EMEA-Bench-Programm ist aus strategischen Überlegungen implementiert worden. Mit dem starken Wachstum ist die Notwendigkeit verbunden, exzellente Nachfolger für die Vice Presidents und General Manager verfügbar zu haben. Das Bench-Programm dient dazu, diese strategische Aufgabe zu erfüllen.

Das ExPo-Programm

Das regionale ExPo (Executive Potential) Programm zielt auf die Management-Ebene unterhalb der Bench-Programm-Zielgruppe. Pro Jahr werden hier 70 Mitarbeiter ausgewählt, die das Potenzial haben, in EMEA-Positionen oder in den größeren Niederlassungen Direct Report zu den Vice Presidents zu werden, oder in kleineren Niederlassungen General Manager zu werden. Analog zum Bench-Programm ist es das Ziel, diese Mitarbeiter auf diese Aufgabe vorzubereiten und entsprechend zu fördern. Das Programm läuft über zwei Jahre und ist stärker strukturiert und nicht so individuell ausgerichtet wir das Bench-Programm.

Die Hauptelemente von ExPo sind:

- ein Strategie-Training,
- selbstgesteuertes Gruppen-Coaching (Learning-Networks; eine Beschreibung erfolgt weiter unten),
- die Teilnahme an einer Management-Konferenz, die eine Mischung ist aus aktueller Projektarbeit und Assessment-Center,
- ein Mentorenprogramm, in dem den ExPo-Teilnehmern die Bench-Teilnehmer als Mentoren zur Verfügung stehen,
- Teilnahme an den lokalen Planungsprozess und Einbindung in lokale Entscheidungsprozesse. Ziel ist es, den Teilnehmern die Möglichkeit zu geben, ihre Ideen und Vorstellungen stärker einzubringen und sie »sichtbarer« in den höheren Management-Ebenen zu machen.

Ähnlich wie beim EMEA-Bench-Programm ist auch das ExPo-Programm aus strategischen Überlegungen heraus implementiert worden. Mit dem starken Wachstum wurde es wichtig eine noch breitere Basis exzellenter Nachfolger auch für die General Manager kleinerer Länderorganisationen bzw. der Direktoren der großen Ländergesellschaften verfügbar zu haben. Das ExPo-Programm dient dazu, diese strategische Aufgabe zu erfüllen.

Management-Curriculum

Das bereits erwähnte Manager-Feedback ist ein exzellenter Startpunkt für die Weiterentwicklung der Manager. Die Daten lassen sich sehr gut nutzen, um individuellen Entwicklungsbedarf festzustellen und entsprechende Maßnahmen einzuleiten.

Auf der Maßnahmenseite gehen wir davon aus, dass das wesentliche Lernen on the Job stattfindet und *nicht* in Trainings. Herausfordernde Jobs sind deshalb wichtiger für die Entwicklung der Mitarbeiter und Manager als klassische Trainings. Wir nehmen an, dass 70% des Lernens on the Job stattfindet, 20% von Kollegen (z. B. in den weiter unten beschriebenen Learning-Networks) und 10% in Trainings.

Darüber hinaus gibt es selbstverständlich einen allgemeinen Bedarf, der mit weltweiten oder lokalen Angeboten abgedeckt wird. Regional gibt es ein Trainings-Curriculum, an dem alle neuen Manager bei Microsoft in EMEA teilnehmen müssen. Diese Curriculum besteht z. Zt. aus drei Elementen: Management-Fundamentals, Leading-Teams und Management-Essentials.

2. Management-Fundamentals

Management-Fundamentals vermittelt die Grundlagen, die einen guten Start in den neuen Job für neue Manager ermöglichen soll. Themen sind zum einen allgemeine Aspekte von Führung, wie Kommunikation, Konflikte und Motivation, das Führen von Einstellungsinterviews und ein Abschnitt zum »Situational Leadership«. Beim zweiten wesentlichen Teil geht es um Wissen über die Microsoft spezifischen Themen wie das Compensation & Benefits-System bei Microsoft und das wichtige Thema Performance-Management, inkl. Zielsetzungsprozess und Mitarbeiterentwicklung.

3. Leading-Teams

Leading-Teams ist ein weltweit angebotenes Training. Dabei werden Fähigkeiten vermittelt, mit unterschiedlichen Situationen im Team umzugehen, Phasen, die Teams durchlaufen zu verstehen und entsprechend meistern zu können, und die eigene Rolle im Team zu beleuchten.

4. Management Essentials

Management-Essentials ist ebenfalls ein weltweit angebotenes Training. Dieses richtet sich an erfahrene Manager. Ziel ist es, Microsofts Strategien bezüglich Mitarbeiterführung deutlicher zu machen und ein besseres Verständnis für die Komplexität von Führung und des Geschäftes von Microsoft zu bekommen.

Inhaltlich nehmen die Manager an zwei Business-Simulationen teil. Bei der einen geht es um die Darstellung organisationaler Zusammenhänge, um die unterschiedlichen Sichtweisen, die in einer Organisation existieren. Die andere ist eine Simulation, die Zusammenhänge zwischen Entscheidungen in einem Unternehmen und des Marktes aufzeigen.

Weiterhin ist ein Persönlichkeitsinstrument (Myers-Briggs Type-Indicator) in das Training eingebaut, das Führungs- und Entscheidungsstile aufzeigt und eine Reflexion über diese ermöglicht.

Ein weiterer wichtiger Aspekt des Trainings ist das Lernen von erfahrenen Managern. Diese sprechen über ihre Erfahrungen und Strategien, hervorragende Mitarbeiter für Microsoft zu gewinnen, bei Microsoft zu halten und zu entwickeln.

Die Implementierung des verpflichtenden Management-Curriculums hat zwei Gründe. Zum einen ist es strategisch zwingend, gut ausgebildete Manager zu haben. Da die Grundlagen für gutes Management identisch sind, ist eine Zentralisierung sinnvoll. Zum zweiten macht eine zentrale Organisation den Prozess effizienter und – besonders für kleinere Ländergesellschaften – schneller verfügbar.

4.1 Lokale Konzepte

Learning-Networks

Die Learning-Networks sind ein zentrales Element der Führungskräfteentwicklung bei Microsoft Deutschland und ist im Begriff als

Best-Practice regional implementiert zu werden. Die Idee hinter den Learning-Networks ist das Peer-Coaching. Dabei wird davon ausgegangen, dass sich die Situationen von Führungskräften in einer Organisation in vieler Hinsicht gleichen. Im Zusammenhang mit Führung geht es immer wieder um die Themen Kommunikation, Konflikte mit Mitarbeitern, Motivation, Leistungsbeurteilung, Einstellung neuer Mitarbeiter, Teamkonflikte usw. Bei diesen Themen können sich die Führungskräfte gegenseitig sehr gut coachen. In den Gruppen gibt es immer eine Mischung aus Stärken und Schwächen. Das Besondere ist, dass die Gruppen nach einem Trainer geleiteten Kick-off ohne externe Unterstützung weiterlaufen und komplett selbstorganisiert ihr Lernen strukturieren. Die Learning-Networks sind seit über sechs Jahren fester Bestandteil der Führungskräfteentwicklung und werden von den Führungskräften exzellent bewertet.

3. Employability, Verfall der Loyalität oder Selbst-GmbH – Dilemma und Herausforderung des Personalmanagements

von Heinz Fischer und Dr. Silvia Steffens-Duch

Inhaltsverzeichnis

1. Der alte Loyalitätskontrakt gilt nicht mehr

Noch vor 20 Jahren war es nichts Ungewöhnliches, ein ganzes Berufsleben lang beim selben Arbeitgeber, manchmal sogar auf demselben Arbeitsplatz zu verbringen. Beim »Daimler schaffen« – dieser Loyalitätskontrakt galt nicht selten generationenübergreifend vom Großvater bis zum Enkel. Die Basis des Kontrakts war einfach: lebenslange Beschäftigung gegen lebenslange Loyalität. Dieser Vertragsinhalt galt zumindest in vielen Großunternehmen – nicht nur in Deutschland. Neben der sicheren Beschäftigung beinhaltete der Kontrakt auch die Versorgung im Alter und in Notsituationen.

Seit einiger Zeit sieht das Bild ganz anders aus: Die »Stelle fürs Leben« gibt es nicht mehr und wird zunehmend als Anachronismus betrachtet – von einer sicheren Altersversorgung ganz zu schweigen. Arbeitgeber haben ihre Loyalitätsverpflichtung und die Arbeitsplatzgarantie gelockert, während sie gleichzeitig immer mehr vom Humankapital oder »Intellectual Capital« abhängig werden. Denn die Gültigkeit der Gleichung *Humankapital = Commitment × Competencies* ist nicht neu. Die multiplikative Verknüpfung besagt, dass sowohl rationale als auch emotionale Verpflichtung der Mitarbeiter für den unternehmerischen Erfolg gegeben sein müssen. Stellenabbau und Restrukturierungen können zur Folge haben, dass genau das erfolgskritische Humankapital dem Unternehmen verloren geht. Das Gleichgewicht ist durch die arbeitgeberseitige Kündigung des Kontrakts gestört. Folgen sind Loyalitätsschwund, abnehmende Identifikation mit dem Arbeitgeber, sinkende Einsatzbereitschaft bis hin zu innerer und äußerer Kündigung. Aufgrund des fehlenden Loyalitätskontraktes werden heute Wechsel des Arbeitgebers oder in die Selbstständigkeit schneller und häufiger als früher vollzogen. Die begabten Arbeiter setzen sich nicht mehr lange mit ihren »schwierigen« Vorgesetzten auseinander – sie verlassen einfach das Unternehmen. Eine Kündigung, die früher häufig als illoyal, wenn nicht gar unanständig angesehen wurde, ist heute etwas Selbstverständliches. Der individuelle Mensch und das Unternehmen entwickeln sich in einem dynamischen Prozess weiter. Insofern ist es nicht verwunderlich, dass ihre jeweiligen Interessen nur eine gewisse Zeit parallel verlaufen.

Die »neuen« Mitarbeiter sind dadurch gekennzeichnet, dass sie individualistischer, selbstbewusster, egoistischer und anspruchsvoller sind. Die Zahl derjenigen, die ihren Lebenssinn ausschließlich in der Berufstätigkeit sehen, nimmt ab. Die neuen Mitarbeiter suchen Sinn in der Aufgabe und wollen herausfordernde, abwechslungsreiche Tätigkeiten. Sie suchen bewusst und gezielt eine Unternehmenskultur, die mit ihren eigenen Werten und Überzeugungen übereinstimmt. Spaß an der Arbeit und Erlebnischarakter werden ihnen zunehmend wichtig – ebenso wichtig wie materielle und immaterielle Anerkennung ihrer Leistung. Sie bevorzugen eine leistungsbezogene Vergütung und wollen am Unternehmenserfolg beteiligt sein. Das Arbeitsverhältnis wird auf die materielle Austauschbeziehung Arbeit gegen Lohn – bei zurückgehender psychologischer Bindung – zurückgeführt.

Diese veränderten Erwartungen und Einstellungen der Mitarbeiter werden ergänzt von einer grundlegenden Veränderung der Arbeitslandschaft und Weiterentwicklung des Systems Arbeit, die bereits in vollem Gange ist bzw. deren Anzeichen klar erkennbar sind.

2. Portfolio-Worker und »Technomaden« beherrschen die Szene

Nach diesen Zukunftsszenarien lösen sich Unternehmen als festgefügte, konstante Einheiten zunehmend auf. Flexible projekt- und netzwerkartig gebildete Strukturen ersetzen starre Aufbauorganisationen. Die Zukunft der Arbeit wird immer stärker durch Informatisierung und Globalisierung bestimmt. Beispielhaft hierfür seien Teleworking (»Working at any place and at any time«) und Call-Center genannt. Die Zukunft der Arbeit ist virtuell und bringt eine »Networking-Society« hervor. Arbeit wird also immer weniger zeit- und ortsgebunden erbracht. Dadurch werden Organisationen »fluider«. Die Konsequenzen sind weitreichend. Arbeitsmarktforscher erwarten, dass der Anteil der langfristig an das Unternehmen gebundenen Stammbelegschaften zu Gunsten von Randbelegschaften zurückgehen wird. Stellvertretend dafür stehen befristete Anstellungsverträge, Projektaufträge, Teilzeit- und Telearbeit. Mitarbeiter werden künftig in Teams ad hoc in zeitlich befristeten Projekten zusammenarbeiten. Die Networking Society wird die Vollzeiterwerbsgesellschaft ablösen. Das Stichwort »Selbstunternehmer« fällt in diesem Zusammenhang häufiger; ebenso wird von Varianten einer neuen Selbständigkeit gesprochen.

Eine Folge dieser flexibleren Beschäftigungsverhältnisse ist die, dass berufliche Biographien nicht mehr wie gewohnt linear verlaufen, sondern in stärkerem Maße Brüche, Wechsel, Umwege und »Auszeiten« aufweisen. Arbeitgeber werden häufiger gewechselt – wie überhaupt Phasen der abhängigen Beschäftigung mit solchen der Selbständigkeit wechseln. Eine neue Wortschöpfung, die in diesen Zusammenhang gehört, ist »E-Lance-Ökonomie«. Der Begriff – zusammengesetzt aus »Electronic« und »Freelancing« – beschreibt Freiberufler, die sich für bestimmte Aufgaben mit anderen Freelancern und kleinen Firmen zusammenschließen, ihr Know-how Projekt bezogen bündeln und gemeinsam Lösungen suchen. Dabei tauschen sie sich ausschließlich über elektronische Netze aus. Nach Projektende geht der virtuelle Verbund wieder auseinander. Projektbörsen im Internet machen es möglich, dass sich Freelancer rund um den Globus mal hier und mal dort zeitlich befristet andocken. Es ist selbstverständlich, dass diese Menschen ihre Expertise nur dann erfolgreich vermarkten können, wenn sie ihr Wissen und Können, ihre

Kernkompetenzen, permanent weiterentwickeln, ihr Leben lang lernfähig und -willig bleiben. Portfolio-Work bedeutet dementsprechend, dass durch ein Portfolio beruflicher Tätigkeiten das Arbeitsvermögen und der Marktwert durch Skill-Vermehrung zu steigern versucht wird.

Statt ein Berufsleben lang in einem Unternehmen zu verbringen, wird eher die »Patchwork-Biographie« das Bild prägen. Eindeutige und selbstverständliche Qualifikationen, lineare Berufe, Karrieren und Lebenswege werden die Ausnahme sein – mit weitreichenden Konsequenzen einerseits für den Einzelnen, der seinen beruflichen Werdegang gestalten darf/muss und andererseits für die Unternehmen, in Sonderheit das Personalmanagement.

3. Der Wandel erfasst die ganze Arbeitswelt

Wenn auch einige der vorstehend skizzierten Bilder noch Zukunftsmusik sein mögen, gehören andere längst zum betrieblichen Alltag. Wir werden damit konfrontiert, dass Berufsbilder sich überleben, Funktionen Veränderungen unterliegen oder ganz überflüssig werden. Dieser Wandel macht auch vor sehr qualifizierten Funktionen nicht Halt: Als Beispiel seien nur der Devisenhändler, der in europäischen Währungen handelte und dessen Aufgabe durch die Einführung des Euro obsolet wurde, genannt oder der Börsenmakler, dessen Funktion durch die Computerbörse stark verändert wurde – von den vielen verarbeitenden Funktionen im Backoffice ganz zu schweigen. Durch sich wandelnde Marktstrukturen und Kundenwünsche entfallen nicht nur Arbeitsinhalte, es kommen auch völlig neue Aufgabenfelder hinzu, die mit aktuellen Mitarbeiterressourcen nicht oder nicht ausreichend bearbeitet werden können. Ein solches Beispiel ist das Aufblühen des E-Commerce, das schon jetzt viele Branchen und Unternehmen spürbar tangiert. Der künfige Einfluss des E-Business auf die Arbeit lässt sich nur erahnen. Sicher ist, dass sich die Arbeit immer weniger herkömmlichen, starren Arbeitsplatzbeschreibungen fügt und teilweise ihren festen Standort verliert. Laptops und Netzwerkverbindungen und das Konzept des Homeoffice ersetzen feste Büros und Schreibtische. Virtuelle Arbeitsgruppen, deren Teammitglieder sich nicht mehr tagtäglich treffen müssen, bestimmen die

Szene. Die Kommunikationstechnik ermöglicht jedem den Zugang zu allen Informationsressourcen im Unternehmen, über das World Wide Web auch zu unternehmensexternen Informationen, wo auch immer man sich befindet. Sesshafte Arbeit gehört teilweise der Vergangenheit an, die berufliche Zukunft gehört – übertrieben formuliert, aber bei Softwarespezialisten bereits Realität – hochqualifizierten Nomaden mit spürbar höherer Flexibilität und Reaktionsgeschwindigkeit.

4. Differenzierte Personalarbeit für die »Wissenskapitalisten« und die durch Funktionsänderung betroffene Belegschaft

Welche Aufgaben kommen in diesen neuen, differenzierten Beschäftigungsstrukturen auf die Personalarbeit zu? Wie können die Besten, das »intellektuelle Kapital«, gebunden werden? Und wie kann ihre Leistungsfähigkeit in Leistung umgesetzt werden? Wie kann der Frage und Forderung dieser selbstbewussten Leistungsträger nach Steigerung ihres Marktwertes begegnet werden? Wie kann der unabwendbare Wandel für die von Funktionsveränderung bzw. -wegfall Betroffenen menschlich gestaltet werden? Wenn keine lebenslange Beschäftigungssicherheit geboten wird, was ist stattdessen »drin für mich«? Auf all diese Fragen muss ein professionelles HR-Management eine Antwort haben. Das Management von Loyalität ist eminent wichtig, denn loyale, kompetente und freundliche Mitarbeiter sind eine Voraussetzung für Kundenzufriedenheit, Kundenbindung und letztlich geschäftlichen Erfolg.

Einige wirkungsvolle Instrumente und Programme zum Aufbau und zur Förderung von Commitment (*Silvia Steffens-Duch*, »Commitment – die Bank im Urteil der Mitarbeiter« in Die Bank, 3/2000) und Leistung sind in der Deutschen Bank bereits erfolgreich eingesetzt worden und sollen im Folgenden näher beschrieben werden. Hierdurch schaffen wir einerseits die Rahmenbedingungen für die Entwicklung und Veränderungsfähigkeit der einzelnen Menschen und andererseits fördern wir das Commitment von Know-how- und Leistungsträgern.

- **Kompetenzmodell als Grundlage des Personalinstrumentariums**

Ein anspruchsvolles Personalprojekt der letzten Zeit war die Entwicklung und Einführung eines »DB-Kompetenzmodells« (*Heinz Fischer/Silvia Steffens-Duch,* »Den Wandel menschlich gestalten – Aspekte fortschrittlichen Personalmanagements am Beispiel der Deutschen Bank« in »Wege zum Vitalen Unternehmen«, *Fuchs, Jürgen* (Hrsg.), Wiesbaden, 1999) als Grundlage für unser gesamtes Personal- und Führungsinstrumentarium. Unter einem Kompetenzmodell verstehen wir die zusammenfassende Beschreibung von Verhaltensrepertoires, über die Mitarbeiterinnen und Mitarbeiter verfügen müssen, um in einem bestimmten organisatorischen Kontext erfolgreich zu sein. Diese Verhaltensrepertoires sind erfolgskritisch und zukunftsorientiert definiert und leiten sich aus der Unternehmensstrategie und den Markterfordernissen ab.

Kompetenzen beruhen auf einer Reihe unterschiedlicher persönlicher Attribute (z. B. Erfahrung, Wissen und Verständnis, Fähigkeiten und Fertigkeiten, Einstellungen, Motive und tieferliegenden Eigenschaften). Das Kompetenzmodell macht transparent, welche Kompetenzen in Zukunft für eine derzeitige oder eine mögliche zukünftige Funktion entscheidend sind und dient somit als Orientierungshilfe. Durch diese *Transparenz über Leistungserwartungen und Entwicklungsmöglichkeiten* wird der Mitarbeiter maßgeblich am Erhalt und Ausbau seiner Employability (Beschäftigungsfähigkeit) beteiligt. Diese Transparenz über notwendige und wünschenswerte Kompetenzerweiterung und die Schritte dahin erleichtert ebenso, den eigenen Marktwert – intern oder extern – zu steigern.

- **Leadership ist gefragt**

Strategische Initiativen müssen in immer kürzerer Abfolge durch die Mitarbeiterinnen und Mitarbeiter umgesetzt werden. Hierfür benötigen sie Wissen, Erfahrung und Führung durch Vorgesetzte, die auf Basis eines gemeinsamen Werteverständnisses motivieren und unterstützen, klar definierte Ziele zu erreichen. Hier haben wir es mit einer gravierenden Veränderung im Verhältnis zwischen Führungskraft und Geführtem zu tun: Während früher ein »Vorgesetzter« hierarchisch legitimiert war, erhält die neue Führungskraft diese

Legalisierung nicht von oben, sondern aufgrund persönlicher Autorität und aus der Akzeptanz der Geführten. Sie wird nicht verliehen, sondern erworben. Diese Perspektiven vermittelnde Führungsqualität heißt Leadership. Diese veränderte Rolle sieht auch vor, dass Leader eingespannt sind in ein Netz von Beziehungen zwischen Partnern, die gleichberechtigt sind. Wir haben unsere Bemühungen intensiviert, um »Leader« zu entdecken, für unser Unternehmen zu gewinnen und Leadership-Qualitäten weiter zu entwickeln. Die Bank braucht Führung auf allen Ebenen. Deswegen sind unsere Programme für alle gedacht, auch für Nachwuchskräfte, die auf die erste Führungsaufgabe vorbereitet werden. Wir bereiten unsere Führungskräfte systematisch auf die veränderten Herausforderungen vor. Wie oben geschildert, müssen sie künftig zunehmend freie Dienstleister und Service-Units koordinieren, die alle die Aufgaben erledigen, die nicht mehr vom eigenen Unternehmen übernommen werden. Dies erfordert gesteigertes Organisationsgeschick, Kommunikationsfähigkeit und natürlich auch das Talent, ein teilweise virtuelles Team zu motivieren und zu Höchstleistungen anzuspornen. Das erfordert Manager neuen Stils, die in der Lage sind, Bindungen zwischen den Beteiligten und an das auftraggebende Unternehmen zu erzeugen.

- **Deutsche Bank University**

Alle Lern- und Entwicklungsprogramme haben wir, basierend auf unserer Konzernstrategie, in einem geschlossenen Konzept zusammengeführt, der »DB University«. Hier wird nicht nur Wissen elektronisch gebündelt und vermittelt, es geht vor allem um das Bearbeiten strategischer Fragestellungen in globalen Teams. So werden die persönliche Entwicklung und Strategieplanung sowie die Gestaltung der Unternehmenskultur verzahnt. Gelernt wird in einem didaktischen Mix aus web-basiertem Training, Präsenzveranstaltungen und virtuellen Lernforen, die fallweise durch Tutoren begleitet werden.

Die DB University wird für jeden Geschäftsbereich eine eigene School of Business gründen – sechs existieren bereits – und außerdem bereichsübergreifende Akademien umfassen, wie z.B. die »School of Leadership«. Talente fragen immer öfter danach, was ein Unternehmen tut, um ihren Marktwert zu erhalten und zu steigern. Mit der DB University positionieren wir uns als attraktiver Arbeitgeber mit einer ausgeprägt mitarbeiterorientierten Personalpolitik.

- **Unternehmenskultur und Werte vermitteln Orientierung**

Aus verschiedenen Erhebungen wissen wir, dass die erlebte Unternehmenskultur einen starken Einfluss auf das Commitment der Belegschaft hat. Es geht darum, Werte zu vermitteln und zu teilen, mit denen sich die Know-how-Träger identifizieren können. In Zeiten permanenter Veränderungen und struktureller Brüche geben gemeinsame Werte Orientierung – über Bereichs- und Landesgrenzen hinweg. Unverwechselbare Unternehmenskultur und ausgeprägte Unternehmensidentität fördern die Identifikation und die Leistungsbereitschaft der Mitarbeiterinnen und Mitarbeiter. Wir haben deswegen unser breit angelegtes Programm »Our Identity« fortgeführt und bis in kleinste Einheiten hineingetragen. Dabei standen die Interpretation unserer Werte im Arbeitsalltag und die Übersetzung in Verhaltensmuster im Vordergrund. Jeder in der Bank muss wissen, was die Werte für ihn in seiner Funktion und Rolle bedeuten. Der ganz überwiegende Teil der Mitarbeiterinnen und Mitarbeiter ist davon überzeugt, dass geteilte und gelebte Werte erheblich dazu beitragen, die Ziele des Konzerns, seiner Teilbereiche und jedes Einzelnen besser zu erreichen.

Ein Schlüsselfaktor ist eine offene und vertrauensvolle Kommunikationskultur. Um hierarchieübergreifend, aktuell und umfassend zu informieren und zu kommunizieren, setzen wir alle denkbaren Medien der direkten und indirekten Kommunikation ein. Mitarbeitereinführungsveranstaltungen, regelmäßige Diskussionsrunden mit Vorstandsmitgliedern oder die Homepage des Personalbereichs (*Silvia Steffens-Duch*, »Mit der Personalhomepage wird die Deutsche Bank zum ›employer of choice‹« in PERSONAL, 11/2000) im Intranet, die monatlich ca. eine Millionen Zugriffe verzeichnet, seien hier nur beispielhaft genannt.

Insgesamt sollten wir – und dabei schließen wir unser Unternehmen, die Deutsche Bank, ausdrücklich ein – sehr viel mehr Energien darauf verwenden, auf das »Licht am Ende des Tunnels«, die Vision, aufmerksam zu machen, als einseitig Kosten und Kopfzahlen reduzieren zu wollen.

- **Vergütungskonzepte – als Anreiz nicht zu unterschätzen**

Eine weitere Stellschraube zur Implementierung eines funktionierenden leistungsorientierten Kontraktes ist die Implementierung entsprechender Vergütungskonzepte, die die Honorierung von Leistung ermöglicht. Hierzu gehören das Einführen breiter Gehaltsbänder (Broadbanding), das statt eng definierter Vergütungsbandbreiten auch für Top-Performer eine angemessene finanzielle Honorierung ermöglicht. Ein entsprechendes Grundgehaltssystem wurde in der Deutschen Bank bereits 1995 eingeführt. Dieser erste Teil wurde zwei Jahre später um ein Bonussystem im Zusammenhang mit dem Führen durch Zielvereinbarung für alle außertariflichen Mitarbeiter ergänzt. Im Rückblick können wir festhalten, dass diese Maßnahmen zur Stärkung einer Leistungskultur in der gesamten Organisation beigetragen haben.

Um das Commitment der Topmanager und die Motivation aller Mitarbeiterinnen und Mitarbeiter zu stärken, haben wir unsere Vergütungskonzepte weiterentwickelt und um innovative Programme ergänzt, u.a. um einen Stock-Option-Plan für die oberen Führungskräfte. Für die rund 14 000 tariflich vergüteten Mitarbeiterinnen und Mitarbeiter der Deutschen Bank 24 wurde z. B. im Jahr 2000 eine variable, leistungsorientierte Vergütungskomponente eingeführt. Auch sie können folglich einen Teil ihrer Bezüge eigenverantwortlich steuern. »db-share«, das Belegschaftsaktienprogramm, wurde in weiteren 17 Ländern eingeführt und steht somit fast allen Mitarbeitern zur Verfügung. (Nur an wenigen Standorten stehen noch steuerrechtliche Schwierigkeiten im Wege.) Die hohe Beteiligung zeigt die zunehmende Wertschätzung von Miteigentum und Gewinnbeteiligung.

- **Work-Life-Balance fördert das »Employer-of-Choice-Image«**

Es gibt genug Gründe, im Job etwas kürzer zu treten. Es können Kinder oder pflegebedürftige Angehörige sein oder aber nur der Wunsch nach einer anderen Work-Life-Balance, um sich einfach etwas mehr um persönliche Interessen kümmern zu können. Wer gerne etwas weniger arbeiten möchte, ohne seinen Beruf gänzlich aufzugeben, kann die flexiblen Teilzeitmodelle nutzen. Das Angebot der Altersteilzeit bietet sich auch als gleitender Übergang vom Berufsleben in den Ruhestand an. Wir glauben, dass sich der Trend zu Teilzeitarbeitern auch in Deutschland verstärken wird, weil sich hier Individualisierung aus Sicht der Mitarbeiter und Flexibilisierung aus Sicht des Unternehmens ideal verbinden und beiden Seiten Vorteile bringen.

Vorteile für das Unternehmen sind, dass die individuelle Leistungsbereitschaft und -fähigkeit steigt und dass Auftragsschwankungen aufgefangen werden können. Im Falle der Bankfilialen kann so dem Wunsch der Kunden nach erweiterten Öffnungszeiten entsprochen werden.

Teilzeitmodelle sehen wir im Gesamtzusammenhang der flexiblen Arbeitszeitmodelle, die wir bereits in verschiedenen Formen (Gleitzeit, variable Arbeitszeit, Zeitsparmodelle, Jahresarbeitszeit) breit anwenden. Wir wollen hier weiter arbeiten, weil wir – nicht zuletzt durch regelmäßige Befragung unserer Mitarbeiterinnen und Mitarbeiter – wissen, wie hoch sie Zeitsouveränität gewichten. Aus diesem Grund werden auch Sabbaticals angeboten. Der Sinn eines Sabbaticals liegt in der Möglichkeit, Abstand von der Alltagsarbeit zu gewinnen – im Extrem einem »Burn-out-Syndrom« vorzubeugen – und neue Kraft zu tanken, indem anderen Beschäftigungen nachgegangen wird, welcher Art auch immer diese sein mögen. Wir erhoffen uns bereichernde und belebende Wirkungen für den einzelnen Menschen, die später wiederum positiv auf das Unternehmen rückstrahlen – über größere Zufriedenheit und stärkeres Commitment.

Das jüngste Angebot zur Lebens-, Lern- und Arbeitszeitgestaltung heißt »db-zeitinvest«. Hierbei werden Wertkonten, eingerichtet, in die sich unterschiedliche Vergütungsbestandteile – wie z.B. Grundgehaltsbestandteile, Boni oder Resturlaubstage – einstellen lassen, die sich am Kapitalmarkt verzinsen und deren Guthaben zu einem späteren Zeitpunkt in Form einer befristeten Freistellung von der Arbeit oder zur Verkürzung des Erwerbslebens eingesetzt werden können.

5. Das »Deutsche Bank Mosaik für Beschäftigung« als umfassende Employability-Initiative

Eine lebenslange Arbeitsplatz- oder Beschäftigungssicherheit kann auch in der Deutschen Bank nicht mehr gewährleistet werden. Unter diesen Voraussetzungen wollen wir wenigstens die Beschäftigungsfähigkeit fördern. Natürlich suchen wir zuerst für vom Stellenabbau betroffene Mitarbeiter nach Arbeitsmöglichkeiten innerhalb des Konzerns. Wenn dies erfolglos bleibt, kann verantwortungsvolle Personalarbeit hier nicht stehen bleiben. In unserem Verständnis haben

Mitarbeiter die Aufgabe, sich selbst arbeitsmarktfähig zu halten und die Unternehmen, sie dabei uneigennützig zu unterstützen. Sie können und sollten – in Wahrnehmung ihrer sozialen Verantwortung – ein Umfeld und Entwicklungsmöglichkeiten schaffen, um die Chancen der Mitarbeiter zu erhöhen, nach Wegfall eines Arbeitsplatzes eine neue Aufgabe unternehmensintern oder -extern zu finden. Dazu eignen sich konventionelle und weniger übliche Maßnahmen, die wir als »Beschäftigungsmosaik« zusammengefasst haben. Der Name erklärt sich durch die Vielfalt der zur Verfügung stehenden Facetten beruflicher Neuorientierung und dokumentiert unser unternehmerisches Selbstverständnis und unsere Verantwortung für unsere Mitarbeiterinnen und Mitarbeiter. Damit schafft die Personalfunktion Strukturen und Instrumente zur Förderung von Employability und begleitet die Mitarbeiter entsprechend. Die Lösungsmöglichkeiten des Mosaiks bauen auf die Flexibilität und die Bereitschaft der Mitarbeiter, aktiv an der Fortsetzung der weiteren beruflichen Entwicklung mitzuwirken.

Vorrangiges Ziel ist die Beschäftigung von Mitarbeiterinnen und Mitarbeitern innerhalb der Deutschen Bank AG oder des Konzerns. Erst wenn diese Möglichkeiten ausgeschöpft sind, offeriert das Deutsche Bank Mosaik für Beschäftigung eine Vielzahl von Möglichkeiten, innerhalb und außerhalb der Branche neue Perspektiven für die berufliche Weiterentwicklung zu finden.

Das Mosaik für Beschäftigung ist nicht als abgeschlossenes System konzipiert, sondern soll ständig um neue Ideen und weitere flexible Lösungen erweitert werden. Einige, die sich als besonders wirkungsvoll erwiesen haben und nicht unbedingt selbsterklärend sind, werden nachstehend näher erläutert:

- **db-intrajob – der virtuelle Stellenmarkt**

Chancen per Mausklick bietet der konzernweite elektronische Stellenmarkt im Intranet. Mitarbeiter finden dort einen ausführlichen internen, interaktiven Stellenmarkt mit Vakanzen aus der Deutschen Bank AG und Tochtergesellschaften – und das bereichsübergreifend und weltweit. Rückfragen und Bewerbungen per E-Mail beschleunigen die Kommunikation und letztlich die Stellenbesetzung. Eine Abonnementfunktion informiert automatisch über neu ausgeschriebene Stellen. Veränderungswillige Mitarbeiter können auch anonym ein Stellengesuch aufgeben (Chiffre-Funktion) und vertrauliche Kontakte zu interessierten Vorgesetzten und Personalbetreuern knüpfen. db-Intrajob erhöht vor allem die Chancen von Mitarbeitern in kleineren Filialen und Betriebseinheiten, in denen wenig Versetzungsalternativen bestehen und denen in der Vergangenheit Informationen über zu besetzende Stellen fehlten. Der interne konzernweite Arbeitsmarkt ist durch elektronische Unterstützung für alle transparent geworden. Nachdem er etwa seit einem Jahr global verfügbar ist, hat er sich mit durchschnittlich 1000 Vakanzen als wichtiges Resourcing-Medium – aus Arbeitgebersicht – und als Vehikel zur individuellen Entwicklung – aus Arbeitnehmersicht – etabliert.

- **Bankforce – das interne Zeitarbeitsunternehmen**

Einerseits kann die Bank nicht genug Arbeit garantieren, andererseits will sie das Know-how mancher Mitarbeiterinnen und Mitarbeiter nicht verlieren. Deshalb wurde mit Bankforce ein hauseigenes Zeitarbeitsunternehmen gegründet, das Mitarbeiter für zeitlich befristete Einsätze innerhalb der Bank vermittelt. Stellenangebote werden in db-intrajob ausgeschrieben. Der interessierte Mitarbeiter bewirbt sich bei Bankforce. Die Übernahme ist abhängig von der Übereinstimmung zwischen individueller Qualifikation und der internen Nachfrage und erfolgt grundsätzlich zu den bestehenden Konditionen. Bankforce deckt mit qualifiziertem Personal vorübergehenden Bedarf bei z. B. Kapazitätsengpässen, Krankheitsvertretungen und Mutterschutz, oder bei den vielfältigen Zukunftsprojekten ab. Die Dauer des Einsatzes variiert von i. d. R. zwei Wochen bis zu sechs Monaten. Interessant ist in diesem Zusammenhang, dass für die große Mehrheit der »Wechsler« nicht die Sorge um den Arbeitsplatz im Vordergrund stand. Ausschlaggebend für die Entscheidung für Bankforce war der Reiz des neuen Aufgabengebiets.

- **Bankpower Personaldienstleistungen GmbH – externe Zeitarbeitsfirma**

Mit Bankpower Personaldienstleistungen GmbH, einem Joint Venture von Manpower und Deutscher Bank, bauen wir qualifizierten Mitarbeitern Brücken zum freien Arbeitsmarkt. Bankpower versteht sich als spezieller Anbieter für die Finanzdienstleistungsbranche. Mitarbeiter bewerben sich auf freiwilliger Basis bei Bankpower. Bankpower wiederum entscheidet über das Vertragsangebot. Der Vertrag läuft unbefristet – ohne eine vorgeschaltete Probezeit. Mitarbeiter mit kaufmännischen Qualifikationen sind für andere Unternehmen aus dem (Finanz-)Dienstleistungssektor interessant. Diese Nachfrage hat sich nicht nur in zahlreichen Aufträgen für Bankpower, sondern auch in Übernahmen/Festanstellungen durch und bei Finanzdienstleistern betätigt. Bankpower hat sich zwischenzeitlich sehr erfolgreich im Markt etabliert. Zu den bereits bestehenden Niederlassungen in Frankfurt, Berlin und Düsseldorf werden im laufenden Jahr weitere hinzukommen.

- **Berlin-Modell – Ausbildung nach dualem System**

So genannt, weil in Berlin zuerst praktiziert: Mitarbeiter, deren Arbeitsplatz gefährdet ist bzw. entfällt, fördert die Deutsche Bank durch interne oder externe Umschulungsmaßnahmen. Eines der bestehenden Modelle eröffnet betroffenen Mitarbeitern die Chance, noch einmal eine Berufsausbildung nach dualem System, (d. h. mit IHK-Abschluss) zu absolvieren. Innerhalb des Konzerns bieten wir derzeit die Ausbildungsgänge Bankkaufmann, Fachinformatiker, Kaufmann für Bürokommunikation, Versicherungskaufmann und Groß- und Außenhandelskaufmann an. Die Ausbildungsvergütung wird von der Bank aufgestockt, so dass der bisherige Netto-Monatsverdienst garantiert ist. Nach der – in der Regel zweijährigen Ausbildung – eröffnen sich ungleich bessere Chancen am Arbeitsmarkt. Unter bestimmten Umständen ist auch eine Übernahme im Konzern möglich. Zwei Ausbildungsjahrgänge haben bisher diese Form der Ausbildung durchlaufen. Aufgrund der vergleichsweise langen Dauer der Maßnahme wird die Ausbildung im Rahmen des Berlin-Modells nie ein »Massenprodukt« werden, sondern auf eine Ergänzung des Angebots bei bestimmten Voraussetzungen beschränkt bleiben.

- **DB Management Support**

Um das wertvolle Know-how von älteren Führungskräften nicht zu verlieren, wurde die DB Management Support GmbH gegründet. Die Tochtergesellschaft der Deutschen Bank ist ein auf Consulting, Zeitmanagement und Coaching spezialisiertes Beratungsunternehmen. Es bietet langjährig erfahrenen Fach- und Führungskräften ab dem 55. Lebensjahr ein attraktives Beschäftigungsmodell, in dem die Mitarbeiter Partner des Beratungsunternehmens werden und innerhalb oder außerhalb des Konzerns, beispielsweise für Kunden unserer Bank – auf Wunsch sogar über das 65. Lebensjahr hinaus – projektbezogene Einsätze übernehmen. Die Partner erhalten eine Grundversorgung durch die Deutsche Bank sowie eine einsatz- und erfolgsabhängige variable Vergütung.

Das Deutsche Bank Mosaik für Beschäftigung ist kein geschlossenes System. Das Personalmanagement ist laufend damit beschäftigt, weitere Instrumente zu entwickeln und Ideen zur Reife zu bringen, die über die Flexibilisierung der Employability dienen. Die folgenden Instrumente befinden sich in unterschiedlichen Reifestadien:

- **Man-Sharing**

nennt sich das Gegenstück zum Job-Sharing. Nicht die Arbeitsplätze werden hier geteilt, sondern mehrere Arbeitgeber teilen sich einen hoch qualifizierten Spezialisten mit Vorteilen für beide Seiten. Der »geteilte« Mitarbeiter konzentriert sich beim jeweiligen Arbeit- oder Auftraggeber auf den optimalen Einsatz seines Spezialwissens und damit auf den herausfordernden und interessanten Teil der jeweiligen Aufgabenstellung. Die Arbeitgeber auf der anderen Seite brauchen nicht auf einen derartigen Experten wegen mangelnder Auslastung zu verzichten. Im Falle der Deutschen Bank Gruppe denken wir an »verschiedene« Arbeitgeber in dem Sinne, dass verschiedene Organisationseinheiten wie Unternehmensbereiche oder Tochtergesellschaften sich einen derartigen Spezialisten teilen. Die Funktionen, die hierfür geeignet erscheinen, sind vielfältig. Im Personalbereich z.B. können es Organisationsentwickler oder Personalforscher ein, die für mehrere Unternehmen innerhalb des Konzerns arbeiten.

- **Internet-Projektbörsen**

Das Internet hat sich zu einer wichtigen Plattform für die Personalsuche – aus Sicht der Unternehmen – und für die Stellensuche – aus Sicht des Arbeitsuchenden – entwickelt. Mehrere hundert virtuelle Jobbörsen bieten weltweit Festanstellungen an. Projektbörsen hingegen gibt es bislang nur vereinzelt. Dabei bieten sie für Firmen wie für

Arbeitsuchende viele Vorteile. Das Netz ist ideal, um Arbeit befristet zu vermitteln. Die Mitarbeit an einem Projekt ist häufig nicht an einen bestimmten Ort gebunden. So finden Unternehmen und Freelancer zueinander, die aufgrund räumlicher Distanz sonst nie voneinander gehört hätten. Unternehmen, die im Netz Projekte ausschreiben und Projektmitarbeiter suchen, erreichen so die geeigneten Freiberufler, die sich ihrerseits Aufwand und Zeit ersparen, um Aufträge zu akquirieren. Durch die enorm gestiegene Transparenz wächst die Chance, die jeweils qualifiziertesten Freelancer zu finden, sehr stark. In der Deutschen Bank wird zunehmend in Projekten gearbeitet, so dass auch wir diese Möglichkeit, Projektmitarbeiter zu finden, verstärkt nutzen werden. Früher festangestellte Mitarbeiter haben so die Chance, in Projekten außerhalb der Deutschen Bank befristet mitzuarbeiten.

6. Die neue Selbstveranwortung muss akzeptiert werden

Der Personalbereich bietet die Plattform und gestaltet die Rahmenbedingungen. Ohne den Mitarbeiterbeitrag und die Akzeptanz der Selbstverantwortung jedoch bleiben die Ansätze wirkungslos. Tatsächlich muss der Einzelne eine gehörige Portion Bereitschaft und Fähigkeit zu Weiterbildung, Weiterentwicklung und Veränderung aufbringen. Gefragt sind Eigeninitiative, Autonomie, Eigenverantwortung, Selbstorganisation, Engagement, Flexibilität und Mobilität. Gefordert wird nichts Geringeres als das Durchbrechen tradierter Gewohnheiten und das Sich-Verabschieden von einem überholten Besitzstandsdenken und einem nicht weniger veralteten Karriereverständnis, dem der unaufhaltsame, vertikale »Kaminaufstieg« in ein und demselben Unternehmen zu Grunde liegt. Statt darüber zu lamentieren, »was einem so alles abverlangt wird«, halten wir es für ratsamer, die globalen Veränderungen, die das System Arbeit beeinflussen, zu beleuchten, künftige Trends zu erkennen und natürlich auch Chancen auszumachen, die es zweifelsohne gibt. Die Zukunft der Arbeit wird – wie oben schon ausführlich dargestellt – keine Fortsetzung der Vergangenheit sein: Wir verändern uns unaufhaltsam von einer Industrie- in eine globale Dienstleistungs- und Wissensgesellschaft. Auch der deutsche Arbeitsmarkt unterliegt immer stärker diesen globalen Einflüssen. Die Märkte sind größer geworden und werden von einer größeren Zahl von Nachfragern und Anbietern genutzt. Dadurch wird zuerst einmal die Konkurrenz unter den Marktteilnehmern größer, aber dieser Trend fördert auch Arbeitsteilung und Spezialisierung. Diejenigen Arbeitskräfte, die erkennen, dass sich ihre Aufgaben individueller zuschneiden lassen und sich entsprechend qualifizieren, werden zumindest zeitweise weniger austauschbar. Sie nutzen ihre Chancen, wie und wo sie sich bieten und trauern nicht einer Vergangenheit hinterher, für die die Geschäftsgrundlage entfallen ist.

7. Personaler gestalten firmenübergreifend das System Arbeit

Die möglichen und notwendigen Beiträge des Personalbereichs in der Deutschen Bank und der einzelnen Mitarbeiter haben wir bereits skizziert. Wir sehen noch einen dritten Ansatzpunkt: das gemeinsame, zielorientierte Vorgehen von Personalmanagern als breite, unternehmensübergreifende Initiative. Wenn wir vom künftigen System Arbeit sprechen, ist aufgrund der originären funktionalen Zuständigkeit niemand stärker gefordert als die Personalmanager. Die Eigenverantwortung für die persönliche Entwicklung und Zukunft wird damit nicht infrage gestellt. Es soll jedoch betont werden, dass die Menschen unterstützt werden müssen durch mitarbeiterorientierte Strukturen und Maßnahmen, durch Rahmenbedingungen, die insbesondere Personalmanager schaffen und forcieren können. Selbstverständlich ist der Wirkungsgrad ungleich größer bei einem konzertierten, firmenübergreifenden Vorgehen. Ein Beispiel ist die *»Initiative für Beschäftigung«*, Ende 1998 von verantwortungsbewussten Wirtschaftsmanagern ins Leben gerufen, verfügt sie zwei Jahre später bereits über 14 Regionalnetzwerke, die mit konkreten Projekten zur Gestaltung und Sicherung von Beschäftigung befasst sind.

Ein weiteres Beispiel ist die Beschäftigungs- und Qualifizierungsinitiative *»Selbst-GmbH«* (*Heinz Fischer* »Als *Selbst-GmbH* auf dem Arbeitsmarkt behaupten« in Die Bank, 5/99) mit inzwischen über 100 Personalern aus dem deutschsprachigen Raum. Sie will ebenfalls die Selbstverantwortung und die Arbeitsmarktfähigkeit von Arbeitnehmern stärken. Die bisherigen Netzwerktreffen und deren konkrete Ergebnisse zeigen, dass gerade Personalmanager in der Lage sind, ideelle wie praktische Wertschöpfung zu leisten: als An- und Vordenker für die Entwicklung von Arbeit und Arbeitsgesellschaft und als Partner bei der Gestaltung und Umsetzung entsprechender Personalstrategien. Die definierten Arbeitsfelder der Initiative zeigen, dass der Beitrag für die Arbeitsgesellschaft ein sehr bedeutender sein kann. Beispielhaft sei hier nur die Modernisierung von Sozialleistungen – wie die Altersversorgung – und deren Transferierbarkeit zwischen den Unternehmen herausgegriffen. Allein der Begriff »Transferierbarkeit« verdeutlicht, dass gewisse Aufgaben und Herausforderungen nicht isoliert, sondern nur gemeinsam und unternehmensübergreifend erfolgreich bewältigt werden können.

4. Konsequent gelebte Unternehmenswerte als Erfolgsstrategie einer globalisierten Personalentwicklung

von Andreas Blank und Joachim Hammer

Inhaltsverzeichnis

Vorwort

Unternehmenswerte, strategische Unternehmensentwicklung und Globalisierung sind Begriffe, die in vielen Publikationen auftauchen. Fast jedes international ausgerichtete Unternehmen stellt für sich in Anspruch, eine klar umrissene Strategie zu besitzen, eindeutig formulierte Werte zu leben und global ausgerichtet zu sein. All dies wird als unabdingbare Voraussetzung gesehen, um im Zuge der Globalisierung und Digitalisierung der Arbeitswelt bestehen zu können.

Die Wirklichkeit sieht jedoch oft anders aus. Unklare Strategien, Orientierungslosigkeit selbst in den obersten Etagen, das Fehlen von Unternehmenswerten, sowie lokal begrenzte Denkmuster lassen den Arbeitsalltag zum Überlebenstraining und zu einer ständigen Orientierungssuche werden. Manager, die selbst formulierte Unternehmenswerte zwar verbal entschieden vertreten, diese letztendlich jedoch nicht konsequent leben, tragen dazu bei, dass das Commitment für und das Vertrauen in die Organisation verloren gehen. Wertvolle Bemühungen werden zur Farce und führen zu einer tiefen Glaubwürdigkeitskrise, wenn das Nichtbefolgen oder Nichtbeachten von Unternehmenswerten keinerlei Konsequenzen nach sich ziehen.

Dabei liegen die Erfolgsfaktoren auf der Hand. Es muss eine klar formulierte Unternehmensstrategie, sowie eine konsequent gelebte Wertestruktur in allen Bereichen einer Organisation präsent sein und umgesetzt werden. Einzig an diesen kann sich die Führungs- und Mitarbeiterleistung messen und bewerten lassen.

Im Folgenden soll die Firma General Electric (GE) als herausragendes Beispiel für das konsequente Umsetzen von Unternehmenswerten herangezogen werden. Anhand dieser globalen Firma soll dargestellt werden, inwieweit Unternehmenswerte (Values) und deren konsequente Umsetzung die gesamte soziale Architektur eines Unternehmens bestimmen und gestalten können. Bei General Electric sind die Unternehmenswerte die Grundlage für die gesamte strategisch ausgerichtete, globale Personalentwicklung und ihre Instrumente.

1. General Electric (GE) – »most admired company« in den USA

»GE wurde in den USA im Zeitraum von 1998 bis 2000 von führenden Wirtschaftsmagazinen dreimal hintereinander zur ›global most admired company‹ und zu Amerikas ›most admired company‹ gewählt«

General Electric (GE) ist eines der größten Unternehmen der Welt und in sämtlichen Geschäftsbereichen, in denen es tätig ist, das heißt sowohl in der Technologie, als auch in der Produktion und Dienstleistung, marktführend. Das renommierte Wirtschaftsmagazin Fortune kürte GE im Zeitraum 1998–2000 dreimal hintereinander zur »Global most Admired Company« und zu »America's most Admired Company«. Auch die Financial Times wählte GE im gleichen Zeitraum dreimal hintereinander zur »World's most Respected Company«. GE ist in mehr als 100 Ländern tätig und beschäftigt fast 340 000 Mitarbeiter weltweit, davon 197 000 in den USA. Seit 1981 steht John F. Welch dem Unternehmen als Chairman und Chief Executive Officer vor. Ende 2001 wird Jeffrey R. Immelt die Führung des Unternehmens übernehmen. General Electric geht auf Thomas A. Edison, dem Erfinder der Glühbirne, zurück, aus dessen Firma 1892 die General Electric Company hervorging. GE ist die einzige heute noch im Dow Jones Industrial Index enthaltene Firma, die bereits zur Gründung des Index 1896 darin notierte.

GE ist gelungen, woran viele Unternehmen scheitern. Es hat ein erfolgreiches, diversifiziertes Unternehmenskonglomerat aufgebaut, welches in vielen Geschäftsbereichen weltweit marktführend ist. Dem Wachstum von GE liegt eine ausgeprägte Akquisitionsstrategie zugrunde. Allein im Jahr 2000 wurden über 100 Firmenakquisitionen getätigt, wovon die im Oktober 2000 verkündete Akquisition von Honeywell den bisher größten Unternehmenskauf in der Geschichte von GE darstellt.

Das beispiellose, kontinuierliche Wachsen in den letzten 20 Jahren wäre ohne eine Sache sicherlich nicht möglich gewesen, nämlich ohne die »soziale Architektur« von GE. Hierbei handelt es sich um eine auf Unternehmenswerten basierende, aktiv gelebte Firmenkultur, deren wesentliche Bestandteile einerseits klar definierte, wirtschaftliche Geschäftsziele sind, andererseits aber auch Dinge wie konzernweite Initiativen, das Vermeiden von Kommunikationshürden und von Bürokratie, der Austausch von Wissen und Erfahrung, das Streben nach maximaler Produkt- und Servicequalität, sowie das Handeln gemäß weltweit gültiger, einheitlich definierter Unternehmenswerte, den sogenannten »GE-Values«.

Das Unternehmen verfolgt außerdem vier konzernweite Initiativen, welche als »Growth-Driver« die Antriebskraft für ein zukünftiges, weiteres Wachsen darstellen sollen. Diese Initiativen heißen »Services«, »Six Sigma«, »E-Business« und »Globalisierung«. Im Rahmen der »Services-Initiative« soll das Geschäft im Dienstleistungsbereich vor allem in Verbindung mit dem Verkauf von GE Produkten, auf- und ausgebaut werden.

»Six Sigma« hingegen ist eine bewährte, auf quantifizierbaren Größen basierende Methode der Prozessverbesserung, die das Ziel hat, Fehler möglichst völlig zu eliminieren. Diese Initiative hat die Arbeits- und Produktionsweisen von GE grundlegend verändert. »E-Business« ist die jüngste der vier Geschäftsinitiativen. Sie hat dazu beigetragen, dass die Geschäftsstrategien der New Economy in unglaublich rasanter Geschwindigkeit übernommen und mit der

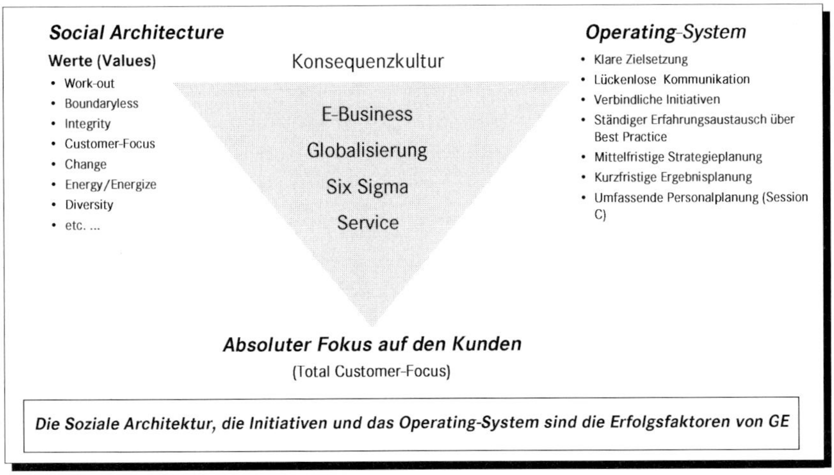

Abb. 1: GE verstehen

Marktmacht eines globalen Großkonzerns umgesetzt wurden. Dabei war GE derart erfolgreich, dass das Fachmagazin Internet Weak das Unternehmen im Juni 2000 zum E-Business-Unternehmen des Jahres kürte. »Globalisierung« wiederum ist bereits seit vielen Jahren eine der Kerninitiativen von GE und keineswegs weniger erfolgreich. Dank dieser Initiative wurde die Firma in ihrer Ausrichtung in den letzten Jahren zusehends internationaler. Heute stammen nur noch 68% aller Einnahmen aus den USA, in wenigen Jahren werden es nur mehr 50% sein. Unter Globalisierung wird allerdings nicht nur verstanden, GE-Produkte und Dienstleistungen weltweit zu vertreiben, sowie Rohstoffe und Komponenten global zu beziehen. Globalisierung bedeutet für GE außerdem, »to be Employer of Choice for the very best People – from around the Globe«, das heißt GE will weltweit für die besten Fach- und Führungskräfte als attraktives Unternehmen gelten und diese an sich binden. Grundlage aller GE Initiativen sind die sogenannten »GE-Values«, die Unternehmenswerte von GE.

2. Die GE-Unternehmenswerte – »Die GE-Values«

»Die Unternehmenswerte repräsentieren das Denken und die Strategien von GE. Sie sind Orientierungsrahmen und Messlatte für jeden Mitarbeiter weltweit.«

1. **INTEGRITY**
   - Actions and behaviors are consistent with words. . .»walks the talk.«
   - Supports an environment where people are encouraged to bring compliance issues forward.
   - Earns the trust of others by honesty and consistency in relationships.
   - Maintains confidentiality of information appropriately.

2. **CUSTOMER-CENTERED VISION**
   - Actively seeks to understand customer needs as a basis of priority setting.
   - Provides a clear, compelling sense of direction for their job or organization.
   - Establishes priorities, goals and action plans consistent with the vision.
   - Inspires others to commit to business goals using a positive, enthusiastic manner.
   - Has courage to resolve conflicting priorities (for managers)

3. **ACCOUNTABILITY AND EXCELLENCE**
   - Sets and meets challenging commitments for seif and others ... willing to stretch.
   - Seeks clear understanding of measurements and applies them rigorously to own work and others.
   - Relentlessly pursues goals to deliver an commitments.
   - Quickly implements better ways of doing things.
   - Shares successes and accepts responsibility for setbacks or failure.
   - Proactively raises the bar by continually defining and pursuing new ways to improve activities that contribute to customer, business, team and own skills.

4. **BOUNDARYLESS/TEAMWORK**
   - Operates effectively with all kinds of people: different levels, functions, headquarters and field.
   - Uses appropriate communication vehicles and networks effectively . . . spoken, written, electronic.
   - Demonstrates commitment to total business success versus just function or geographic view.
   - Open to ideas from anyone and everywhere. . .listens effectively.
   - Skillfully handles conflict with others and actively confronts barriers to team effectiveness.
   - Gives individual and teams the freedom to win or lose and provides the right amount of guidance and Support. (for managers)

5. **CHANGE**
   - Looks for opportunities in change, rather than excuses for avoiding change.
   - Has the courage to push back to more clearly understand the rationale for changes.
   - Works effectively under conditions of uncertainty; usually maintains a positive attitude.
   - Proactively initiates change instead of only reacting to external pressures for change ... willing to experiment and challenge the Status quo.
   - Uses employee involvement and planning to implement change (for managers)

Abb. 2: Die GE-Values (1)

6. **ENERGY/ENERGIZE**
   - Handles multiple priorities effectively.
   - Rebounds quickly after setbacks or failure.
   - Is action oriented; pursues everything with energy, drive and the desire to reach closure.
   - Seizes opportunities immediately when they arise.
   - Responds quickly to customer, management or employee needs and requests.
   - Makes timely decisions even when information is scarce or incomplete.
   - Uses Work Out, work teams and other innovative ways to empower others. (for managers)
   - Effectively uses celebration to energize people. (for managers)

7. **SIX SIGMA**
   - Describes job in terms of processes; understands and works to key metrics.
   - Is clear an who customers are and what their CTQ requirements are.
   - Demonstrates discipline in the execution of quality processes (DMAIC thinking).
   - Recognizes and advocates opportunities for process improvement
   - Requires team to apply six sigma thinking to problem solving and process improvement. (for managers)

8. **E-BUSINESS**
   - Leverages technology in all aspects of the job.
   - Looks for ways to redesign job processes to further leverage technology.
   - Encourages others to embrace technology in all aspects of their work.
   - Makes an effort to stay informed regarding ERC E Business effort.
   - Commits resources to E Business projects. (for managers)

9. **DIVERSITY**
   - Treats everyone with dignity, trust and respect.
   - Is comfortable working an diverse teams.
   - Adapts to the needs of others, when feasible, in achieving business objects.
   - Is positive in supporting Company efforts in diversity.
   - Assures best effort at diverse candidate slates for all open positions (for managers).

10. **GLOBAL MINDSET**
    - Considers different cultures (e.g. linguistic differences, time zones) when working with others.
    - Acts in the best interests of the total global business.

Abb. 2: »Die GE-Values« (2)

Für globale Organisationen mehr noch als für andere spielen Unternehmenswerte als Grundgerüst des Handelns eine ganz entscheidende Rolle. Werte, die von allen Mitarbeitern getragen werden, bieten einerseits Orientierung, ermöglichen andererseits ein schnelles Handeln und führen dazu, dass hierarchische Kontrollinstanzen zusehens ins Museum für veraltete Managementtechniken verbannt werden können. An die Stelle von Vorgaben durch Vorgesetzte treten Unternehmenswerte, die das Verhalten eines Jeden beeinflussen. Je globaler ein Unternehmen tätig ist, desto entscheidender wird dies. Unternehmenswerte verbinden über kulturelle Grenzen hinweg und machen ein produktives Arbeiten möglich: »GE values work everywhere. It's giving dignity and voice to people; acting faster; and reaching your dreams. Those aren't crazy things, they work in any country... (*Jack Welsh*,The GE way fieldbook, 1999 S. 173)

3. Die GE-Values als Grundlage einer globalisierten Personalentwicklung

»Die GE-Values sind die Grundlage aller Personalentwicklungsinstrumente. Sie sind miteinander verzahnt und finden sich in allen PE-Instrumenten wieder. Sie werden von allen gelebt und bestimmen die gesamte soziale Architektur des Unternehmens. Sie bestimmen das tägliche Handeln und Tun, jeder im Unternehmen lässt sich daran messen. Sie finden sich konsequent in allen Bereichen der Organisation wieder.«

Unternehmenswerte und Personalentwicklungsinstrumente existieren in jedem moderneren Unternehmen. Deshalb stellt sich die Frage, was GE von anderen Firmen und Organisationen unterscheidet und zur Benchmark für viele global tätige Firmen, sowie zum erfolgreichsten und meist bewunderdsten Unternehmen in der Welt gemacht hat. Zum einen ist es mit Sicherheit die atemberaubende Geschwindigkeit, mit der GE Innovationen und Geschäftsstrategien umsetzt, zum anderen die Klarheit und die Einfachheit der Konzepte (»keep it easy and simple«), sowie das absolute Commitment der Manager und der Mitarbeiter zur Unternehmensstrategie und den Unternehmenswerten und nicht zuletzt deren konsequente Umsetzung in den Personalentwicklungsinstrumenten. Letztendlich spielen mehrere Faktoren eine Rolle, wobei das konsequente Umsetzen der GE-Values in sämtlichen Bereichen der Organisation, insbesondere der Personalentwicklung und den Personalentwicklungsinstrumenten ein sehr wichtiger Aspekt ist. Grundlage aller Personalentwicklungsinstrumente sind letztendlich die GE-Values. Sie sind miteinander verzahnt und finden sich in allen PE-Instrumenten wieder. Sie werden von allen Mitarbeitern gelebt und bestimmen die gesamte soziale Architektur des Unternehmens. Sie regeln das tägliche Handeln und Miteinander und jeder im Unternehmen wird an ihnen gemessen.

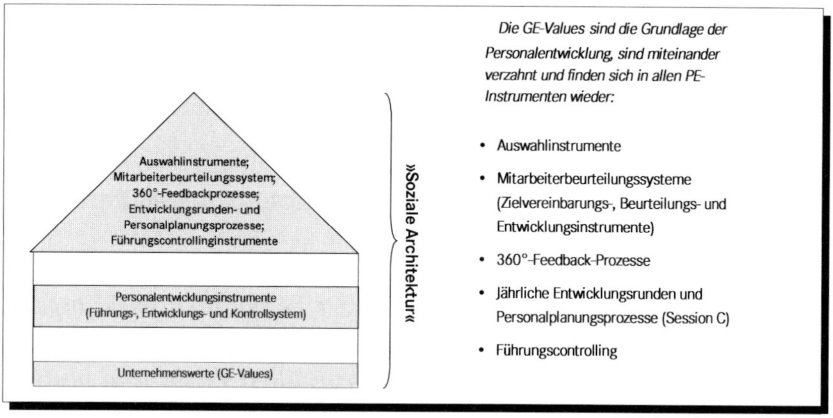

Abb. 3: Unternehmenswerte (GE-Values) als Grundlage der Personalentwicklung

Das bedeutet, was GE letztendlich zu einem derart erfolgreichen Unternehmen macht, ist die Konsequenz und die Nachhaltigkeit, mit der die Values umgesetzt werden. Sie dienen als Beurteilungsmaßstab sämtlicher Führungskräfte und Mitarbeiter im Unternehmen und ziehen sich konsequent durch alle Bereiche der Organisation.

4. Die Personalentwicklungsinstrumente

Die Personalentwicklungsinstrumente bauen aufeinander auf und stellen somit einen Prozess dar, der mit der Personalsuche beginnt und der internen Nachfolgeplanung abschließt.

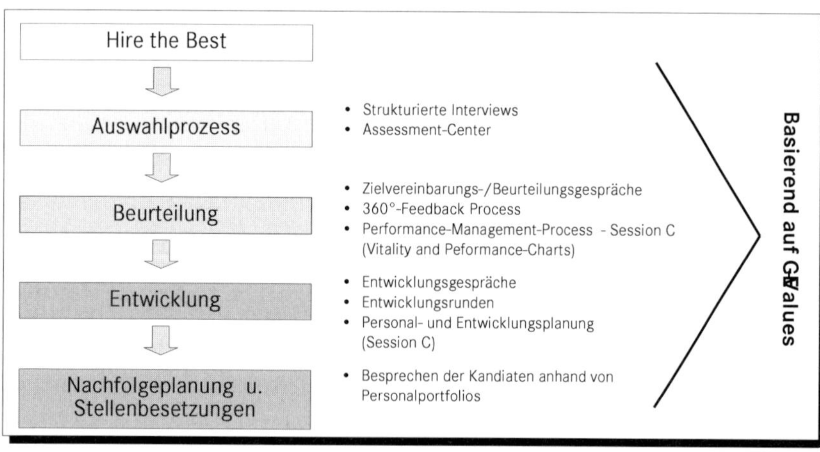

Abb. 4: Der Prozess der Personalentwicklung

Grundlage für alle Personalentwicklungsinstrumente und PE-Aktivitäten sind wie bereits erwähnt die GE-Values. Sie bilden das Haus, das heißt die soziale Architektur des Unternehmens und schaffen dadurch Transparenz, bieten Identifikationsmöglichkeit und Orientierung für alle Mitarbeiter.
Im Folgenden werden die wichtigsten Instrumente der Personalentwicklung sowie deren direkte Beziehung zu den GE-Values beschrieben.

4.1 Hire the Best – An den GE-Values orientierte Auswahlprozesse

»Die GE-Values stellen die Grundlage für die Auswahlinstrumente dar. Sie werden operationalisiert, und damit eindeutig beobachtbar und bewertbar gemacht.«

Mitarbeiter und Führungskräfte werden anhand von strukturierten Interviews und/oder Assessment-Centern ausgewählt. Dabei stehen neben fachlichen auch soziale Qualifikationen im Vordergrund, die sich an den GE-Values ausrichten.

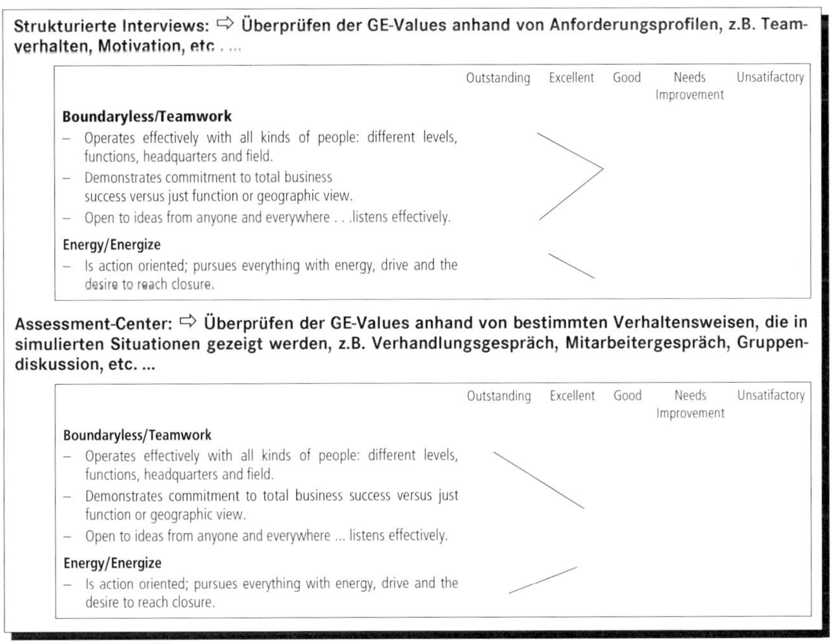

Abb. 5: Auswahlinstrumente

In Abbildung 5 ist ein Beispiel für ein strukturiertes Interview und eine Übung aus einem Assessment-Center dargestellt. Exemplarisch werden die beiden GE-Values »Boundaryless/Teamwork« und »Energy/Energize« vorgestellt und beschrieben. Die zu beurteilende Person wird anhand einer fünfstelligen Skala bewertet, wobei 1 (»Outstanding«) den besten Wert und 5 (»Unsatisfactory«) den schlechtesten Wert darstellt.

Anhand der Bewertung lassen sich grafisch IST-Profile erstellen, die das Verhalten des betreffenden Kandidaten oder der betreffenden Kandidatin in einer bestimmten Auswahlsituation wiedergeben. Die so erstellten Profile können mit SOLL-Profilen abgeglichen werden, die das jeweils in einer bestimmten Position erwünschte Verhalten darstellen. Aus dem IST-SOLL-Vergleich ergibt sich letztendlich die Entscheidung, ob ein Kandidat eingestellt wird oder nicht.

Dieses Vorgehen ist im Prinzip nichts Neues. Was GE allerdings von anderen Organisationen unterscheidet, ist hierbei die Orientierung an den GE-Values und deren konsequente Umsetzung. Den ersten Baustein der sozialen Architektur einer Organisation stellen die Auswahlinstrumente dar. Hier entscheidet sich, wer dem Unternehmen beitritt und wer nicht. Letztendes wird diese Entscheidung anhand der Values getroffen. Der Kandidat kann überprüfen ob er in das Werte- und Normgefüge von GE passt und vice versa. Dies ist ein fairer, konsequenter und transparenter Prozess, der in dieser Art und Weise nicht überall selbstverständlich angewandt wird.

4.2 EMS – Das Mitarbeiterbeurteilungs- und Entwicklungssystem

Das Mitarbeiterbeurteilungs- und Entwicklungssystem EMS (Employee-Management-System) ist eines der zentralen Personalentwicklungsinstrumente bei GE. Das EMS umfasst einerseits das Beschreiben und Bewerten der Fähigkeiten und Kompetenzen der Mitarbeiter und andererseits das Vereinbaren von Zielen und das Beurteilen der Zielerreichung. Darüber hinaus dient das EMS als Instrument zur persönlichen Zukunfts- und Entwicklungsplanung eines jeden Mitarbeiters.

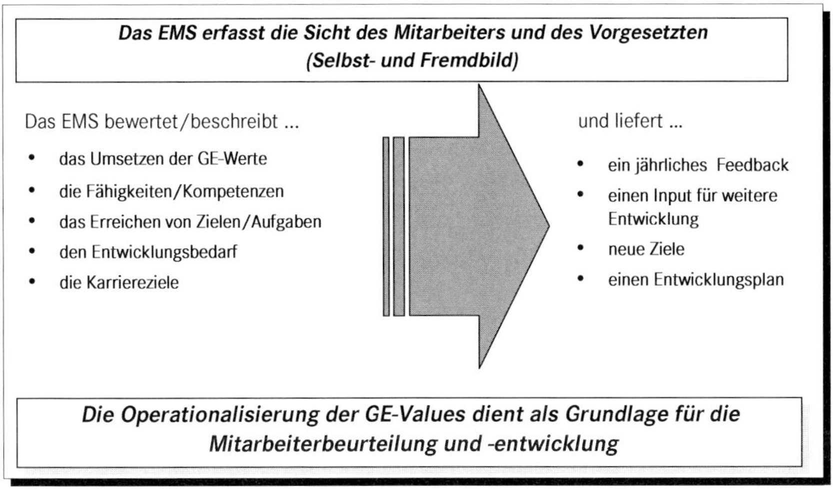

Abb. 6: EMS – Mitarbeiterbeurteilungs- und Entwicklungssystem

Grundlage der Leistungsbewertung und Zielvereinbarung im Rahmen des EMS sind die operationalisierten Unternehmenswerte. Sowohl Manager, als auch Mitarbeiter sollen bewerten, inwieweit die einzelnen Unternehmenswerte durch den Mitarbeiter im vergangenen Jahr umgesetzt wurden. Dabei wird eine dreistufige Skala zugrunde gelegt (»Value-Leader«, »Value demonstrated« und »Needs Improvement«) und jede Wertung darüber hinaus begründet.

Im Rahmen eines jährlich stattfindenden EMS-Gesprächs wird die Leistungsbewertung besprochen, es werden neue Ziele vereinbart und persönliche Entwicklungsziele besprochen. Ziel des EMS ist es, die Fähigkeiten der Mitarbeiter kontinuierlich zu verbessern und zu entwickeln. Die GE-Values dienen dabei als Richtschnur, entlang derer Stärken und Schwächen erkannt und von denen Entwicklungsmöglichkeiten abgeleitet werden. Das EMS ist ein dialogorientiertes Instrument, das es ermöglicht, im Gespräch unterschiedliche Einschätzungen des gezeigten Verhaltens im Lichte der Unternehmenswerte zu reflektieren und einen Abgleich zwischen Fremd- und Selbsteinschätzung vorzunehmen.

Letztendlich ist das EMS nicht nur als Leistungs- und Bewertungsinstrument angelegt, das dazu dient, das Verhalten des Mitarbeiters im Sinne der Unternehmenswerte zu bewerten und zu beurteilen, sondern besonders auch als Motivations- und Entwicklungsinstrument.

4.3 Der 360°-Feedback-Prozess – mehr als eine Standortbestimmung

»Der 360°-Feedback-Prozess wird auf allen Führungs- und Managementebenen durchgeführt, ist verpflichtend für das Obere Management und stellt somit eines der zentralen, aussagekräftigsten und vor allem objektivsten Entwicklungsmaßnahmen innerhalb von GE dar. Die Grundlage für die Bewertung bilden die GE-Values.«

360°-Feedback wird als wesentliches Instrument zur Entwicklung von Führungskräften und Managern verstanden. Das Besondere an diesem Feedback ist, dass die Bewertung des Teilnehmers sowohl durch direkte Untergebene, als auch durch Kollegen (Peers), Kunden und Vorgesetzte gleichzeitig erfolgt. 360°-Feedback ist somit eines der effektivsten Wege, Stärken genauso wie noch zu entwickelnde Bereiche zu identifizieren. Die Bewertungskriterien orientieren sich einerseits an der fachlichen Leistung andererseits an Verhaltensweisen, deren Grundlage, die GE-Values darstellen.

360°-Feedback-Prozesse werden innerhalb von GE auf allen Führungs- und Managementebenen in regelmäßigen Abständen durchgeführt.

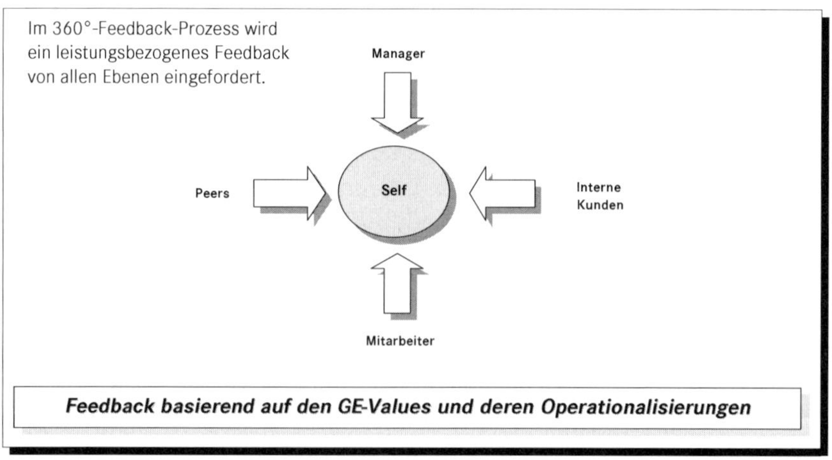

Abb. 7: Der 360°-Feedback-Prozess

Die Auswahl der Rater, das heißt derjenigen, die ihre Rückmeldung an einen betreffenden Manager geben, sowie die Rückmeldung der Ergebnisse selber erfolgt anonym. Das gesamte Verfahren wird weltweit durchgeführt und elektronisch über das Internet abgewickelt. Nur somit ist ein schneller und effizienter, global ausgerichteter Prozess überhaupt möglich und durchführbar.

Der Schwerpunkt des 360°-Feedback-Prozesses liegt in der Rückmeldung der Ergebnisse, sowie in den daraus abgeleiteten Entwicklungsmaßnahmen. Jeder Mitarbeiter, der an diesem Prozess teilnimmt, bekommt im Rahmen eines sogenannten »360°-Feedback-Workshop« eine ausführliche Beschreibung des Verfahrens, Richtlinien zur Interpretation der Ergebnisse und hilfreiche Tools zur Umsetzung von Entwicklungs- und Qualifizierungsmaßnahmen an die Hand.

Abbildung 8 zeigt an dem Beispiel des GE-Values »Customer centered Vision« (vgl. auch Abbildung 2 Seite 314 »Die GE-Values«) wie der Rückmeldeprozeß des 360°-Feedbacks u.a. aussieht.

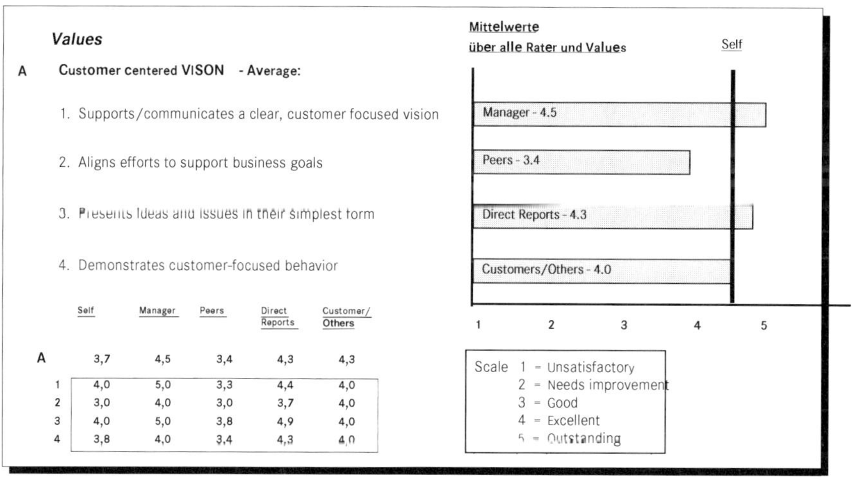

	Self	Manager	Peers	Direct Reports	Customer/ Others
A	3,7	4,5	3,4	4,3	4,3
1	4,0	5,0	3,3	4,4	4,0
2	3,0	4,0	3,0	3,7	4,0
3	4,0	5,0	3,8	4,9	4,0
4	3,8	4,0	3,4	4,3	4,0

Abb. 8: 360°-Rückmeldeergebnisse

Für sämtliche GE-Values und deren Beschreibung werden unter anderem die Durchschnittswerte der einzelnen Rater (Manager, Peers, Mitarbeiter und Kunden) aufgeführt und mit der persönlichen Selbsteinschätzung des Beurteilten verglichen. Somit erkennt der Beurteilte, wo seine Stärken und wo seine Schwächen in Bezug auf die einzelnen Values liegen und wie er von den einzelnen Rater-Gruppe (Manager, Peer etc.) gesehen und bewertet wird. Diese Bewertungen werden anschließend mit der persönlichen Selbsteinschätzung verglichen.

Neben einer numerischen Einschätzung, die in unterschiedlichsten Detaillierungsgraden rückgemeldet wird, liefern schriftliche Kommentare der Beurteiler zusätzlich hilfreiche Informationen betreff der Entwicklungsmöglichkeiten des jeweiligen Mitarbeiters.

Der 360°-Feedback-Prozess wird, wie bereits erwähnt, auf allen Führungs- und Managementebenen durchgeführt, ist für das Obere Management sogar verpflichtend und stellt eines der zentralen, aussagekräftigsten und objektivsten Entwicklungsmaßnahmen innerhalb von GE dar. Die Grundlage für die Bewertung bilden auch hier wieder die GE Values.

4.4 Die Session C – Konsequenzmanagement oder »Living the Values«

»Alle Mangaer werden anhand ihrer Leistung (Performance) und der Werte (Values) gleichermaßen bewertet.«

Die Session C ist der konzernweite Personalentwicklungs- und Personalplanungsprozess von GE, welcher in allen GE-Businesses weltweit einmal im Jahr durchgeführt wird. Im Rahmen der Session C werden Manager, Mitarbeiter in Schlüsselpositionen und High Potentials diskutiert, ihre Leistungen und Ergebnisbeiträge für das Unternehmen, sowie das Umsetzen der GE-Values bewertet und schließlich entsprechende Entwicklungs- und Qualifizierungsmaßnahmen abgeleitet. Darüber hinaus werden Nachfolgepläne aufgestellt und strategische Schwerpunktthemen für das kommende Jahr definiert und priorisiert.

Durch die systematische Identifizierung von Leistungsträgern und High Potentials im Rahmen der Session C lassen sich konkrete Entwicklungs- und Personalplanungsprozesse festsetzen und zukünftige Stellenbesetzungen absichern. Personalentwicklung, Stellenbesetzungen und Nachfolgeplanungen werden demnach nicht zufällig getroffen, sondern sorgfältig und kontinuierlich vorbereitet und geplant.

Die Ergebnisse der einzelnen Session C's werden in den betreffenden GE-Businesses zusammengefasst und fließen zum Schluss in eine auf übergeordneter Ebene aggregierte »GE-Gesamt-Session C« ein.

- Die Session C wird einmal im Jahr in allen GE-Businesses durchgeführt.
- Sie dient der Identifikation von High Potentials und Leistungsträgern im Unternehmen.
- Die Session C liefert Informationen zur Leistungseinschätzung der einzelnen Mitarbeiter, zu vorhandenem Potenzial um weiterführende Aufgaben zu übernehmen und zum Entwicklungsbedarf der Mitarbeiter.
- Anhand der Session C werden Nachfolgepläne für Schlüsselpositionen entwickelt.
- Die Session C erlaubt das Erschließen eines Talent-Pools insbesondere für die wachstumsstarken Businessbereiche.
- Anhand der Session C können Schwerpunkt-Themen/Initiativen von GE und/oder des Unternehmens analysiert und Maßnahmen dazu entwickelt werden.

Abb. 9: Die Session C – Der konzernweite Personalentwicklungs- und Personalplanungsprozess

Die sogenannte »Vitality-Curve« ist eines der zentralen Elemente der Session C, anhand derer zukünftige Personalplanungs- und Entwicklungsprozesse festgelegt werden. Die Gesamtbeurteilungen aller Manager, die zum einen auf ihrer Leistung (**Performance**) und zum anderen dem Umsetzen der GE-Values basieren (**Values**), werden in der »Vitality-Curve« in Form einer Normalverteilung abgebildet. Hierbei wird unterschieden zwischen

- »**Top Talents**« (10%), deren Leistungen als hervorragend (**outstanding**),
- »**Next Talents**« (10%),deren Leistungen als excellent (**excellent**),
- »**Good Contributors**« (60%) deren Leistungen als gut (**good**),
- »**Bad Performers**« (10%) deren Leistungen als verbesserungswürdig (**needs Improvement**),
- »**Least effective Performers**« (10%) deren Leistungen als unakzeptabel (**unsatisfactory**).

beurteilt werden.

Anhand der »Vitality-Curve« wird eine klare Differenzierung bezüglich der Leistung und des Umsetzens der GE-Values zwischen den Managern vorgenommen. Ein jeder wird anhand dieser Vorgabe beurteilt und innerhalb der beschriebenen Verteilungskurve (»Vitality-Chart« siehe Abbildung 10) platziert. Das Entscheidende ist, dass die Bewertung nicht nur anhand der Leistung (Performance) getroffen wird, sondern auch das Umsetzen der Values in ganz besonderem Maße mit einbezieht.

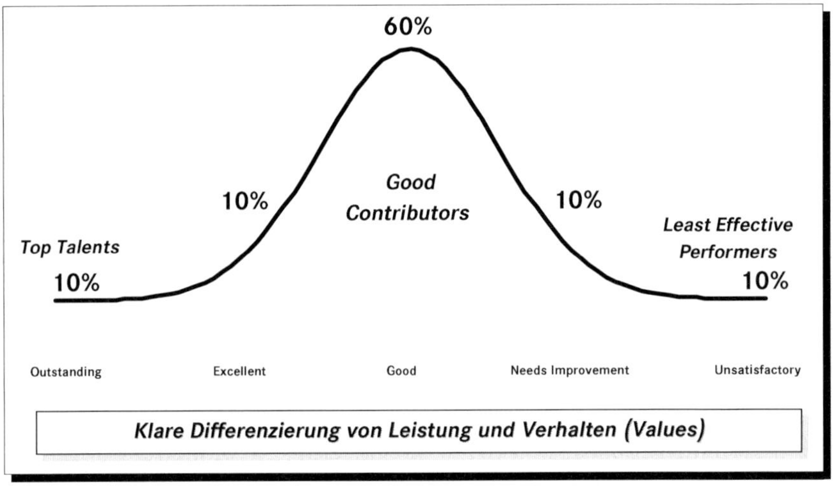

Abb. 10: Vitality-Curve

Die Verteilungsform der »Vitality-Curve« hat für die weitere Personalplanung und Personalentwicklungsmaßnahmen klare Konsequenzen (siehe Abbildung 11).

Diejenigen, die exzellente Leistungen erbringen und die Values umsetzen, sind die sogenannten »Superstars«, die unbedingt im Unternehmen gehalten werden müssen und die für weiterführende hochkarätige Fach- und Managementaufgaben in Frage kommen.

Diejenigen, die zwar exzellente Ergebnisse bezüglich ihrer Leistung aufweisen die aber die Values nicht umsetzen, stellen ein Problem dar (»The Real Problem«). Sie werden auf Dauer selbst durch ihre Geschäftsergebnisse keinen Schutz erfahren. Wenn keine radikale Verhaltensänderung bezüglich des Umsetzens der Values erfolgt, zieht dies klare Konsequenzen nach sich. Manager, die zwar eine schlechte Leistung erbringen, die aber die Values umsetzen, erhalten eine zweite Chance (»The Second Chancers«), entweder in ihrem bisherigen Aufgabengebiet, oder aber in einer adäquaten anderen Aufgabe/Position, in der eine Leistungssteigerung zu erwarten ist. Diejenigen Manager, die weder eine angemessene Leistung erbringen, noch die Values leben (»Failures«), werden sehr kritisch beurteilt und müssen mit klaren Konsequenzen rechnen.

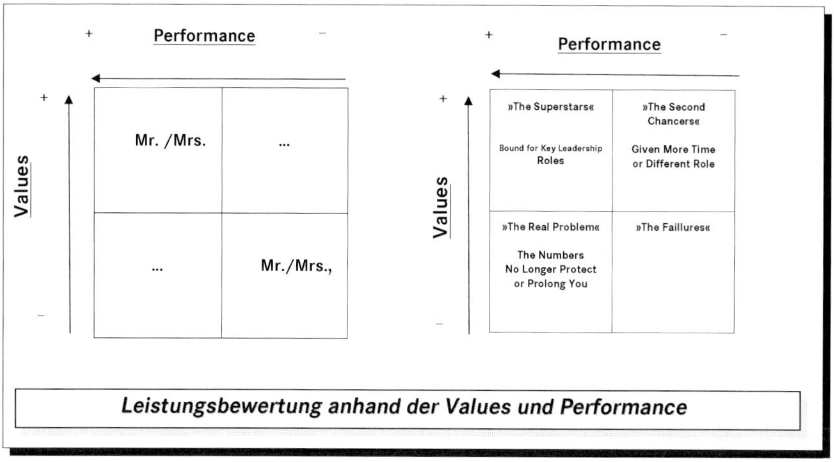

Abb. 11: Konsequenzmanagement bei der Bewertung von Leistung

Dieses Vorgehen ist Ausdruck einer einzigartigen Konsequenzkultur, die Zeichen davon ist, dass die Unternehmenswerte (Values) von GE nicht nur in den Köpfen existieren, sondern auch in der Realität umgesetzt werden. Jeder im Unternehmen, besonders aber die Manager, werden anhand dieser Werte (Values) beurteilt. Ein »Nichtleben« der Values zieht klare Maßnahmen nach sich, die konsequent umgesetzt werden.

5. Ausblick und Bewertung

»Schnelligkeit und Einheitlichkeit in der Umsetzung der Instrumente, Einfachheit und Klarheit der Konzepte, absolutes Commitment des Managements, verbindliche und verbindende Unternehmenswerte sowie konsequente Maßnahmen bei Nichtbeachtung dieser Werte sind die Erfolgsstrategie einer globalisierten Personalentwicklung.«

Der Erfolgsfaktor der globalisierten Personalentwicklung bei GE besteht nicht in dem bloßen Anwenden von mehr oder weniger bekannten Personalentwicklungsinstrumenten, wie Assessment-Centern, Mitarbeiterbeurteilungen, Entwicklungsplänen, 360°-Feedback-Prozessen und der Session C. Es handelt sich vielmehr um ein gemeinsames Fundament, welches allen Instrumenten zugrunde liegt und welches alle gleichermaßen verbindet. Dieses Fundament sind die GE-Values. Sie stellen die Grundlage aller Personalentwicklungsinstrumente weltweit dar. Es gibt keinen Geschäftsbereich, kein Tochterunternehmen und keine Niederlassung auf der Welt, das nicht die GE-Values als Ausgangsbasis und Richtlinie für die gesamte Personalentwicklung implementiert und etabliert hat.

Das konsequente Anwenden und Umsetzen dieser Values in den Personalentwicklungsinstrumenten schafft eine gelebte Unternehmenswirklichkeit und bestimmt die soziale Architektur des Unternehmens. Dies gelingt jedoch nur, wenn die Values sich in tatsächlich allen Instrumenten wiederfinden, wenn sie konsequent angewandt und wenn sämtliche Mitarbeiter und Führungskräfte mit allen Konsequenzen daran gemessen werden.

Das Unternehmen General Electric ist in dieser Beziehung Vorreiter und Erfolgsstory zugleich. Durch das Schaffen einheitlicher und verbindlicher Unternehmenswerte weltweit und deren direkte Umsetzung in der Personalentwicklung gelingt es, trotz der Unterschiedlichkeit der Produkte und Dienstleistungen, der verschiedenen Geschäftssparten von GE, im globalen Markt eine einheitliche Identität, sowie gleiche Spielregeln für alle zu schaffen.

General Electric zeigt durch seine klar formulierte Konsequenzkultur, dass ein Nichtbeachten, beziehungsweise der Verstoß gegen Unternehmenswerte konsequent geahndet werden.

»Konsequent gelebte Unternehmenswerte als Erfolgsstrategie einer globalisierten Personalentwicklung« heißt der Titel dieses Artikels. Soll die Erfolgsstrategie der Personalentwicklung mit wenigen Worten zusammengefasst werden, so wären dies Schnelligkeit und Einheitlichkeit in der Umsetzung der Instrumente, Einfachheit und Klarheit der Konzepte, absolutes Commitment des Managements, verbindliche und verbindende Unternehmenswerte sowie konsequente Maßnahmen bei Nichtbeachtung dieser Werte.

Literatur:

Slater, R. (1999). Jack Welch and the GE Way. New York: McGraw-Hill.

Slater, R. (2000). The GE Way Fieldbook. New York: McGraw-Hill.

Tichy, N. M., & *Sherman, S.* (1994). Control Your Destiny or Someone Else Will. New York: HarperCollins Publishers.

5. Personalentwicklung in einem Start-up – Verträgt sich die Geschwindigkeit eines Start-ups mit Lernen?

von Petra Sontheimer

Inhaltsverzeichnis

Personalentwicklung in schnell wachsenden Unternehmen muss sich an speziellen Grundprinzipien orientieren, um der Geschwindigkeit der Unternehmensentwicklung gerecht zu werden. Diese drei Grundprinzipien sind: Coachingorientierung, Prozessorientierung und Netzwerkorientierung. Sie dienen als Basis für Personalentwicklungsmaßnahmen, die ein ganzheitlich-kreatives Lernen zur Zielsetzung haben, das für die Bewältigung von ständig neuen Herausforderungen ein wichtiger Erfolgsfaktor ist.

1. Unternehmen und Geschwindigkeit

In der New Economy gab es eine bemerkenswerte Entwicklung in der jüngsten Vergangenheit: die sogenannten »fast growing Organisations«. Hierunter versteht man Unternehmen, die innerhalb kurzer Zeit ein enormes Wachstum verzeichnen, hierzu gehören auch die zahlreichen Start-Ups.

Diese Unternehmen zeichnen sich neben den erhöhten Anforderungen an die Planung von Geschäftsprozessen und -strukturen dadurch aus, dass dem Thema »Lernen« eine immense Bedeutung zukommt.

Lernen unter massiven Geschwindigkeitsanforderungen. Lernen unter sich ständig verändernden Anforderungen sowohl an die Qualifikation des Mitarbeiters als auch an dessen Arbeitsinhalte.

Merkmale für »fast growing organisations« sind:

- Geschwindigkeit im Hinblick auf ein schnelles Mitarbeiterwachstum:
  Daraus ergibt sich, dass nur wenige Mitarbeiter über ein solides und gewachsenes Grundwissen über die Gesamtorganisation verfügen. Deswegen muss neben Fachwissen insbesondere ein übergreifendes Verständnis für das Unternehmen gefördert werden.
- Geschwindigkeit im Hinblick auf Veränderung der Aufgabeninhalte:
  Aufgabeninhalte verändern sich, bevor eine solide Lernkurve und Konsolidierung stattfinden kann, die Anforderungen an die Qualifikation der Mitarbeiter verändern sich entsprechend schnell. Daher ist neben den Lerninhalten auch die Weiterentwicklung der Lernfähigkeit von Bedeutung.
- Geschwindigkeit im Hinblick auf den Anpassungsbedarf der formellen Strukturen und Prozesse:
  Oftmals hinken die offiziellen Systeme hinter dem Wachstum her, woraus sich ein hoher Bedarf an informellen und persönlichen Netzwerken ergibt.

Treffen diese Faktoren, die zu einem »Geschwindigkeitsdruck« für ein Unternehmen führen, alle gleichzeitig zu, so vergrößert sich die Notwendigkeit eines permanenten individuellen Lernprozesses massiv. Ohne diesen auf den einzelnen Mitarbeiter bezogenen Lernprozess können die Anforderungen an die Arbeitsinhalte nicht erfüllt werden. Hinzu kommt aber auch die Notwendigkeit, organisationale Lernprozesse zu etablieren und institutionalisieren, die das Gesamtsystem »Unternehmen« stabilisieren.

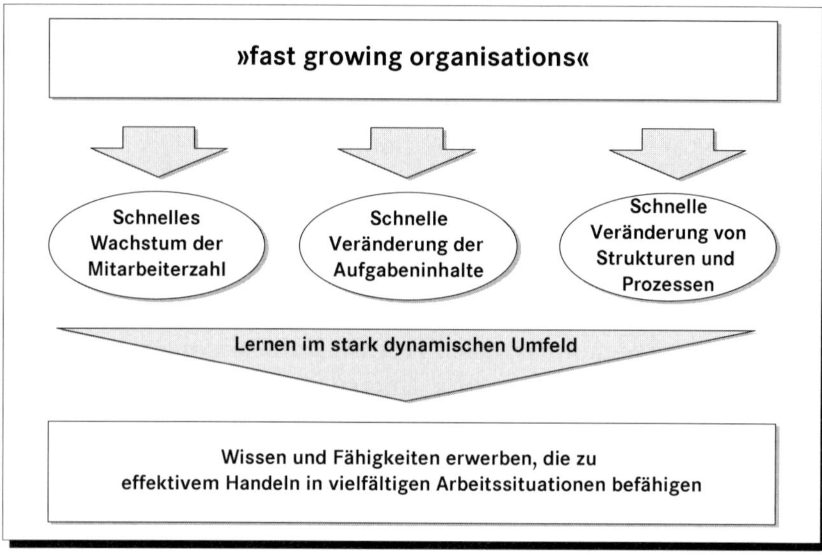

Abb. 1: Schnell wachsende Unternehmen

2. Lernen in einem stark dynamischen Umfeld

Was bedeutet Lernen in einem Umfeld, das sich ständig verändert?

Im Zeitalter der Informations- und Wissensgesellschaft, führen die tendenziell besseren Zugriffsmöglichkeiten auf Wissensinhalte, zu einer Zunahme des global verfügbaren und auch für den Einzelnen relevanten Wissens. Hinzu kommen neue Herausforderungen, die aufgrund technologischer oder organisationaler Neuerungen zu einer ständigen Veränderung der relevanten Umwelt führen.

Daraus ergibt sich, dass die Abstände, in denen neue technisch-fachliche Qualifikationen nachgefragt werden, immer kürzer werden und dadurch die Bedeutung allgemein anwendbarer Schlüsselqualifikationen wie Kommunikations-, Lern- oder Kooperationsfähigkeit zunimmt.

Lernen in einem stark dynamischen Umfeld bedeutet deswegen:

Wissen und Fähigkeiten zu erwerben, die zum effektiven Handeln in vielfältigen (Arbeits-)Situationen befähigen.

Um diese Art von Lernen zu ermöglichen, ist es hilfreich, einige

Grundsätze zu beachten. Im Folgenden soll kurz auf die Systematisierung für Lerninhalte und die Merkmale für Lernprozesse im dynamischen Umfeld eingegangen werden, denn sie waren für die Gestaltung der Personalentwicklungsmaßnahmen bei der Pixelpark AG wichtige Grundlagen.

Wie lassen sich Lerninhalte systematisieren, um sie dann mit entsprechenden Maßnahmen weiter zu vermitteln?

Wissen lässt sich in folgende vier Grundtypen unterteilen:

- **know what:** der Transfer von kodifizierten Informationen als Tatsachen und Daten
- **know why:** das Verständnis von grundlegenden Prinzipien, Regeln und Ideen
- **know how:** praktisches Wissen und Erfahrung
- **know who:** direkter Kontakt zwischen Individuen; die Fähigkeit, zu kommunizieren und vertrauensvolle Beziehungen aufzubauen

Neben dieser formalen inhaltlichen Strukturierung gibt es Merkmale, die sich auf den Prozess der Wissensvermittlung beziehen. Demzufolge sollten bei der Konzeption von Personalentwicklungsmaßnahmen zur Vermittlung dieser strukturierten Inhalte weitere Kriterien erfüllt sein, die der besonderen Geschwindigkeit von Mitarbeiter- und Unternehmensentwicklung Rechnung tragen.

- Die **konstruktive Auseinandersetzung mit aktuellen Problemen** wird angeregt, um das Erlernte direkt in der Praxis umsetzen zu können.
- Das Lernen erfolgt in **interdisziplinären Zusammenhängen**, um eine Einordnung in den Gesamtunternehmenskontext sicherzustellen.
- Es besteht eine **hohe Flexibilität** hinsichtlich des **Lernzeitpunkts** und der individualisierbaren **Lerninhalte**, um bedarfsgerecht für Mitarbeiter und Unternehmen zu schulen.
- Selbstgesteuertes Lernen wird durch **Lernpartnerschaften und Expertenhilfen** unterstützt, um persönliche Netzwerke zu fördern, die das begrenzte Wissen des Unternehmens besser verfügbar machen.

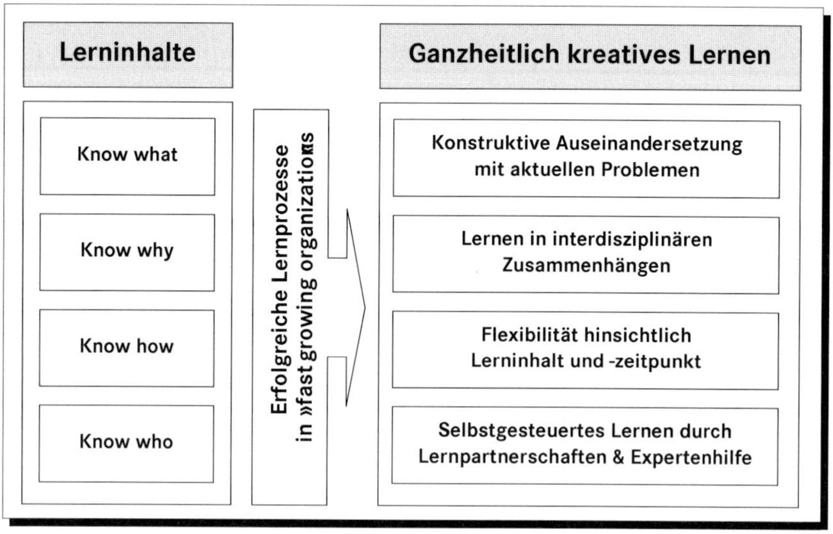

Abb. 2: Lernen in schnell wachsenden Unternehmen

Abschließend lässt sich festhalten, dass insbesondere in schnell wachsenden Unternehmen nicht mehr Wissensspeicherung und entsprechender Abruf von Informationen im Vordergrund steht.

Entscheidend ist ein ganzheitlich-kreatives Lernen, das auf eine konstruktive Wissenserarbeitung und Kompentenzentwicklung für die Bewältigung aktueller Herausforderungen abzielt.

3. Grundprinzipien für die Personalentwicklung bei der Pixelpark AG

Im Folgenden soll ein kurzer an der täglichen Praxis orientierter Überblick über die Erfahrungen der Personalentwicklung, die im Laufe der letzten 2,5 Jahre bei der Pixelpark AG gesammelt werden konnten, gegeben werden. In dieser Zeit ist das Unternehmen von 100 Mitarbeitern an drei Standorten zu einem internationalen Unternehmen mit 1 000 Mitarbeitern an 18 Standorten gewachsen. Das Wachstum vollzog sich in der »heißen« Phase der New Economy.

Die Pixelpark AG ist einer der führenden europäischen Full-Service-Anbieter integrierter Internet-Dienstleistungen. Ihr Angebot umfasst Management- und Logistikberatung, Gestaltung und Konzeption komplexer webbasierter Lösungen sowie technische Integration und Anbindung an bestehende IT-Systeme.

Charakteristisch für dieses Dienstleistungsportfolio ist die Arbeit in kurz- bis mittelfristigen Kundenprojekten. Die Arbeitsinhalte der Mitarbeiter werden bestimmt durch wechselnde Projektinhalte, die von Kunde zu Kunde unterschiedlich sind. Sie arbeiten in wechselnden Projektteams, oftmals über mehrere nationale und internationale Standorte hinweg und sie arbeiten in einem Umfeld, das massiv durch technologische Innovationen vorangetrieben wird.

Zu diesen Arbeitsbedingungen kommt hinzu, dass es in diesem Arbeitsumfeld nur wenige Mitarbeiter gibt, die über eine langjährige Berufserfahrung verfügen, was wiederum Lernen zu einer essenziellen Aufgabe werden lässt.

Aus der Entwicklung des Unternehmens und den Arbeitsinhalten der Mitarbeiter lassen sich für die Personalentwicklung bei Pixelpark folgende Rahmenbedingungen festhalten:

- Neue Mitarbeiter müssen möglichst schnell und effizient einen Überblick über das Unternehmen bekommen, um ihre Arbeitsinhalte ganzheitlich einordnen und eigenverantwortlich an Veränderungen anpassen zu können.
- Die fachspezifische Ausbildung in Bereichen, wo die Halbwertzeit des Wissens ständig sinkt, muss möglichst praxisnah und effizient erfolgen.
- Der Transfer in die Praxis muss auch bei überfachlichen Inhalten schnell möglich sein und in einem direkten Bezug zum Arbeitsumfeld stehen.
- Parallel zur Wissensvermittlung ist die Schaffung von persönlichen Netzwerken wichtig, über die eine weitere Verbreitung von Wissen stattfinden kann.
- Trotz allen Anforderung an Geschwindigkeit muss eine langfristige Entwicklungsperspektive für die Mitarbeiter geschaffen werden.

Der Anspruch den Merkmalen für ganzheitlich-kreative Lernprozesse gerecht zu werden und verschiedene Niveaus von Lerninhalten in Personalentwicklungsmaßnahmen zu integrieren, führte zur *Entwicklung von drei Grundprinzipien für die Personalentwicklung bei Pixelpark.*

Diese Grundprinzipien sind:

- **Coachingorientierung**
- **Prozessorientierung**
- **Netzwerkorientierung**

Unter *Coachingorientierung* ist zu verstehen:

- Lernen am Arbeitsplatz
- Lernen in Arbeitssituationen
- Training on the Job mit internen oder externen Coaches

Maßnahmen, die nach diesem Grundprinzip entwickelt wurden, haben einerseits den Vorteil, dass der Mitarbeiter den Zeitpunkt so wählen kann, dass es in seinen eigenen Arbeitsablauf gut hineinpasst. Außerdem wird ermöglicht, dass anhand einer aktuellen Problemsituation des Mitarbeiters Wissen vermittelt wird und somit ein direkter Bezug zum Arbeitsalltag hergestellt wird.

Ein Nachteil dieser Methodik ist allerdings der hohe Zeitaufwand für interne oder externe Coaching-Ressourcen und die damit verbundenen Kosten. Außerdem können durch einen Coach meist nur ein oder zwei Personen sinnvoll zum gleichen Zeitpunkt trainiert werden.

Das Grundprinzip der *Prozessorientierung* beinhaltet:

- Ausrichtung der Trainingsinhalte am konkreten Leistungserstellungsprozess
- Trainingsinhalte immer in Kombination mit aktuellen Problemstellungen
- Vermittlung von Schnittstellenkompetenzen

Der Vorteil hierbei ist die konsequente Auseinandersetzung mit der aktuellen, sich stetig verändernden Unternehmenssituation und somit ein Bezug zum konkreten Arbeitsalltag. Neben einem direkten Transfer der Inhalte wird die Möglichkeit eröffnet, Prozesse zu hinterfragen und zu optimieren, was einer effizienteren Gestaltung des eigenen Arbeitsumfeldes dient. Gleichzeitig findet ein Aufbau der erforderlichen Schnittstellenkompentenzen statt, die über das Erlernen des auf den eigenen Aufgabenbereich begrenzten Wissens hinausgeht und ein besseres Verständnis für vor- und nachgelagerte Wertschöpfungsschritte erlaubt.

Nachteil dieses Grundprinzips ist allerdings ein hoher Ressourcenaufwand, da die Trainingsinhalte ständig mit der aktuellen Gesamtsituation abgeglichen werden müssen.

Das Prinzip *Netzwerkorientierung* steht für:

- das Zusammenbringen interdisziplinärer Gruppen
- eine Atmosphäre, die »persönliches Netzwerken« fördert

Vorteile dieses Grundprinzips sind, dass Lernen in Netzwerken partnerschaftlichen Rückenwind, vielfältige Anregungen und solidarische Unterstützung gibt. Daneben sichert ein geschaffenes Netzwerk auch nach einer Personalentwicklungsmaßnahme eine schnelle unkomplizierte Weitergabe von Wissen im Unternehmen.

Nachteilig kann sich auswirken, wenn die Teilnehmer aus verschiedenen Standorten kommen und deswegen hohe Kosten entstehen oder dass Detailwissen von einem Gesamtbild überlagert wird.

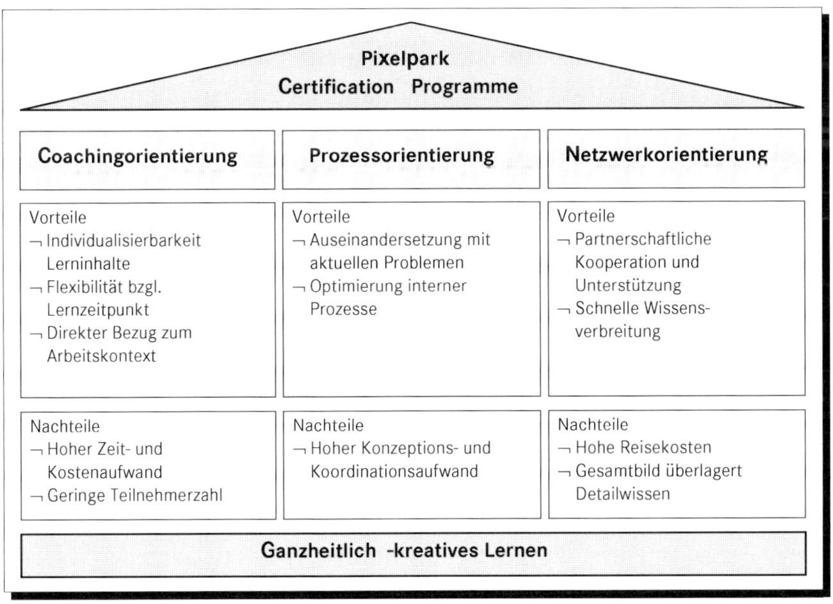

Abb. 3: Problementwicklung bei Pixelpark

4. Beispiele für Personalentwicklungsmaßnahmen bei der Pixelpark AG

Das Pixelpark Certification Programm (PCP) ist ein Gesamtsystem für die Personalentwicklung im Unternehmen. Durch einen modularen Aufbau ermöglicht es, berufsgruppenspezifische Entwicklungspfade zu verfolgen und gleichzeitig unternehmensübergreifend Experten- oder interdisziplinäre Netzwerke zu etablieren. Für die Grundkonzeption des PCP wurde die Unterteilung der Lerninhalte nach der Systematik »know what, know why, know how and know who« vorgenommen.

Hierzu beispielhaft einige konkrete Inhalte:

Know what:
Definition des fachspezifischen Wissens für z.B. Programmierer oder Web-Designer sind Programmiersprachen, Graphikprogramme etc.

Know why:
Definition der relevanten Schnittstellen einer Aufgabe und die Einordnung in den Gesamtzusammenhang z.B. Übergabeprozeduren vom Projektmanagement an die Konzeption oder die Programmierung.

Know how:
Erstellen von Fallstudien für bestimmte Projektabläufe oder Vermitteln von Standardabläufen oder Qualitätsstandards.

Know who:
Definition der Zielgruppen für Trainingsmodule und deren Überschneidungen z.B. Schnittstellentraining für Projektmanager, Kreativdirektoren und IT-Manager.

Für jede Berufsgruppe wurden so für die einzelnen Kompetenzstufen Anforderungsprofile definiert – die aufgrund des dynamischen Umfelds einer ständigen Überprüfung unterliegen. Auf Basis dieser Anforderungsprofile erfolgte dann die Definition von Kompetenzen (Wissen und Fähigkeiten), die entweder »Pflicht-Programm« im Sinne einer Grundqualifikation sind oder Trainingsinhalte, die nach dem individuellen Bedarf des Mitarbeiters zusammengestellt werden können. Nachdem auf diese Weise die Lerninhalte systematisch zusammengestellt wurden, erfolgt die Anpassung dieser Inhalte auf die spezifische Unternehmenssituation gemäß der oben genannten Prinzipien Coaching-, Prozess- und Netzwerkorientierung.

Im Folgenden werden drei Personalentwicklungsmaßnahmen aus dem Gesamtsystem vorgestellt, die den Grundprinzipien folgen und sich in der konkreten Ausgestaltung von »normalen« Trainingsmaßnahmen unterscheiden. Insbesondere bei diesen Maßnahmen wird deutlich, in welchem Maße und mit welchem Erfolg sich die Merkmale für erfolgreiche Lernprozesse in einem dynamischen Umfeld, in der Praxis bewährt haben und wie »Lernen und Geschwindigkeit« unter bestimmten Grundvoraussetzungen möglich sein kann.

4.1 »Coaching für Zeit- und Selbstmanagement« Grundprinzip Coachingorientierung

In einem dynamischen Arbeitsumfeld kommt der systematischen Arbeitsweise der einzelnen Mitarbeiter eine besondere Bedeutung zu. Um maßgeschneiderte alltagstaugliche Lösungen für ein effizientes Selbst- und Zeitmanagment zu bieten, wurde von einem Training zum Thema Selbstmanagement Abstand genommen. Stattdessen wurde eine reine Coachingunterstützung gewählt. Sie zeichnet sich dadurch aus, dass ein externer »Zeit-Coach« buchbar ist. Die Mitarbeiter schließen sich entsprechend ihrer Aufgaben, Erfahrung und Position zu einem »Tandem« zusammen und können dann ein bestimmtes, vorher festgelegtes Zeitkontingent für individuelles Coaching am Arbeitsplatz buchen. Diese Tandems sind gleichzeitig Lernpartnerschaften, die den kontinuierlichen Lernerfolg sichern.

Überblick

Zielsetzung:
- individualisierbare Trainingseinheiten für Zeit- und Selbstmanagement
- Gewährleistung einer hohen Flexibilität für den Mitarbeiter im Hinblick auf die Bewältigung von konkreten Alltagssituationen

Zielgruppen:
- alle Mitarbeiter, vor allem Berufsanfänger
- »Tandems« von Mitarbeitern mit ähnlichen Profilen

Organisationsform:
- externer Zeitmanagement-Experte, der bei Bedarf gebucht werden kann
- Zeitkontingent wird z.B. im Mitarbeitergespräch vorher vereinbart (Vorgesetzter und Bereich Personalentwicklung)
- Coaching erfolgt nur in Tandems
- Lernpartnerschaft zur Nachbereitung und weiteren Hilfestellung
- Materialien zur Intensivierung werden vom externen Coach bereitgestellt

Erfahrung:
- die Methode wurde von den Mitarbeitern als sehr gut beurteilt und hat einen hohen, direkt messbaren Lerneffekt

4.2 »Einführung neuer Mitarbeiter«: Grundprinzip Prozessorientierung

Die internationale Einführungsveranstaltung für neue Mitarbeiter, die in Zeiten schnellen Wachstums jeden Monat mit bis zu 60 Mitarbeitern stattfand, hat die Zielsetzung, den neuen Mitarbeitern einen Gesamtüberblick über das Unternehmen zu verschaffen und ihnen die Möglichkeit zur persönlichen Netzwerkbildung zu geben.

Der Schwerpunkt der dreitägigen Veranstaltung liegt auf der Vorstellung eines Projektablaufs. Ein internes Expertenteam erarbeitet gemeinsam mit den Teilnehmern anhand eines aktuellen Projektes den typischen Ablauf der Leistungserstellung. Es werden interdisziplinäre Schnittstellen aufgezeigt und das Dienstleistungsportfolio spezifiziert. Dadurch gewinnen die einzelnen Teilnehmer ein Verständnis ihrer Rolle im Gesamtprozess.

Des weiteren sind Präsentationen zur Unternehmensvision, der Strategie und den Unternehmenszielen, ebenso wie zur Organisationsstruktur, den einzelnen Standorten und den Support-Bereichen Bestandteile der Veranstaltung. In Workshops, in denen die Teilnehmer an den Themen Unternehmenshistorie und Qualitätsrichtlinien arbeiten, wird außerdem ein Gefühl für die Unternehmenskultur vermittelt.

Überblick

Zielsetzung:
- in möglichst komprimierter Form soll den neuen Mitarbeiter eine Orientierung und Einordnung ihrer Position im Gesamtunternehmen ermöglicht werden
- Kennenlernen von Kollegen aus anderen Bereichen und Standorten, um schnell ein übergreifendes Netzwerk bilden zu können
- Begeisterung für das Unternehmen und seine Menschen

Zielgruppe:
- alle neuen Mitarbeiter weltweit

Organisationsform:
- der Bereich Human-Resources übernimmt die Konzeption, die Gesamtorganisation und Koordination
- ein Mitarbeiter des Bereiches HR begleitet die gesamte Veranstaltung als Moderator, Koordinator und Ansprechpartner
- interne Referenten/Experten zu den einzelnen Themenbereichen aus allen Hierarchieebenen, v.a. für Vision, Strategie und Unternehmensziele ist ein Vorstands- oder Geschäftsleitungsmitglied wichtig
- je nach Thema erfolgt die Wissensvermittlung durch Präsentationen oder in Gruppenarbeit

Erfahrung:
- die Einführungsveranstaltung ist für die neuen Mitarbeiter ein zentraler Lern- und Motivationsbestandteil in ihren ersten Wochen und wird sehr positiv beurteilt
- neben der Vermittlung von Informationen und Lerninhalten schätzen die Mitarbeiter die Möglichkeit, in kurzer Zeit Ansprechpartner in allen Bereichen und/oder Standorten kennenzulernen
- diese Einführung ist auch zu einem wesentlichen Instrument zur Verbreitung der Unternehmenskultur geworden
- der Organisationsaufwand ist allerdings nicht unerheblich

4.3 »Event-Training«: Grundprinzip Netzwerkorientierung

Das sogenannte Event-Training dient zum systematischen Wissensaustausch innerhalb des Gesamtunternehmens und zur Bildung von Experten-Netzwerken.

Ein spezifisches komplexes Fachthema wird von einer kleinen Gruppe von Experten inhaltlich aufbereitet und dann beim Event-Training gemeinsam mit der deutlich größeren international relevanten Expertengruppe weiterentwickelt. Ein »Event«-Training findet meist an einem naturnahen Ort statt, wo die Mitarbeiter den Alltag und den Stress hinter sich lassen können und neben fachlicher Arbeit auch gemeinsamer Spaß im Vordergrund steht.

Als Grundprinzip der Veranstaltung gilt aber auch, dass »Commitment gefördert und gefordert« wird, denn die Mitarbeiter investieren einen Teil ihres Wochenendes für die Veranstaltung.

Überblick:

Zielsetzung:
- es soll die Weitergabe von aktuellem, projektbezogenem Wissen zur fachlichen Weiterentwicklung der Mitarbeiter forciert werden
- Aufbau interner Trainer und Experten
- Initiierung eines standortübergreifenden funktionierenden Fachexperten-Netzwerks, das sich dann bei Bedarf virtuell (E-Mail, Newsgroups, Videokonferenzen...) austauscht

Zielgruppe:
- Fachexperten zu bestimmten Themen oder Mitarbeiter, die in diesen Bereichen aus- und weitergebildet werden sollen

Organisationsform:
- ein inhaltlich Hauptverantwortlicher erarbeitet in Zusammenarbeit mit dem Bereich Human-Resources ein Grundkonzept für das Training
- die Vorbereitung der Teilnehmer erfolgt vorab durch Unterlagen oder Fragestellungen per E-Mail
- die Organisation (Hotel, Anreise...) erfolgt durch HR

Erfahrung:
- die Event-Trainings haben sich sehr gut bewährt für eine sehr schnelle Verbreitung von Fachwissen an alle Standorte, auch nach der Veranstaltung
- die Mitarbeiter beurteilen die Lerneffekte als sehr gut, weil in angenehmer Atmosphäre ohne den direkten Projektarbeitsdruck wichtige Fachthemen diskutiert und vertieft werden können

5. Schlussbemerkung

Um Lernen unter hoher Geschwindigkeit zu unterstützen, können Unternehmen viel durch neue Methoden oder einen anderen Zuschnitt von Lerninhalten beitragen. Der Lernprozess für den Arbeitsalltag muss vom Unternehmen systematisiert werden.

Insbesondere in den sogenannten »fast growing organisations« ist eine kontinuierliche Anpassung von Lerninhalten und Lernprogrammen an die spezifische Unternehmenssituation und deren dynamische Entwicklung notwendig.

Neben der Vermittlung von Wissen steht die permanente Weiterentwicklung der individuellen Lernfähigkeit und des Lernverhaltens im Vordergrund.

Eine zentrale Voraussetzung, um dem gleichzeitigen Zeit- und Lerndruck zu begegnen, ist aber vor allem die Bereitschaft des einzelnen Mitarbeiters, mit derselben Geschwindigkeit wie das Unternehmen zu wachsen. Die Freude am eigenen Fragen, Suchen und Entdecken und die eigene Motivation, sich persönlich weiterzuentwickeln, ist unerlässlich. Der Anspruch, das Umfeld und seine Zusammenhänge, in dem man lebt und arbeitet, zu verstehen und kompetent mitzugestalten, ist vor allem in einem Unternehmen, in dem dauernde Veränderungen den Alltag bestimmen, die Voraussetzung für erfolgreiches Lernen.

Literaturverzeichnis

Senge, Peter (Hrsg.) (2000), the Dance of Change, Signum Verlag, Wien

Kubicek, Herbert (Hrsg.) (1998), Lernort Multimedia, R. v. Deckers Verlag, Heidelberg

Kienbaum, Jochen (Hrsg.) (1997), Benchmarking Personal, Schäffer-Poeschel, Stuttgart

Senge, Peter (Hrsg.) (1997), Das Fieldbook zur Fünften Disziplin, Klett-Cotta, Stuttgart

Tulgan, Bruce (1997), Generation-X-Management, Signum Verlag, Wien

Ulrich, Dave (1997), *Human Resource Champions,* Harvard Business School Press,

Sonntag Karlheinz (Hrsg.) (1992), Personalentwicklung in Organisationen, Hogrefe, Göttingen

6. Corporate Universities als strategiegetriebene »Schulen des Geschäfts« – Das Beispiel Lufthansa School of Business

von Dr. Michael Heuser

Inhaltsverzeichnis

Mit der Gründung der ersten Corporate University in Deutschland im Frühjahr 1998 übernahm die Deutsche Lufthansa AG eine Vorreiterrolle; inzwischen sind dem Beispiel der Lufthansa School of Business weitere Unternehmen gefolgt. Auch international findet sie große Beachtung und ist im Oktober 2000 mit dem »Corporate University Xchange Excellence Award« als beste europäische Unternehmensuniversität ausgezeichnet worden. Die Lufthansa School of Business baut auf einer konsistenten Architektur des Lernens und der Entwicklung des Einzelnen wie des gesamten Unternehmens auf. Sie versteht sich als Treiber kulturellen Wandels sowie als Unterstützer strategischer Prozesse und bietet ihre Leistungen auch im offenen Markt an.

1. Die Deutsche Lufthansa AG: Vom Monolithen zum »Netzwerk-Unternehmen«

Gegründet im Jahr 1926, feierte die Deutsche Lufthansa AG zu Beginn des Jahres 2001 ihren 75. Geburtstag. Die Geschichte des Unternehmens ist geprägt von Pioniergeist und von bahnbrechenden Produkt-, Prozess- und Strategieinnovationen, aber auch von schweren Krisenphasen. Doch immer wieder wurden Energien mobilisiert, die neue Chancen für die Zukunft schufen, und mutige Entscheidungen des Managements neue Kapitel für das Unternehmen und die gesamte Airline-Branche eröffneten.

Dies spiegelt sich auch im jüngsten Jahrzehnt der Unternehmensgeschichte wider. Anfang der neunziger Jahre überwand das Unternehmen in einer umfangreichen, schmerzhaften Sanierungsphase seine größte wirtschaftliche Krise. Heute ist Lufthansa vollprivatisiert und zählt mit rund 400 000 Aktionären zu den größten Publikumsgesellschaften Deutschlands. Als Gründungsmitglied der STAR ALLIANCE, des ersten multilateralen Bündnisses im Weltluftverkehr, veränderte Lufthansa zusammen mit ihren Partnern maßgeblich dessen Spielregeln. Zu Beginn des neuen Jahrhunderts ist STAR mit inzwischen 15 Airlines, die in ihrem Netz rund 800 Zielorte in mehr als 130 Ländern der Erde anfliegen, das umfassendste und erfolgreichste Bündnis. Weitere globale wie regionale Kooperationen und Partnerschaften sichern die strategischen Positionen des Unternehmens ab.

Dabei ist die Lufthansa des 21. Jahrhunderts weit mehr als »Fliegen von Passagieren und Gütern«: Sie hat sich in den vergangenen Jahren als Unternehmensgruppe formiert, die über ihr Kerngeschäft hinaus ein breites Spektrum spezialisierter luftfahrtbezogener Dienstleistungen anbietet, z.B. Catering, Technik, reisebezogene Informationstechnologie. Die sieben Geschäftsfelder des »Aviation Konzerns« streben die weltweite Marktführerschaft ihrer jeweiligen Sparten an.

Damit vollzog Lufthansa im vergangenen Jahrzehnt konsequent den Wandel von einem Monolithen zu einem »Netzwerk-Unternehmen« (Abb. 1). Im Konzern selbst als Netzwerk verwandter und synergieträchtiger Geschäftsfelder organisiert, ist sie heute Kristallisationspunkt wichtiger unternehmensübergreifender Netze ihrer Industrie.

In der jüngsten Vergangenheit hat Lufthansa im E-Business erneut eine führende Rolle in der Branche übernommen. Im »Jahrhundert der Netze«, in dem die Verknüpfung realer und virtueller Netze zur Grundlage und zum Treiber der Steigerung des Kundennutzens wird, hat der Aviation Konzern den Ehrgeiz, strategischer Schrittmacher der Branche zu bleiben.

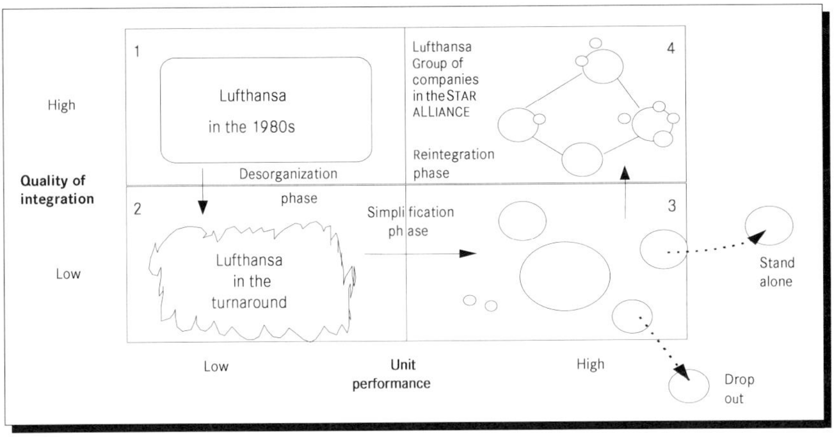

Abb. 1: Vom Monolithen zum »Netzwerk-Unternehmen« (Sattelberger/Westerbarkey 1998)

2. Lufthansa School of Business: »Schule des Geschäfts«

Zu Beginn des Jahres 2001 beschäftigte Lufthansa fast 70 000 Mitarbeiter. Unverzichtbare Voraussetzung des Meisterns der existenzbedrohenden Krise des Unternehmens, der strategischen Neuausrichtung des Konzerns und der Erfolge der jüngsten Vergangenheit war, dass die Mitarbeiterschaft in allen strategischen Überlegungen eine wesentliche Rolle spielt. Dabei gibt sich Lufthansa nicht der wenig realistischen Idee hin, ausschließlich der Mitarbeiter stehe »im Mittelpunkt«. Vielmehr trägt gerade eine nüchterne Sichtweise dazu bei, die Mitarbeiterschaft als eine von drei tragenden Säulen langfristigen Geschäftserfolgs zu begreifen: Kunden, Aktionäre – und eben Lufthanseaten (Abb. 2). Alle drei Anspruchsgruppen bilden das gleichseitige und gleichgewichtige Dreieck, in dessen Spannungsfeld das Unternehmen strategisch geführt wird und das tägliche Geschäft zu bewältigen ist.

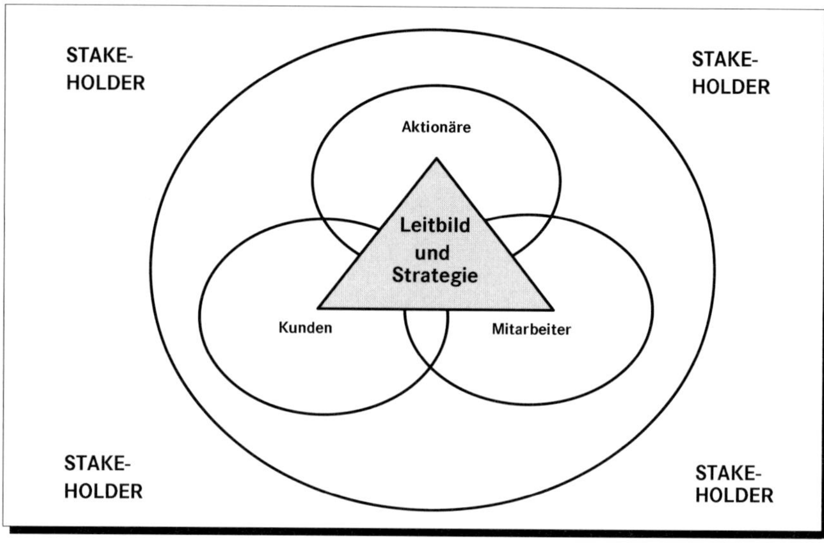

Abb. 2: Das Strategische Dreieck der Lufthansa

Sichtbare Folge dieser spezifischen Mitarbeiterorientierung ist, dass die Deutsche Lufthansa AG mit ihrer Lufthansa School of Business im Frühjahr 1998 als erstes deutsches Unternehmen eine Corporate University gründete. Neben vielen anderen Elementen wird der Entwicklung und der Weiterbildung der Mitarbeiter hohe Aufmerksamkeit gewidmet. Die strategische Entwicklung des Unternehmens und die Entwicklung des Einzelnen werden als zwei Seiten derselben Medaille begriffen. Dabei wird keinesfalls aus den Augen verloren, dass ein Unternehmen in einer Marktwirtschaft in erster Linie eine ökonomische Veranstaltung ist. Alle vom Unternehmen initiierten Bildungsprozesse haben ihre Begründung im Geschäft und in der strategischen Entwicklung des Unternehmens selbst. Die Herausforderung der Bildungspolitik des Unternehmens ist es, die Anforderungen der Mitarbeiter und die strategischen Herausforderungen des Unternehmens überein zu bringen. Dies bedeutet eine klare Absage an eine kurzfristige Maximierung von Unternehmensinteressen, aber auch an eine verklärte Bildungsromantik.

Lufthansa folgte damit zu einem sehr frühen Zeitpunkt einem Trend, der vor allem in der USA seit einigen Jahren nicht mehr zu übersehen ist, nachdem General Electric bereits vor mehr als vierzig Jahren mit seinem legendären Crotonville die Vorreiterrolle übernommen und Motorola zwanzig Jahre später nachgezogen war (*Meister* 1998, 2000). Freilich ließe sich mancher dieser neuen Corporate Universities mit einigem Recht absprechen, auch nur im Entfernten etwas mit einer »Universität« im klassischen deutschen Bildungsverständnis gemein zu haben. Viele amerikanische Unternehmen mögen auf einer Modewelle des Corporate America surfen. Der Keim dieser Entwicklung aber liegt tiefer. In einem erbarmungslosen globalen Wettbewerb, der einen effizienten Umgang mit Wissen erfordert und der konsequenten Aufbau, Schutz und Pflege von Humankapital erzwingt, brechen allen voran Unternehmen, die diesem Wettbewerb am härtesten ausgesetzt sind, überkommene Strukturen von Bildung und Lernen auf, um sie neu nach den Erfordernissen der Zukunft zu organisieren.

Zunehmend integrieren auch Unternehmen in Europa und Deutschland ihre Aktivitäten der Führungskräfte- und Mitarbeiterentwicklung programmatisch und zum Teil auch organisatorisch unter dem Dach einer Corporate University oder einer Corporate Business School. Als zentrale Zielsetzung geht es dabei genau um das Gegenteil dessen, was der Begriff des »Universitären« auf den ersten Blick nahelegen könnte:

- Nicht um mehr »Klassenzimmer«, um mehr Seminare und Kurse geht es, sondern um die Verbindung von Lernen mit Geschäft und Strategie.
- Nicht das isolierte Pauken theoretischen Wissens, sondern die enge, erfolgsorientierte Verknüpfung von Lernen und externer Expertise mit den Erfordernissen ökonomischen und sozialen Handelns im harten weltweiten Wettbewerb ist Leitlinie.

Im Kontrast zur klassischen Universität und auch zur klassischen Business School amerikanischer Prägung orientieren sich Corporate Universities an den strategischen und kulturellen Herausforderungen des Unternehmens, sind »strategiegetriebene und kulturtreibende Schulen des Geschäfts« (*Sattelberger/Heuser* 1999). Sie sind gerade nicht auf die Vermittlung von Spezialwissen ausgerichtet, sondern organisieren individuelle und organisationale Entwicklung entlang geschäftsdefinierter Prozesse. Corporate Universities definieren ihre Aktivitäten weniger über die Vermittlung von Inhalten, sondern weit mehr über ihren Prozessbeitrag zur Lösung unternehmensrelevanter

Problemstellungen; die Vermittlung von Inhalten wird instrumentell von ihrer Relevanz für Prozesse und Lösungen gesteuert.

Die Deutsche Lufthansa hat in den zurückliegenden Jahren massive Anstrengungen unternommen, ihre gesamte Mitarbeiter-, Führungskräfte- und Organisationsentwicklung auf ein solides gemeinsames Fundament zu stellen. Inzwischen ist die Lufthansa School of Business weltweit als herausragendes Beispiel einer Corporate University und als globale »Benchmarking«-Initiative angesehen. Im Oktober 2000 wurde sie als beste europäische Corporate University mit dem »Corporate University Xchange European Excellence Award 2000« ausgezeichnet. Der Preis wird von der Financial Times zusammen mit dem amerikanischen Beratungsunternehmen Corporate University Xchange, Inc. in New York verliehen; seine Kriterien sind:

»Alligning corporate learning to the business strategies of the organisation«;

- »Developing learning alliances with universities«;
- »Utilising technology to create a continuous learning environment«;
- »Measuring the value of an organisation's investment in education«;
- »Developing and implementing innovative marketing and branding techniques«.

Bereits im Jahr 1998 identifizierte ein globales Benchmarking-Projekt des »International Consortium for Executive Development Research (ICEDR)« die Lufthansa School of Business als weltweites Best-in-Class-Beispiel. Das Forschungsprojekt beschreibt vier Säulen für »world-class HRD companies« (Johnston 1998):

- »HRD activities do not run in parallel with the business – they are an integral part of the way the business is run.«
- »Senior management partners with HRD at every turn. (...) The CEO embodies HRD objectives in the priority and personal time he/she gives to the process.«
- »HRD components are only introduced when their linkage to all other HRD initiatives, processes and programs is clear.«
- »Implementation happens at business speed, not at HRD speed.«

Corporate Universities als »Schulen des Geschäfts« können ihre Aufgabe nicht ohne das massive Engagement des Topmanagements ihres Unternehmens erfüllen. Die Lufthansa School of Business wurde auf Initiative des Vorstands der Deutschen Lufthansa AG gegründet, und der Konzernvorstand wie die obersten Führungskräfte des Unternehmens sind in allen ihren Aktivitäten engagiert. Sie halten Vorträge, definieren Projekte, stehen als »Sparring-Partner« bereit und begleiten Teilnehmer über mehrmonatige Lernprozesse hinweg.

3. Zielsetzung und Architektur

Das Gesamtportfolio der heutigen Lufthansa School of Business, ihre Geschäftsfelder wie alle einzelnen Programme sind an einem gemeinsamen Leitbild ausgerichtet, dem Lufthansa Leadership Kompass (Abb. 3). Er beschreibt Schlüsselanforderungen, die Lufthansa heute und in der Zukunft an ihre Führungskräfte und die gesamte Mitarbeiterschaft stellt, um den strategischen Herausforderungen gewachsen zu sein.

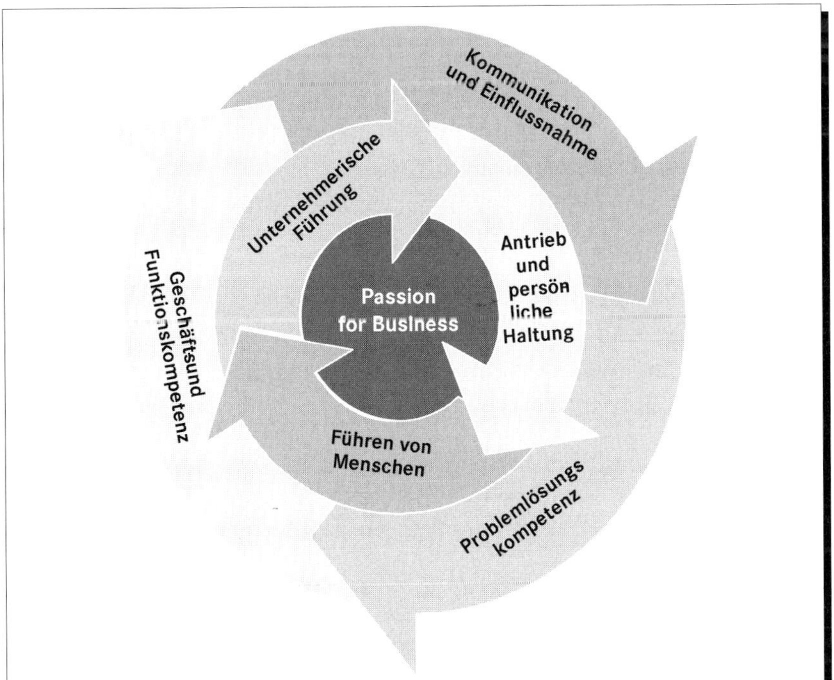

Abb. 3: Hauptkategorien des Lufthansa Leadership Kompass

Der Lufthansa-Leadership-Kompass ist Grundlage aller Programme der Nachwuchsgewinnung, der Führungskräfteentwicklung sowie – in »abgespeckter Form« eines Mitarbeiter-Kompetenz-Profils – der Weiterbildung breiter Mitarbeiterkreise. Er bietet die Gewähr, dass das breite Spektrum der Aufgaben der Lufthansa School of Business in seiner Gesamtheit eine konsistente Architektur des Lernens und der Entwicklung des Einzelnen wie des gesamten Unternehmens bildet.

Die Lufthansa School of Business ist die konzernweite Plattform der Lufthansa für Bildung und Entwicklung. In ihrem konzeptionellen Fokus stehen gleichzeitig der Aufbau, die Hochleistung und das Wachstum von individuellem und organisationalem Humankapital. Ihr Auftrag lautet:

- die strategischen Stoßrichtungen des Konzerns effektiv und effizient zu unterstützen;
- das »Intellectual Capital« als essenziellen Baustein für den Unternehmenserfolg an das Unternehmen zu binden und gemäß den zukünftigen Erfordernissen weiterzuentwickeln;
- als Schule des Geschäfts akademische Expertise und Erfahrungen von Partnerunternehmen eng mit der eigenen Geschäftspraxis zu verknüpfen;
- die gemeinsame Führungs- und Leistungskultur des Unternehmens zu fördern und voranzutreiben;
- dem einzelnen Chancen für persönliche Entwicklungsoptionen und Entwicklungsschübe zu bieten.

Das Aufgabenspektrum der Lufthansa School of Business umfasst alle Programme und Initiativen der Managemententwicklung sowie der Entwicklung breiter Mitarbeiterkreise. Dazu ist sie auf sechs Geschäftsfeldern aktiv (Abb. 4):

- **Lufthansa Leadership-Programme:** Die Lufthansa School of Business bietet ein umfassendes Qualifizierungs- und Personalentwicklungskonzept für das Management konzernweit.

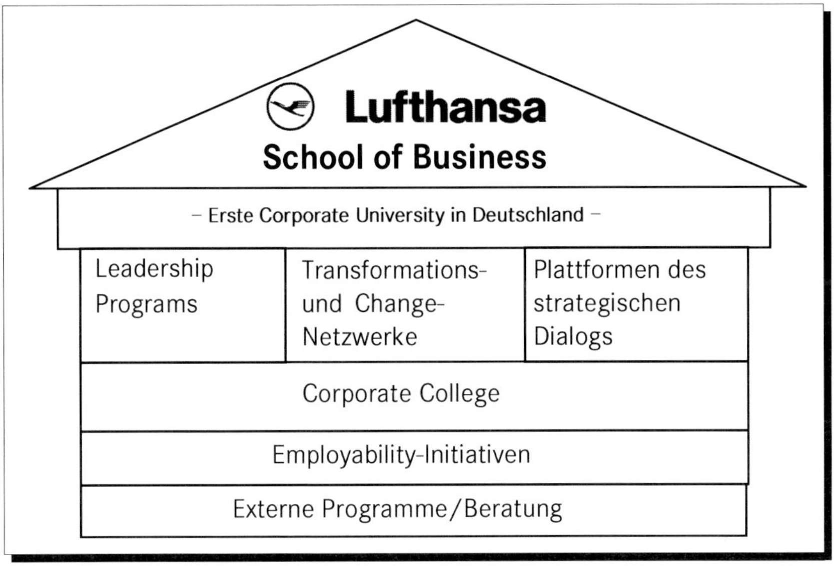

Abb. 4: Die Geschäftsfelder der Lufthansa School of Business

- **Transformations- und Change-Netzwerke:** Breit angelegte Initiativen binden zum Teil Hunderte von Veränderern ein, um den strategischen Wandel zu beschleunigen und die Führungs- und Leistungskultur voranzutreiben.
- **Plattformen des strategischen und kulturellen Dialogs:** Durch breit gefächerte Kommunikationsprogramme ermöglicht die Lufthansa School of Business den schnellen »Transport« wichtiger Geschäftsthemen sowie von Veränderungs- und Aktionsimpulsen in das Unternehmen hinein.
- **Corporate College:** Breite Mitarbeiterkreise qualifizieren sich auf für das Unternehmen wesentlichen Gebieten.
- »**Employability-Initiativen**« unterstützen und forcieren die Eigeninitiative der Mitarbeiter, die ihre interne und externe Marktfähigkeit steigern wollen.
- **Externe Programme/Beratung:** Die Lufthansa School of Business unterstützt andere Unternehmen in der strategischen Neuausrichtung ihrer Bildungspolitik, ihrer Personal-, Management- und Organisationsentwicklung.

4. Das Geschäftsportfolio

4.1 Lufthansa Leadership-Programme: Managemententwicklung auf Weltklasse-Niveau

Die Optimierung der Lern- und Erfahrungsbeziehungen zwischen Hochschule und Unternehmen bietet zweifellos eine nicht unwesentliche Unterstützung im systematischen Aufbau, der Pflege und Bindung von intellektuellem Kapital. Gerade eine virtuelle Business-School wie die der Lufthansa bildet ihren akademischen und bis zu einem gewissen Grade auch ihren kulturellen Kern durch intensive und stabile Beziehungen mit universitären Partnern (*Sattelberger/ Heuser* 1999).

Für Führungskräfte bietet die Lufthansa School of Business ein breites Spektrum anspruchsvoller Programme. Sie verknüpfen moderne Managementwissenschaft mit aktuellen Fragen, Herausforderungen und Erfahrungen der Unternehmenspraxis. Diese Leadership-Programme sind wesentlich durch den Grundsatz geprägt, wo immer sinnvoll und möglich Lernpartnerschaften mit erstklassigen akademischen Partnern sowie exzellenten Unternehmen einzugehen. In unterschiedlichen Verbünden und Konsortien umfasst das Portfolio maßgeschneiderte »Non-degree«-Management-Programme, aber auch Masters- und MBA-Abschlüsse.

Die Lufthansa School of Business hat es allerdings vermieden, sich stark an einen einzigen akademischen Partner anzulehnen. Vielmehr bindet sie einige führende Business-Schools in Nordamerika, in Asien und Europa zu einem akademischen Netzwerk zusammen, darunter die Cranfield University, die London Business-School, INSEAD, die kanadische McGill University und das Indian Institute of Management Bangalore (Abb. 5).

Die Zusammenarbeit mit den akademischen Partnern geht weit über die klassische Durchführung von (Management-)Programmen hinaus. Die Partner sind vielmehr in die Entwicklung komplexer organisationaler Lernprozesse einbezogen und vertiefen diese durch begleitende Forschungsprojekte (»Business-Action-Research«).

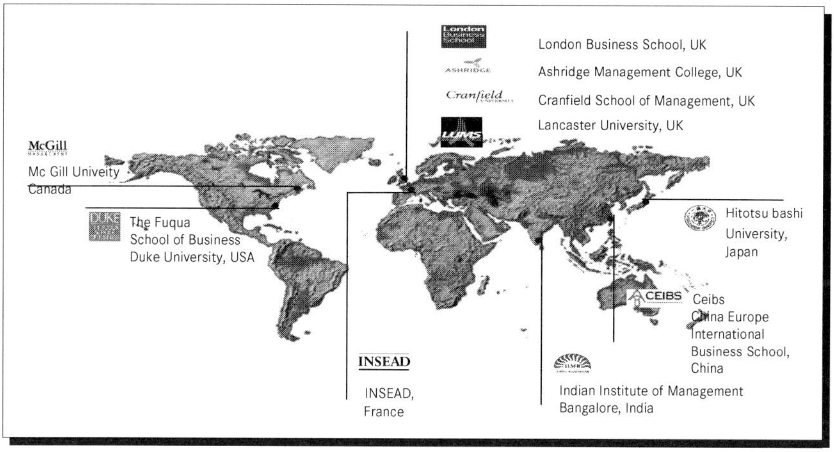

Abb. 5: Das akademische Netzwerk der Lufthansa School of Business

Sichtbares Ergebnis ist die Auszeichnung von inzwischen zwei Lufthansa-Fallstudien, die in Zusammenarbeit mit der London Business School entstanden: Die Fallstudie »Lufthansa – The Challenge of Globalisation« gewann den »European Case Award 1999« der Business Week, und die Fallstudie »Lufthansa 2000 – Maintaining the Change Momentum« wurde als »Best Case Study 2000« von der European Foundation for Management-Development (efmd) ausgezeichnet. Beide Case-Studies waren als Studienmaterial für Managementprogramme der Lufthansa School of Business entwickelt worden und wurden später für den Einsatz an Universitäten und Business-Schools weltweit freigegeben.

In den Leadership-Programmen spielt neben akademischer Expertise der Außenfokus des Geschäfts eine zentrale Rolle. Wo immer möglich, sind Partner entlang der Wertschöpfungskette, Klassenbeste der Branche oder Klassenbeste anderer Branchen auf für Lufthansa strategisch relevanten Gebieten in den Lernprozess einbezogen. Viele Programme sind als Konsortien mit einem definierten Kreis an Partnerunternehmen organisiert; die Wahl der Partner ist dabei für das effektive strategische Lernen von ausschlaggebender Bedeutung.

4.2 Transformations- und Change-Netzwerke: Initiativen der Organisationsentwicklung und Qualifizierung

Die Arbeit der Lufthansa School of Business ist darüber hinaus geprägt von großflächigen Initiativen der Qualifizierung und Organisationsentwicklung. Sie treiben den mentalen Wandel sowie die Führungs- und Leistungskultur im Konzern voran, indem sie unternehmerisches Handeln über die Grenzen von Bereichen, Unternehmen und Kulturen hinweg fördern und fordern. Darüber hinaus tragen sie dazu bei, konzernweite Netzwerke zum Austausch von Wissen und Erfahrung zu bilden. Zudem unterstreichen diese »Change-Netzwerke«, in denen jeweils mehrere hundert Mitarbeiter an realen Veränderungsprojekten arbeiten, dass Wandel nicht nur »top-down«, sondern auch »bottom-up« passieren kann und muss.

Als besonders innovatives Beispiel sei die Leadership-Initiative »Steigflug 99/Climb 99« herausgegriffen. In dieses einjährige, berufsbegleitende Programm für 160 Führungskräfte konzernweit sind über Feedback-Prozesse und Workshops Hunderte von Lufthansa-Mitarbeitern involviert. Großkonferenzen mit zum Teil mehreren hundert Teilnehmern schaffen gemeinsames Aufgabenverständnis, kleine Gruppen von fünf bis acht Managern bilden die »Task-Forces«, die die Führungs- und Leistungskultur der Lufthansa einem kritischen, weltweiten Benchmarking unterziehen (Abb. 6).

Ziel des Projektes ist es, die Entwicklung des Unternehmens zu noch mehr Innovations-, Leadership- und Service-Mentalität zu beschleunigen. Die Teilnehmer untersuchen weltweit Best-Practice in anderen Unternehmen, nutzen das Intranet zur konzernweiten Wissendiffusion, implementieren Ergebnisse in die eigene Geschäftspraxis und ihren Verantwortungsbereich. Auf der Grundlage des Lufthansa Leadership-Kompasses dienen 360°-Feedback, Zielvereinbarungen und Coaching-Angebote der Reflexion und der Formulierung und Umsetzung einer persönlichen Leadership-Herausforderung jedes Einzelnen. Strategiedialoge mit dem Topmanagement und Qualifizierungsprogramme im Rahmen der Lufthansa Summer-School komplettieren die Leadership-Initiative.

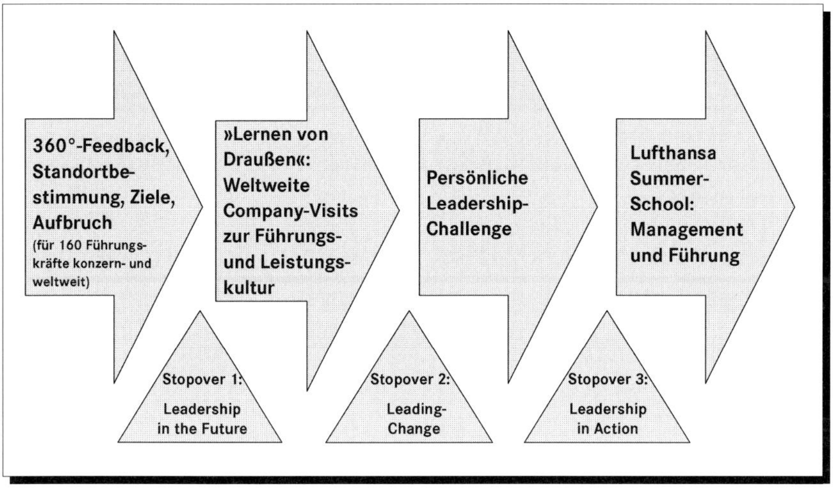

Abb. 6: Climb 99-Architektur

Kommunikation strategischer Botschaften, Schaffung von Commitment, Nutzung einer differenzierten Architektur für Wandel und Transformation – »Steigflug 99« wird den Ansprüchen einer innovativen Veränderungsinitiative in allen Punkten gerecht.

4.3 Plattformen des strategischen und kulturellen Dialogs: Schnelle Kommunikation – vertikal, horizontal, diagonal

In Zeiten strategischer, struktureller und kultureller Umbrüche veralten und verstopfen formale Kommunikationskanäle immer schneller. »Bypass«-Lösungen und ständig neue Kommunikationsformen sind erforderlich. Schnelle Kommunikationsprozesse sind wichtige Hebel des Wandels. Horizontale Kommunikationsplattformen quer über Bereichs- und Funktionsgrenzen sowie diagonale Kanäle über Hierarchiegrenzen hinweg werden zu den »Informationsschlagadern« einer Organisation.

Mit einem breit angelegten Spektrum an Diskussionsplattformen im Rahmen einer diagonalen Kommunikationsstrategie wurde in der Lufthansa School of Business bewusst die formale »Dienstweg-Kommunikation« zwischen Oben und Unten durchbrochen. Es geht darum, eine »kritische Menge« von Menschen mit hoher Geschwindigkeit, mit gebündelter Energie und in interaktiver Form

- mit Visionen, Grundsätzen und Ausrichtung des Unternehmens vertraut zu machen,
- für wichtige und kritische Problemlösungs- und Veränderungsprozesse zu gewinnen und
- für die Weiterentwicklung der Führungs- und Leistungskultur des Unternehmens zu begeistern.

Um schnell die »kritische Masse« zu erreichen, gibt es die Optionen, Kommunikation

- mittels vieler schnellaufender Events (»Schnellboote«),
- mittels weniger großer Events (»Ozeandampfer«) oder
- mittels einer Mixtur (»Armada«)

zu gestalten (*Sattelberger/Heuser* 1999). Die Lufthansa School of Business setzt hier auf das Armada-Prinzip einer Kombination großer und kleiner Veranstaltungen, Events und Plattformen, sie hat ein breit gefächertes Konzept strategischer und kultureller Kommunikation etabliert, um alle Führungskräfte und die gesamte Mitarbeiterschaft in die Prozesse strategischer Meinungsbildung und zeitkritischer Implementierung von Strategien einzubeziehen.

4.4 Corporate College: Lebenslanges Lernen breiter Mitarbeiterkreise

Jenseits von Hierarchie und Alter fördert die Lufthansa School of Business schließlich die berufliche wie persönliche Weiterentwicklung aller Mitarbeiter. Eine breite Palette von Programmen bietet die Möglichkeit, überfachliche Kompetenzen zu erwerben, Schlüsselqualifikationen auszubauen, Sprach- und EDV-Kenntnisse zu vertiefen oder wirtschaftliches Orientierungswissen zu verbreitern.

Neben einem »physischen Campus«, auf dem Mitarbeiter Kurse und Seminare belegen, macht sich das »Corporate College« in zunehmendem Maße elektronische Plattformen, vor allem den »Lufthansa LearnWay«, zu Nutze. Als virtuelle Trainings- und Informationscenter werden sie künftig allen Mitarbeitern zur Verfügung stehen und selbstgesteuertes Lernen unterstützen und forcieren.

4.5 Employability-Initiativen

Über konkrete berufliche Aufgaben hinaus ermuntert die Lufthansa School of Business die Eigeninitiative von Mitarbeitern, die sich berufliche wie persönliche Entwicklungschancen eröffnen und damit ihre Markt- bzw. Beschäftigungsfähigkeit verbessern wollen. »Weiter mit Bildung« und »Freizeit Lernen« sind Programme, die neben Dutzenden von Präsenz- oder Computerfernkursen in der Freizeit auch berufsbegleitende Ausbildungsabschlüsse ermöglichen. Pro Jahr nehmen hier Tausende von Mitarbeitern teil.

Bei der Planung und Auswahl des »richtigen« Weiterbildungsweges kann systematische Beratung in Anspruch genommen werden. Das Programm Pro40 etwa bietet als Prototyp lebensphasenorientierter Bildungsberatung Mitarbeiterinnen und Mitarbeitern »in der zweiten Berufslebenshälfte« die Gelegenheit, über eigene Entwicklungsmöglichkeiten zu reflektieren. Im Vorfeld freiwilliger Weiterbildung setzen sich die Teilnehmer in drei Präsenzmodulen von zwei bis drei Tagen mit ihrer eigenen Lebens(phasen)planung sowie persönlichen und beruflichen Mustern auseinander und entwickeln daraus Konzepte und Initiativen, um ihre Beschäftigungsfähigkeit zu erhalten und auszubauen.

Ehrgeizige Aus-, Weiterbildungs- oder andere Lernprojekte von Lufthansa-Mitarbeitern können im Rahmen der Förderinitiative »Life Long Learning Top« durch Zuschüsse, flexible Arbeitszeitregelung oder Sonderurlaub unterstützt werden. Das Unternehmen fördert damit begabte und leistungsfähige Menschen, die sich selbst persönlich wie fachlich fordern – sei es durch ein Fernstudium, einen berufsbegleitenden MBA oder eine andere Zusatzausbildung.

5. Ausblick

Die Welt, in der sich Lufthansa zu bewähren hat, wird auch in der Zukunft geprägt sein durch zunehmende Geschwindigkeit von Veränderungen, durch Deregulierung und Globalisierung, durch Allianzen, Partnerschaften und Netzwerke. Das Austarieren der Interessen und der Loyalitäten aller wesentlichen Anspruchsgruppen des Unternehmens wird schwieriger. Permanenter Wandel wird Alltag.

Die Gewinnung, vorausschauende Entwicklung und Bindung von Humankapital sowie der Aufbau und die Gestaltung von Infrastrukturen, durch die strategieunterstützendes Wissen schnell und effizient verfügbar wird, werden essenziell für den Erfolg von Lufthansa.

Eine solche Welt stellt hohe Anforderungen an das individuelle Lernen des Einzelnen wie das organisationale Lernen des Unternehmens. Für die Lufthansa School of Business bedeutet dies, den eingeschlagenen Weg konsequent weiterzugehen. Basierend auf den Entwicklungsphasen von Corporate Universities (Abb. 7), werden die zukünftigen Aufgaben der Lufthansa School of Business zunehmend in der kulturellen und strategischen Mobilisierung von Führungskräften und der breiten Mitarbeiterschaft liegen. Zudem wird sie verstärkt ihren Beitrag dazu leisten, dass Lufthansa ihren »Markenwert für Menschen« und damit ihre Anziehungskraft für exzellente Mitarbeiter weiter ausbaut.

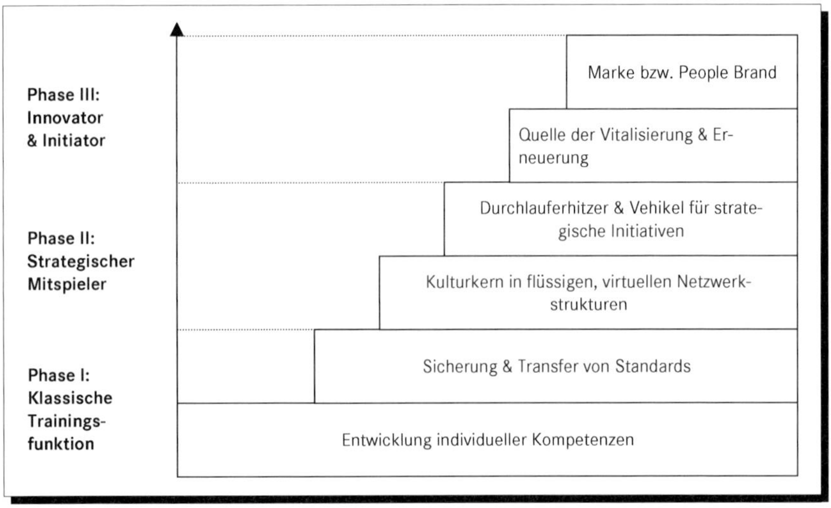

Abb. 7: Evolutionsphasen von Corporate Universities (*Sattelberger/Heuser* 1999)

Von konventionellen Konzepten der Management- und Organisationsentwicklung, aber auch von anderen Corporate Universities in Deutschland wird die Lufthansa School of Business sich auch zukünftig in wesentlichen Merkmalen unterscheiden:

- Die Lufthansa School of Business folgt einem systematischen, integrierten Konzept, das auf einer konsistenten Philosophie und

Architektur des Lernens und der Entwicklung des Einzelnen wie des gesamten Unternehmens aufbaut.

- Individuelles Lernen verknüpft die Lufthansa School of Business als Prozess unmittelbar mit strategischer Entwicklung und Geschäftspraxis des Unternehmens.
- Wesentlicher Baustein der Lufthansa School of Business sind Lernpartnerschaften nicht allein mit erstklassigen akademischen Einrichtungen, sondern auch mit Unternehmen weltweit.
- In der Lufthansa School of Business können hochkarätige akademische Abschlüsse renommierter internationaler Universitäten erworben werden.
- Mit großen Aktionsnetzwerken von mehreren hundert Nachwuchs- und Führungskräften ist die Lufthansa School of Business Schrittmacher der Führungs- und Leistungskultur des Unternehmens.

Kritisches Wissen, kritische Maße, kritische Geschwindigkeit und kritische Reichweite werden auch in Zukunft die Erfolgsfaktoren der Lufthansa School of Business sein.

Literatur:

Johnston, N.: How HRD Strategy and Business Strategy Are Linked to Creating Competitive Advantage, Paper at the ICEDR Forum »World Class HRD« 1998.

Meister, Jeanne C.: Corporate Universities, Lessons in Building a World-Class Work Force, McGraw-Hill 1998.

Meister, Jeanne C.: Corporate University WebLetter International, lfd. Ausgaben 2000.

Sattelberger, Thomas/Heuser, Michael: Corporate University: Nukleus für individuelles und organisationales Lernen, in: Sattelberger, Thomas: Wissenskapital oder Söldner, Wiesbaden 1999.

Sattelberger, Thomas/Westerbarkey, Peter: HR initiates strategic culture change, in : Philip Sadler (ed.): International Executive Development Programmes, Kogan Page 1998.

IV. Neue Konfrontationen

1. Der lange Marsch zur Globalisierung – Personalentwicklung im Mittelstand

von Prof. Dr. Jürgen Berthel und Dr. Michael Touet

Inhaltsverzeichnis

1. Neue Trends in der Diskussion

Der tiefgreifende Wandel, in dem sich sowohl die Unternehmungen in den entwickelten Wirtschaftsnationen, wie auch das gesamte Wirtschaftsgeschehen weltweit befinden, ist offenkundig und unbestritten. Stichworte dazu genügen (denn lesen kann man dazu alles, allenthalben und ausführlich): Globalisierung (im Titel dieses Buches) und verbreitete Reorganisationen haben neue Konzepte im Gefolge, mit denen Unternehmungen nunmehr geführt werden. Neben die Orientierung am Kunden tritt verstärkt die an den eigenen (Kern-)Kompetenzen, flache Hierarchien sind entstanden, mit ihnen neue Formen der Mitarbeiterführung. Soweit der »implizite« Vertrag der Vergangenheit (langfristige Arbeitsplatzsicherung gegen Mitarbeiter-Loyalität) fortfällt, muss ein neuer psychologischer Vertrag an seine Stelle treten, mit dem Mitarbeiterbindung an die beschäftigende Unternehmung begründet und abgesichert werden kann. Dies wird um so wichtiger, als der »War for Talents« in vollem Gange ist: Auf den Arbeitsmärkten konkurrieren immer mehr Unternehmungen um eine begrenzte Zahl von High Potentials.

Aus allem wächst die Einsicht, dass Unternehmensentwicklung – gegebenenfalls hin zu neuen Ufern – das Gebot der Stunde ist, dass sie aber nicht »funktionieren« kann und wird ohne eine gleichzeitige und systematische Entwicklung des betrieblichen Humanpotenzials. Daraus nun werden Forderungen abgeleitet, die die Personalentwicklung weg von ihrem alten engen reaktiven, serviceorientierten Verständnis hin zu einem ganz neuen Auftritt sehen bzw. befördern wollen. Aktiv bis proaktiv soll PE das Geschäft mit vorantreiben, soll viel weiter verstanden werden, »muss zum umfassenden Synonym für Aktivitäten der Human-Resources werden« (so die Herausgeber dieses Bandes).

Ein Einlösen dieser Forderungen brächte ein ganz anderes, viel anspruchsvolleres Rollen- und Selbstverständnis für Personalentwickler mit sich, als sie dies ehedem gewöhnt waren: Eine solche »unternehmerische« PE würde für die Geschäftsleitungen vom untergeordneten Serviceleistenden zum gleichberechtigten Partner; innerhalb des Personal-Management würde PE zu einer Geschäftsfunktion, deren Wert und Notwendigkeit an ihrem Beitrag zur Wertschöpfung gemessen wird; für Mitarbeiter und Führungskräfte mutierten sie vom Trainingsberater zum Manager und Initiator für deren Selbstentwicklung; in Bezug auf Unternehmungsstrategien hätten sie sich vom passiven Vollstrecker zu aktiv Mitwirkenden bei ihrer Entwicklung und Umsetzung zu wandeln.

Aber: Ist alles dies nur Spekulation, nur beschönigendes Wunschdenken einiger Profilierungssüchtiger, weit weg von der Wahrheit der harten Praxis? Folgt man den Ergebnissen einer Studie von *Wunderer/Dick*, die in einer Fragebogenaktion Personalverantwortliche u.a. nach der zukünftigen PE-Arbeit befragt haben, sehen die wichtigsten Trends in der PE (die sich in der Studie zugleich als Personalfunktion mit dem größten Bedeutungszuwachs darstellt) wie folgt aus (vgl. *Wunderer/Dick* 2000, S. 134 ff.):

1. Selbstentwicklung wird Normalität: Mitarbeiter werden zukünftig mehr Verantwortung für die eigene Entwicklung übernehmen.
2. On-the-job-Entwicklung (Projektarbeit, Coaching, Job-Enlargement etc.) rückt in den Vordergrund und verdrängt die heute dominierende Into-the-Job-Entwicklung von Platz 1.
3. Strukturelle Personalentwicklung im Sinne einer lern- und motivationsfördernden Gestaltung der Arbeitssituation wird wichtiger.
4. Der Führungsnachwuchs bleibt zentrale Zielgruppe der PE, aber auch Nichtführungskräfte erhalten zunehmend Gelegenheit zur systematischen und umfassenden Entwicklung.

5. Vorgesetzte werden ihre Rolle als »erster Personalentwickler« ihrer Mitarbeiter zukünftig intensiver wahrnehmen.
6. Die Förderung der Lernmotivation von Mitarbeitern wird wichtige PE-Aufgabe
7. Obgleich auch zukünftig über die Hälfte der PE-Maßnahmen intern erstellt wird, werden vermehrt Leistungen zugekauft.

Ausgehend von diesen Aussagen haben wir im Rahmen eines gerade abgeschlossenen Projekts eine Reihe von Unternehmungen besucht und mit den jeweiligen PE-Verantwortlichen Interviews zu Inhalt und Umfang, zu Veränderungen und zu der zukünftigen Entwicklung ihrer PE-Arbeit geführt. Gibt es in der PE-Praxis ein neues Selbstverständnis – auf welchem Weg ist die PE tatsächlich? Das Ergebnis unserer Bestandsaufnahme referieren wir in diesem Beitrag.

2. Die Studie

Für die Studie wurde ganz bewusst auf die Befragung der üblichen Vorzeigeunternehmungen der PE-Literatur verzichtet. Statt dessen haben wir aus der Hoppenstedt-Datenbank die Unternehmungen aus dem Köln/Bonner-Raum mit einer Beschäftigtenzahl zwischen 450 und 2500 ermittelt. Damit konzentriert sich die Studie branchenübergreifend auf eine Unternehmungsgröße, in der ca. 80% der Beschäftigten in Deutschland tätig sind.

Insgesamt wurden 87 Unternehmungen angeschrieben und um einen Interviewtermin gebeten. Dabei haben wir uns direkt an die jeweiligen PE-Verantwortlichen gewandt, die zuvor über Telefon namentlich ermittelt worden waren. Von 39 Unternehmungen wurde der dem Anschreiben beigefügte Antwortbogen zurückgesandt und ein Interview zugesagt. Diese mit 45% gegenüber üblicherweise berichteten Erfahrungen ungewöhnlich hohe Rücklaufquote zeigt bereits deutlich, welch hohe Beachtung und Dringlichkeit dem Thema PE in der Managementpraxis zugemessen wird.

Nachdem einige Gespräche aufgrund von Terminschwierigkeiten nicht zustande kamen, wurden in der Zeit zwischen dem 15. Dezember 2000 und 31. Januar 2001 30 halbstrukturierte, ca. 90-minütige Interviews geführt.

Die Datenerhebung über direkte Gespräche bzw. halbstrukturierte Interviews sollte es ermöglichen, auch komplexe Wahrnehmungen und Einschätzungen der Personalentwickler zu erfahren, darüber hinaus Hintergrundinformationen u.a.m. zu erhalten und für unsere Studie verfügbar zu machen. Denn diese war mit einem explorativen Charakter angelegt; es war also nicht das Ziel der Befragung, umfangreiche statistische Auswertungen vorzunehmen, etwa um auf bestimmten Signifikanzniveaus abgesicherte Skalierungen zu liefern. Vielmehr sollte ein allgemeines (Stimmungs-)Bild der PE-Arbeit in deutschen Unternehmungen formuliert werden, das die in der aktuellen PE-Literatur – z. B. in Studien wie der von *Wunderer/Dick* – entworfenen Szenarien ergänzt.

3. Ergebnisse

Bezogen auf die untersuchte Stichprobe lassen sich zusammenfassend fünf Kernaussagen formulieren:

1. In Abhängigkeit von dem Entwicklungsstand und der Ausrichtung ihrer PE-Arbeit lassen sich drei Gruppen von Unternehmungen unterscheiden.
2. Der informatorischen Fundierung und der Evaluation von PE-Arbeit wird in vielen Unternehmungen nur geringe Bedeutung zugesprochen.
3. Eine Integration von Personal- und Organisationsentwicklung wird nur in wenigen Unternehmungen praktiziert.
4. »Wertschöpfung« spielt als Kriterium für die Beurteilung betrieblicher PE-Arbeit immer noch eine nachgeordnete Rolle.
5. »Moderne«, wertschöpfungsnahe PE-Konzepte sind nur wenig verbreitet.

Im Folgenden soll auf diese einzelnen Aussagen näher eingegangen werden:

<u>ad 1. Gruppen von Unternehmungen</u>

In Abhängigkeit von dem Entwicklungsstand und der Ausrichtung ihrer PE-Arbeit lassen sich die an der Studie beteiligten Unternehmungen drei Gruppen zuordnen:

Unternehmungen der Gruppe 1 stehen mehr oder weniger am Beginn einer systematischen PE-Arbeit. Der Großteil dieser Unternehmungen hat sich bislang auf die fachliche oder fremdsprachliche Weiterbildung ihrer Mitarbeiter beschränkt und/oder gelegentlich offene Seminarveranstaltungen externer Anbieter in Anspruch genommen. In den Interviews gaben sie an, gerade erst mit eigenen PE-Aktivitäten begonnen zu haben. Zum Teil findet in Unternehmungen der Gruppe 1 aber auch bereits seit längerem PE statt, die aber von den Unternehmungsvertretern selbst als wenig intensiv und professionell angesehen wird. Entsprechend sind diese Unternehmungen gerade dabei, ihre PE-Arbeit zu intensivieren und/oder zu systematisieren. Die Verantwortung für die PE wird in Unternehmungen der Gruppe 1 i.d.R. von einem Mitglied der Geschäftsführung oder dem Personalleiter (75%) getragen. Zum Teil wurden auch Stellen für interne Personalentwickler geschaffen (25%). Der Gruppe 1 lassen sich 45% der befragten Unternehmungen zuordnen.

Unternehmungen der Gruppe 2 betreiben eine systematische und professionelle PE, die aber »klassisch« ausgerichtet ist und dem entspricht, was *Sattelberger* (1999, S. 153) in Anlehnung an *Seibert* et al. als Phase zwei des Human-Resource-Development bezeichnet (vgl. Abb. 1).

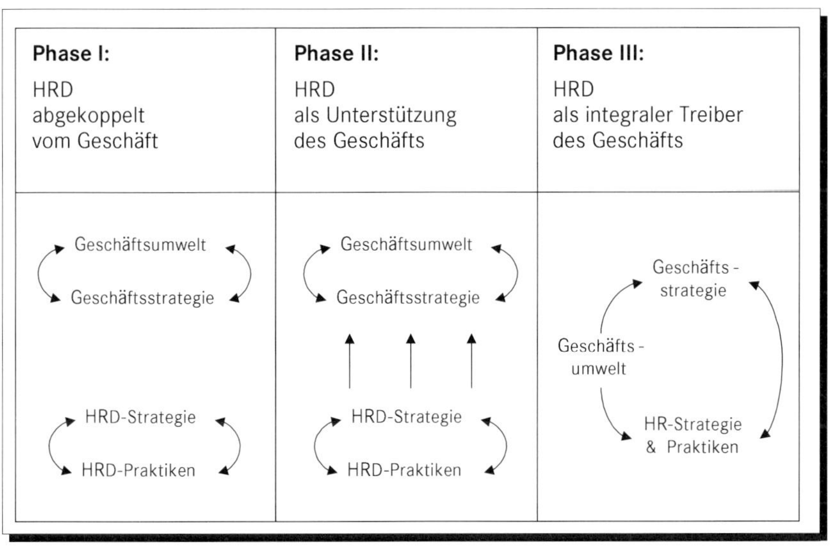

Abb. 1: Phasen des Human-Resource-Development

Bei den Unternehmungen der Gruppe 2 handelt es sich nahezu ausschließlich um Unternehmungen, in denen bereits seit längerem (i. d. R. über fünf Jahre) eine umfassende PE-Arbeit betrieben wird: Das klassische PE-Instrumentarium wird beherrscht und eingesetzt. Zum Teil finden sich auch neue Konzepte, wobei der Fokus der PE-Arbeit »traditionell« bleibt: PE richtet sich an PE-Bedarfen aus, die aus einer stellenbezogenen bzw. mittelfristig ausgerichteten Personalplanung abgeleitet sind; sie ist insoweit als reaktiv zu bezeichnen. Zentrale Aufgaben der PE bestehen in

- → der Anpassung der Mitarbeiterqualifikationen an sich ändernde Arbeitsanforderungen (bspw. ausgelöst durch neue Informationstechnologien, die Verflachung von Hierarchien etc.);
- → der systematischen Sichtung und Entwicklung der in der Unternehmung vorhandenen Humanpotenziale zur Absicherung des zukünftigen Bedarfs an Managementpotenzial;
- → der Unterstützung von Führungskräften bei der Wahrnehmung ihrer Vorgesetztenfunktionen.

In den Unternehmungen der Gruppe 2 ist PE eine Aufgabe von Spezialisten, d h. es gibt in diesen Unternehmungen eine PE-Abteilung, zumindest aber eine entsprechend ausgewiesene Stelle. Der Gruppe 2 lassen sich 40% der befragten Unternehmungen zuordnen.

Unternehmungen der Gruppe 3 betrachten PE als einen »integralen Treiber des Geschäfts« (vgl. Phase 3 in Abb. 1). PE ist damit eine aktive unternehmerische Funktion, die neben der Umsetzung auch die Weiterentwicklung der Unternehmungsstrategien zum Ziel hat – sie treibt insoweit die Unternehmensentwicklung mit voran. Von der Gruppe 2 unterscheiden sich Unternehmungen der Gruppe 3 damit insbesondere durch einen anderen Fokus der PE-Arbeit.

Ein Beispiel soll dies verdeutlichen: Wird in einer Unternehmung der Gruppe 2 »Führen mit Zielen« (MbO) eingeführt, sieht die PE ihre primäre Aufgabe darin, in Workshops/Seminaren über das MbO-Konzept in Inhalt und Durchführung zu informieren und die Vorgesetzten in Trainings für das Führen von Zielvereinbarungsgesprächen zu qualifizieren. Ziel des PE-Handelns ist die MbO-bezogene Motivation und Qualifikation der betroffenen Mitarbeiter.

Ganz anders dagegen Personalentwickler in Unternehmungen der Gruppe 3, die ihre Verantwortung weit über diesen Aspekt hinaus sehen und es als ihre Aufgabe definieren, MbO als Instrument der Unternehmungsführung in der Unternehmung zu implementieren. Dies geht weit über die Schaffung der personalen Voraussetzungen für das Führen von Zielvereinbarungsgesprächen hinaus. Aufgabe der PE ist es, in der Unternehmung die kulturellen Voraussetzungen zu schaffen, die notwendig sind, damit die Kommunikations- und Lernprozesse tatsächlich ablaufen können, die das MbO-Konzept so wertvoll machen. PE muss in diesem Zusammenhang Verantwortung für die Implementierung und Aufrechterhaltung von Prozessen übernehmen, die sich nicht nur auf die Steuerung der Performance der Mitarbeiter der Unternehmung beziehen, sondern auch auf den Transport der aktuellen Unternehmungsstrategie sowie die Entwicklung neuer Strategien.

Kennzeichnend für Unternehmungen der Gruppe 3 ist damit eine bewusste Integration von Bemühungen der Personal- und Organisationsentwicklung – eine Intention, die z.T. bereits durch die Bezeichnung der PE-Träger (etwa als Bereich »Personal- und Organisationsentwicklung«) deutlicht gemacht wird. Unternehmungen der Gruppe 3 können im Rahmen ihrer aktuellen PE-Arbeit durchweg auf umfassenden Erfahrungen im Einsatz des »klassischen« PE-Instrumentariums aufbauen. Der Gruppe 3 lassen sich 15% der befragten Unternehmungen zuordnen.

In Gruppe 3 finden sich ausschließlich – in Gruppe 2 zu 80% – Unternehmungen aus dem Dienstleistungssektor und damit aus einem Bereich, in dem PE-Arbeit eine gewisse Tradition hat. Dagegen sind die Unternehmungen in der Gruppe 1 aus anderen unterschiedlichen, eher traditionellen Branchen wie Maschinenbau, Druck- und Verlagshäuser, KFZ-Zulieferer, Ingenieurdienstleistungen etc. Dennoch sind die Auslöser für die Initiierung einer internen, systematischen PE-Arbeit sehr einheitlich. In nahezu allen Gesprächen mit Vertretern der Gruppe 1 wurden hierfür »unspezifische« Gründe wie die folgenden angeführt:

- Die Verflachung von Hierarchien führt zu erhöhten Anforderungen für alle Mitarbeiter.
- Die Liberalisierung bspw. der Versicherungs- und Energiemärkte führt für die dort etablierten Anbietern zu einem erhöhten Wettbewerbsdruck.

- Substitutionsprodukte (Stichwort: Internet), beschleunigte Innovations-, Marktentwicklungs- und Produktlebenszyklen erfordern eine hohes Maß Reaktionsgeschwindigkeit und Innovationsfähigkeit in Unternehmungen.

Bei näherem Nachfragen stellt sich jedoch sehr schnell heraus, dass die aus diesen Sachverhalten abgeleiteten »unspezifischen« Forderungen wie

- »Es muss sich etwas ändern.«
- »Wir müssen beweglicher werden.«
- »Wir brauchen so etwas wie Aufbruchstimmung.«
- »Wir müssen die bereichsübergreifende Kooperation verbessern.«

in der Regel nicht dazu führen, dass in Unternehmungen tatsächlich mit einer systematischen PE-Arbeit begonnen wird. Statt dessen lassen sich in der untersuchten Stichprobe insbesondere zwei »Auslöser« für eine interne PE-Arbeit erkennen:

1. Als häufigste Ursache (75%) wird ein personeller Wechsel in der Geschäftsführung angeführt – neue Geschäftsführer fordern (oft auch vor dem Hintergrund ihrer Erfahrungen aus größeren und/oder branchenfremden Unternehmungen) PE-Aktivitäten ein.
2. Als zweithäufigster Anlass wurde von den Interviewpartnern der Wunsch der Geschäftsführung angegeben, in der Unternehmung MbO einzuführen, was neben der Formulierung eines Leitbildes entsprechende PE-Maßnahmen voraussetzt.

ad 2: Informatorische Fundierung und Evaluation von PE-Arbeit

Ist der Einstieg in die PE-Arbeit erst einmal vollzogen, stehen vertriebsorientierte Maßnahmen (insbesondere zum Thema Kundenorientierung) sowie die Entwicklung von Managment-Nachwuchs im Mittelpunkt der PE-Aktivitäten der Unternehmungen aus Gruppe 1. Für nahezu alle Unternehmungen aus dieser Gruppe stellt die Personalbeschaffung eine große Herausforderung dar. Gerade Unternehmungen mit mittelständischen Strukturen sind am Arbeitsmarkt häufig schlecht positioniert. Darüber hinaus droht die Gefahr, Potenzialträger, die eingestellt werden können, wieder relativ schnell an vermeintlich attraktivere Arbeitgeber zu verlieren. Entsprechend wird über die PE versucht, den mittel- und langfristigen Personalbedarf über den internen Arbeitsmarkt zu decken, indem Potenzialträger identifiziert und in Managementpositionen entwickelt werden sollen. Darüber hinaus erfüllt die PE eine Personalmarketing-Funktion, indem potenziellen Bewerbern Entwicklungsmöglichkeiten in der Unternehmungen aufgezeigt werden sollen.

Der Bereich Nachwuchsförderung nimmt auch in den Unternehmungen der Gruppen 2 und 3 einen breiten Raum ein. In 80 % dieser Unternehmungen finden sich mehrstufige, »curricular« aufgebaute Seminarkonzeptionen, in denen insbesondere Führungswissen und -fertigkeiten, aber auch klassische Standardthemen wie Selbst-/Zeitmanagement, Präsentation, Moderation etc. vermittelt werden. Im Rahmen solcher als »Förderkreise«, »Führungstrainings« etc. bezeichneten Veranstaltungsreihen sollen Nachwuchskräfte auf die erstmalig Übernahme von Führungsverantwortung vorbereitet, in ihrer Führungsrolle unterstützt oder für die Übernahme weiterführender Aufgaben qualifiziert werden. In allen Unternehmungen der Gruppe 2 und 3 findet sich ein umfassendes, die klassischen PE-Themen abdeckendes Seminar-/Trainigsangebot, das bezüglich des inhaltlichen Spektrums in den einzelnen Unternehmungen sehr ähnlich ist und mit dem auf individuelle oder bereichsspezifische PE-Bedarfe reagiert werden kann.

Primäre Zielgruppe der PE-Arbeit in den befragten Unternehmungen sind die Führungsnachwuchskräfte (Stichwort.: interne Personalbeschaffung; Mitarbeiterbindung), gefolgt vom mittleren Management, das in seiner Vorgesetztenrolle (insbesondere der HRM-Funktion) qualifiziert werden soll. Die durch moderne Organisationsstrukturen und Managementkonzepte in praxi verstärkte Prozessorientierung müsste eigentlich zur Folge haben, dass PE-Aktivitäten verstärkt auf die Gruppe der Nicht-Führungskräfte ausgeweitet werden – ein Trend, den auch *Wunderer/Dick* als Ergebnis ihrer Studie unterstellen. Für die befragten Personalentwickler zeichnet sich eine entsprechende Zunahme von PE-Aktivitäten für diese Zielgruppe in näherer Zukunft jedoch weniger ab.

Trotz der z. T. sehr umfassenden und professionell wirkenden PE-Arbeit in einigen Unternehmungen der Gruppen 2 und 3 machen die Befragungsergebnisse insgesamt deutlich, dass der konzeptionellen Einbettung von PE-Maßnahmen in der betrieblichen Praxis nur eine nachgeordnete Bedeutung zugesprochen wird – insbesondere was die Aspekte »informatorische Fundierung« und »Evaluation« betrifft:

- Obwohl im Rahmen der PE nur dann eine gezielte und damit auch effiziente und effektive Veränderungsarbeit geleistet werden kann, wenn im Vorfeld der Maßnahmen entsprechende PE-Bedarfe erhoben/beschrieben wurden, findet eine systematische informatorische Fundierung von PE-Arbeit in praxi so gut wie nicht statt: Nur 20% der befragten Unternehmungen führen im Führungsnachwuchbereich eine systematische Diagnostik auf Assessment-Center-Grundlage durch. In 80% der Unternehmungen werden Mitarbeiterbeurteilungen formuliert, auf die für die informatorische Fundierung von PE-Maßnahmen zurückgegriffen werden kann. Allerdings werden diese von den befragten Personalentwicklern nahezu durchgängig als kritisch hinsichtlich ihrer Validität beurteilt. Zum einen wird die Mitarbeiterbeurteilung in den meisten Unternehmungen auch zur Gehaltsfindung herangezogen, was deren PE-spezifischen Aussagegehalt deutlich herabsenkt. Darüber hinaus werden die beurteilenden Vorgesetzten hinsichtlich ihrer diagnostischen Kompetenz und auch bezüglich der Regelmäßigkeit und Sorgfalt, mit der Mitarbeiterbeurteilungen durchführt werden, von den jeweiligen Personalentwicklern mehrheitlich eher schlecht beurteilt.
  Noch schlechter stellt sich die informatorische Grundlage für die betriebliche PE-Arbeit im Bereich des mittleren Managements dar. Nur 30% der befragten Unternehmungen lassen ihre Vorgesetzten durch deren Mitarbeiter beurteilen, führen 360°-Feedbacks durch oder verfügen über andere implementierte Systeme zur Erhebung von PE-Bedarfen im mittleren Management.
- Kaum verbreitet ist in der PE-Praxis auch die Ableitung unternehmungs-/bereichsbezogener oder strategischer PE-Bedarfe. Entsprechende Modelle, die es erlauben, Kompetenzen auf Unternehmungsebene zu formulieren und auf die Ebenen »Team« und »Mitarbeiter« herabzubrechen, sind kaum verbreitet. Entsprechendes gilt auch für Verfahren zur Organisationsdiagnose oder aus dem Bereich des strategischen Managements (hier wird zur Zeit bspw. die Balanced Scorecard (BSC) intensiv diskutiert), die es erlauben, einen Konnex zwischen organisations- oder strategiebezogenen Fragestellungen und PE herzustellen.

→ Wenig Aufmerksamkeit erfährt in der PE-Praxis auch die Frage der Evaluation. Nahezu alle Unternehmungen führen direkt im Anschluss an durchgeführte Veranstaltungen eine Teilnehmerbefragung durch. Obgleich solche Beurteilungen in erster Linie die Teilnehmerzentrierung und den »Unterhaltungswert« des Referenten abbilden und in der Regel die Tendenz aufweisen, überzogen positiv auszufallen (»Happiness-Sheets«), finden darüber hinausgehende, transferorientierte und mit einer gewissen zeitlichen Distanz zu den Maßnahmen durchgeführte Evaluationen nur in 20% der Unternehmungen statt. Über »Erfolgskontrollen« hinausgehende sog. formative Evaluationen zur Steuerung laufender PE-Maßnahmen werden so gut wie überhaupt nicht praktiziert.

ad 3. Integration von PE und OE

Insgesamt machen die Ergebnisse der Befragung deutlich, dass die Perspektive der PE in 85% der Unternehmungen klassisch personenzentriert ist. Objekt der PE ist der Mitarbeiter bzw. dessen Qualifikationspotenzial, das entwickelt bzw. einem positionsspezifischen Anfoderungsprofil angepasst werden soll. Folglich findet in den Unternehmungen der Gruppen 1 und 2 so gut wie keine gezielte Integration von PE und Organisationsentwicklung statt, was u. a. auch in den unterschiedlichen Titeln der PE-Verantwortlichen bzw. in den Bezeichnungen der entsprechenden Unternehmungsbereiche in den Gruppen 1 und 2 auf der einen und der Gruppe 3 auf der anderen Seite zum Ausdruck kommt.

Obwohl von den Vertretern der Gruppe 1 immer wieder Beweggründe wie »wir müssen das Geschäft neu ausrichten« oder »wir müssen Bewegung/Aufbruchstimmung in die Unternehmung bringen« als Auslöser von PE-Aktivitäten angeführt wurden, formulierte nur eine Unternehmung der Gruppe 1 das Ziel, über seine PE-Arbeit einen umfassenden Unternehmungsentwicklungsprozess initiieren zu wollen. Insgesamt entsteht der Eindruck, dass Unternehmungen der Gruppe 1 die mit einer modernen PE-Konzeption einhergehende Auflösung der Grenze zwischen PE und OE scheuen, selbst wenn in den Unternehmungen entsprechende Forderungen gestellt bzw. Notwendigkeiten postuliert werden. Vielfach fehlt auch das Knowhow, umfassende Veränderungsmaßnahmen einleiten und gestalten zu können. Nicht unabhängig davon besteht auf Seiten der Personalentwickler und auch der Geschäftsführungen ein enormer Respekt vor der mit entsprechenden Maßnahmen einhergehenden Veränderungsdynamik. In der Folge werden von der Seite der Geschäftsführung vielfach zwar allgemeine Forderungen hinsichtlich »grundsätzlicher Änderungen«, aber kein expliziter Auftrag an die PE formuliert bzw. keine entsprechende Unterstützung angeboten. In vielen befragten Unternehmungen der Gruppe 1 wird dies am Punkt »Diagnostik« deutlich: In dieser Gruppe haben Personalentwickler intern i.d.R. kein Problem, ein Nachwuchsförderprogramm aufzulegen. Wird dann aber versucht, in einem ersten Schritt ein Management-Audit oder eine andere Form umfassender Diagnostik zur Sichtung des Humanpotenzials in der Unternehmung bzw. zur Auswahl potenzieller Teilnehmer durchzuführen, kommt es häufig zu einem »Rückzieher« der Geschäftsführung. Denn mit einem solchen Schritt wird das jeweilige Projekt aus dem »Unverbindlichen« herausgehoben – bei wenig positiv beurteilten Mitarbeitern ist mit Frustrationen und Widerständen zu rechnen, mit denen umgegangen werden muss, bei identifizierten Potenzialträgern werden Erwartungshaltungen erzeugt, die irgendwann »bedient« werden müssen.

Über den Know-how-Aspekt hinaus behindert in den Unternehmungen der Gruppe 2 zum Teil ein ausgeprägt bereichsbezogenes Denken (oft auch in der Geschäftsführung) eine stärkere Integration von PE und OE. 40% der befragten Personalentwickler aus Unternehmungen der Gruppe 2 stehen in direkter Konkurrenz zu einer Organisationsabteilung, welche OE-Aufgaben für sich reklamiert. Dabei sehen sich die Personalentwickler in ihrer beruflichen Arbeit immer wieder mit OE-Fragestellungen konfrontiert. In nahezu allen befragten Unternehmungen ist es in den vergangenen Jahren zu Reorganisationen oder zu Fusionen gekommen. Aber nur in 25% der Unternehmungen hat die PE dabei die Rolle des Prozessbegleiters und -beraters übernommen. »Change-Agent« zu sein, wird in 75% der Unternehmungen nicht als PE-Aufgabe gesehen. Die PE ist Ansprechpartner für begleitende qualifizierende Maßnahmen und damit Dienstleister im Rahmen eines Prozesses, den letztlich andere zu gestalten und zu verantworten haben.

Dieses Rollenverständnis kollidiert mit der von nahezu allen PE-Verantwortlichen gemachten Erfahrung, dass Reorganisations- und Fusionsprozesse nur dann erfolgreich gestaltet werden können, wenn es zu einer professionellen und frühzeitigen Integration der Humanressourcen kommt – »... wenn man es schafft, die Mitarbeiter in den Mittelpunkt dieser Prozesse zu stellen«.

Nach Auffassung vieler Personalentwickler ist eine erfolgreiche PE-Arbeit bzw. die Implementierung bestimmter PE-Instrumentarien grundsätzlich an bestimmte (zu schaffende, zu stärkende, zu unterstützende) Kulturen in den Unternehmungen gebunden, weshalb PE- und OE-Arbeit grundsätzlich nicht zu trennen sei. Entsprechend formulieren viele der Befragten die Notwendigkeit, Kulturänderungen in ihrer Unternehmung herbeizuführen. Mehrheitlich aber reduziert man sich dabei auf eine Vielzahl von Einzelmaßnahmen, welche i. d. R. an der mittleren Hierarchieebene ansetzen, weshalb diese Veränderungsinputs dann letztlich versacken. So findet sich in den untersuchten Unternehmungen eine Vielzahl von Projekten, die in der Vergangenheit angeregt und begonnen wurden, in der Anwendungsphase dann aber versandet sind:

→ Führungsleitlinien wurden formuliert – werden aber nicht gelebt.
→ Feedbacksysteme (360°, Vorgesetzten- und Mitarbeiterbeurteilungen) wurden installiert – laufen aber nicht.
→ Führen mit Zielen wurde eingeführt – praktiziert wird aber eine Zielvorgabe und kein interaktiver Zielvereinbarungsprozess.

Als diesbezüglich kritischer Erfolgsfaktor erscheint hier der Wandel vom Bildungsanbieter bzw. Dienstleister hin zum Unternehmensentwickler, den die Personalentwickler aus den Unternehmungen der Gruppe 3 vollzogen haben. Personalentwickler sehen sich hier als Change-Manager, die in der und für die Unternehmung Projekte abwickeln und damit die Verantwortung für das gesamte Projekt (bspw. Feedback an Führungskräfte) und nicht nur für die Qualität eines angebotenen Instruments (bspw. Vorgesetztenbeurteilung) tragen. Damit wird der klassische personenzentrierte Fokus der PE automatisch auf Prozesse und Kulturen erweitert, und es kommt in der praktischen PE-Arbeit zwangsläufig zu einer starken Integration mit OE-Fragestellungen.

ad 4: Kriterien der Beurteilung von PE-Arbeit

In der Vergangenheit haben deutsche Unternehmungen Milliarden in die PE investiert, ohne dass die Frage nach dem Transfer der vermittelten Bildungsinhalte auch nur annähernd schlüssig beantwortet werden konnte. Vor diesem Hintergrund und auch im Zusammenhang mit prozessorientierten oder am Shareholder-Value ausgerichteten Konzepten der Unternehmungsführung wird in der aktuellen PE-Literatur einer stärkere Wertschöpfungsorientierung der betrieblichen PE gefordert.

In den befragten Unternehmungen wird die Frage nach der Wertschöpfung – oder allgemeiner: nach der Nutzenstiftung – der PE-Arbeit jedoch nur vereinzelt gestellt. Keiner der befragten Personalentwickler sieht sich mit der Forderung konfrontiert, der Geschäftsführung gegenüber den Wertschöpfungsbeitrag seiner Arbeit zu dokumentieren. Da der Impuls und auch die Entscheidung, eine systematische PE-Arbeit aufzunehmen (Gruppe 1) bzw. PE umfassender im Sinne einer Unternehmensentwicklung zu betreiben (Gruppe 3), in nahezu allen Fällen von der Geschäftsführung ausging, stellt sich von dieser Seite die Frage nach der Nutzenstiftung der entsprechenden Maßnahmen (noch) nicht. Bei den Unternehmungen aus Gruppe 2 gehört PE vielfach seit jeher zum Geschäft und wird deshalb in seiner Notwendigkeit nicht hinterfragt. Entsprechend beziehen sich die Evaluationen bzw. das Reporting der PE-Bereiche ausschließlich auf den Aspekt der Effizienz: »Wie viele Teilnehmer nehmen an wie vielen Veranstaltungen teil, welche Kosten entstehen dadurch und was würde uns die Durchführung bei einem externen Anbieter kosten?«

Allerdings sehen sich die Personalentwickler an anderer Stelle mit der Frage nach der Nutzenstiftung ihrer Arbeit konfrontiert. Während Vorgesetzte und Mitarbeiter als die direkten »Abnehmer« der PE-Leistungen in Unternehmungen der Gruppe 1 eine Teilnahme an PE-Maßnahmen aufgrund des Neuigkeitsgrades noch eher als grundsätzlich positiv ansehen, werden die PE-Angebote in den Unternehmungen der Gruppen 2 und 3 mehr und mehr kritisch hinterfragt. Die hohe individuelle Arbeitsbelastung der Mitarbeiter, chronischer Personalmangel in vielen Unternehmungsbereichen und der Sachverhalt, dass PE in vielen Unternehmungen nicht mehr über eine allgemeine Umlage finanziert, sondern dem internen Kunden direkt in Rechnung gestellt wird, führen dazu, dass sowohl die Teilnehmer, als auch deren Vorgesetzte einen konkreten Nutzen von PE-Maßnahmen erkennen müssen. Entsprechend sehen sich viele Personalentwickler allgemein (und auch in der Seminarsituation selbst) einem hohen Erwartungsdruck ausgesetzt. Hier wird stärker als in der Vergangenheit Transfer eingefordert, indem der einzelne Teilnehmer bzw. der entsendende Vorgesetzte einen Impuls für eine konkrete Verbesserung seiner Arbeitssituation erwartet. (Stichwort: PE als »Performance-Coach«). Der Transport strategischer Sachverhalte und die Arbeit an weichen Faktoren fällt vielen der Befragten vor dem Hintergrund dieser Teilnehmererwartungen zunehmend schwer. Durchgängig wird die Auffassung vertreten, dass sich nur über Incentives (gutes Hotel, netter Trainer etc.) PE in den Unternehmungen nicht mehr verkaufen lässt.

Überraschend ist die Erkenntnis, dass auch die Personalentwickler selbst wenig daran interessiert sind, ihre Wertschöpfungsbeiträge – oder auch nur ihre PE-Erfolge in weniger spezifischer Form – zu dokumentieren. Vielfach »verstecken« sich die Personalentwickler hinter der Feststellung, dass der Wertschöpfungsbeitrag der PE nun mal nicht messbar sei – eine Aussage, die für andere Funktionsbereiche (die Möglichkeiten des internen Marketings aber professioneller nutzen) nicht minder gilt.

ad 5: Wertschöpfungsnahe Konzepte in der PE-Praxis

Die zunehmende Dynamik des wirtschaftlichen Geschehens und die Situation auf den Arbeitsmärkten haben dazu geführt, dass Mitarbeiter vermehrt Aufgaben übernehmen müssen, ohne im Vorfeld dafür hinreichend vorbereitet werden zu können (PE into the Job). Dies und die geänderten Erwartungshaltungen der PE-Kunden (PE als Performance-Coach) haben dazu geführt, dass die Bedeutung von PE-Arbeit on the Job zunimmt. Insbesondere der Bereich Coaching hat in den Unternehmungen in der Vergangenheit an Bedeutung gewonnen und wird vielfach noch ausgebaut. Daneben wird von den Personalentwicklern eine stärkere Unterstützung/Beratung der Führungskräfte bei der Wahrnehmung ihrer Vorgesetztenrolle gefordert.

Veränderungen lassen sich aber auch in der PE-Arbeit off the Job erkennen:

→ Maßnahmen sind stärker bedarfsorientiert (taylor made); Trainings »von der Stange« verlieren an Bedeutung;

→ PE-Maßnahmen beziehen sich stärker auf Heimatteams/Family-Groups;
→ auf Erfahrungsaustausch abzielende Veranstaltungsformen und hier insbesondere das Workshop-Format gewinnen an Bedeutung.

Über diesen allgemeinen Trend hinaus ist aber auch festzustellen, dass die in der aktuellen Literatur diskutierten wertschöpfungsnahen PE-Konzepte z. T. zwar vorhanden, insgesamt aber wenig verbreitet und ca. 75% der befragten Personalentwickler auch nicht bekannt sind.

Nahezu alle Befragten sind der Auffassung, dass PE zukünftig ein arbeits- bzw. geschäftsnäheres Lernen ermöglichen muss. Doch sind entsprechende Alternativen zum »Klassenraumlernen« bislang wenig entwickelt und auch die Unternehmungen der Gruppe 3 wissen in weiten Bereichen noch nicht, wie dies genau zu gestalten ist.

Insbesondere sind es zwei im Zusammenhang mit wertschöpfungsnahen PE-Konzepten auftretende Fragen, mit denen in der Praxis umgegangen werden muss:

1. Wie kann man Mitarbeiter zur Selbstentwicklung motivieren und befähigen?
2. Wie kann man die Vorgesetzten dazu motivieren und befähigen, die Rolle der ersten Personalentwickler ihrer Mitarbeiter wahrzunehmen?

Einig sind sich die meisten Befragten darin, dass bei den Mitarbeitern insbesondere die Motivation zur Selbstentwicklung nicht durchgängig gegeben ist. Insbesondere in Unternehmungen, welche durch eher hierarchische und/oder mittelständische Strukturen geprägt sind, fällt die Einschätzung sehr skeptisch aus. Als hemmende Faktoren werden außerdem eine z.T. undurchsichtige Beförderungspolitik in der Vergangenheit und der hohe Arbeitsanfall angeführt. Es ist eine allgemeine Erfahrung, dass der Faktor Zeit für die Personalentwickler ein immer zentraleres Problem wird und es immer schwerer fällt, Vorgesetzte und Mitarbeiter dazu zu bewegen, Zeit in den PE- und Unternehmensentwicklungsprozess zu investieren. Daher äußern sich viele Befragte skeptisch zu der Möglichkeit, Mitarbeiter über längere Zeiträume für die Selbstwicklung zu motivieren.

Gestützt wird diese Annahme durch die Tatsache, dass Budgets, die Unternehmungen ihren Mitarbeitern für die eigene PE zur Verfügung gestellt haben, in der Vergangenheit i.d.R. nicht ausgeschöpft wurden.

Kritisch wird von den Befragten auch die Fähigkeit und Motivation der Vorgesetzten gesehen, ihren Mitarbeitern gegenüber eine aktive Rolle als Personalentwickler einzunehmen. Zwar wird dieser Trend in der einschlägigen Literatur mehr oder weniger durchgängig unterstellt, und auch *Wunderer/Dick* kommen zu dem Ergebnis, dass Führungskräfte sich zukünftig stärker als Personalentwickler betätigen werden. Auf die Frage, wieviel Prozent der vorhandenen Führungskräfte diesbezüglich denn »verwendbar« seien, geben über 70% der Befragten jedoch einen Wert von unter 30% an.

In keinem der befragten Unternehmungen sind für diese beiden Schlüsselprobleme moderner PE-Arbeit bislang konzeptionelle Lösungsansätze entwickelt worden. Verwunderlich und als Zeichen für die noch weitgehend »traditionelle« Orientierung der Personalentwickler anzusehen ist, dass die Mehrheit der Befragten dies auch nicht als PE-spezifische Aufgabe ansehen.

4. Hemmnisse auf dem Weg zu einer unternehmerischen PE-Arbeit

In Zusammenfassung der Ergebnisse lassen sich drei Hemmnisse erkennen, welche in der betrieblichen Praxis die Entwicklung der PE hin zu einer unternehmerischen Funktion erschweren:

4.1 Mangelndes Problembewusstsein der Geschäftsführungen

Die Ergebnisse der Studie zeigen eindeutig, dass die Initiierung einer systematischen PE-Arbeit, aber auch die Weiterentwicklung der PE hin zu einer unternehmerischen Funktion, von der Geschäftsführung eingefordert und aktiv unterstützt werden muss. Während dies bei allen Unternehmungen der Gruppe 3 der Fall ist, erleben die Befragten aus den Gruppen 1 und 2 die Unterstützung von Seiten der Geschäftsführung mehrheitlich als mangelhaft. Vielfach wird kritisiert, dass die Geschäftsführung primär an aktuellen Engpässen orientiert sei und strategische Fragestellungen – wie die einer langfristig ausgerichteten Kompetenzentwicklung (auf individueller wie auf Unternehmungs-Ebene) – nicht mit PE in Verbindung bringen. Entsprechend empfinden sich die Personalentwickler vor Ort vielfach als »Problemlöser in aktuellen Notlagen« mit einem breiten Aufgabenspektrum, das aber nur bedingt mit den Kernprozessen der Unternehmung in nachvollziehbarem Zusammenhang steht. Beispielsweise sind viele der Personalentwickler aus den Gruppen 1 und 2 gleichzeitig verantwortlich für das Personalmarketing und die Personalbeschaffung – angesichts der angespannten Situation auf den Arbeitsmärkten eine mit hoher Priorität versehene Aufgabe, die vielfach wenig Raum für eine konzeptionell-strategische Ausgestaltung der PE-Arbeit lässt. Gleiches gilt für die Begleitung von Zertifizierungsprozessen, die mit einem hohen administrativen Aufwand einhergeht, dem die personell oft knapp besetzte PE-Abteilungen einen großen Anteil ihrer Kapazitäten opfern müssen.

Insgesamt entsteht der Eindruck, dass die Geschäftsführungen der Unternehmungen aus Gruppe 3 den sog. »Soft-Factors« eine zentrale Bedeutung im Rahmen der Unternehmungsführung und -entwicklung zusprechen. Entsprechend wird in diesen Unternehmungen die Rolle der PE als Change-Agent aktiv eingefordert und es findet eine frühzeitige Einbindung der PE in Restrukturierungs- oder Fusionsprozesse statt. In den Berichten vieler Personalentwickler aus den Gruppen 1 und 2 wird ein wesentlich »technokratischeres« Bild der jeweiligen Geschäftsführungen gezeichnet. Hier wird die PE vielfach erst im Nachhinein (sozusagen als Reparaturtrupp) in Restrukturierungs- und Fusionsprozesse einbezogen. In solchen Rahmenbedingungen fällt es den befragten Personalentwicklern schwer, die Geschäftsführung als Promoter für PE-Projekte zu gewinnen. Rund 50% der Befragten klagen darüber, dass die PE bei der Implementierung von Führungs- und Feedbacksystemen zu wenig aktive Unterstützung von der Geschäftsführung erfahre, insbesondere würden die Dinge nicht vorgelebt.

4.2 Andersgeartetes Selbstverständnis der Personalentwickler

Natürlich sind Personalentwickler in ihrer Handlungsfähigkeit nicht ausschließlich durch die Geschäftsführung festgelegt. Vielmehr machen die Ergebnisse der Interviews deutlich, dass die Positionierung der PE in einer Unternehmung und insbesondere gegenüber der Geschäftsführung zu weiten Teilen auch durch das Selbstverständnis der Personalentwickler bestimmt wird. Insgesamt lassen sich in der untersuchten Stichprobe zwei Einstellungen identifizieren, die hier wenig förderlich wirken:

Zum einen nähern sich viele Personalentwickler ihrem (eigentlich interdisziplinären) Handlungsfeld mit einer stark einseitigen geistes-/sozialwissenschaftlichen Perspektive. Für sie ist Objekt der PE: der Mitarbeiter. Folglich ist in ihren Augen PE dann erfolgreich, wenn Seminare positiv beurteilt werden oder sich das Qualifikationsprofil eines Mitarbeiters in die gewünschte Richtung verändert. Im Wettbewerb der verschiedenen Funktionsbereiche in Unternehmungen und auch in der Auseinandersetzung mit der Geschäftsführung erweist sich diese »Personenzentrierung« z. T. als problematisch. Denn der Auftrag und auch die Beurteilung der Zielerreichung von PE bezieht sich aus PE-fremder Perspektive nicht auf individuelle, sondern auf strategisch relevante unternehmungsbezogene Kompetenzen und/oder die (Geschäfts-)Prozesse der Unternehmung. Diese Wirkungsebenen aber wird von der Mehrzahl der befragten Personalentwickler als nicht direkt PE-relevant wahrgenommen. Das zeigt sich in den Gesprächen u.a. dadurch, dass die Personalentwickler ihre Gedanken und Ansätze zur Evaluation von PE-Arbeit nahzu ausschließlich auf die Mitarbeiterqualifikation oder die implementierten PE-Systeme selbst beziehen, kaum aber auf den betrieblichen Leistungsprozess oder die Wertschöpfungsebene.

Aus Sicht der Unternehmungsführung ist letztlich aber nicht die erfolgreiche Entwicklung eines Mitarbeiters oder die Implementierung eines PE-Instrumentariums interessant, sondern die dadurch an anderen Stellen entstehenden Wertschöpfungsbeiträge. Auf dieses weitgehende Außerachtlassen solcher spezifisch auf die Unternehmungsführung gerichteter Perspektiven durch die PE-Verantwortlichen führen insbesondere die Befragten aus den Unternehmungen der Gruppe 3 die schlechte Positionierung der PE in vielen Unternehmungen zurück. Vor allem Gesprächspartner, welche mit einem technischen oder wirtschaftswissenschaftlichen Ausbildungshintergrund in ihre PE-Funktion eingestiegen waren, berichteten, wie überrascht sie nach den ersten intensiveren Kontakten mit der »PE-Szene« waren, wie wenig diese von BWL, betrieblichen Abläufen etc. verstehe. Drei Vertreter aus Unternehmungen der Gruppe 3 berichteten, dass in ihren Verantwortungsbereichen der Anteil von Geistes-/Sozialwissenschaftlern in den vergangenen Jahren bewusst reduziert wurde, um der PE intern »einen anderen Auftritt zu ermöglichen« und die PE insgesamt »näher an das Geschäft heranzubringen«.

Zum zweiten definieren sich Personalentwickler großteils als interne Dienstleister, die effizient (z. T. auch als Profit- oder Cost-Center) individuelle Lösungen für interne Kunden liefern. Damit reduziert sich die PE auf eine reaktive, nachfrageorientierte Funktion.

Anders dagegen die Unternehmungen der Gruppe 3, die sich (oft über das Thema »Change-Management«) zum strategischen Partner der Geschäftsführung entwickelt haben oder entwickeln wollen. Personalentwickler sehen sich hier als Treiber des Geschäfts, die Verantwortung für wertschöpfende Prozesse übernehmen und aktiv Themen in die Unternehmung transportieren wollen. Im Gegensatz zu den »Dienstleistern« verfügen diese »Partner« über eine ausformulierte (Bereichs-)Strategie, mit der sie die PE in der Unternehmung positionieren und ihre Themen (auch gegenüber der Geschäftsführung) transportieren wollen.

4.3 Unzureichende konzeptionelle Kompetenz der Personalentwickler

Wie in allen anderen betrieblichen Funktionsbereichen werden auch die Aufgaben in der PE zunehmend komplexer. Die damit einhergehenden steigenden Anforderungen müssen in vielen Unternehmungen letztlich von »PE-Laien« bzw. »PE-Autodidakten« bewältigt werden: Denn zum einen wird das Thema PE an den deutschen Hochschulen im Rahmen der personalwirtschaftlichen Ausbildung allenfalls in Grundzügen abgehandelt. Zum anderen wird PE vielfach von Quereinsteigern, ohne entsprechende Ausbildung betrieben (in der vorliegenden Stichprobe 60%), vielfach auch deshalb, weil die Größe der jeweiligen Unternehmungen es nicht zulässt, entsprechende PE-Kompetenz einzukaufen, bzw. diese auf dem Arbeitsmarkt z. T. auch nicht verfügbar ist (80% der Befragten, die zur Zeit ihren PE-Bereich ausbauen, berichten von massiven Problemen bei der Rekrutierung von Personalentwicklern).

In vielen der befragten Unternehmungen muss die konzeptionelle Kompetenz der Personalentwickler denn auch als unzureichend bezeichnet werden. Nach eigenen Angaben fällt es vielen Praktikern schwer, im System »Unternehmung« die Wirkungsebenen ihrer PE-Arbeit zu identifizieren und einzelne Maßnahmen in einen konzeptionellen Rahmen einzubinden. Dies erschwert oder verhindert nicht nur den Umgang mit komplexen PE-Themen wie Kulturtransformation, strategische PE etc., es untergräbt auch die Akzeptanz und Unterstützung für die PE in der Unternehmung bzw. durch die Geschäftsführung. Denn ohne ein konzeptionelles Verständnis ist es dem Personalentwickler unmöglich, komplexe aber strategisch relevante PE-Themen und -Notwendigkeiten (die sich durch lange und wenig stringente Wirkungsketten und Begründungsargumentationen auszeichnen) klar, verständlich und nachvollziehbar in der Unternehmung zu kommunizieren bzw. zu »verkaufen«.

Im Gegensatz zu vielen Unternehmungen der Gruppen 1 und 2 ist die einschlägige Kompetenz der Personalentwickler in den Unternehmungen der Gruppe 3 ausnahmslos hoch. Hier ist das Wissen um die zur Zeit aktuellen Themen in der PE-Literatur und um die dort diskutierten Konzepte ebenso vorhanden wie die Kenntnis der PE-relevanten Entwicklungen aus dem strategischen Management. Darüber hinaus sind die PE-Bereiche der Unternehmungen aus der Gruppe 3 z. T. in umfassende Benchmarkingprozesse eingebunden und sorgen so für einen laufenden Know-how-Transfer.

Die hohe Kompetenz der PE-Verantwortlichen aus den Unternehmen der Gruppe 3 bildet die Grundlage dafür, dass sich diese bereits deutlich in Richtung der von *Wunderer/Dick* formulierten These bewegen, wonach PE-Maßnahmen zukünftig verstärkt outgesourct werden. Denn im Gegensatz zu ihren Kollegen aus vielen anderen Unternehmungen, die in weiten Bereichen von der konzeptionellen Kompetenz externer Berater abhängig sind, leben die Vertreter der Gruppe 3 ganz klar nach dem (formulierten) Grundsatz: »Steuerungs- und konzeptionelle Kompetenz intern – Durchführung zunehmend extern.«

5. Ausblick

Folgt man den Diskussionen in der aktuellen PE-Literatur und auch den Ergebnissen der Studie von *Wunderer/Dick*, so ist davon auszugehen, daß die PE-Themen zukünftig komplexer werden, die PE-Arbeit insgesamt anspruchsvoller wird. Vielfach zeichnen sich diese Entwicklungen in der betrieblichen Praxis bereits ab:

- Vorgesetzte und Mitarbeiter erwarten von der PE direkte Unterstützung für ihre tägliche Arbeit, weshalb dem lange vernachlässigten Aspekt »Transfer von Bildungsinhalten« eine neue Bedeutung zukommt.
- In der Managementpraxis aktuelle diskutierte Themen wie »internes Unternehmertum«, »Wissensmanagement«, »Lern- und Innovationsfähigkeit von Unternehmungen«, »Kundenorientierung in Unternehmungen« etc. machen deutlich, dass PE-Arbeit in zunehmendem Ausmaß auch den Aspekt der Struktur- und Kulturentwicklung umfassen muss.
- Viele Unternehmungen stehen unter starkem Veränderungsdruck oder befinden sich in Restrukturierungs- und Fusionsprozessen, in denen Personalentwicklern als professionellen Managern des Humanpotenzials und intimen Kennern des aktuellen Human-Portfolios der Unternehmung (zumindest theoretisch) eine zentrale Rolle als Prozessgestalter zukommt.
- Viele gesamtgesellschaftliche/-wirtschaftliche Entwicklungen (Weg in die Dienstleistungs- und die Wissensgesellschaft etc.) weisen darauf hin, dass die Humanressourcen und damit auch die PE-Kompetenz einer Unternehmung an strategischer Bedeutsamkeit zunehmen.

Die zentrale Frage ist, inwieweit die Personalentwickler diese Trends tatsächlich zu einer Neuprofilierung der PE nutzen und sich von dem teilweise noch vorhandenen Image befreien können, eine an die Unternehmung angehängte und vom eigentlichen Geschäft abgekoppelte Bildungsabteilung zu sein. Wie die Ergebnisse der Studie zeigen, spielen das Selbstverständnis und die konzeptionelle Kompetenz der Personalentwickler hier eine herausragende Rolle. Nach den internen Erfolgsfaktoren einer unternehmerischen PE befragt, betonten insbesondere die Vertreter der Gruppe 3 die Notwendigkeit, sich als Personalentwickler aktiv um die Positionierung der PE als unternehmerische Funktion in der Unternehmung einzusetzen. Konkret bedeutet dies, dass Personalentwickler

- eine Vision hinsichtlich der Positionierung der PE in der Unternehmung(sführung) entwickeln,
- ein intensives internes Marketing betreiben,
- der Geschäftsführung die Rolle des strategischen Partners immer wieder anbieten,
- darauf bestehen, frühzeitig in zentrale Projekte einbezogen zu werden,
- sich bemühen, das Thema PE/OE zu einem Thema der Geschäftsführung zu machen,
- sich letztlich auch als Vertriebler sehen, der sich fragen muss, was der Kunde – und das ist primär die Geschäftsführung – konkret braucht.

Grundsätzlich ist in den nächsten Jahren von einem drastisch steigenden Bedarf an gut ausgebildeten und interdisziplinär orientierten Personalentwicklern auszugehen. Wie dieser Bedarf angesichts der schon jetzt schwierigen Lage auf den Arbeitsmärkten gedeckt werden kann, ist bislang nicht abzusehen.

Literatur:

Sattelberger, T. (1999): Personalentwicklung in der Ära »intellektuellen Kapitals«, in: T. Sattelberger, Wissenskapitalisten oder Söldner?, Wiesbaden, 1999.

Wunderer, R. & Dick, P. (2000): Personal-Management – quo vadis?, Neuwied, 2000.

2. Shareholder-Value in der Personalpolitik – Gefahr und Chance für den Personalmanager

von Dr. Martin Schütte

Inhaltsverzeichnis

Wie wirkt Shareholder-Value auf die Personalpolitik? Das hängt davon ab, was man darunter versteht. Verstanden als Konzept, dauerhaft den Wert des Unternehmens zu steigern, unterstützt es die Hauptanliegen einer modernen Personalpolitik. (Miss)verstanden als Zwang, kurzfristige Wertsteigerungen zu produzieren, ist es ausgesprochen kontraproduktiv. Martin Schütte behandelt diese Frage auf dem Hintergrund seiner langjährigen Erfahrung als ehemaliger Personalvorstand der Bayerischen Hypotheken- und Wechsel-Bank sowie ehemaliger Vorstand der Bayerischen Hypo- und Vereinsbank.

1. Shareholder-Value in der Personalpolitik

1.1 Was heißt Shareholder Value?

Der Begriff Shareholder-Value besagt zunächst nur, dass der Aktionär ein Interesse daran hat, dass der Wert seiner Aktie steigt, und die Leitung eines Unternehmens verpflichtet ist, den Wert des Unternehmens zu erhöhen, bei Aktiengesellschaften eben den Wert der Aktie. Das ist im Grunde eine Binsenweisheit, denn Sinn und Zweck jeder wirtschaftlichen Tätigkeit ist es, Werte zu schaffen bzw. zu vermehren, sei es für den Markt, d.h. Kunden in Form von Produkten und Dienstleistungen, für den Mitarbeiter des Unternehmens in Form von Beschäftigung und Gehalt und den Aktionär in Form von Wertsteigerung seiner Aktie und möglichst auch laufender Verzinsung.

Insofern beschreibt Shareholder-Value eine Selbstverständlichkeit, da es ureigenste Aufgabe jedes Unternehmers und Managers ist, wirtschaftliche Werte zu schaffen.

Warum dann die engagierte Diskussion um Shareholder-Value-Konzepte?

Die Zeiten des legendären Barons von Fürstenberg sind zwar schon längst vorbei, in denen man Aktionäre noch dumm und frech nennen durfte – dumm, weil sie dem Unternehmen ihr Geld anvertraut haben, und frech, weil sie auch noch eine Verzinsung dafür haben wollen.

Aber trotzdem besteht immer noch der Eindruck – meines Erachtens zu Recht – , dass die Interessen der Aktionäre bei deutschen Publikumsgesellschaften bisher noch nicht überall den Stellenwert erhalten haben, den die Kapitalmärkte und der engagierte Einzelaktionär heute erwarten und im angelsächsischen Raum bereits als Standard kennen.

Als Beleg mag das Geschehen auf deutschen Hauptversammlungen dienen, auf denen Vorstände zuweilen den Eindruck nicht verhindern können, dass ihnen das Beantworten von Fragen der Aktionäre eher eine lästige, denn freudige Pflicht ist. Entsprechend lustlos, unwillig bis abwehrend erfolgt dann häufig die »Behandlung« der Fragen. Das ist mit ein Grund für das oftmals aggressive Auftreten von berufsmäßigen Aktionärsvertretern, wie z. B. Professor Wenger, in ihrem Kampf um mehr Transparenz und Informationsfreude den Aktionären gegenüber.

Deswegen ist ein Nachholbedarf in Sachen Eingehen auf die Interessen der Aktionäre in Deutschland ein Grund für die entstandene Shareholder-Value-Diskussion.

Ein anderer Grund, gerade auch für die Intensität der Diskussion, sind auch ganz offensichtliche Übertreibungen einer zu einseitigen Betonung einer kurzfristigen Steigerung des Aktienkurses mit weitreichenden negativen Folgen, die inzwischen in einer Polarisierung von typisch amerikanischem und rheinischem Kapitalismus münden.

1.2 Die guten Seiten des Shareholder-Value-Konzepts

Der größte Gewinn des Shareholder-Value-Gedankens ist in meinen Augen die Stärkung des Bewusstseins des Topmanagements für seine Verantwortung den **Eigentümern des Unternehmens** gegenüber. Diese Verantwortung besteht nicht nur darin, eine »angemessene» Dividende auf das Grundkapital zu zahlen, sondern verlangt eine marktgerechte Verzinsung des gesamten im Unternehmen gebundenen Kapitals. Das ist das, was der Aktionär im Unternehmen investiert hat, was ausschließlich ihm gehört und was ihm gegenüber eine marktgerechte Rendite erwirtschaften muss.

Gerade in großen, diversifizierten, substanz- und insgesamt ertragsstarken Unternehmen ist zuweilen der Blick dafür etwas verlorengegangen, da das Management seine Verpflichtung gegenüber den Aktionären bereits dann als erfüllt ansah, wenn eine kontinuierliche, marktübliche Dividendenausschüttung geleistet wurde.

Hier haben die Kapitalmärkte mit ihrem Einfordern des Shareholder-Values auch bei uns ohne Zweifel einen positiven Bewusstseinswandel und insgesamt ein Umdenken bewirkt. Es ist zwar mühsam und lästig, aber äußerst heilsam, wenn man als Topmanager alle seine Entscheidungen, seien es strategische oder auch operative, mit ihren Auswirkungen auf die jeweilige Bilanz und Gewinn- und Verlust-Rechnung, sorgfältig darauf hin abklopfen muss, wie sie von den Kapitalmärkten aufgenommen werden und wie die Auswirkungen auf den Börsenkurs, das Rating oder andere Orientierungsgrößen der Märkte sein werden.

Das übt einen enormen **Ergebnisdruck** auf die Unternehmensleitung aus und fördert die **Ergebnisorientierung** auf allen Stufen des Managements. Die Durchsetzung des Shareholder-Value-Gedankens hat auch bei uns inzwischen eine deutliche Erhöhung der **Transparenz** der Unternehmensstrukturen, der Ergebnisentwicklung und der Erfolgskriterien bewirkt. Die Deutschland AG ist ein gehöriges Stück durchsichtiger und in ihren strukturellen Verflechtungen erkennbarer geworden.

Die Kontrolle der Kapitalmärkte, die einige schon die fünfte Gewalt nennen, hat insgesamt dazu geführt, dass die **Leistung** der Unternehmensführung, sowohl der Erfolg als auch der Misserfolg, wesentlich genauer und intensiver **gemessen** und bewertet wird. Im Erfolgsfall bedeutet das Gehälter und Erfolgsprämien, im Misserfolgsfall Sanktionen, wie sie vor ein paar Jahren in Deutschland noch unbekannt waren.

Diese Entwicklung ist zu begrüßen, denn in der Tendenz steigert sie die Wettbewerbsfähigkeit der Wirtschaft und sorgt für eine effizientere Allokation und Nutzung der volkswirtschaftlichen Ressourcen.

Das geschieht in der Regel durch eine **Fokussierung** und Konzentration der Unternehmen auf Kerngeschäfte und Kernkompetenzen, d.h. eine Rückbesinnung auf die eigentlichen Stärken des Unternehmens. Richtig verstanden und umgesetzt verbindet sich damit eine konsequente **Kundenorientierung** sowie mit der stärkeren Ergebnisverantwortung generell die Tendenz zur Übertragung größerer **Eigenverantwortung** auf das jeweilige Management.

So verstanden kann das Shareholder-Value-Denken nur positiv bewertet werden als ein wesentlicher Beitrag zur Stärkung der Wettbewerbsfähigkeit und Durchschlagskraft unserer Wirtschaft.

1.3 Gefahren des Shareholder-Value-Denkens

Das darf uns aber nicht darüber hinwegsehen lassen, dass es auch ernst zu nehmende Gefahren und Fehlentwicklungen gibt.

Die treten besonders dann auf, wenn der Shareholder-Value verkürzt wird auf die **reine Maximierung finanzieller Ziele** und das dann auch noch in einem sehr kurzfristigen Zeitraum (»**Quartalsdenken**«).

Das Interesse des Aktionärs, insbesondere des institutionellen, muss die stabile, nachhaltige Steigerung des Unternehmenswertes sein. Die spezielle Interessenlage derjenigen, die nur die schnelle Mark im Auge haben und den Aktienmarkt lediglich als Zockerbude betrachten, sollten wir bei der Diskussion um Shareholder-Value ausblenden. Zielgruppe ist der sich als Mitunternehmer verstehende, langfristig an der Aktie als Anlageinstrument interessierte Anleger.

Eine zu kurzfristige Anlageperspektive und Renditeerwartung, die dem Management vom Kapitalmarkt abgefordert wird, birgt die große Gefahr, dass zukunftsträchtige Investitionen unterbleiben, weil sie eine zu lange Investitionsphase erfordern mit negativen oder vergleichsweise mageren Renditen über eine längere Anlaufphase, die den aktuellen Vergleichsrenditen nicht entsprechen. Das kann für die langfristige Entwicklung des Unternehmens katastrophale Folgen haben.

Dadurch wird das von *Clayton M. Christensen* beschriebene ohnehin bestehende Dilemma verstärkt, dass gerade erfolgreiche Unternehmen wegen ihrer eigenen vergleichsweise hohen Renditeansprüche blind werden können für neue, revolutionäre und langfristig bestehende Marktführer gefährdende Entwicklungen (»Disruptive Technologies »), weil diese zunächst mit geringerem oder keinem Nutzen für die bestehenden Kunden des Unternehmens, höheren Kosten und damit geringeren Renditen verbunden sind. Paradebeispiel ist das Entstehen des PC- und Laptop-Marktes.

Deswegen kann ein zu kurzfristiger Shareholder-Value-Anspruch langfristig verheerende Folgen für die Unternehmen haben. Dies muss ein langfristig orientierter Anleger im Auge haben und den

Unternehmen die Freiheit lassen, gerade derartige langfristig chancenreiche Investitionen und Geschäftsfelder zu betreiben. Hier muss der Anspruch auf Renditemaximierung zurücktreten hinter der langfristigen Zukunftssicherung des Unternehmens.

Eine weitere Gefahr einer übertrieben kurzfristigen Renditeerwartung liegt in dem altbekannten Verhältnis von Rendite und Risiko. Ein höheres Risiko erfordert eine höhere Rendite und die Märkte bilden das in der Regel auch ab. Ein zu hoher Renditedruck, sei es dass er selbst gesetzt oder von außen dem Unternehmen aufgezwungen wird, birgt die große Gefahr in sich, dass das Management verleitet wird, zu hohe Risiken einzugehen, um die sonst nicht zu erwirtschaftende Rendite zu erzielen. Dieser kurzfristige Erfolg wird teuer erkauft, denn wenn die Risiken schlagend werden, sind es gerade die Kapitalmärkte, die überreagieren und die enttäuschten Erwartungen brutal durch drastische Kursreaktionen bestrafen. Das wurde uns allen ja gerade am Neuen Markt täglich vorgeführt.

Deswegen muss Maßstab für eine vernünftige Bewertung von Unternehmen und Unternehmensleistung dauerhafter Erfolg und Wertsteigerung sein.

Genauso wenig darf die Shareholder-Value-Diskussion zu einer einseitigen Verkürzung auf reine Finanzziele führen.

Auch heutzutage gilt der Zusammenhang zwischen guten Ergebnissen, zufriedenen Kunden sowie zufriedenen Mitarbeitern. Nur zufriedene Kunden ermöglichen gute Ergebnisse und nur zufriedene, engagierte Mitarbeiter führen zu zufriedenen Kunden. Von diesem altmodischen Dreiklang bin ich nach wie vor überzeugt.

Deswegen reden wir auch alle ständig von den Mitarbeitern als dem wertvollsten Kapital des Unternehmens, der wichtigsten Ressource (»Human-Resources«) und dergleichen mehr.

Wie wichtig und richtig das ist, erleben wir gerade in den heutigen Zukunftsbranchen und der sog. New Economy, deren größtes Problem es ist, geeignete Mitarbeiter und Führungskräfte zu finden, was zum Auslöser der Green-Card-Diskussion bei uns geworden ist.

Auch hier liegt eine große Gefahr in einer zu einseitigen Fixierung nur auf kurzfristige Renditesteigerung. Denn das Management ist schnell in der Versuchung, den einfachsten Weg zu gehen, d.h. zunächst die Kosten herunterzudrücken, beginnend mit den Personalkosten durch entsprechenden Mitarbeiterabbau, weil dies vordergründig leichter ist und zu schnelleren Ergebnisverbesserungen führt, als das Suchen und Erschließen neuer Ertragsquellen. Entsprechend hoch wird das Ankünden von Personalabbauprogrammen von den Kapitalmarktteilnehmern honoriert.

Dass damit die einzige wirklich dauerhafte strategische Ressource des Unternehmens, nämlich gute, engagierte Mitarbeiter mit ihrem individuellen Entwicklungspotenzial, reduziert wird, wird dabei meistens übersehen.

Die Kontrolle durch die Kapitalmärkte führt in die falsche Richtung, wenn das »Quartalsdenken« überhand nimmt und nur auf die Maximierung kurzfristiger Renditen und Wertsteigerungen geachtet wird.

Das zwingt die Beteiligten, höhere Risiken einzugehen, mit denen höhere Renditen zu erzielen sind, mit der Gefahr einer Verschlechterung der Risikostruktur und des Risikoprofils des Gesamtportfolios.

Dieser von den Kapitalmarktteilnehmern, z. B. den Analysten und Fondsmanagern, auf die Unternehmen ausgeübte Druck wirkt auf sie selber genauso zurück. Auch sie stehen in scharfem Wettbewerb zueinander und unterliegen demselben Performancezwang, ihren Anlegern überdurchschnittliche Renditen bieten zu müssen.

Das fördert zwei weitere, ausgesprochen ungesunde und gefährliche Entwicklungen, die sich durchaus zu strukturellen Problemen auswachsen können.

Das eine ist die Tendenz, dass alle auf die gleichen Chancen und Karten setzen, was *Rolf Breuer* den Herdentrieb der Asset-Manager nennt. Denn keiner will vermeintlich erfolgversprechende Investitionsmöglichkeiten, auf die der Markt setzt, verpassen und sich dem Vorwurf aussetzen, etwas verschlafen und offensichtliche Chancen verpasst zu haben. Das führt einmal dazu, dass sich bei riskanten Engagements – und was ist bei Kapitalinvestitionen nicht riskant? – die Risiken positiv korrelieren, d.h. überproportional verstärken, und zum anderen dazu, dass eigenständige Meinungen und Positionen, die von der Mehrheitsmeinung abweichen, immer weniger zu finden sind, weil sich keiner wirklich zu exponieren wagt.

Klassisches Beispiel für den Herdentrieb mit katastrophalem Ausgang, dem die gesamte professionelle Szene bis hinauf zu den feinsten Adressen verfallen ist, war die letzte Russlandkrise. Es wurden unverantwortlich hohe Beträge in die kurzfristigen Staatspapiere der russischen Regierung (GKOs) gepumpt bei laufend steigender Verzinsung, die am Schluss über 100% p.a. betrug. Zusätzlich wurde das Feuer noch dadurch angefacht, dass russischen Unternehmen, vor allem in der Öl- und Gasindustrie, ebenfalls von den feinsten Adressen Kredite aufgedrängt wurden, für welche die Unternehmen gar keine sinnvolle Verwendung hatten, so dass sie sie ebenfalls in die überaus lukrativen Staatspapiere investiert haben. Der Ausgang dieses Treibens ist hinlänglich bekannt.

Dasselbe kann gesagt werden für das Entstehen und Platzen des japanischen Asset-Bubbles.

Ein weiteres Beispiel dieses Herdentriebes spielte sich vor unserer Haustür ab mit dem Aufstieg und Fall der Internet- und Medientitel am neuen Markt mit den rational nicht mehr nachvollziehbaren Übertreibungen in der Kursentwicklung.

Eine weitere ungesunde und gefährliche Folge eines zu kurzfristigen Shareholder-Value-Druckes ist das unsinnige Story-Denken. Man hat zuweilen den Eindruck, dass die Märkte von in Prosa geschriebenen Konzepten, Visionen und Geschichten so beeindruckt sind, dass sie das Überprüfen an konkreten Fakten und Zahlen für nicht mehr notwendig erachten. Dass das zu völlig ungerechtfertigten Kurssteigerungen mit überproportionalen Kursrückgängen bei Nichteintreten der geweckten Erwartungen verbunden ist, ist eine Sache.

Viel bedenklicher ist, dass das Topmanagement der Unternehmen in Versuchung gerät, seine Entscheidungen in erster Linie daran auszurichten, was bei der nächsten Analystenkonferenz oder Pressekonferenz über die Quartalsergebnisse am besten ankommt, statt sich ausschließlich daran zu orientieren, was für die Zukunftssicherung des Unternehmens das Notwendige und Richtige ist. Es scheint tatsächlich so zu sein, dass das Ankündigen einer Fusion, einer Unternehmensakquisition, einer grundsätzlichen Strukturveränderung oder einer wieder einmal neuen Strategie eine größere Aufmerksamkeit, breiteren Raum in der Berichterstattung der Presse und eine positivere Aufnahme an den Märkten genießt, als die konkreten aktuellen und prognostizierten Geschäftszahlen.

Für lange Zeit Höhepunkt derartiger Ankündigungsstrategien dürfte das Drama mit wechselnden Darstellern der verhinderten Fusionen der Frankfurter Großbanken gewesen sein mit enormem materiellem und immateriellem Schaden bei zumindest einigen der Beteiligten.

Der absolut richtige Grundgedanke des Shareholder-Values, vom Management eines Unternehmens die permanente Steigerung des Unternehmenswertes zu verlangen, führt zum genauso richtigen Ansatz, das Management an der Wertsteigerung direkt zu beteiligen, um den Anreiz, sich so zu verhalten, zu vergrößern.

Aber auch hier kommt es zu Übertreibungen, die gefährlich sind und dem Shareholder-Value-Gedanken im Endeffekt Schaden antun.

Das eine sind Boni und Erfolgsbeteiligungen für einzelne Personen oder Gruppen von Managern, die inzwischen teilweise absolut überzogen sind und Größenordnungen erreichen, die nicht mehr vermittelbar sind, zumindest nicht hier in Deutschland. Dazu zähle ich Jahresvergütungen von einigen zigmillionen DM, selbst für noch so tüchtige Topmanager unserer größten Konzerne. Das diskreditiert letztendlich das wertvolle Instrument der Erfolgsbeteiligung.

Gleichzeitig fördert das einen Typus von Managern, der nicht nur persönlich extrem unsympathisch, sondern nach meiner festen Überzeugung auch völlig ungeeignet ist, in der heutigen Zeit ein Unternehmen auf Dauer erfolgreich zu führen. Dieser Typus zeichnet sich aus durch extremen Egoismus, soziale Gefühls- und Bindungslosigkeit, der einseitig fixiert ist auf das schnelle und rücksichtslose Pushen von Zahlen und der sich dem jeweiligen Unternehmen sowie dessen langfristiger Zukunftssicherung überhaupt nicht verbunden fühlt, sondern ohne Bedenken diesem den Rücken kehrt, wenn ihm ein finanziell attraktiveres Angebot über den Weg läuft.

1.4 Richtig verstandenes Sharholder-Value-Denken

Wenn die Darstellung der negativen Folgen eines einseitigen Shareholder-Value-Denkens einen so breiten Raum eingenommen hat, dann deswegen, weil die Shareholder-Value-Diskussion nach meiner festen Überzeugung enorm wichtig und überfällig war und richtig verstanden ein Gewinn für unsere wirtschaftliche sowie gesellschaftliche Entwicklung ist. Bloß drohen die beschriebenen und teilweise ja schon eingetretenen negativen Seiten das gesamte Konzept zu gefährden, wenn sie nicht korrigiert werden.

Richtig verstanden heißt für mich:

- Ja zur Verpflichtung des Managements, den Wert des Unternehmens permanent zu steigern, darüber Rechenschaft abzulegen und sich daran messen zu lassen.
- Nein zu einem kurzfristigen Wertsteigerungsansatz (»Quartalsdenke«). Ziel und Maßstab muss die langfristige Wertsteigerung und Zukunftssicherung des Unternehmens sein.
- Nein zu einer Verkürzung des Ansatzes auf ein Messen des Unternehmenswerts und des Managements ausschließlich anhand finanzieller Zahlen und Ziele. Größen wie Marktposition, Kundenzufriedenheit, Mitarbeitermotivation, Entwicklungspotenzial, soziale Verantwortung und Reputation in der Öffentlichkeit gehören ebenso dazu.

Das führt mich zu der Forderung, den Sharholder-Value nicht isoliert dastehen zu lassen, sondern einzubetten in das gleichwertige Interessenviereck von Kunden – Mitarbeitern – Aktionären – Öffentlichkeit, dem sich ein Unternehmen und seine Leitung insgesamt verpflichtet fühlen müssen.

Das waren im Übrigen die vier Abschnitte, aus denen die Unternehmensleitlinien bestanden, die ich bei meinem Berufsstart 1971 in der Bayerischen Hypotheken- und Wechsel-Bank vorgefunden habe, und die nach meiner festen Überzeugung nichts an ihrer Aktualität verloren haben. Darin eingebettet wird das Shareholder-Value-Konzept seine volle Wirksamkeit entfalten und die negativen Folgen einer einseitigen Handhabung vermeiden.

2. Einfluss auf die Personalpolitik

Was hat der Shareholder-Value nun mit Personalpolitik zu tun?

Wenn Sharholder-Value, d. h. die Steigerung des Unternehmenswertes, zentrale Aufgabe und Ziel der Unternehmenspolitik sowie bestimmender Faktor für das Messen und Bewerten des Unternehmenserfolges ist, muss sich die Personalpolitik damit auseinandersetzen. Denn die Personalpolitik hat die Aufgabe und Verpflichtung, den langfristigen Erfolg des Unternehmens zu unterstützen und einen wesentlichen Beitrag zu leisten, dass das Unternehmen seine strategischen und geschäftspolitischen Ziele erreicht.

Dazu gehört selbstverständlich die klassische Aufgabe, sicherzustellen, dass das Unternehmen genügend und ausreichend qualifizierte sowie motivierte Mitarbeiter und Führungskräfte hat, um die jeweiligen Ziele zu erfüllen.

Ich möchte mich aber auf einen anderen Aspekt konzentrieren, der immer mehr in den Vordergrund rückt und zunehmend als unverzichtbar für erfolgreiche Unternehmensführung angesehen wird: Dass die Personalverantwortlichen ihre Rolle als strategische Funktion begreifen und sich als die Berater des Topmanagements in dem richtigen Umgang und Einsatz des wichtigsten Kapitals des Unternehmens verstehen, nämlich der Mitarbeiter.

Das bedeutet zuallererst, den Managementprozess ganzheitlich und nicht nur in Teilaspekten zu betrachten und zu verstehen lernen.

Erster Schritt ist dabei, sich mit den Umfeldbedingungen auseinanderzusetzen, sowie den Anforderungen und Zwängen, die sich daraus für die Unternehmen ergeben.

2.1 Rahmenbedingungen für unternehmerisches Handeln

Wenn wir die Rahmenbedingungen und das Umfeld beschreiben, in dem sich die Unternehmen heute bewegen, fallen uns viele Stichworte ein, die jedes für sich eine eigene Behandlung verdienen: Technologie, Globalisierung, Wertewandel, Bevölkerungsexplosion, Bildungsexplosion usw. Zusammenfassen kann man die gravierenden Auswirkungen aller dieser Entwicklungslinien mehr oder weniger in zwei Schlagworten:

– Dramatisch zunehmende **Komplexität** der Anforderungen und
– sich ständig beschleunigende **Veränderungsgeschwindigkeit** mit den sich daraus ergebenden Unsicherheiten.

2.2 Daraus sich ergebende Aufgaben der Unternehmensführung

Die Aufgabenstellung heißt also, die zunehmende Komplexität und den permanenten Wandel zu beherrschen, weswegen wir so intensiv vom Management des Wandels (»Change-Management«) als **der** Managementherausforderung unserer Zeit sprechen.

Das verlangt eine personalpolitische Umorientierung in zwei Punkten:

– Das perfekte, funktional durchorganisierte Unternehmen steht nicht mehr im Vordergrund, sondern die **Lernfähigkeit des Unternehmens** als Ganzes im Sinne eines Unternehmensorganismus muss als entscheidender Wettbewerbsfaktor erkannt werden.
– Nicht die Fachkenntnisse und Fertigkeiten der Mitarbeiter am jeweiligen Arbeitsplatz verlangen das Hauptaugenmerk, sondern das **Potenzial der Mitarbeiter** eines Unternehmens ist die strategische Schlüsselgröße im Wettbewerb.

Das wiederum erfordert ein grundsätzliches Überdenken

– wie wir Strategien für das Unternehmen entwickeln
– wie wir im Unternehmen zusammenarbeiten.

2.3 Neue Form der Strategieentwicklung

Wir brauchen eine neue Form der Strategieentwicklung, die das bisher übliche Verfahren schlicht und einfach umkehrt.

Die klassische Strategieentwicklung kommt vom Markt, d.h. von außen her, mit den Schritten Markt- und Wettbewerbsanalyse, Herausarbeiten verschiedener Optionen mit Chancen/Risiken-Bewertung, Stärken/Schwächen-Analyse und der Bestimmung der erforderlichen Ressourcen. Das führt normalerweise zu erheblichen Veränderungen im Unternehmen, weil sich neue Anforderungen an Strukturen und vor allem Fähigkeiten und Fertigkeiten der Mitarbeiter ergeben. Neue Anforderungen an die Mitarbeiter und Führungskräfte heißen in der Regel Forderungen nach Verhaltensänderungen in den verschiedensten Bereichen. Dies ist bekanntlich mit besonderen Schwierigkeiten und Widerständen verbunden, so dass eine Veränderung der Tätigkeiten und Verhaltensweisen von Mitarbeitern in der Breite extrem schwierig und zeitaufwändig ist. Je anspruchsvoller eine Strategie, desto schwieriger die erfolgreiche Umsetzung, weil der Veränderungsdruck entsprechend größer ist.

Erfolgversprechender ist der umgekehrte Weg einer Strategieentwicklung, sozusagen von innen nach außen, d.h. von der Konzentration auf die vorhandenen Kernfähigkeiten eines Unternehmens und darauf aufbauend die Entwicklung von Produkten und Dienstleistungen für den Markt.

Also die Entwicklung anhand der Fragen:
- Was können wir besonders gut?
- Was beherrschen wir besser als andere?
- Was sind besondere Potenziale unserer Mitarbeiter und unseres Unternehmens?
- Wie können wir das in konkrete, bessere oder neue Produkte und Dienstleistungen für den Markt umsetzen und weiterentwickeln?

Die Erfolgswahrscheinlichkeit in der Umsetzung ist um ein Vielfaches größer und diese Art des Vorgehens würde zum ersten Mal Ernst machen mit der so viel beschworenen Erkenntnis, dass die Mitarbeiter und deren Potenzial das größte Kapital und die wichtigste strategische Ressource eines Unternehmens sind. Weil dem so ist, werden so entwickelte Strategien das Unternehmen auch erfolgreicher am Markt werden lassen.

2.4 Neue Form der Zusammenarbeit

Genauso brauchen wir eine neue Form der Zusammenarbeit innerhalb der Unternehmen. Das betrifft vor allem die Prozesse der Kommunikation sowie der Art und Weise, wie Entscheidungen und Willensbildungen zustande kommen. Dies geschieht ganz überwiegend noch streng hierarchisch, d.h. von oben nach unten. Und genau dies ist in dem heutigen Umfeld dramatisch zunehmender Komplexität und Veränderungsgeschwindigkeit nicht mehr angemessen, da hierarchisch organisierte Entscheidungsprozesse zu lange dauern, zu weit weg sind vom konkreten Marktgeschehen und der Komplexität nicht mehr gerecht werden können. Vor allem aber berücksichtigen sie nicht, dass die Umsetzung von Entscheidungen und Veränderungsprozessen von der Akzeptanz und Veränderungsbereitschaft jedes einzelnen Mitarbeiters abhängt und dies durch Anweisung von oben immer weniger erreicht werden kann.

Deswegen brauchen wir eine Umkehrung der Willensbildungsprozesse, die von unten nach oben unter Beteiligung der gesamten Organisation erfolgen müssen. Das gründet auf der Überzeugung, dass jeder Mitarbeiter der eigentliche Spezialist seines Arbeitsplatzes ist, d.h. keiner kennt seinen Arbeitsplatz und seinen Markt besser als der Mitarbeiter vor Ort und keiner erkennt die Veränderungen in seinem Markt- und Kundenbereich schneller als er. Deshalb müssen die Kommunikations- und Entscheidungsprozesse so organisiert werden, dass sie vom Mitarbeiter ausgehen, seine Erfahrungen und Erkenntnisse die Grundlage für Entscheidungen werden und so weit wie möglich er selbst auch Entscheidungen eigenverantwortlich treffen kann.

Dann ist übrigens auch gewährleistet, dass Veränderungen zügig umgesetzt und nicht, wie so häufig blockiert werden, weil selbst getroffene Entscheidungen keiner Überzeugungsarbeit mehr bedürfen.

Damit sind wir auf dem Wege zu einer lernenden Organisation, die alleine zunehmender Komplexität und Veränderungsgeschwindigkeit optimal begegnen kann.

2.5 Voraussetzungen

- Wir brauchen ein neues Bild vom Unternehmen

  Unser Verständnis vom Unternehmen ist nach wie vor das einer mehr oder weniger statischen Organisation, die nichts anderes ist als die Summe einer Vielzahl einzelner Funktionen und Funktionsträger, die wie ein mechanisches Räderwerk organisiert sind und funktionieren.

  Eine lernende Organisation setzt ein völlig anderes Verständnis voraus, nämlich das einer lebendigen Einheit im Sinne eines Organismus, der die Summe von individuellen Personen und Persönlichkeiten mit individuellen Potenzialen und Entwicklungsmöglichkeiten ist.

- Dem neuen Bild vom Unternehmen entspricht ein neues Bild vom Mitarbeiter. Kernpunkt ist, dass man den Mitarbeiter nicht mehr als reinen Funktionsträger im Unternehmen ansieht, der in der jeweiligen Aufgabe zu »funktionieren« hat und dazu der permanenten Anweisung und Kontrolle bedarf, sondern ihn als eine individuelle Person und Persönlichkeit versteht und akzeptiert, die mit ihren individuellen Potenzialen in der Regel weit mehr zu leisten im Stande ist, wenn man ihr entsprechendes Vertrauen entgegenbringt und ihr die Möglichkeit zu einem verantwortlichen und selbständigen Arbeiten gibt.

  Hier liegt in nahezu allen Unternehmen eine enorme Kreativitäts- und Wachstumsreserve, die nur gehoben zu werden braucht.

- Das setzt allerdings voraus, dass wir unser Verständnis von Führung und die Rolle der Führungskraft ebenfalls grundlegend verändern.

  Das klassische und nach wie vor vorherrschende hierarchische Führungsprinzip von Anweisung und Kontrolle, das die Mitarbeiter weitgehend zum Ausführungsorgan von an anderer Stelle getroffenen Entscheidungen degradiert, muss sich ändern in Richtung des Grundsatzes der »ermächtigten Eigeninitiative«. Dieser Begriff stammt von Professor *Tannhei-*

ser von Insead und war in der ehemaligen Hypo-Bank die Kernbotschaft des Führungsverständnisses der Bank. Er soll ausdrücken, dass aus der Überzeugung heraus, dass der Mitarbeiter der Spezialist seines Arbeitsplatzes und Umfeldes ist, ihm das Vertrauen entgegengebracht wird, dass er am besten im Unternehmen weiß, was die Anforderungen von innen und außen an seinen Arbeitsplatz sind, was sich in seinem Marktumfeld verändert, wo Verbesserungsmöglichkeiten und Chancen zur Weiterentwicklung liegen. Aus diesem Vertrauen heraus wächst allerdings auch die Verpflichtung, seinen Aufgabenbereich eigenverantwortlich wahrzunehmen und weiterzuentwickeln, d.h. Initiativen sollen und müssen von ihm ausgehen.

Die Rolle der Führungskraft verändert sich dadurch grundlegend. Ihre Aufgabe ist es, diese Eigenverantwortung zu fordern und den Mitarbeiter zu ermutigen, sie zu übernehmen. Denn zu Beginn wird die Ernsthaftigkeit, wirklich Verantwortung und Kompetenz zu delegieren, von den Mitarbeitern aufgrund schlechter oder gar keiner Erfahrung nicht geglaubt. Gleichzeitig braucht er die Unterstützung durch die Führungskraft in der Wahrnehmung der Eigenverantwortung. Diese Unterstützung, selbständig zu agieren und Eigeninitiative zu zeigen, wird der Schwerpunkt der Tätigkeit der Führungskraft. Dazu gehört neben der Sicherstellung des organisatorischen Rahmens und Umfelds vor allem auch, dafür zu sorgen, dass auch die eigenen Führungskräfte entsprechend führen und dass Ideen, Vorschläge und Initiativen der Mitarbeiter wirklich realisiert werden und sich auf dem steinigen Weg durch die Organisation durchsetzen.

Pendant der Eigenverantwortung ist die Bereitschaft, sich Zielen zu stellen und an den Ergebnissen messen zu lassen. Die Führungskraft fordert und motiviert den Mitarbeiter durch das Vereinbaren anspruchsvoller Ziele und den Abgleich der Initiativen der Mitarbeiter mit den übergeordneten Zielen des Unternehmens, die letztlich die Steigerung der Kundenzufriedenheit, Marktposition und des Ergebnisses des Unternehmens sind.

Das Bild vom Manager/»Macher«, der instrumental denkt und mit seinem voll gefüllten Werkzeugkasten an Managementinstrumenten mehr indirekt auf die Mitarbeiter einwirkt, wandelt sich dann in die eines Spielertrainers oder Coaches, der die Mitarbeiter direkt führt und seine Aufgabe in dem Erkennen, Entwickeln und Zurgeltungbringen der Stärken und Potenziale jedes einzelnen Mitarbeiters sieht.

Dies sind die Voraussetzungen, die nötig sind, um das ständig beschworene wichtigste Kapital des Unternehmens, nämlich seine Mitarbeiter, voll zur Geltung zu bringen und damit eine optimale Reaktion und Anpassung an die Chancen und Risiken eines immer komplexer werdenden und sich immer schneller verändernden Umfelds zu ermöglichen. Das ist der sicherste Weg, langfristig überdurchschnittliches Wachstum und Ertrag zu sichern.

- Wenn in diesen Fragen des Führungsverständnisses, der systematischen Entwicklung und Förderung des Potenzials der Mitarbeiter, der Lernfähigkeit des Unternehmens als Organisation usw. eine so große Bedeutung für die Entwicklung des Unternehmens insgesamt zukommt, stellt sich das Problem des Controllings dieser Bereiche. Denn es muss im Zentrum der Aufmerksamkeit der Unternehmensführung liegen sicherzustellen und sich ein Bild davon zu verschaffen, ob im Unternehmen auch tatsächlich so geführt wird und diese Grundsätze in der Praxis gelebt werden.

Wie man wirksam das Führungsverhalten der Führungskräfte in der Breite messen und Veränderungen nachhalten kann ist allerdings immer noch eines der schwierigsten und am wenigsten gelösten Probleme der Personalführung. Hier gibt es viele Ansätze und einzelne Instrumente wie regelmäßige Mitarbeiterbefragungen, Vorgesetztenbeurteilung, Kennzahlensysteme wie Personalbarometer, Kulturbarometer, Score-Boards usw., aber insgesamt befinden wir uns hier wohl noch im Stadium des Experimentierens.

Das nimmt der Fragestellung aber nichts an ihrer grundsätzlichen Bedeutung, wie man den richtigen Umgang mit der wichtigsten Ressource eines jeden Unternehmens wirksam und zielgerichtet messen und beeinflussen kann.

2.6 Welchen Einfluss hat nun das Shareholder-Value-Konzept auf diese Kernfragen der Personalpolitik?

Das hängt von dem Verständnis des Shareholder-Value-Gedankens ab. Falsch verstanden im Sinne eines einseitigen Pushens der kurzfristigen Ergebnisse hat es einen verheerenden Einfluss auf die beschriebenen Ziele der Personalpolitik. Es führt zu einer Verkürzung des Blickwinkels auf die ausgewiesenen Ertragszahlen und einer gefährlichen Vernachlässigung des langfristigen Denkens im Unternehmen. Der dadurch ausgelöste Zwang, permanent positive Reaktionen der Kapitalmärkte zu produzieren, verführt zu dem unseligen Story-Denken, das die Eigenverantwortung des Topmanagements für die Führung des Unternehmens schleichend korrumpiert und von der Aufgabe ablenkt, die langfristige Sicherung der Zukunft des Unternehmens zu gewährleisten. Verbunden mit den üblichen Bonussystemen, die teilweise auf allen Ebenen zu nicht mehr vermittelbaren Gesamtvergütungen führen, zerstört es die Loyalität der Mitarbeiter und Führungskräfte zum eigenen Unternehmen und fördert einen Egoismus und Opportunismus, der die Züge einer Söldnermentalität trägt und ganze Gruppen von Mitarbeitern ohne Skrupel das Unternehmen verlassen lässt, wenn sich irgendwo eine Chance bietet, kurzfristig mehr Geld verdienen zu können.

Es ist schwer, sich vorzustellen, dass die Unternehmen, in denen die Bindungslosigkeit ihrer Leistungsträger überhand nimmt, langfristig erfolgreich bleiben können, zumal die kurzfristige Maximierung von Gewinn und persönlicher Kompensation schon lange nicht mehr die Hauptmotivationsfaktoren der Mitarbeiter treffen. Diese liegen bei ganz anderen Größen wie Eigenverantwortung, Freude an der Arbeit, Betriebsklima und anderen kulturellen Werten.

Zusammenfassend kann man sagen, dass diese in meinen Augen pervertierte Art des Shareholder-Values von den eigentlichen Erfolgsfaktoren jedes Unternehmens, nämlich den Mitarbeitern und Kunden, letztlich ablenkt und damit langfristig den Erfolg des Unternehmens gefährdet.

Sharholder-Value, verstanden als die Verpflichtung, dauerhaft den Wert des Unternehmens zu steigern, unterstützt und fördert hingegen die Hauptanliegen einer modernen Personalpolitik, weil es zwangsläufig die Aufmerksamkeit des Topmanagements auf den strategischen Erfolgsfaktor Nr. 1, die Mitarbeiter, lenken muss. Die Konzentration darauf, das unschätzbare Potenzial der Mitarbeiter an Kreativität, Motivation, Leistungs- und Einsatzbereitschaft in der Breite zur Entwicklung zu bringen, wird zu den oben beschriebenen Veränderungen des Führungsverständnisses, des Selbstverständnisses des Unternehmens, der Rollenverteilung und der Positionierung des einzelnen Mitarbeiters führen.

Das Prinzip der primären Eigenverantwortung der Mitarbeiter, das mit der Bereitschaft gekoppelt sein muss, sich an den Ergebnissen messen zu lassen, unterstützt das alte Anliegen moderner Personalpolitik, die starren Strukturen und das damit allseits verbundene Besitzstandsdenken zu Gunsten von ergebnis- und kundenorientierter Eigenverantwortung zurückzudrängen.

Wird die überall und ständig verkündigte Überzeugung, dass der Mitarbeiter das wichtigste Kapital und der entscheidende Erfolgsfaktor jedes Unternehmens ist und damit der eigentliche Werte-Treiber, endlich wirklich Ernst genommen, muss dieser Erfolgsfaktor und wie er im Unternehmen eingesetzt wird, in den Mittelpunkt der Aufmerksamkeit nicht nur des Topmanagements, sondern auch der Kapitalmärkte rücken. Dies wäre die stärkste Unterstützung der Personalpolitik, setzt allerdings eines voraus, wovon die meisten Personalverantwortlichen bislang nur träumen können:

– Führungskonzepte und Wertekataloge werden nicht nur an Festtagen zelebriert, sondern verbindlich für den Führungsalltag auf allen Ebenen erklärt und ihre Umsetzung und vor allem Missachtung genau so sichtbar gemacht und behandelt wie Einhaltung oder Missachtung anderer Grundsätze und Weisungen im Hause.

- Neben der Geschäfts- und Ergebnisentwicklung werden gleichrangig in den Standardberichtsinstrumenten Informationen zu Qualität des Führungsverhaltens, Mitarbeiterzufriedenheit, Potenzialbilanzen, Fluktuationsanalysen, Innovationsbilanzen usw. berichtet und diskutiert.
- Im Aufsichtsrat werden entsprechende Berichte und Informationen als für die Situation und Entwicklung des Unternehmens entscheidend gefordert.
- Analysten verlangen aus dem selben Grunde in den Investorentreffen dieselben Informationen und machen sie zum Bestandteil ihrer Bewertungen und Empfehlungen.

Dies setzt ein entsprechendes Controlling des richtigen Einsatzes und Umgangs mit den Mitarbeitern voraus. Dafür gibt es in fortgeschrittenen Unternehmen bereits eine Vielzahl von konkreten Ansätzen, die einen großen Entwicklungsschub erfahren würden, wenn die Forderungen danach endlich von den Verantwortlichen im Topmanagement und den Kapitalmarktakteuren gestellt werden würden.

Ansätze und passende Begriffe stehen zur Verfügung, die nicht aus Zufall sich an den Begriff des Shareholder-Value anlehnen, sei es der Value-Added per Person (VAP) von Boston Consulting Group oder das von *Peter Friederichs* in der zweiten Hälfte der neunziger Jahre in der Hypo-Bank entwickelte Konzept des Employee-Value, das einen kreativen und praktikablen Ansatz entwickelt hat, den Wert des Mitarbeiter-Portfolios im Verantwortungsbereich einer Führungskraft zu messen und vergleichbar zu machen.

3. Human-Risk-Management – Der Mensch im Unternehmen als unbekanntes Risiko

von Dr. J.M. Kobi

Inhaltsverzeichnis

Sich mit Human-Risks beschäftigen heißt fragen, welche Mitarbeitenden man in Zukunft braucht, wie man sie gewinnt und im Unternehmen hält und wie man sie zu überdurchschnittlicher Leistung motivieren kann. Es geht darum, die Risiken sichtbar und voraussehbar zu machen, damit sie präventiv angegangen und begrenzt oder vermieden werden können. Added-Value wird durch einen ganzheitlichen Ansatz erreicht, der die Human-Risks im Unternehmen abzuschätzen und zu steuern erlaubt.

1. Eine neue Dimension zur Steigerung des People-Value

Schnellerer Wandel birgt Risiken. Es erstaunt deshalb nicht, dass die Sensibilität für Risiken in den letzten Jahren massiv gestiegen ist. Eine Gruppe von Risiken blieb allerdings bisher weitgehend unbeachtet: die Human-Risks.

Die Bedeutung der Human-Resources (HR) als wertvollste und sensibelste Ressource eines Unternehmens legt es nahe, die Human-Risks ebenso fundiert anzugehen, wie das für andere Risiken schon lange üblich ist. Während Kredit-, Zinsänderungs-, Prozess-, Markt- oder Umweltrisiken mit ausgefeilten Risikomodellen verfolgt werden, ist sogar der Begriff Human-Risks oder Personalrisiken neu. Die Kosten, die durch Nichtbeachtung dieser Risiken ausgelöst werden können, werden kaum je angesprochen. Selbst Banken und Versicherungen, in denen das Risikodenken breit verankert ist, haben nie versucht, dieses Denken auf die Human-Risks zu übertragen. Wie es beispielsweise im Kreditrisikomanagement immer weiter verfeinerte Modelle gibt, müsste auch das Human-Risk-Management zunehmend professioneller angegangen werden. Kurz: Es gibt kaum einen Unternehmensbereich, in dem mit weniger Systematik und Professionalität höhere Risiken eingegangen werden. Dabei belegen alle neueren Untersuchungen, dass das Humanpotenzial den entscheidenden Erfolgsfaktor eines Unternehmens darstellt. Ein umfassendes Human-Risk-Management wird somit immer wichtiger, denn wenn negative Entwicklungen frühzeitig erkannt werden, können sie auch präventiv angegangen werden. Anpassungsprozesse sind umso schmerzlicher, je später man ihre Notwendigkeit erkennt oder sich dazu entscheidet, sich ihnen zu stellen.

Neuerdings verlangt das KonTraG, dass über die Früherkennung von Risiken Bericht erstattet wird. Gemäß einer Umfrage von *Arthur Andersen* sind 50% der Aufsichtsräte überzeugt, nicht genügend Risikoerkennungssysteme zu haben. Für die Personalrisiken stellt der Personalrisikoansatz eine geeignete Grundlage dar. Erprobte Instrumente zur Identifikation, Messung und Steuerung der Human-Risks erlauben es heute, strategisch besonders bedeutsame Mitarbeitergruppen und ihren Gefährdungsgrad abzuschätzen und steuernd einzugreifen.

2. Die Palette der wichtigsten Human-Risks

Das im Folgenden verwendete Modell ist bewusst einfach gehalten. Die wichtigsten Human-Risks werden vier Feldern zugeordnet, die die wesentlichen Risikofelder abdecken, ohne allerdings Sonderfälle wie Unterschlagung oder Wirtschaftsspionage mitumfassen zu können.

Die folgenden Beispiele sollen die Bedeutung der vier Human-Risk-Felder aufzeigen:

- Fehlen Leistungsträger, so entspricht das einem Engpassrisiko.
  - Angesichts ausgetrockneter Arbeitsmärkte für qualifizierte Mitarbeitende ist die Jagd nach Talenten voll entbrannt.
  - Jedes Unternehmen kann Projekte aufzählen, die nicht verwirklicht oder zeitgerecht abgeschlossen werden konnten, weil personelle Kapazitäten fehlten. 65% der Unternehmen behaupten, es mangle ihnen an Leistungsträgern.
  - Eine große schweizerische Bankenorganisation verzichtete auf eine interessante Firmenübernahme, weil sie sich eingestehen musste, dass ihr das notwendige Managementpotenzial fehlte.
  - Gleichzeitig gibt es in fast allen Unternehmen größere und kleinere »stille Reserven« an Mitarbeiterpotenzialen, die darauf warten, ausgeschöpft zu werden.
  - Stark unterschätzt werden die Kosten von Fehleinstellungen und mangelhafter Einführung. Einfache Berechnungen zeigen, dass jede Personaleinstellung eine Investition darstellt, die bei Sachinvestitionen von aufwendigen Evaluationsverfahren begleitet wären. Es würde sich deshalb rechtfertigen, im Einstellverfahren wesentlich sorgfältiger vorzugehen, als dies heute üblich ist.

- Gerade in einem ausgetrockneten Arbeitsmarkt stellen Austritte von Schlüsselpersonen ein massiv unterschätztes Risiko dar, das man als Austrittsrisiko bezeichnen kann. Generell ist in Zukunft mit mehr Fluktuation und weniger Loyalität der Mitarbeiter zu rechnen. Umgekehrt wird aber der Zusammenhang zwischen Mitarbeiterloyalität und Kundentreue sowie Wachstum von Unternehmen immer offensichtlicher. Die Bindung von Mitarbeitern an das Unternehmen wird zum zentralen Thema.

  - Ein amerikanisches Softwareunternehmen verlor einen führenden Softwarespezialisten an die Konkurrenz zu einem Zeitpunkt, in dem das Unternehmen über 100 Mio. Dollar Gewinn schrieb. Der Softwarechef warb 34 weitere Schlüsselpersonen ab. Ein Jahr später war aus dem Gewinn ein ähnlich hoher Verlust geworden.
  - Als Maurice Saatchi, Firmengründer und Chairman von Saatchi & Saatchi, 1994 auf Druck der Hauptaktionäre das Haus verließ und seine eigene Agentur gründete, übernahm er gleichzeitig die 30 kreativsten Köpfe und Kundenportfeuilles

im Wert von 50 Mio. Pfund in seine neue Agentur. Der Aktienkurs der alten Firma brach ein.
 – Die Gefahr, dass die besten Leute das Unternehmen verlassen, ist bei Fusionen groß. Trotzdem wird die kulturelle und menschliche Dimension in der Evaluationsphase meist ausgeklammert, obwohl der Erfolg vieler Zusammenschlüsse entscheidend davon abhängt, ob es gelingt, die damit verbundenen personellen Risiken in den Griff zu bekommen und die Leistungsträger für das neue Unternehmen zu gewinnen. Die gefährdetsten Schlüsselpersonen müssen schnell erkannt werden, um sie anschließend mit gezielten Retentionmaßnahmen an das Unternehmen binden zu können.

- Falsch qualifizierte Mitarbeiter stellen ein **Anpassungsrisiko** dar. Wenn der Änderungsbedarf nicht frühzeitig erkannt wird oder die notwendigen Qualifizierungsanstrengungen nicht konsequent genug sind, steigt die Gefahr, dass irgendwann harte Maßnahmen wie Entlassungen oder vorzeitige Pensionierungen mit dem begleitenden Imageverlust nötig werden.
  – Ein Anpassungsrisiko kann entstehen, wenn Mitarbeiter Veränderungen nicht als Chance begreifen und sich nicht genügend flexibel zeigen. Anpassungsfähigkeit und -bereitschaft sind Teil einer zukunftsfähigken Kultur.
  – Kürzlich hat die Swisscom angekündigt, dass sie sich von 6 000 Mitarbeitern trennen wolle. Gleichzeitig sollen aber 2 000 anders qualifizierte Mitarbeiter eingestellt werden.
  – Wir müssen zur Kenntnis nehmen, dass ein großer Teil der Jobs des Jahres 2010 heute noch gar nicht existieren.

- Beispiele von zurückgehaltener Leistung von Mitarbeitern sind innerlich Gekündigte, Ausgebrannte, ältere Mitarbeiter, denen keine Herausforderung mehr gegeben wird oder auch Mitarbeiter, die wegen arbeitsbedingter Gesundheitsbeschwerden der Arbeit fernbleiben. Ausmaß und Kosten solcher **Motivationsrisiken** werden stark unterschätzt. Letztlich schlägt sich eine ungesunde Arbeitsatmosphäre auch auf das Unternehmensergebnis nieder.
  – Heute ist es nicht außergewöhnlich, dass Führungskräfte schon in jungen Jahren höchste Positionen erreichen. Gleichzeitig ist das Management massiv höherem Druck ausgesetzt. In einzelnen Unternehmen ist das Bild der ausgepressten Zitrone nicht

unpassend. Es ist schwer vorstellbar, dass die heute 35-jährigen Spitzenmanager das geforderte Tempo 25 bis 30 Jahre durchziehen können, ohne auszubrennen.

- Es scheint eine Zeiterscheinung zu sein, dass rüstige 50 bis 60-Jährige von ihrem Unternehmen in den Vorruhestand geschickt werden. Was das menschlich für viele der Betroffenen bedeutet und welches schwer ersetzbare Erfahrungswissen dadurch verlorengeht, ist wenig bewusst.
- Eines der größten Informatikunternehmen hat die Devise herausgegeben, weltweit seien alle »teuren« über 50-jährigen Führungskräfte durch junge, billigere zu ersetzen. Auf dem Papier ergaben sich riesige Einsparungen. Dass dabei die Glaubwürdigkeit als Arbeitgeber verlorenging und die Motivation der Mitarbeitenden massiv einbrach, ist verständlich.

Die erfolgreichsten Unternehmen sind diejenigen, die Voraussetzungen schaffen, damit ihre Mitarbeitenden leistungsbereit sind und sich mit dem Unternehmen identifizieren. Damit avanciert das Commitment zum wichtigen Indikator, der auch in jeder Mitarbeiterbefragung erfasst werden sollte.

Zusammengefasst und in einen Risikozyklus integriert, sieht die Palette der Human-Risks wie folgt aus:

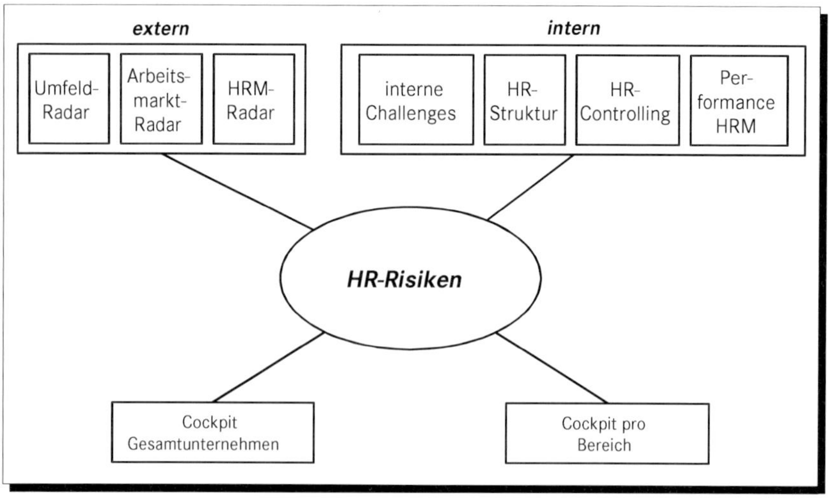

Abb. 1: Früherkennung (HR-Research)

3. Integrierter Risikoansatz statt punktuelle Sicht

Zur Erkennung und Steuerung von Human-Risks braucht es ein ganzheitliches Vorgehen. Punktuelle Ansätze greifen zu kurz.

Dem oben dargestellten Risikozyklus entsprechend sind die einzelnen Risiken zunächst zu identifizieren und zu messen, damit sie dann gelenkt und überwacht werden können.

- **Risikoidentifikation** heißt, Entstehung und mögliche Auswirkungen der Risiken zu erfassen. In der Praxis sind die Schwerpunktrisiken von Unternehmen zu Unternehmen unterschiedlich. Wer seine Schwerpunktrisiken kennt, kann die Maßnahmen auf die Bereiche mit echten Risiken fokussieren. Deshalb sollte zuerst eine grobe Risikoabschätzung vorgenommen werden, um dann gezielt bereichsspezifische Schwerpunkte setzen zu können.
- **Risikomessung** als zweiter Schritt ist im Human-Risk-Management oft nicht einfach, weil sich typischerweise in der HR-Arbeit nicht alles messen lässt. Trotzdem ist eine Messung unverzichtbar. Untersuchungen belegen eine klare Verbesserung, sobald das Risiko quantifiziert wird. Auch wenn die qualitativen, »weichen«, kulturellen Elemente nicht direkt gemessen werden können, ist es doch möglich, Erfolgsmaßstäbe festzulegen. In diesem Sinn ist auch modernes Personalcontrolling nicht nur operativ/quantitativ ausgerichtet (Kosten, Statistiken, Kennzahlen), sondern berücksichtigt die strategische Dimension (Früherkennung, Wertschöpfung, Zielabweichung) sowie die qualitative Dimension, wie z.B. Potenzialerfassung, Mitarbeiterzufriedenheit, Kulturentwicklung und Führungsqualität.

  Wenn Bedeutung und Ausfallwahrscheinlichkeit für die verschiedenen Messgrößen festgelegt sind, können die Risiken in einem Risikoportfolio dargestellt werden, das als Grundlage der Steuerung dienen kann.
- Im Zentrum der Überlegungen steht die **Risikosteuerung,** die Maßnahmen aufzeigt, um Risiken zu verhindern oder zu reduzieren. Diese Maßnahmen müssen sich lohnen; deshalb sollte zwischen steuerbaren und nicht steuerbaren Risiken unterschieden werden. Am wirkungsvollsten sind in der Regel präventive Ansätze.

4. Besonders aktuell: Austrittsrisiko bzw. Retentionsmanagement

Die einzelnen Schritte eines integrierten Human-Risk-Managements können am Beispiel des Austrittsrisikos deutlich gemacht werden.

- **Identifikation**
  Aufgrund geringerer Bindung an das Unternehmen werden heute Wechsel in ein anderes Unternehmen oder in die Selbständigkeit schneller als früher vorgenommen. Die gegenseitige Loyalität zwischen Arbeitgeber und Arbeitnehmer ist deutlich im Schwinden begriffen.
  Das Ausfallrisiko wird im Allgemeinen stark unterschätzt. Besonders kritisch ist der unvorhergesehene plötzliche Ausfall wichtiger Mitarbeiter durch Kündigung. Gerade bei Nachwuchsleuten, in die viel investiert wurde, bedeutet dies einen schweren Verlust.
  Eine Berechnung der Fluktuationskosten könnte vielen Managern die Augen öffnen. Meistens sind sie sich nicht bewusst, was die Fluktuation kostet. Sie haben nur die Personalsuchkosten im Blick. Weit bedeutsamer ist aber die verlorengegangene Produktivität in der Kündigungs- und Einarbeitungsphase.
  Unterdessen ist es bereits möglich, sich gegen Ausfälle von Schlüsselpersonen zu versichern. Bezeichnenderweise wird die Versicherungssumme auf ein Vielfaches des Jahresgehaltes der Schlüsselpersonen (z. B. fünf Jahressaläre) angesetzt.
  Unternehmen müssen mit ihrer Kernbelegschaft wieder vermehrt einen Loyalitätskontrakt schließen. Die Sicherung der Loyalität von Leistungs- und Know-how-Trägern wird zu einer entscheidenden personalpolitischen Aufgabe. Unternehmen müssen sich darüber Gedanken machen, wie sie ihre besten Leute davon abhalten können, das Unternehmen zu verlassen.
  Oft wird eine Kündigung sozusagen als höhere Gewalt akzeptiert. Man lässt gute Leute ziehen, statt aktiv und vorbeugend etwas dagegen zu unternehmen. Durch das mühsam wieder aufzubauende Know-how erwächst dem Unternehmen großer Schaden.
  Amerikanische Untersuchungen haben einen klaren Zusammenhang zwischen geringer Fluktuation und Wachstum bzw. Return-on-Investment aufgezeigt. Ähnliches wie für die Kundenbindung gilt für die Mitarbeiterbindung. Die Sicherung aktueller Kunden ist weit weniger aufwändig als die Investition in neue.

- **Messung**
  Um das Austrittsrisiko für einzelne Zielgruppen zu messen, stehen verschiedene Möglichkeiten zur Verfügung. Ausgangspunkt bilden möglichst genaue Daten und deren Analyse. Dazu können standardisierte Austrittsinterviews und Mitarbeiterbefragungen kommen.
  Eine einfache Formel für das Austrittsrisiko gibt es nicht. Am ehesten gibt eine Einschätzung anhand auf Erfahrung beruhender Kriterien Anhaltspunkte. Sie basieren auf Angaben zur Mitarbeiterstruktur, dem Umfeld und der Unternehmensattraktivität, den immateriellen und materiellen Leistungen im Vergleich mit der relevanten Konkurrenz sowie der Arbeitsmarktattraktivität (siehe *Kobi*, Personalrisikomanagement, S. 82).
  Resultat der Risikoevaluation ist ein Portfolio der gefährdeten Mitarbeitenden. Die Beurteilung der einzelnen Kriterien vermag auch erste Hinweise für das Retentionmanagement zu geben.

- **Steuerung oder Retentionsmanagement**
  Um Mitarbeiter im Unternehmen zu halten, sind erfahrungsgemäß möglichst individualisierte und präventive Steuerungsmaßnahmen am wirksamsten, denn die Unterschiede in der individuellen Motivation sind groß. Die Kunst besteht darin, wahrzunehmen, was gefährdeten Schlüsselpersonen wirklich wichtig ist. Es geht also darum herauszuspüren, wie dem einzelnen Mitarbeiter seine Bedeutung für das Unternehmen gezeigt werden kann. Dazu sind regelmäßige Mitarbeitergespräche mit den Schlüsselpersonen unterlässlich.
  Die Felder allgemeiner Retentionmaßnahmen sind in der folgenden Abbildung 2 wiedergegeben.
  Im einzelnen Fall kann es darum gehen, den Handlungsspielraum zu vergrößern, den Mitarbeiter in interessante Projekte einzubeziehen oder sich durch eine besondere Kultur oder einen besonderen Teamgeist abzuheben.

- **Risikoüberwachung**
  Die Risikoüberwachung knüpft an die Risikomessung an und verfolgt die Entwicklung der Risiken. Wenn im Sinne einer Balanced Scorecard die kritischsten Werte festgelegt sind, können sie überwacht und verbessert werden.

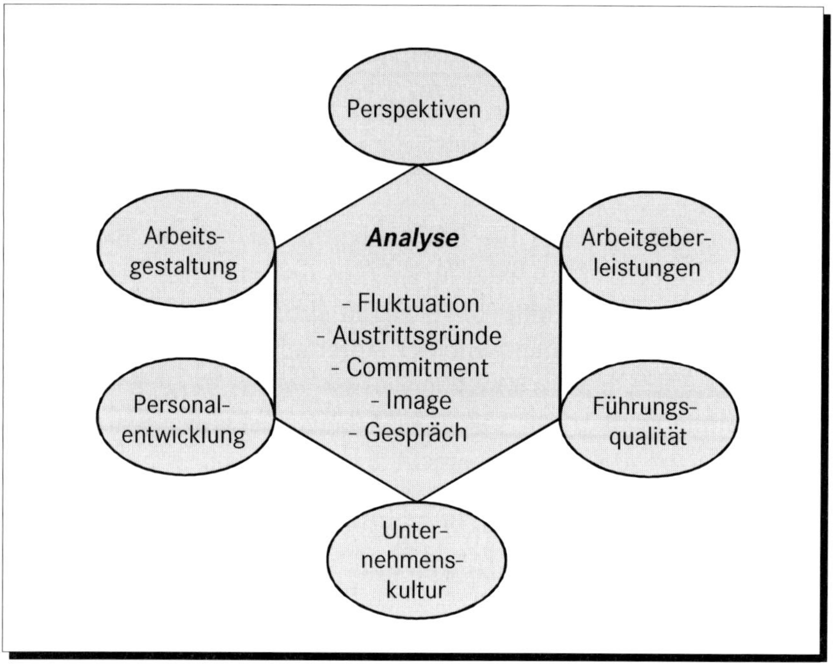

Abb. 2: Retentionsmanagement

5. Früherkennung erlaubt präventives Handeln

Früherkennung hat die Aufgabe, mit zeitlichem Vorsprung auf Ereignisse hinzuweisen, die für das Unternehmen besonders risiko- bzw. chancenträchtig sind. Heute fristet die Früherkennung im HRM noch ein Mauerblümchendasein. Punktuell werden zwar Früherkennungselemente zusammengetragen. Es fehlt aber die Systematik, so dass die einzelnen Informationen kein schlüssiges Gesamtbild ergeben. Das HRM braucht vermehrt Früherkennung, um agieren, statt reagieren zu können. Fundierte Kenntnisse der Human-Risks erlauben eine sicherere Personalplanung und schaffen eine wichtige Grundlage für die ganze HR-Arbeit.

Jedes Unternehmen ist darauf angewiesen, frühzeitig interne und externe Entwicklungen zu diagnostizieren, die besonders risiko- bzw. chancenträchtig sind. Es gilt Frühwarninstrumente aufzubauen, die darüber Auskunft geben, wie neue Mitarbeiter gewonnen, im Unternehmen gehalten, qualifiziert und für ein hohes Commitment gewonnen werden können. Früherkennung erlaubt ein präventives Vorgehen, was wiederum Kosten spart.

Die Früherkennung von zukünftigen Entwicklungen stellt für das HRM eine anspruchsvolle Aufgabe dar. Idealerweise sollte ein solches System Aussagen zu internen und externen Entwicklungen machen, die es erlauben, die wesentlichen Personalrisiken unternehmensspezifisch abzuschätzen und den Handlungsbedarf zu konkretisieren. Die einzelnen Module der folgenden Abbildung werden anschließend grob skizziert.

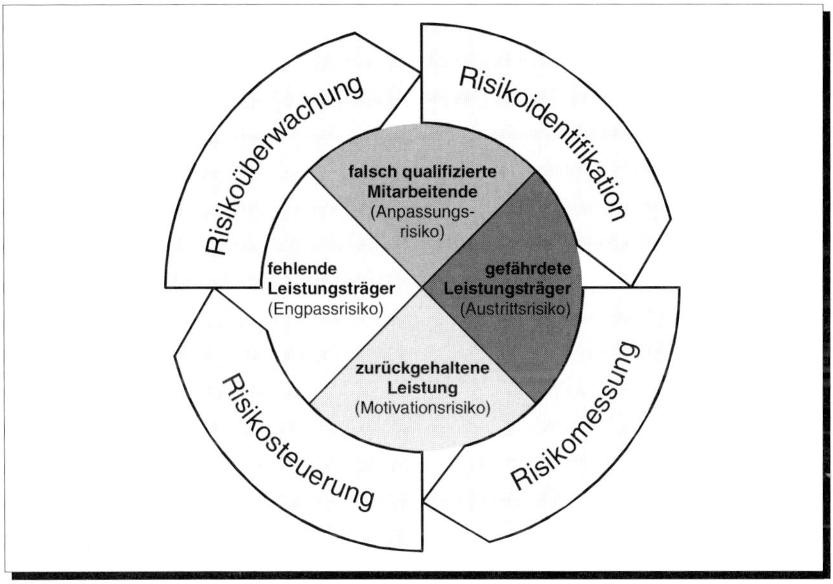

Abb. 3: Übersicht Human-Risk

Der Umfeld-, der Arbeitsmarkt- und der HR-Radar suchen das Feld der **externen Entwicklungen** ab.

- Der Umfeldradar lotet die relevanten wirtschaftlichen und gesellschaftlichen Trends aus. Dazu besteht eine Vielzahl von Publikationen und Daten (Trendforschung, Umfragen, Konjunkturdaten usw.). Die Schwierigkeit liegt darin, die für das Unternehmen wesentlichen Entwicklungen herauszufiltern und die Linie dafür zu sensibilisieren.
- Auch die Daten zum Arbeitsmarkt sind nur nützlich, wenn sie unternehmensspezifisch aufbereitet werden.

- Der HR-Radar versucht, die Entwicklungen und Herausforderungen an das HRM frühzeitig zu erkennen. Dazu müssen geeignete Daten (z. B. aus Benchmarking, Prozessvergleichen usw.) und die einschlägige Literatur aufbereitet werden.

Mindestens so wichtig wie die externen, sind die **internen Entwicklungen**.

- Die Personalrisiken können nur vor dem Hintergrund des mitarbeiterrelevanten strategischen, kulturellen und strukturellen Wandels sowie der Veränderungsfähigkeit von Unternehmen und Mitarbeitenden richtig eingeschätzt werden (interne Challanges).
- Weniger als 50% der Unternehmen haben eine systematische Personalplanung. Wo sie vorhanden ist, ist sie oft nicht genügend in die Unternehmensplanung integriert und zu wenig auf die qualitativen Gesichtspunkte ausgerichtet. Gerade eine solche Vorausschau ist aber als Grundlage für die Risikobetrachtung notwendig. Im Wesentlichen sind folgende Fragen zu stellen:
  - Welche strategisch relevanten zukünftigen Fähigkeiten und Qualifikationen ergeben sich aus den zentralen strategischen Herausforderungen?
  - Wie verändert sich der quantitative Bedarf? Wie sehen die qualitativen Anforderungen in Zukunft aus?
  - Welche neuen Denkweisen/Verhalten müssen im Unternehmen breit verankert werden? (z.B. Marketingdenken, Resultats- und Leistungsorientierung usw.)
  - Ist die Weiterentwicklung des Unternehmens personell gesichert? Sind für strategische Projekte genügend qualifizierte Mitarbeiter vorhanden?
  - Das HR-Controlling birgt oft eine Fülle von Informationen, die allerdings wenig beachtet werden. Damit sich ihr Nutzen erhöht, müssen mehr strategische und qualitative Aussagen möglich sein. Nicht mehr Informationen, sondern die richtigen müssen zur Vefügung stehen.

    Mitarbeiterbefragungen werden häufiger als früher durchgeführt, sind aber immer noch weit weniger verbreitet als Kundenbefragungen. Um gesicherte Werte zu den »weichen« Dimensionen zu gewinnen, sind sie unerlässlich. Der Autor hat deshalb eine neue Generation von Mitarbeiterbefragungen entwickelt, die es erlauben, mit wenig Aufwand Angaben zu den wesentlichen Personalrisiken und zum Commitment der Mitarbeiter zu gewinnen.

– Strategieorientierung, Servicequalität und Prozessorientierung des HRM sind laufend zu evaluieren, von Zeit zu Zeit auch durch ein Audit eines erfahrenen HR-Beraters, um die notwendige Neutralität zu garantieren.

Aufgrund einer fundierten Früherkennung lassen sich die Personalrisiken zuverlässig evaluieren. Zusätzlicher Nutzen entsteht durch die unternehmensspezifische Verdichtung und Konkretisierung in einem Cockpit. Die Ergebnisse sollten möglichst auf einem Blatt und handlungsbezogen für das Gesamtunternehmen und die einzelnen Organisationseinheiten aufgearbeitet werden.

Ein Früherkennungssystem ist erfolgreich, wenn es systematisch aufgebaut, zukunftsbezogen und handlungsorientiert ist. Ereignisse treten nicht plötzlich ein, sie kündigen sich in aller Regel an. Früherkennung erlaubt es, Zeit zu gewinnen und damit den Handlungsspielraum entscheidend zu vergrößern.

6. Risikoorientierte Balanced-Scorecard

Der Balanced-Scorecard-Ansatz wird als ganzheitliches Führungsinstrument zur ausgewogenen Abbildung relevanter Kennzahlen (Scores), die eine strategieorientierte Führung und Steuerung eines Verwantwortungsbereiches erlauben, propagiert. Er soll die Lücke zwischen Strategie und Umsetzung schließen, d. h. die strategischen Ziele operationalisieren. Wenn eine Beschränkung auf die kritischen Erfolgsfaktoren stattfindet, können die Kräfte konzentriert und wirkungsvoll auf die strategischen und kulturellen Ziele ausgerichtet werden.

Im Grundmodell werden die Dimensionen »Finanzen«, »Kunden«, »Prozesse« sowie »Lernen und Innovationen« einbezogen. Diese Dimensionen werden meist 1 : 1 übernommen, statt dass sie unternehmensspezifisch angepasst werden. Meines Erachtens rechtfertigt sich auf alle Fälle eine eigenständige Dimension »Mitarbeiter«. Eine Balanced Scorecard ist nur vollständig, wenn sie auch diese Dimension mit dem nötigen Gewicht einbezieht.

Für die Dimension »Mitarbeiter« ist es naheliegend, vom HR-Risk-Modell auszugehen und die Performance-Messgrößen darauf abzustimmen.

7. Vielfältige Ansatzpunkte des HR-Risk-Managements

Das Human-Risk-Management bietet verschiedene Ansatzpunkte. Während die Identifikation der Schwerpunktrisiken inklusive spezifische Maßnahmen sicher für jedes Unternehmen notwendig ist, kann der Human-Risk-Ansatz, wie die folgenden Praxisbeispiele zeigen, im Zusammenhang mit verschiedenen Feldern der HR-Arbeit hohen Nutzen bringen:

- Eine Bank ist sich bewusst geworden, dass ihr wichtige Grundlagen fehlen, um die Risiken sicher abschätzen zu können. Sie hat deshalb ein eigentliches HR-Research entwickelt, das es erlaubt, aus externen und internen Indikatoren die unternehmensrelevanten Risiken in einem Cockpit abzubilden.
- Verschiedene Unternehmen haben den Personalrisikoansatz als ideale Grundlage entdeckt, um die Mitarbeiterdimension in der Balanced Scorecard zu formulieren.
- Ein großes Dienstleistungsunternehmen hat den Schwerpunkt auf das Austrittsrisiko gelegt und griffige Retentionsmaßnahmen entwickelt.
- Eine öffentliche Verwaltung hat ihrerseits erkannt, dass die Führungsqualität verschiedene Risiken entscheidend beeinflusst. Sie hat deshalb Führungsgrundsätze mit Standards verbunden und misst auf dieser Grundlage die Führungsqualität.
- Der Personalrisikoansatz bildet auch die Grundlage für moderne Mitarbeiterbefragungen, die Aussagen zu verschiedenen Risikodimensionen ermöglicht.
- Vielleicht am naheliegendsten ist ein Einstieg über den Personalplanungsprozess im Sinne einer qualitativen Vertiefung.

8. Human-Resources als entscheidender Erfolgsfaktor

Die Human-Resources sind der entscheidende Erfolgsfaktor der Zukunft. Unternehmen, die als »great places to work« taxiert werden, sind auch »great places to invest«. Je turbulenter die Zeit, desto wichtiger die Menschen. Der Unterschied zur Konkurrenz sind auch in Zukunft die Mitarbeiter. Sie sind das Vermögen des Unternehmens und das, was das Unternehmen vermag.

Diese Einschätzung legt es nahe, die Personalrisiken ebenso fundiert anzugehen, wie das für andere Risiken schon lange üblich ist. Wer die Human-Risks im Griff hat, kann auch die Chancen, die in den Human-Resources stecken, optimal nutzen. Beherrschte Risiken sind Chancen.

Literatur:

J. M. Kobi, Personalrisikomanagement, Gabler 1999

4. The impact of technology on HR strategy and the HR organisation

von Hugh Shanks

Inhaltsverzeichnis

In one of the most famous scenes in cinema history, Harrison Ford, as Indiana Jones, is confronted by a sword-wielding giant. Instead of tackling the giant with a similar weapon, Jones changes the rules of the game by pulling out his pistol and settling the argument with a single shot.

Gary Hamel, the noted management thinker, echoes this scene in his recent book heading the Revolution, in which he says "those who live by the sword will be shot by those who don't".

The message in both cases is clear: new technology and new ways of thinking enable organisations to change the rules of the markets in which they compete. Those organisations who capitalise on the opportunities provided by technology will win over those who do not.

The message is equally true for Human Resource functions. The impact of changes in technology at a business level require HR functions to respond in a number of different ways in order to support organisations which are changing size and shape more radically than ever before. Technology also provides the HR function with opportunities to drive costs down significantly, to increase service levels dramatically and to help to increase the contribution made by all the people in the organisation.

However, some see technology as a threat: both at an individual level if they feel unable to cope with new ways of working and at a functional level as technology enables the transfer of work away from HR and to managers, employees or outsource providers.

The main theme of this chapter is that, in order to minimise any threats and maximise the opportunities provided by technology, HR leaders must:

- understand the impact of technology on the business environment;
- understand the impact of ebusiness on people;
- be aware of the broader forces influencing HR functions;
- be clear and explicit about the role which the HR function will play and the value it will seek to add;
- think in a whole systems sense about all the key levers (of structure, policies and processes, competencies and technology) which help to add value;
- be able to capitalise on the benefits of HR technology.

1. The Impact of technology on business

The normal influences on organisations (competition and cost pressures, the need to globalise, to seek alliances, make acquisitions and so on) have been sharply intensified by the internet and e business.

From a business perspective there are three particular forces which stand out:

- increasing consumer choice and power;
- significant reductions in costs;
- a redefining of competitive boundaries.

1.1 Increasing consumer choice and power

The huge rise in access to information is putting much more power in the hands of consumers. The most obvious sign of this is that individuals have a far greater ability to "shop around" for lower prices.

More extreme examples of the increase in consumer power are new ventures such as Priceline.com which enables people to state the price that they are willing to pay for a product (such as a financial loan) and then invites suppliers to bid for the business.

The latest example of the rise of consumers is the willingness of All Advantage.com to pay people 50 cents an hour for allowing an advertising bar to run on their computer screens while they are surfing the net!

1.2 Significant reductions in costs

E business has driven costs down in a number of ways, particularly by enabling existing or new organisations to operate with much lower property costs.

In addition, just as better access to information is making individual consumers more powerful, the same is true for corporations, acting on their own and in industry groups. For example, the Global Energy Exchange has cut the input costs for a group of leading energy providers by billions of Euros.

It is estimated that, in total, the internet will save businesses over one trillion Euros in 2002.

1.3 Redefining competitive boundaries

Technology is enabling organisations to move into new market space at extraordinary speed. The result is that the companies who are established players in that space can be taken by surprise by new entrants who use a different economic model.

An example from the converging worlds of technology and media is the competition for the sale of TV digital decoding boxes. Philips invested billions of Euros in the development of these boxes and had planned to sell them in the UK market for around € 2,000. Just before Philips launched the product, Sky Broadcasting offered a similar product for around € 500. One week later On Digital announced that they would give away this product for nothing – to attract more paying subscribers to their TV channels.

The point about this story is that the competitive threat to the established player came not from its known rivals but from other companies operating with different business models.

Another example, closer to the business of HR, is the emergence of the HR outsourcing companies. The most notable example is Exult, who appeared from nowhere to take on the outsourced HR administration activities of BP Amoco. In the space of 18 months, Exult, which relies heavily on HR information technology, increased its revenue to a level equal to that of long established HR consultancies.

2. The impact of e-business on people

The influences identified above are here to stay, whatever the state of the dotcom market. These are influences that are having a fundamental effect on large corporations, many of whom have responded by creating their own e-businesses – the so called dot corps. Some large corporations are having success in this area, but many more are finding it difficult to make real progress.

A study in February 2000 of over 300 major companies (The Internetworked Organisation – Towers Perrin) identified the following six challenges as of greatest concern:

1	Not enough key managers are clear about our e-commerce/internet/intranet strategy
2	Not enough key managers have e-commerce/internet/intranet skills
3	Working in "internet time" requires very fast decisions – our present organisation structures inhibit the pace at which decisions are made
4	Informal and formal learning programs are outmoded or inappropriate for e-commerce operations
5	Our more traditional businesses have people, skills and culture too different from those we will need for e-business
6	We struggle to attract the very best people to make the most of and create new opportunities in the market
Source: Towers Perrin study: The Internetworked Organisation. Over two-thirds of respondents were **not** from HR	

The headline implications for HR which emerge from this analysis are that the function needs to become:
much better at understanding how to increase organisational flexibility and speed (using levers such as organisation design, decision-

making processes, performance management and change management skills);

more strategic, enabling business drivers to be translated more quickly into people implications;

better to be able to recruit, develop and retain e-business talent;

better at modelling the increasingly important behaviours of focus, execution and speed.

3. The Forces influencing HR-functions

The dramatic impact of e-business and other technology driver changes on organisations and people provide a context for change in the HR function.

But, within this broad context, there are a number of specific forces that are having a major influence on the function. These forces are either being driven by technology or being enabled by technology – or both. The following table provides a summary of these forces.

Force	Technology	
	Driving	Enabling
Transparency (the amount of information openly available)	✓	✓
Talent wars	✓	✓
Globalisation	✓	✓
Disintermediation (HR being by-passed)	✓	✓
A drive to create value (including cost reductions)	✓	✓

Each of these forces is examined below, with a summary of the evidence (to demonstrate the reality of the force) and an outline of the implications for the HR function.

Evidence	Outline implications
Transparency (i.e. the amount of information openly available)	
• New web-based recruitment firms are being formed every week • Monster.com advertises 470 000 jobs at a time • Cisco's website attracts 20 000 applications per month	• As the external job market becomes more open, the pressure is on HR to improve the working of the internal job market – or risk losing more of the talented people • Technology is a key enabler in this respect but is far from being the sole solution • The internet provides an excellent medium through which organisations can communicate their employment brand
Talent Wars	
• The EU will create 4 million new jobs in 2000 and 2001 • Unfilled IT jobs will rise to 1.7 million in Europe by end 2003 • 75% of executives rate human performance ahead of productivity and technology in strategic importance • 80% believe attracting and retaining talent will be the top priority in strategy by 2010	• HR must help build the company's brand as an employer – in terms of substance, not just presentation • Winning the talent war requires a real understanding of values/motivators • Technology plays a vital role in enabling large companies to use techniques of mass customisation and to personalise the "deal" which they provide to each employee
Globalisation	
• Many multi-national firms are becoming truly global, for example, with lines of business taking precedence over regions	• HR needs to achieve a balance between consolidation and standardisation on the one hand and enabling the recognition and

Evidence	Outline implications
	encouragement of diversity and autonomy on the other
• Many such firms are recognising that the proliferation of different people policies and processes is not justified and is very cost inefficient	• Some major global corporations are focusing on simplification, arguing that there is a set of good practices which should be adopted in all locations, with any variations clearly justified by local circumstances • A move towards a more standardised approach is generally required in order to capatalise on the benefits of new HR technology
Disintermediation	
• Employee self-service is growing dramatically – benefits include: – employee satisfaction up by 50%* – staffing ratios improved (1:151 in self service companies compared with 1:99 in others)* – enables HR to be more strategic* • Manager self-service also growing • There have been some recent examples of employees using their intranet to form a 'virtual labour movement' and successfully campaign for changes. This happened with IBM in the US when the company had to modify some	• With many administrative activities being automated or by-passing HR, the pressure is on the HR function to find other ways to add value • In most HR functions this presents a real challenge in terms of the skills and, in some cases, the mindset, of the incumbents

Evidence	Outline implications
of its planned changes to a pension plan (*source: Hunter Group, 2000)	
A drive to create value	
• Increasing numbers of companies are adopting formal value based management (eg, Shell, Philips, Lloyds TSB, Siemens) • The prices that companies are having to pay for acquisitions means there is a relentless focus on generating value to justify the transaction, keep the share price up and enable future acquisitions	• There is much more pressure on HR functions to demonstrate measurable value added – either by reducing costs (which is easy to prove) or by creating value (which is potentially more significant but harder to prove) or both • This force is one of the major factors behind the dramatic growth of HR outsourcing

Summary

In summary, HR needs to be able to solve the following paradox:

- just as the Web is shifting power to consumers, it is also moving in favour of employees, making them better informed about opportunities and potentially more mobile;
- in seeking to manage costs down (and create more variability in costs), organisations are moving to more of a contingent workforce – and the Web supports such moves;
- however, a key component of organisation speed is the engagement and commitment of the workforce (for example, higher levels of engagement and commitment enable decision-making to be pushed down and speeded up);
- achieving necessary levels of engagement and commitment is more difficult with a more mobile and partly contingent work force.

HR has a vital role to play in squaring this circle, in particular by capitalising on the power of the Web to reduce time spent on low value-added activities, re-focusing on segmenting the employee population and designing and delivering tailored "deals" which are underpinned by common processes and technology.

So while it seems that the pressures on HR functions have never been greater, it is also true that there have never been more opportunities for HR functions to increase their efficiency and effectiveness.

4. The role and ambition of the HR-function

There is increasing pressure on HR functions to clearly demonstrate added-value. As the diagram shows, here are a number of ways of responding to this pressure, ranging from a primary focus on the HR function to using HR expertise to leverage the entire people asset. Those HR functions which have genuinely moved to a strategic business partner role are able to articulate (in rational, commercial terms) the impact of investments in people.

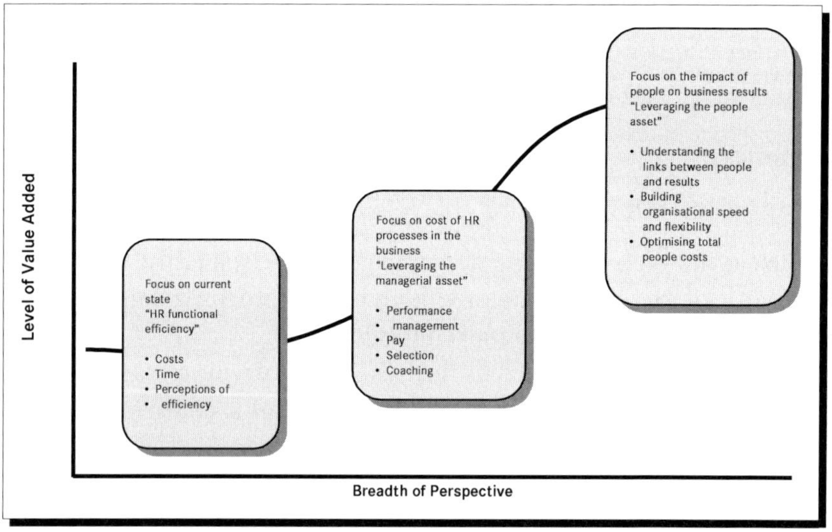

5. Achieving the ambition – through whole systems thinking

Peter Senge's concept of whole systems thinking is particularly relevant to the transformation of an HR function. Although the most obvious drivers and enablers of transformation are usually technology related, creating significant changes in the function and fully capitalising on the benefits of these changes requires taking a broad perspective.

This broad perspective is summarised in the spectrum below which shows the main levers for change in the HR function:

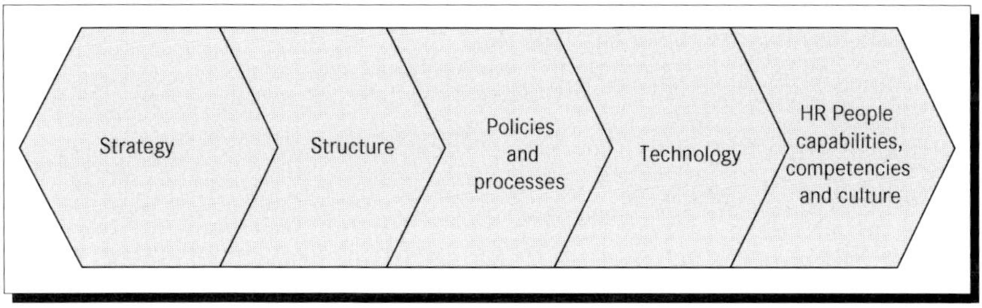

Achieving real progress – whatever the level of ambition for the function – requires consideration of each of these levers. For example, in a recent merger of two pharmaceutical companies, changes in business and HR strategy and structure led to an analysis of the most appropriate and cost-effective HR technology. However, the analysis demonstrated that re-engineering the HR processes, to bring them to a consistent approach, would produce savings worth three times the value of the technology enabled savings.

Indeed, in virtually every case where new HR technology is installed, significant process changes are needed. Furthermore, once the new technology has been installed, new HR capabilities, competencies and culture are also needed in order to fully capitalise on the potential benefit.

However, the reality is that the issue which prompts organisations to take a close look at their HR function is often not a change of strategy. Much more frequently the key question is "how should we organise the function?" Behind this question lie the issues of where the responsibilities of HR management should be held. The main choices are:

- central HR
- line HR
- shared service centres
- line managers (self-service)
- employees (self-service)
- outsourcing

This question of where the responsibilities lie for carrying out HR management tasks is sometimes labelled the HR service delivery model.

Taking a global view (heavily influenced by trends in the US) there appear to be three major approaches emerging. These three approaches can be characterised as follows:

- total outsourcing
- total insourcing
- total technology focus

Each of these represents an extreme position and, in practice, many companies will adopt an approach which combines some elements of each, with the emphasis reflecting their philosophy and circumstances. Circumstantial factors will include scale, geographical dispersion, diversity of businesses, technology capabilities and internal political realities.

Each of these approaches is summarised below, in terms of the rationale advanced by companies adopting each of these approaches and with some example companies who are obvious representatives of each approach.

The third approach – total technology focus – is examined in the most detail as it should be of interest to **all** organisations, whether they favour outsourcing or insourcing.

Approach	Rationale and example companies
• Total outsourcing	• This is the fastest growing approach. In the US the market for HR outsourcing is predicted to grow from $13.9 billion in 1999 to $37.7 billion in 2003 and to move from a focus on benefits and payroll to integrated, end-to-end multiprocess HR outsourcing • The rationale advanced by companies adopting this approach usually starts with enabling HR to be more strategic, to outsource anything which is not a core business activity and to save money

Approach	Rational and example companies
	• BP Amoco started this trend, by agreeing to outsource a high proportion of HR activities to a brand new organisation called Exult. Several other companies have followed including Tenneco, Seagram, Nortel and BAe Systems. Alternative providers of total HR outsourcing include Xchanging and PWC.
• Total insourcing	• Companies that have consciously adopted this approach (as opposed to those who are in this position because of inertia or an unwillingness to confront the issue) usually argue that they are large enough to obtain scale economies, that they feel outsourcing could damage overall people capabilities and that they might lose touch with the pulse of the organisation. They set themselves demanding efficiency targets to be able to demonstrate that there would be no material advantage in outsourcing. In some cases companies argue that a move to insourcing is a necessary first step which might, in time, lead to outsourcing. They argue that outsourcing is inconsistent and inefficient processes would be both difficult and very costly • Companies that have consciously adopted this approach include Shell and BOC.
• Total technology focus	• Companies that have adopted this approach tend to be those which have a head-start in terms of their technology capability. Although there will be some elements of insourcing and outsourcing these decisions tend to be secondary to the drive to maximise the value of technology. Such organisations put a considerable emphasis on employee and manager self-service

Approach	Rationale and example companies
	• A classic example company in Cisco. Why would they contemplate outsourcing recruitment when their web enabled, continually self-improving system is the envy of most companies? American Express is becoming an increasingly sophisticated user of "best-in-class" HR technology to move beyond the benefits provided by HR service centres.

6. Capitalising on the benefits of HR-technology

The recent history over the last decade many large organisations have invested in Enterprise Resource Planning (ERP) systems. These systems (built by companies such as SAP, PeopleSoft and Oracle) were designed to integrate all the systems (in Finance, Logistics, HR etc) across the organisation, using a single set of databases and common processes and standards.

However, the promised benefits of these ERP systems have not always been realised.

The complexities of business are such that tackling a full-scale ERP project for a midsize or large organisation was a massive undertaking, affecting almost every department's work, and requiring dedicated resources from user departments and IS far beyond anything they had tried before. Many companies are still in the midst of determining how far they want to go with this enormously expensive and time-consuming effort. And the HR modules are usually somewhere lower on the priority list, since the manufacturing and logistics processes usually go in first, and in many cases are still being implemented.

The other major development over the past few years on the HR technology front is the web-based HR information portal. An HR information portal is a set of applications that provides users with a single gateway to customised and personalised information.

These web-based applications are being used for a wide variety of purposes including knowledge management, career development, personalised pay and benefits information and on-line learning.

Implementation times for application run into weeks or months, not years. The systems are visually appealing and XML, HTML, Visual Basic, and SQL logic are fairly easy to understand. But web-based systems cannot easily replace all HR systems functionality, and still are not equipped to fully replace the complex nature of HR processing, for example, as in some payroll systems. Therefore, organisations still must spend significant sums to maintain and upgrade legacy HR applications until technology finds replacements cost-effective. But companies are exploring alternatives to costly client/server ERP projects and are finding some answers.

Some people question if, at the end of the day, this Web and HR portal technology has really helped the HR function, and the employees and managers all that much. Is this not just re-packaged retrieval and analysis and better screen design? The reason Web and HR Portal technology is a dramatic advance is not because of the technology by itself, but because the Web has been effectively integrated with self-service, HR service centres, and other Web applications. The result has been that the services available to employees are much more advanced than ever before. So from a customer service and usage standpoint, HR portals are a big step forward.

From an implementation point of view as well. Web-based systems are easier to build and implement, and the major vendors have now expended their ERP product lines to include these capabilities, putting themselves in a better position to compete with the vendors of Web solutions.

However, some companies that have chosen the web route for all the reasons mentioned above, have often found themselves becoming trapped by an explosion of different web sites, many developed without sufficient thought about the user experience. There is an example of major, global IT company with 650 different HR websites. Their experience is that employees are so confused by the websites that they are continuing to use call centres, which are more expensive. Therefore, the investment in the latest generation of technology has not produced the expected results.

6.1 Learning the lessons from the pioneers

Those companies that invested heavily in ERP systems and those that placed their hopes on Web-enabled, linked applications, have, in many cases been disappointed.

The key to success is to have a clear vision for the company's eHR strategy. This vision must:

- Recognise the view leadership has of the role people play and the credibility of HR to create value instead of just delivering administrative and transactional services
- Take a long range view (at least three years) and articulate what life will be like for employees, managers and the HR community
- Take into consideration technology constraints (eg, such as legacy systems)
- Understand the role various vendors/suppliers may play in the longer term
- Articulate the primary purpose(s) for the eHR strategy.

Probably the most critical element in this vision is the last point: the primary purpose or purposes of the eHR strategy. Here are some typical purposes.

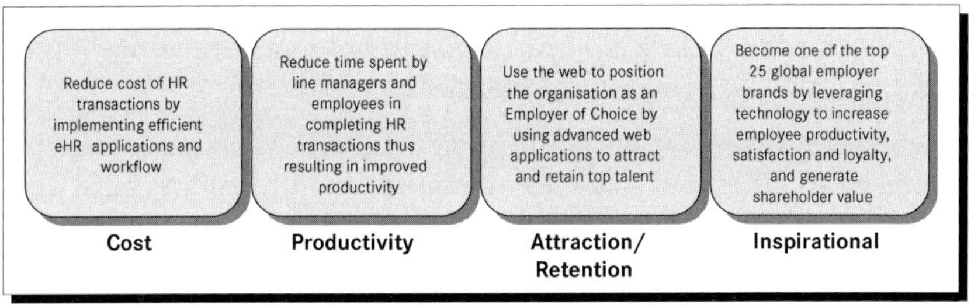

The articulation of the vision is the start of an overall process, which is illustrated below:

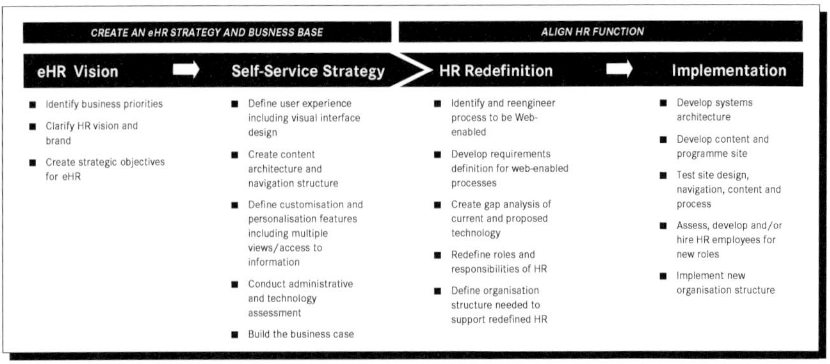

6.2 Building a business case

All of these steps are important, but one is especially critical and that is building the business case. The focus and level of detail which is required of the business case will depend on the culture and approach in the organisation. Two different approaches are shown below.

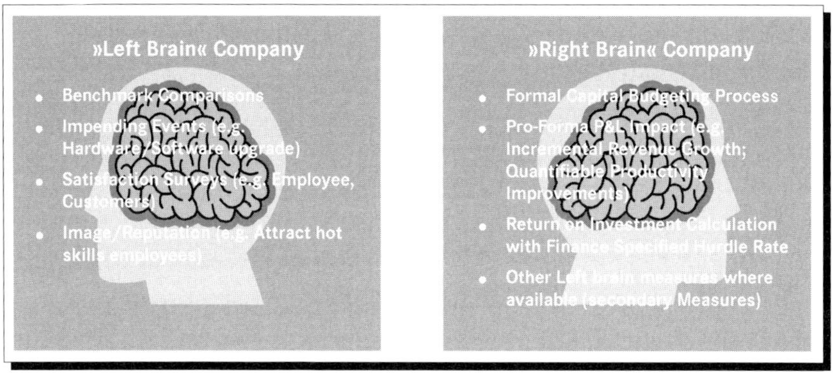

Without a sound business case, it is very unlikely that the HR function will obtain the support it needs in order to bring about a substantial transformation.

6.3 The present and future of HR-technology

Web *Enable*	Web *Enhance*	*Web* Invent
Staff/Recruiting	***Staff/Recruiting***	***Staff/Recruiting***
• Resume tracking and scanning • Job postings	• Tracking of applicant metrics • Constantly improving the selection criteria	• Web crawler to search for candidates
Performance Management	***Performance Management***	***Performance Management***
• Goal setting and progress tracking	• Performance review history • 360° feedback process	• Interactive coaching • Personalised e- Learnings
Reward Management	***Reward Management***	***Reward Management***
• Access to salary tables, ranges, etc	• Bonus and incentive compensation	• Customised compensation

There seems little doubt that the Web is the future of HR technology, whether it is being used as a way of linking a series of applications or backed by a Web enabled ERP system.

The following table shows the evolution of Web applications in three HR functional areas.

7. In Conclusion

Never before has the HR function faced so many choices. The temptation is often to either, adopt the latest, leading-edge approach or to wait for a trend to become a general movement and then follow this.

The experience of many organisations is that neither of these tempting routes leads to inevitable success. It is far more effective for the leaders of the HR function to clearly think through the needs of their business, their strategy as a function, and the most effective structure, policies, processes and use of technology.

The net result of a well planned and executed transformational change should be an HR function which can see beyond the dramatic impact of technology and focus on the people in the organisation – helping them to create value and to grow.

5. Stock-Options statt Personalentwicklung? Ein globaler Trend und seine Folgen

von Prof. Peter Weis

Inhaltsverzeichnis

Zunächst werden einige neuere Entwicklungen im Bereich der längerfristig orientierten Vergütungssysteme in den USA und Deutschland skizziert. Dem folgt eine knappe Beschreibung wesentlicher Aspekte von Stock-Options: Ziele, Bemessungsgrundlagen, Möglichkeiten der Ausgestaltung. Im Anschluss werden wesentliche personalpolitische Implikationen von klassischen Aktienoptionen (Optionen mit Bindung an die Aktienkursentwicklung) unter Berücksichtigung der Interessen und Ziele der Beteiligten analysiert: Haben Aktienoptionen die ihnen zugesprochenen personalpolitischen Ziele erfüllt? Welche Rolle können Aktienoptionen im Vergütungsmanagement spielen? Wie wirken sich diese Instrumente auf die Entwicklung, das Selbstverständnis der Manager und Mitarbeiter sowie die Unternehmenskultur aus? Damit im Zusammenhang werden auch unterschiedliche Gestaltungsmöglichkeiten des Instruments und ihre Auswirkungen erläutert.

1. Das internationale Umfeld als Katalysator

Die letzte Dekade führte zu einer beschleunigten Globalisierung der Güter- und Faktormärkte.

Immer mehr Unternehmen und Beschäftigte sehen sich zunehmendem internationalen Wettbewerb ausgesetzt und nutzen proaktiv die sich bietenden Chancen der Globalisierung. Eine Folge ist, dass auch die Arbeitsmärkte sich immer stärker internationalisieren, insbesondere in Bereichen, in denen kreative Mitarbeiter mit internationaler Perspektive und Expertise Engpassfaktoren darstellen. Damit in Verbindung steht die weltweite Expansion von vornehmlich in den USA entwickelten wertorientierten, langfristig ausgerichteten Entlohnungssystemen. Daraus resultieren neue komplexe Anforderungen an das Human-Resource-Management.

Trends in den USA

Kurz- und langfristige Incentive-Vergütungssysteme haben in den USA eine lange Tradition. Im oberen Führungskräftesegment stellen sie etwa zwei Drittel der Gesamtvergütung dar. Insbesondere seit Anfang der 80er-Jahre beschleunigte sich die Einführung und der Einsatz von variablen, wertorientierten Entgelt-, Bonus- und Anreizsystemen. Die größten Zuwachsraten konnten dabei die Stock-Option-Programme verbuchen[1].

In der Öffentlichkeit fand große Aufmerksamkeit, dass nicht nur Manager, sondern auch sonstige Arbeitnehmer durch Stock-Option-Programme binnen weniger Jahre zu Dollar-Millionären wurden (Microsoft, Lucent, Cisco etc.). Noch spektakulärer waren für Presse und Öffentlichkeit Stock-Option-Zuteilungen, die einige Topmanager in kürzester Zeit zu Multimillionären machten[2].

Im Zuge der »New Economy« und »dot.com«-Aufbruchszeit erlebten Stock Option-Programme einen fulminanten Aufschwung. Zahlreiche – häufig liquiditätsschwache – Firmen versprachen ihren Managern Aktienoptionen. Im Gegenzug wurden häufig nur vergleichsweise geringe (Fest-)Gehälter zugesagt. Einigen Firmen, die ihren Managern Optionen auf eine »unsichere Firmenzukunft« einräumten, gelang es sogar, die reguläre Vergütung von einer späteren Finanzierung mit Venture-Kapital abhängig zu machen.

Aber auch die breite Belegschaft in US-Unternehmen wurde in den letzten Jahrzehnten in zunehmendem Maße an den Gewinnen oder Wertzuwächsen ihrer Unternehmen beteiligt. Schon 1974 verabschiedete der US-Kongress 17 Gesetze, die Unternehmen einen steuerlichen Anreiz bieten sollten, Employee-Retirement-Plans, also im Wesentlichen ESOPs (Employee-Stock-Ownership-Plans) und Pensions Beitragspläne (Defined Contribution Plans) einzuführen. Bei diesen sog. »Qualified-Stock-Options« geht es nicht um eine Erfolgsvergütung für das (Spitzen-)Management, sondern – vergleichbar mit den Belegschaftsaktien in Deutschland – um Vermögensbildung durch steuerbegünstigte Übertragung von Aktien an Arbeitnehmer.

In vielen großen US-amerikanische Unternehmen wie Allied-Signal, Anheuser-Busch, Chevron, Cooper Tire & Rubber, Enron, Fairchild Industries, Lockheed halten zwischenzeitlich die Arbeitnehmer Anteile am Gesamtaktienkapital von z.T. deutlich mehr als zehn Prozent.

Laut Schätzung von Hewitt Associates haben in den USA mindestens 80 Prozent der mittleren und großen börsennotierten Aktiengesellschaften eine oder mehrere Formen der allgemeinen Mitarbeiterbeteiligung. 16 Millionen Mitarbeiter sind mit 800 Mrd. $ bzw. acht Prozent des Eigenkapitals an 15 000 Unternehmen beteiligt. Knapp sechs Prozent der US-Bevölkerung halten Anteile an ihren Arbeitgeberfirmen, in Deutschland beträgt dieser Anteil nur 2,5 Prozent[1].

Die Kapitalbildung über alle Beschäftigtengruppen hinweg wuchs darüber hinaus auch durch Unternehmensrestrukturierungen oder komplette Management-Buyouts, bei denen Beschäftigte im Austausch für Gehalt und Nebenkostenkürzungen Eigenkapitalanteile erhielten. Beispiele dafür finden sich vor allem in der Transport-, Stahl- und Luftfahrtbranche (PanAm 1981, Weirton Steel 1984, Eastern Air Lines, Northwest Airlines, TWA 1993, United Airlines 1994). So halten die Arbeitnehmer beispielsweise bei United Airlines über 50 Prozent des Eigenkapitals.

Sektoren mit einer langen Tradition der Mitarbeiterbeteiligung umfassen auch die Beraterfirmen (Sozietäten, Wirtschaftsprüfung, Wirtschaftsberatung), Finanzinstitute wie Broker- oder Investmenthäuser. In diesen Fällen spielen die erheblichen Kenntnisse und Kompetenzen bei den Mitarbeitern eine wichtige Rolle für ihre Beteiligung.

Entwicklungstrends in Deutschland

In Deutschland wurden längerfristig ausgelegte Incentivesysteme für das Management im nennenswerten Umfang erst ab Mitte der 90er-Jahre eingeführt. Mittlerweile verfügen mehr als drei Viertel aller Dax-30-Unternehmen und die Mehrzahl aller Dax-100-Unternehmen über *Long-Term-Incentive-Programme.* Darüber hinaus haben nahezu alle Unternehmen am Neuen Markt Aktienoptionsprogramme aufgelegt.

Im Vergleich zu US-Unternehmen sind deutsche Unternehmen in Vergütungsfragen generell aber eher »vorsichtig« und »konservativ«. So wird bei Aktienoptionsplänen im Allgemeinen erkennbar höherer Wert darauf gelegt, dass Optionen nur werthaltig werden, wenn zusätzlicher Unternehmenswert (absolut oder im Vergleich zu anderen Firmen) geschaffen wird[4]. Auch werden in Deutschland meist längere Haltefristen und engere Ausübungsfenster festgelegt. Auf vielen Hauptversammlungen nehmen Diskussionen über die Ziele, die Notwendigkeit und das Volumen von Stock-Option-Modellen breiten Raum ein (SAP AG, Deutsche Bank AG, DaimlerChrysler AG, Infineon AG), nicht zuletzt auch deswegen, weil in Deutschland ein Hauptversammlungsbeschluss erforderlich ist.

Das Thema Mitarbeiterbeteiligung »in breiter Arbeitnehmerhand« hat in Deutschland eine lange Tradition. Über 2,8 (2,1) Millionen Mitarbeiter waren 1998 (1988) mit mehr als 25 Mrd. DM an mehr als 2 000 Firmen beteiligt[5]. Während in der letzten Dekade die Zahl der traditionellen Belegschaftschaftsaktionäre (Aktienkaufpläne mit staatlicher Förderung) stagnierte bzw. sank, traten an ihre Stelle neue erweiterte Modelle der Mitarbeiter-Beteiligung in Form von Aktienoptionsplänen bzw. anderen unternehmenswertorientierten Vergütungssystemen.

Zusammenfassend lässt sich feststellen, dass der variablen Vergütung generell und insbesondere der eher längerfristig orientierten Vergütungspolitik auch in Deutschland zwischenzeitlich ein deutlich höherer Stellenwert zugesprochen wird[6].

Welche Kräfte stehen hinter der raschen Ausbreitung von Stock-Options-Plänen?

Die intensiven Shareholder-Value-Diskussionen in den 90er-Jahren, die Entwicklung in den USA und die rapide Globalisierung der Wirtschaft haben zweifellos auch in Deutschland die Basis für eine Popularisierung der sog. Long-Term-Incentives gelegt. Stock-Options sind für viele Anleger und Beobachter zwischenzeitlich nahezu ein Synonym für Shareholder-Value-Orientierung geworden: »Stock-Option-Pläne sind ein Zeichen für höheren Shareholder-Value. Ihre Verwendung erhöht die Anlageattraktivität einer Aktiengesellschaft«.[7]

Treiber für eine stärkere Variabilisierung und langfristige Ausrichtung der Vergütungen sind aber auch länderübergreifende Fusionen und Allianzen. Ein gutes Beispiel dafür ist die DaimlerChrysler AG. Nach der Fusion setzte unter den Beschäftigten in Deutschland eine intensive Diskussion über die unterschiedlichen Vergütungssysteme und Gehälter ein[8]. Zwischenzeitlich haben 8000 Manager in Deutschland bereits einen variablen Vergütungsanteil zwischen 10 und 40 Prozent, außerdem wurden neue Aktienoptionspläne aufgelegt.

Vor allem in global ausgerichteten Industrien (z.B. Informations- und Kommunikationstechnologie, Pharmaindustrie), die einen hohen qualitativen Arbeitskräftebedarf haben, erwarten Manager und qualifizierte Mitarbeiter zunehmend eine Gewinn- bzw. Wertschöpfungsbeteiligung (vgl. z.B. das Aktienoptionsprogramm der SAP AG, Firmen des neuen Markts).

Dieser Entwicklung wurde auch in Deutschland seitens der Gesetzgebung Rechnung getragen. Dies erfolgte im Wesentlichen durch das am 1. Mai 1998 in Kraft getretene Gesetz zur Kontrolle und Transparenz im Unternehmensbereich (KonTraG) und durch das Flexi-Gesetz (vom 6.4.1998). Bis zur Einführung des KonTraG konnten die Unternehmen nur über Wandel- oder Optionsanleihen – nicht durch sog. »nackte« Optionen – ihre Manager am Eigenkapital beteiligen.

Zunehmende Kritik

Unterdessen wächst aber auch die Kritik an Stock-Option-Programmen.

Die Aktionäre melden sich zunehmend zu Wort und nehmen Anstoß an der Verwässerung ihrer Aktien oder kritisieren die »Selbstbedienungsmentalität« des Topmanagements. In Frage gestellt werden auch die Ziele, die erwartete Wirkung sowie die »zu geringen« Ausübungshürden der Programme. Andererseits sehen sich aber auch viele Manager durch die schwache Entwicklung ihres Unternehmens und die Aktienkursrückgänge in 2000/2001 um einen Teil ihrer Vergütung »betrogen«.

2. Long-Term-Incentive-Pläne – wertorientierte Entlohnungssysteme

Was sind Long-Term-Incentive-Pläne (LTIPs) und Stock-Options?

LTIPs sind ein Sammelbegriff für langfristig ausgerichtete Anreizsysteme und Beteiligungsmodelle, die entweder als *Anreizsystem für Topführungskräfte* oder als *Mitarbeiterbeteiligungsmodell* (auch: Investivlohn) für die gesamte Belegschaft konzipiert sind.

Long-Term-Incentive-Pläne[9] können ausgestaltet werden als

- *Cash-Bonus-Pläne:* Normale Bonuspläne mit langfristiger Bewertungsbasis, Auszahlung nach Ablauf in bar.
- *Aktienoptionspläne*: Optionen auf Eigenkapitalanteile, vorherrschende Form bei börsennotierten Gesellschaften.
- *Stock-Appreciation-* oder *Phantom-Stock-Pläne*[10]*:* Hier erfolgt kein Aktientransfer, sondern eine Barauszahlung des Plangewinns.
- *Wandelschuldverschreibung oder Optionsanleihen*: Die Bezieher geben der Firma ein verzinsliches Darlehen (z.B. Gegenwert des Jahresbonus) und erhalten am Ende der Laufzeit eine Rückzahlung in Aktien (wenn der Wert der Aktien den verzinsten Darlehensbetrag übersteigt) oder in Höhe des verzinsten Anleihebetrags.

Aktienoptionen werden im Unterschied zu den vergünstigt angebotenen *Belegschaftsaktien* zwar unentgeltlich bezogen, sind aber eine Vergütungskomponente mit einem vergleichsweise hohen Volumen und können bei entsprechender Ausgestaltung mit erheblichen Risiken (hinsichtlich der Gesamtvergütung) verbunden sein. Durch Stock-Options will ein Unternehmen vornehmlich seine (obere) Führungsebene am Eigenkapital oder Erfolg beteiligen.

Was sind Optionen?

Optionen sind Rechte auf den Erwerb von Aktien zu einem festgelegten *Bezugspreis* (Ausübungskurs) zu einem späteren Zeitpunkt. Der Bezugspreis spiegelt häufig die Erwartungen der Anleger hinsichtlich der künftigen Kursentwicklung der Aktie wider. Bis zum Zeitpunkt der Ausübung der Option (*Wartezeit*) schwankt der Wert der Option je nach Aktienkursentwicklung. Liegt der Börsenkurs zum Ausübungszeitpunkt (bzw. während der festgelegten Ausübungsperiode) unter dem Bezugspreis, ist die Option wertlos. Liegt der aktuelle Kurs über dem Ausübungskurs, wird der Mitarbeiter die Option wahrnehmen und beziehen. Die Differenz zwischen beiden Kursen bildet den Vermögenszuwachs (vor Steuern) beim Mitarbeiter.

Die *grundlegende Idee von Aktienoptionen* ist, dass die Inaussichtstellung einer *potenziellen aufgeschobenen Vergütung* beim Eintritt bestimmter Ziele (Unternehmensentwicklung, Börsenkursperformance) die Begünstigten zu höherer Leistung motiviert und die kurzfristige Fokussierung auf den jährlichen Bonus oder die Gewinnbeteiligung ergänzt. Dies kann auch dadurch erreicht werden, dass statt Optionen unentgeltlich Aktien gewährt werden, wie z.B. im Falle der HypoVereinsbank AG.

Ziele/Zwecke von Aktienoptionen

Welche Ziele mit Aktienoptionen verfolgt werden hängt von der spezifischen Unternehmenssituation, der Unternehmenskultur, dem Teilnehmerkreis und anderen Faktoren ab. Daher akzentuieren die einzelnen Programme die nachfolgend genannten Ziele sehr unterschiedlich:

- *Bindung der Begünstigten an das Unternehmen*
- *Commitment, Identifikation mit dem Unternehmen*
- *Anerkennung und Belohnung*
- *Motivation zu weiteren Produktivitätserhöhungen*
- *Rekrutierung qualifizierter Arbeitskräfte*
- *Kostenoptimierung und Flexibilisierung*
- *Synchronisierung der Interessen von Anteilseigner und angestellten Managern*

Im nächsten Abschnitt erfolgt unter Berücksichtigung der Interessen aller Beteiligten im Unternehmen eine ausführliche Auseinandersetzung mit diesen Zielen.

Bemessungsgrundlagen

Die Ausübung der Option kann an den Eintritt spezifischer Bedingungen (»*Ausübungshürden*« auf der Basis der gewählten Bemessungsgrundlage) gebunden werden[11]:

- **Aktienkurs:** Zu einem bestimmten Stichtag oder als Durchschnittskurs über einen bestimmten Zeitraum.
- **Referenzkurs:** Z.B. Branchenindex, gewichteter Kurs einer Peer-Gruppe (Wettbewerber), DAX, MDAX oder Dow-Jones-Stoxx-Index. Dabei kann zusätzlich vereinbart werden, dass nur überdurchschnittliche Steigerungen des Aktienkurses honoriert werden.
- **Interne Kennziffern des Geschäftserfolgs:** Z.B. durchschnittliches Ergebnis pro Aktie (EPS), Economic-Value-Added (EVA, Wertschöpfung nach Kapitalkosten), Eigenkapitalrentabilität.
- **Individuelle Kriterien:** Individuelle Zielerreichung, besondere Leistungen wie z.B. Erfindungen (Evotec AG).

Die Bemessungsgrundlage kann auf Stichtags- oder Durchschnittswerten basieren, wie z.B. bei der MG Technologie AG in Form eines gewichteten Durchschnitts der Earnings per Share über einen Referenzzeitraum von drei Jahren.

Zuweilen werden auch mehrere Kriterien miteinander kombiniert (z.B. Indexvergleich und Betriebsgewinn). Die überwiegende Mehrheit der Firmen stellt auf die Entwicklung des (absoluten) Börsenkurses ab. Dahinter steht die Annahme, dass die Entwicklung des Aktienkurses ein geeigneter Maßstab für die Qualität und Leistung des Managements darstellt.

Sonstige Bedingungen von Aktienoptionsprogrammen

- **Bezugsberechtigte**: Topmanagement bzw. leitende Angestellte, zunehmend aber auch das übrige Management, bei einigen – vor allem kleineren – Firmen (»New Econonomy«) auch für die sonstigen Mitarbeiter.

- **Zuteilungsvolumen** und Höhe des **Bezugspreises (Ausübungskurs)** der Aktien; je höher die Führungsebene (oder auch das Grundgehalt) desto größer im Allgemeinen auch der vorgesehene Anteil der Optionen an der Gesamtvergütung.
- **Sperr- oder Wartefristen**: Zeiträume von mehreren Jahren (meist zwei oder drei Jahre) bevor die Option ausgeübt werden darf, in Deutschland gem. KonTraG frühestens nach Ablauf von zwei Jahren.
- **Verfallfristen**: Zeiträume, nach deren Ablauf die Optionen verfallen.
- **Zeitpunkt der Ausübung**: Zur Absicherung gegen Insidergeschäfte wird der Zeitraum für die Ausübungsphase eingeschränkt. Meist handelt es sich hier um ein Zeitfenster von einigen Tagen nach der Hauptversammlung oder nach Veröffentlichung der Quartalsberichte der Gesellschaft, in denen alle Marktteilnehmer über hinreichend aktuelle Informationen über das Unternehmen verfügen.
- **Programmlaufzeit**: meistens Programme mit fünf, seltener drei oder zehn Jahren Gesamtlaufzeit.
- **Rückfallklauseln**: Die Verfügung über Aktienoptionen setzt eine bestimmte Verweildauer im Betrieb voraus; bei Beendigung des Mitarbeiterverhältnisses können alle noch mit einer Rückfallklausel belegten Aktienoptionen an das Unternehmen »zurückfallen«.

3. Stock-Options aus Sicht der Stakeholder des Unternehmens

Vor Einführung von Aktienoptionsprogrammen sollten Personalbereich, Topmanagement sowie die Bezugsberechtigten (ggf. wichtige Multiplikatoren) möglichst ein gemeinsames Verständnis bezüglich der folgenden Fragen entwickeln:

- Welche unternehmensspezifischen *Ziele* werden mit dem Aktienoptionsprogramm verbunden?
- Sind diese Ziele mit der allgemein verfolgten *Vergütungsstrategie* und *-philosophie* kompatibel?
- Wie wird die *Zielerreichung* gemessen? Wie lässt sich das unterschiedliche *Mix der Vergütungselemente* (u.a. Anteil der Aktienoptionen an der Gesamtvergütung) für unterschiedliche Mitarbeitergruppen begründen?

- Tritt tatsächlich eine zieladäquate intertemporale *Variabilisierung* der Vergütung ein, die den Erfolg widerspiegelt?
- Welche *Verhaltensweisen* lösen die Incentives bei den Betroffenen aus?
- Welche »*Botschaften*« will das Unternehmen intern und extern durch ihre Vergütungsstrategie vermitteln?
- Welche Implikationen hat dies auf die *Unternehmenskultur*, das Verhalten der Belegschaft und auf potenzielle externe Arbeitskräfte?
- Die konkrete Beantwortung dieser Fragen kann natürlich nur situativ und kontextbezogen erfolgen. Jede Unternehmung wird aber davon profitieren, wenn sie diese Fragen regelmäßig einer kritischen Prüfung unterzieht.

3.1 Bewertung aus der Sicht der Begünstigten

Ausgangspunkt der folgenden Überlegungen ist die Annahme, dass sich Manager **ökonomisch-rational** verhalten und daher bestrebt sind, unter Beachtung bestimmter Grenzen und Nebenbedingungen (Unternehmensziele und -kultur etc.) einen möglichst hohen individuellen Nutzen aus ihrer Beschäftigung zu ziehen. Der Nutzen kann monetärer oder nicht-monetärer Natur (Arbeitsbedingungen, Arbeitsfreude, persönliche Entwicklung) sein. Je nach persönlichen Präferenzen (Bedürfnisse, Einstellung) und der individuellen Situation werden diese Nutzen unterschiedlich bewertet. Entsprechend differenziert fällt die Anreizwirkung von Geld bzw. Stock-Options auf den Einzelnen aus. Innerhalb *bestimmter Grenzen* sind die Nutzen auch substituierbar: z.B. weniger Vergütung bzw. Vergütungszuwachs für mehr Zeitsouveränität oder zusätzliche Möglichkeiten der Personalentwicklung.

Im einfachsten und in der Realität häufigsten Fall (Fall A) werden Stock-Options *zusätzlich* zum bisherigen Gesamtgehalt gewährt (»Sahnehäubchen«). Die Begünstigten bewerten das neue Instrument natürlich positiv, da dadurch zusätzliche Nutzen erwartet werden, ohne dass dafür ein Preis (Verzicht auf andere Nutzen) zu zahlen ist.

Soweit Stock-Options jedoch *im Austausch* gegen andere Vergütungsteile gewährt werden und individuelle *Wahlmöglichkeiten* bestehen (Fall B), wird unser rationaler Manager eine Risikobetrachtung anstellen: Wie sicher sind die späteren potenziellen Einkünfte aus Aktienoptionen im Vergleich zu den dafür einzubringenden heutigen festen und/oder variablen, persönlich zu beeinflussenden Vergütungselementen? Zusätzliches Risiko wird er nur eingehen, wenn der subjektive Erwartungswert der *Gesamtvergütung mit Aktienoptionen* über dem der alternativen, weniger risikobehafteten Gesamtvergütung liegt.

Beide Fälle laufen darauf hinaus, dass ein *höheres Gesamtgehalt* erwartet wird. Im Fall B wird der Manager versuchen, die Risiken der Vergütung durch Optionen zu bewerten. Diese **Risiken** sind im Allgemeinen umso höher

- je höher das *Geschäfts- und/oder das Finanzrisiko* eines Unternehmens ist (»junge noch liquiditätsschwache Unternehmen in risikoreichen Branchen versus reife Unternehmen mit relativ stetigen Cash-Flows und gewachsenem Unternehmenswert«),
- je weniger der Manager *Einfluss auf die Kriterien* zum Bezug der Aktienoptionen nehmen kann und
- je stärker diese Kriterien von *Akteuren außerhalb des Unternehmens* beeinflusst werden (z.B. stark volatile Börsenkurse von High-Tech- oder Telekommunikationswerten).

Ein ähnliches Kalkül wird der Manager bei alternativen externen Arbeitsplatzangeboten anstellen. Außerdem wird er in diesem Falle die nicht-monetären Nutzen der unterschiedlichen Angebote (Unternehmenskultur, Ausbildungsmöglichkeiten etc.) in seiner Entscheidung explizit berücksichtigen.

Wie ändert sich das Leistungsverhalten?

Quantitative Ziele, die individuell *beeinflussbar* sind *und* einen engen *Bezug zur individuellen Vergütung* aufweisen, wirken *verhaltenssteuernd*. Das trifft generell aber nicht auf Börsenkurse zu. Dazwischen liegen mehr oder weniger abstrakte Erfolgsmaßstäbe: Individuelle qualitative Ziele, Erfolg der eigenen Abteilung, Sparten- und Betriebserfolg, Unternehmenserfolg, Erfolg des eigenen Unternehmens im Vergleich zu Wettbewerbern. Eine Folgerung daraus ist, dass Aktienoptionsprogramme, die nur *einen* Erfolgsmaßstab vorsehen, im günstigsten Falle Verhaltenswirkungen auf *die* Gruppe ausüben, die

die Chance hat, durch eigenes Verhalten *diese* Erfolgskriterien zu beeinflussen. Da die Erträge aus dem Programm aber *allen* Optionsberechtigten zugute kommen, ist weder für die Gruppe, die die Erfolgskriterien beeinflussen kann, noch für die übrigen Bezugsberechtigten ein spürbarer Bezug zur individuellen Vergütung vorhanden: Warum sollte also ein Manager in einem Großunternehmen sein Verhalten ändern, wenn er persönlich keine Möglichkeiten sieht, z.B. die Eigenkapitalrentabilität des Gesamtunternehmens nennenswert zu beeinflussen, an dem ein Teil seines Gehalts hängt?

Eine Konsequenz aus dieser Überlegung könnte sein, die **Bemessungsgrundlage** und die Erfolgskriterien zu **individualisieren** bzw. hierarchie- oder spartenbezogen zu gestalten. Je höher die Führungsebene desto stärker würde danach die zur Anwendung kommende Bemessungsgrundlage den Erfolg des Teil- oder Gesamtunternehmens abbilden.

Leistungsverhalten und Bemessungsgrundlage

Sofern **ein einheitliches Erfolgskriterium** (z.B. Börsenkurs) für alle gilt, werden die daran gebundenen Vergütungsbestandteile – die unabhängig von der individuellen Leistung gewährt werden – schlicht »mitgenommen«. Je weniger ehrgeizig die Ausübungshürde bzw. je geringer der Bezugspreis (im Verhältnis zum aktuellen Börsenkurs) festgelegt wurde umso gravierender wird dieser »Mitnahmeeffekt«. Anspruchsvolle Bezugspreise bieten einen gewissen Schutz gegen Mitnahmeeffekte, können sie aber nicht verhindern.

Ein weiterer Aspekt ist, dass »**taktisches Verhalten**« nicht ausgeschlossen werden kann: Denn der Wert der Optionen nach Ablauf der Sperrfrist und – in vielen Fällen – das Bezugsvolumen hängen von Börsenkursen und/oder betrieblichen Kennziffern ab. Dadurch könnten kurzfristige Gewinne statt langfristige Unternehmensziele stärker in den Fokus rücken (»Quartalsberichtdenken«). Investitionen oder Risikostrategien, die erst langfristig zu Ergebnissen führen, kurzfristig aber die GuV belasten, könnten unterbleiben, vor allem bei Managern mit einer kurzen Verweildauer auf einer Position. Andererseits ist es je nach Ausgestaltung der Erfolgskriterien möglich, dass besondere Risiken eingegangen werden, da im ungünstigsten

Falle die zusätzliche Vergütung entfällt, im Erfolgsfalle aber Risikostrategien zu exorbitanten Zusatzvergütungen führen können.

Den beschriebenen Verhaltensweisen kann allerdings durch entsprechende Gestaltung der Kennziffern und durch Haltefristen nach Bezug der Aktien entgegengewirkt werden.

Ein weiteres Problem bildet die Frage, wer die »**Messlatte**« auswählt, die »**Skalierung**« **und Bewertung** vornimmt. De facto sind das meist die obersten Führungskräfte, also die Betroffenen selbst[12].

Auch kann in diesem Zusammenhang nicht ausgeschlossen werden, dass Manager ihren Informationsvorsprung gegenüber Externen nutzen, beispielsweise durch Wahl des »richtigen« Zeitpunkts der Einführung des Instruments. Daneben stellt sich die Frage, wer das Ergebnis (Erreichung der Erfolgskriterien) feststellt bzw. bewertet[13].

Schließlich ist auch zu hinterfragen, **wer** festlegt, **wieviele** Optionen **welche** Mitarbeiter erhalten. Häufig wird das **Optionsvolumen** an das Grundgehalt, zum Teil auch an den Status bzw. die Hierarchieebene gebunden, mithin an Kriterien, die keinen Bezug zur aktuellen Leistung eines Mitarbeiters haben.

Zielerreichung und Motivation

Durch **Aktienkursrückgänge** und/oder bei langen Wartezeiten können Optionen an Wert verlieren bzw. wertlos werden. Das Gleiche trifft zu, wenn die **Bezugspreise** bzw. die Zielerwartungen zu hoch angesetzt wurden. Motivationsverluste, Enttäuschung und Frustration können die Folge sein. Aktienoptionen könnten ihren Reiz verlieren[14]. Manager, die in »guten Zeiten« gerne bereit waren, am Eigenkapital ihrer Unternehmung zu partizipieren, könnten nunmehr die Vorteile der weniger risikobehafteten und stabileren Vergütungsinstrumente neu entdecken.

Der **Demotivationseffekt** dürfte umso größer sein, je größer die Einkommensverluste an der erwarteten Gesamtvergütung sind und je weniger der Einzelne einen Zusammenhang mit seiner Leistung erkennt. Dem könnte man durch eine Verringerung der Bezugspreise – wie häufig in den USA praktiziert – begegnen, was m.E. jedoch die Glaubwürdigkeit des Instruments diskreditiert.

Umgekehrt können das Investorenverhalten oder andere von Managern nicht beeinflussbare Entwicklungen (z.B. Fusionen, Akquisitionen) zu großen **Aktienkurssteigerungen** und damit zu hohen Wertsteigerungen von Optionen führen (»windfall profits«). Die Popularität von Stock-Options in den USA beruht nicht zuletzt auf der positiven Entwicklung des Aktienmarkts in den 90er-Jahren.

Stock-Options als Mobilitätsbremse?

Eine Bindungswirkung tritt dann ein, wenn die Optionen werthaltig sind und sie durch eine Kündigung verloren gehen. Die Sperrfristen sind aus der Sicht der Begünstigten ein **Mobilitätshemmnis**, da dadurch die Transaktionskosten eines Arbeitsplatzwechsels steigen. Haben die Optionen einen eher »belohnenden Charakter« (für erbrachte Arbeitsleistungen) und wird diese Belohnung infolge der Sperrfrist nachträglich einbehalten, kann dies zu Verärgerung bei den Betroffenen führen. »Rationale« Manager werden dieses Risiko möglichst antizipieren und es sich bereits bei der Einstellung durch zusätzliche Optionsrechte bezahlen lassen (sog. »Sign-up-Options«). Je stärker diese Verhaltensweisen zum Zuge kommen – ähnlich den Transferzahlungen im Profisport –, umso geringer werden die potenziellen Verluste durch Sperrfristen für die »Spieler« sein, desto höher aber auch die Kostensteigerungen bei den Unternehmen.

Stärkeres Commitment

Stock-Options als potenzielle Vergütungsbestandteile können bei den Begünstigten zu einer positiven **Einstellungen** gegenüber dem Unternehmen beitragen. Die Bereitschaft, den Mitarbeiter am Erfolg teilhaben zu lassen, dürfte im Allgemeinen die (innere) Bindung zum Unternehmen fördern.

3.2 Bewertung aus Sicht der Nicht-Teilnahmeberechtigten

Die **Festlegung der Teilnahmeberechtigten** an Aktienoptionsprogrammen hängt eng mit den Zielen des Programmes zusammen: Steht der Gesichtspunkt der *Identifikation* mit dem Unternehmen stärker im Vordergrund, dann spricht die erste Vermutung dafür, den Teilnehmerkreis möglichst weit zu ziehen. Ist das Hauptziel eine Belohnung für die *Erhöhung des Unternehmenswertes*, dann liegt eine

Beschränkung auf das Topmanagement und ggf. den oberen Führungskreis nahe, zumal bei anderen Mitarbeitern eher auf individuell zurechenbare Leistungen und Erfolge zurückgegriffen werden kann.

Programme, die für die Belegschaft weder transparent noch nachvollziehbar sind und von denen nur »ausgesuchte Leistungsträger« profitieren, werden früher oder später **Misstrauen** wecken. Die Gefahr ist umso größer als eine faire Bewertung von Aktienoptionsprogrammen nur möglich ist, wenn Kenntnisse über die Funktionsweise von Kapitalmärkten vorhanden sind.

Diese Kenntnisse können selbst beim Management nicht immer erwartet werden. Mangelnde Einsicht und Verständnis der zuweilen komplexen Programme können schnell zu Ablehnung, Demotivation, Vorurteilen und Missverständnissen führen, besonders wenn »Ausgeschlossene« nur die Chancen, nicht jedoch auch die Risiken der Programme hinsichtlich der Gesamtvergütung erkennen.

Die »ausgeschlossenen« Manager und Belegschaften werden das Instrument auch unter dem Gesichtspunkt »**Verteilungsgerechtigkeit**« bewerten. Wenn die Unterschiede zwischen den Höchst- und Normalverdienern ähnliche Dimensionen wie in den USA annehmen[15], steht zu befürchten, dass Verteilungskonflikte verstärkt in den Unternehmen ausgetragen werden. Die »Einkommenslücke« könnte leicht als eine Form der Ausbeutung interpretiert werden. Jedenfalls mehren sich auch in der Öffentlichkeit und in der Presse die kritischen Stimmen, die auf »Auswüchse« hinweisen.

Ein gutes Beispiel dafür bot die »nationale Empörung« in der französischen Presse wie sich »Frankreichs Unternehmen und ihre Bosse auf Kosten der Arbeitnehmer bereichern«[16]. Der staunenden französischen Öffentlichkeit wurde eröffnet, dass Axa-Chef Bébéar bis 1999 Stock-Optionen mit einem latenten Wert von 1,6 Mrd. Francs erhielt, dass bei Vivendi 25 Topmanager Stock-Optionen in einem Gesamtwert von 1,06 Mrd. Franc halten oder bei L'Oréal neun Topmanager sich 750 Mio. Francs teilen. Paribas Chef Levy-Lang musste mit Stock-Optionen im latenten Wert von 150 Mio. Francs seinen Chefsessel räumen obwohl das Finanzinstitut zu diesem Zeitpunkt nur eine vergleichbare Börsenkapitalisierung wie zur Zeit der Privatisierung zwölf Jahre zuvor aufwies.

Die Vergütung des Managements und die der übrigen Mitarbeiter stehen in einem engen Zusammenhang. Nicht nur Gewerkschaften und Betriebsräte, sondern auch »einfache« Mitarbeiter registrieren das sehr sensibel. Die Auswirkungen von Aktienoptionsprogrammen auf die **Unternehmenskultur** sollten daher sehr sorgfältig beachtet werden. Die US-amerikanische Praxis, vor dem Hintergrund einer anderen Unternehmenskultur, kann insofern nicht unkritisch auf Deutschland übertragen werden.

Viele deutsche Unternehmen achten schon bei der Konzeption der Programme auf diese Fragen. Durch Erweiterung oder Modifizierung der Aktienoptionsprogramme auf breite Mitarbeiterkreise[17] wollen sie eine »Zweiklassengesellschaft« vermeiden und ihre Mitarbeiter an der Wertsteigerung des Unternehmens im Sinne eines Investivlohns beteiligen. Untersuchungen zeigen, dass auch die deutschen Betriebsräte ein ausgeprägtes Interesse an Fragen innovativer Mitarbeiterkapitalbeteiligung haben. Wenn die Unternehmen dies nutzen, könnte als Nebeneffekt auch das eigenverantwortliche Handeln im Unternehmensinteresse gefördert werden.

3.3 Erfüllen Aktienoptionsprogramme die Erwartungen der Unternehmen?

Zweifelhafte Bindungswirkung

Bindung und Commitment zum Unternehmen basieren auf den vielfältigsten Motiven, wobei – wie übereinstimmend die meisten empirischen Untersuchungen zeigen – nicht das Gehaltsmotiv, sondern die **Personalentwicklungsmöglichkeiten** an erster Stelle in der persönlichen Präferenzskala stehen.

Gute Argumente sprechen auch für *Herzbergs* Annahme, dass Einkommen zwar ein wichtiger »Hygienefaktor« darstellt, der zwar Unzufriedenheit vermeiden, aber keine dauerhafte, starke **Motivation und Zufriedenheit** bewirken kann. In diesem Sinne können weder überdurchschnittliche Gehälter noch zusätzliche Stock-Options eine anders motivierte Fluktuation verhindern.

Die Restrukturierungen und das Downsizing sowohl in den USA als auch in Europa ab der zweiten Hälfte der 80er-Jahre haben ohnehin das gegenseitige Commitment bzw. die »Loyalität« zwischen Arbeitgebern und Arbeitnehmern stark beeinträchtigt. Es scheint, dass nicht zuletzt vor dem Hintergrund dieser Erfahrungen, die Leistungsträger sich das größere Arbeitsplatzrisiko durch zusätzliche Vergütungsteile abgelten lassen, also quasi eine Versicherungsprämie zur Deckung möglicher Fluktuationskosten verrechnen.

Zwar dürfte es unbestritten sein, dass die Sperrfristen für Optionen die **Transaktionskosten** eines Arbeitsplatzwechsels erhöhen und dadurch für sich genommen eine Bindungswirkung eintritt. Vor allem in *konjunkturell guten Zeiten* sind Wettbewerbsunternehmen aber eher bereit, durch entsprechende Gehaltsgestaltung bzw. Gewährung von anderen Vorteilen diese Transaktionskosten für dringend benötigte Spitzenkräfte auszugleichen.

In *Krisenzeiten des Unternehmens*, wenn normalerweise die Börsenkurse fallen bzw. die betrieblichen Kennziffern sich verschlechtern, verlieren die zuletzt ausgegebenen Optionen an Wert oder verfallen. Also gerade dann, wenn eine Bindung »der Besten« an das Unternehmen von größter Bedeutung ist, besteht die Tendenz, dass der Bleibeanreiz durch Stock-Options entfällt. Die Folge könnte sein, dass die Bindung »betriebsnotwendiger« Mitarbeiter durch zusätzliche Anreize »erkauft« werden muss[18].

Wenn Bindung nur auf Einkommen basiert und nicht andere unternehmenskulturelle Faktoren für Commitment zum Unternehmen sorgen, muss das Unternehmen einen hohen Preis dafür zahlen. Eine Retenzionspolitik, die in »guten Zeiten« wirkt – obwohl sie dann vielleicht nicht in dem Maße erforderlich ist –, kann in Krisenzeiten nicht nur unwirksam sein, sondern die Probleme im Unternehmen sogar noch erhöhen.

Führt die Beteiligung am Eigenkapital zu einer stärkeren *finanziellen* Bindung an das Unternehmen? Empirische Untersuchungen in den USA deuten eher darauf hin, dass Stock-Option-Programme für Manager nur in geringem Maße zu einer langfristigen Eigenkapitalbeteiligung führen[19].

Somit lässt sich *zusammenfassen*, dass durch Stock-Options nur eine begrenzte Bindungswirkung erreicht werden kann, die zudem teuer bezahlt werden muss. Ginge es nur um die Bindung, so könnte dieses Ziel wohl leichter und günstiger durch andere Instrumente erreicht werden.

Rekrutierung wird teurer

Durch die zusätzliche Inaussichtstellung von Aktienoptionen steigt für sich genommen die Attraktivität eines potenziellen Arbeitgebers; nun besteht die »Kunst« der Rekrutierung nicht darin, durch möglichst hohe Vergütungspakete als Unternehmen immer attraktiver zu werden, sondern möglichst ökonomisch den bestehenden Arbeitskräftebedarf zu decken. Dies erfordert eine Nutzen- und Kostenabwägung: Sind die zusätzlichen Produktivitätsgewinne höher als die Zusatzkosten durch Stock-Options? Diese Frage wird im nächsten Abschnitt näher erörtert.

In diesem Zusammenhang ist auch zu fragen, ob das Instrument tatsächlich in großem Maßstab im »Kampf um die besten **Fachkräfte** der Welt« sinnvoll eingesetzt werden sollte[20].

Hinsichtlich der **Kosten** können aus den in Abschnitt 5.3.1 angestellten Überlegungen folgende Thesen aus der Sicht des Unternehmens abgeleitet werden: Der zu bietende Anreiz aus Stock-Options muss umso höher sein je höher die potenziellen Arbeitskräfte dieses Einkommensrisiko einschätzen.

Kleine Firmen in Branchen mit relativ hohem Geschäfts- und Finanzrisiko werden entsprechend überdurchschnittlich belastet. Die Unsicherheit über den Eintritt der erhofften Entwicklung wird im Zweifel die Erwartung an den (risikoadjustierten) Wert des Gesamtvergütungspakets einschließlich der Aktienoptionen noch erhöhen[21].

Solange nur wenige Firmen Stock-Options als Rekrutierungsinstrument einsetzen, kann es gelingen Mitarbeiter zu akquirieren, die ohne dieses Instrument nicht gewechselt hätten. In dem Maße, in dem alle Unternehmen ähnliche Strategien anwenden, gehen diese Wettbewerbsvorteile verloren. Aus der Sicht der Beschäftigten haben Stock-Optionen ihre besondere Attraktivität verloren. Gleichzeitig ist das Vergütungsniveau aber in den Unternehmen gestiegen, auch wenn die »Rechnung« nicht in der GuV sichtbar wird, sondern von den Aktionären in Form der Verwässerung getragen wird.

Anerkennung und Belohnung

Aktienoptionen betonen zuweilen auch den Gesichtspunkt der Anerkennung oder Belohnung. Hier stellt sich die Frage, *was eigentlich belohnt werden soll*: Die Betriebstreue, die allgemeine Arbeitsbereitschaft, Kompetenzen oder die Entwicklung des Aktienkurses?

Richtig verstandenes »Sozialleistungsmanagement« kann durchaus Mehrwert für ein Unternehmen schaffen. Aber das kann nicht Intention von Aktienoptionsprogrammen sein. Allerdings drängt sich dieser Gedanke auf, wenn manche Programme in den USA betrachtet werden. Nicht wenige Firmen in den USA gewähren sogar Aktienoptionen, ohne sie an eine spezifische Performance zu binden. In vielen Fällen erhielten Mitarbeiter, die von Konkurrenten abgeworben wurden, in den letzten Jahren auch »Eintrittsgelder« in Aktien oder Aktienoptionen ohne jegliche Gegenleistung. Je angespannter die allgemeine Arbeitsmarktsituation war, desto größere »Optionsspakete« wurden erwartet.

Ökonomisch können solche Optionen als Geschenke betrachtet werden. Im Unterschied zu den klassischen Sozialleistungen profitiert davon allerdings nur ein verhältnismäßig kleiner Kreis.

Ähnliches gilt, wenn die Ausübungshürden so gering sind, dass es nicht mehr um die Frage des »Ob«, sondern nur noch darum geht, wie groß letzten Endes der Vorteil oder die Belohnung sein wird[22].

Aus personalpolitischer Sicht konterkariert eine solche Praxis die Leistungskultur und fördert die Selbstbedienungsmentalität.

Kein nachweisbarer Produktivitätseffekt

Die wichtigste **Erwartung** an Stock-Option-Programme richtet sich auf eine dadurch bewirkte höhere Leistungsbereitschaft, die zu besseren Unternehmensergebnissen führt.

In den letzten Jahren wurde in der **Literatur** der Einfluss von Vergütungssystemen auf die Motivation und Resultatsorientierung z.T. sehr kritisch beurteilt: »Die intrinsische Motivation ist über Jahrzehnte durch immer neue extrinsische Gratifikationen nachhaltig zerstört worden«[23]. Und: »Die Bonus-Praxis in den Unternehmen ist die Krankheit, für deren Heilung sie sich hält«[24]. Die finanziellen Zuschläge untergraben danach die innere Motivation, den Spaß an der Arbeit oder die Lust an Herausforderungen (Overjustification-Effect). Was als intrinsische Motivation verloren geht, müsse als »verborgene Kosten der Belohnung« mit einem größeren Gehaltsscheck ausgeglichen werden. Aufgaben, die nicht Teil der Bonusvergütung seien, würden vernachlässigt.

»Folgt man dieser Hypothese, so würde man durch leistungsabhängige Bezahlung gerade diejenigen, die sich ihren Aufgaben aus freien Stücken widmen, dazu bringen, in Zukunft ihren Arbeitseinsatz im Hinblick auf die erhoffte Belohnung auszurichten. Organisationen müssten dann für etwas bezahlen, was sie bisher ›umsonst‹ bekommen haben«.[25]

Eine gewisse Plausibilität kann man diesen Thesen sicherlich nicht absprechen. Die »herrschende« Literaturmeinung, die auch durch zahlreiche empirische Untersuchungen belegt ist, misst demgegenüber den »Pay for Performance«-Systemen innerhalb gewisser Grenzen einen klaren Produktivitätseffekt bei, *wenn* die Leistung je nach Leistungsgrad bzw. Motivation individuell schwankt, messbar ist und davon auch die Höhe der Vergütung abhängt. Diese Bedingungen sind bezüglich Arbeitsziele und Anforderungen an das obere Management in dieser Form generell nicht gegeben. Eine Übertragung der Ergebnisse dieser Untersuchungen auf mögliche Produktivitätswirkungen von Aktienoptionsprogrammen wäre daher problematisch.

Aus verschiedenen Gründen lassen sich schlüssige, empirisch fundierte Nachweise, dass der Einfluss von Stock-Options zu einer dauerhaft höheren Produktivität führt oder auch das Gegenteil bewirkt, m.E. nicht erbringen. Noch weniger sollte ein kausaler Zusammenhang zwischen Anreizen aus Aktienoptionsprogrammen und der Entwicklung von Aktienkursen nachweisbar sein. Die US-amerikanischen Untersuchungen dazu kommen entsprechend zu sehr unterschiedlichen und wissenschaftlich kontroversen Schlussfolgerungen. Schon die zuverlässige Isolierung und Messung der internen und externen Faktoren, die im Zeitverlauf Einfluss auf Unternehmenserfolg oder Aktienkurs nehmen, ist praktisch unmöglich. Hinzu kommt die Komplexität der Faktoren, die auf Zufriedenheit und Motivation des Managements einwirkt. Zudem kann unterstellt werden, dass Stock-Option-Programme eher von Firmen mit einer aktuell oder zukünftig erwarteten guten Unternehmensentwicklung aufgelegt werden, was z.T. eine bessere Aktienkursperformance dieser Firmen erklären kann[26].

Man kann sich natürlich auf den Standpunkt stellen, dass diese Überlegungen »rein akademischer« Natur sind und es aus Shareholder-Sicht letztlich nur auf die Entwicklung des Börsenkurses ankommt. Für diese Sichtweise spricht einiges. Nur muss man dann in Kauf nehmen, dass die Vergütung der Manager von Volatilitäten des Kapitalmarktes, dem Investorenverhalten oder den Börsenzyklen abhängt und weniger oder überhaupt nicht von ihren Erfolgsbeiträgen: Wenn die Börse boomt haben die Optionsinhaber Wertzuwächse, ohne dass sie etwas dafür tun; fällt die Börse, werden ihre Optionen u.U. wertlos. Hat der Kapitalmarkt in den Börsenkursen eine erwartete stark steigende Gewinndynamik bereits kapitalisiert und tritt diese dann auch ein, dann sind die realisierten Kurszuwächse oft nicht größer als die einer Firma, von deren Management nur eine schwache Performance erwartet wurde. Denkbar ist auch, dass trotz stark steigender Gewinne das Kurs-Gewinn-Verhältnis relativ stärker sinkt und damit auch der Börsenkurs. Auch ändern sich durch sog. Spin-offs bzw. Carve-outs häufig schlagartig die Kurs-Gewinn-Verhältnisse (bzw. die Börsenkapitalisierung).

Werden also Börsenkurse zum Gradmesser der Managementqualität, dann besteht die Gefahr, dass damit ein Verhalten gefördert wird, das sich möglicherweise weniger auf den Unternehmenserfolg als auf die Beeinflussung der Kursentwicklung konzentriert (vgl. Abschnitt 3.1).

Es bleibt die Frage, warum Teile der Vergütung – oder gar der größere Teil – durch den Kapitalmarkt bestimmt werden sollten, wenn die überwiegende Anzahl der Manager darauf praktisch keinen Einfluss hat und zugleich Zusammenhänge zwischen individueller Leistung und dieser Vergütungskomponente nicht nachweisbar sind. Je größer ein Unternehmen und der Kreis der Berechtigten und je abstrakter die Bemessungsgrundlage ist, desto schwerer ist diese Frage zu beantworten.

Ambivalente Kosteneffekte

Wie können Stock-Optionen aus Kosten- bzw. Finanzierungssicht beurteilt werden?

Zunächst bieten Stock-Optionen die Möglichkeit, die Bezahlung stärker vom Erreichen bestimmter Ziele (Aktienmarktemission, Aktienkursentwicklung etc.) abhängig zu machen. Damit ist eine ökonomisch sinnvolle **Variabilisierung** der Personalkosten verbunden. Relativiert wird dieser Vorteil dadurch, dass sich – wie begründet – das Vergütungsniveau der Stock-Option-Bezieher generell und plangemäß besonders bei Aktienkurssteigerungen erhöht.

In *schwierigen Unternehmensphasen* mit Kursrückgängen kann das allerdings dazu führen, dass Spitzenkräfte eine Vergütung in Form von Stock-Options nur noch begrenzt oder nur »on-top« akzeptieren. Daraus können Kostensteigerungen resultieren, die gerade in solchen Zeiten ein Problem darstellen. Außerdem sind Rückwirkungen auf die Vergütungsstruktur nicht ausgeschlossen. Manager, die wertlose Optionen besitzen, könnten darauf drängen, einen ähnlich hohen quasi-fixen Anteil an der Gesamtvergütung zu erhalten, wie neu eingestellte Mitarbeiter.

Die **Finanzierungseffekte** können je nach Ausgestaltung des Programms sehr positiv sein: Da das Gehalt teilweise durch Aktienoptionen bezahlt wird, kann Liquidität insbesondere bei jungen Wachstumsunternehmen geschont werden. Durch entsprechende Gestaltung des Bezugskurses fließen zudem im Ausübungsfalle finanzielle Mittel in das Unternehmen zurück bzw. verlassen nicht in Form von andernfalls ausgeschütteten Boni das Unternehmen.

Ein weiterer wesentlicher **Vorteil aus Managementsicht** ist, dass die Aufwendungen für Optionen meist nicht in den Jahresabschlüssen der Unternehmen enthalten sind. Da letztlich der Kapitalmarkt durch eine mehr oder weniger kaum wahrgenommene Entwertung von bestehenden Eigenkapitalanteilen bezahlt, kann das Management sich u.U. deutlich besser darstellen. Die Gewinne wären geringer, wäre der ökonomische Gegenwert der Aktienoptionen (Personalkosten!) in die Gewinn- und Verlustrechnung eingeflossen[27].

3.4 Auswirkungen auf Unternehmenskultur und Personalentwicklung

Die folgenden Ausführungen verstehen sich als Thesen über mögliche Folgen von Stock-Option-Programmen auf die Unternehmenskultur und die Entwicklung der Mitarbeiter. Es versteht sich von selbst, dass generelle Aussagen weder möglich noch sinnvoll sind, da gerade Unternehmenskultur nur situativ und im Kontext mit einer

Vielzahl von unternehmensinternen und externen Faktoren begriffen werden kann. Darüber hinaus kommt es im Einzelfall natürlich auch auf die konkrete Gestaltung der Vergütungspläne an; häufig hängt das Auftreten von positiven oder negativen Wirkungen auch von der Höhe der »Dosierung« ab.

Stock-Option-Pläne legitimieren sich dadurch, dass sie zu Leistungsmobilisierung und zusätzlichem Erfolg führen. **Leistung und Vergütung scheinen zwei Seiten einer Medaille zu sein**: Diese »Botschaft« soll sich in der Unternehmenskultur bzw. der Einstellung der Mitarbeiter niederschlagen. Solche Botschaften können zu äußerst negativen Folgen führen, wenn Betroffene subjektiv eine Verletzung dieses »impliziten Kontrakts« empfinden. Vergütungsrückgänge könnten konsequent mit einer verminderten Leistungsintensität beantwortet werden. Daraus und aus der immanenten Kurzfristorientierung dieses Ansatzes kann – wie erläutert – eine unerwünscht hohe Fluktuation der Leistungsträger in Krisenzeiten des Unternehmens resultieren. Dies umso mehr als in solchen **Cash-Kulturen** Werten wie »Verbundenheit« mit dem Unternehmen, Loyalität, Identifikation keine große Bedeutung beigemessen wird. Bei solchen Kulturen gerät leicht aus dem Blick, dass Menschen auch soziale Bedürfnisse haben und ihren Arbeitsvertrag nicht nur über die Vergütung definieren. »Extrinsic rewards buy compliance, and do not encourage long-term commitment«[28].

Es bedarf hier keiner näheren Begründung, welche fatalen Auswirkungen auf die Unternehmenskultur entstehen, wenn bei der Belegschaft gar der Eindruck entstehen sollte, dass die Argumentation »Stock-Options für Spitzenleistungen« nur die »**Selbstbedienungsmentalität**« des Topmanagements verdecken soll.

Anders verhält es sich, wenn Aktienoptionsprogramme z.B. im Sinne einer **Mitbeteiligung des Managements** an guten Unternehmensergebnissen konzipiert werden. Stimmige Optionspläne können das Bewusstsein für die Wettbewerbssituation des Arbeitgebers fördern. In »guten« Zeiten profitieren nicht nur die Aktionäre, sondern auch die Leistungsträger. Häufig beteiligen solche Unternehmen auch ihre Mitarbeiter in angemessener Weise am Unternehmenserfolg. Implizite erwarten solche Kulturen aber auch von ihren Mitarbeitern, dass sie »in Krisenzeiten zu ihrem Unternehmen stehen«. Unternehmenskulturen, die in diesem Sinne als fair und transparent erlebt werden, können gerade in turbulenten Zeiten ein nicht zu unterschätzender Wettbewerbsfaktor sein.

Der letzte Punkt weist darauf hin, dass Aktienoptionsprogramme auch **Führungsinstrumente** sind und nicht nur als technische Vergütungsmechanik gesehen werden dürfen. Führung heißt in erster Linie, die spezifische Leistung und den Erfolg von Menschen zu sehen, individuelle Ziele zu vereinbaren und zu bewerten sowie die Mitarbeiter zu fördern. Deshalb können abstrakte Ziele (Bemessungsgrundlagen), die im Wesentlichen außerhalb des Einflussbereichs von Einzelnen liegen, auch nicht anspornen. Ähnliches trifft zu, wenn die Erträge der eigenen Arbeit über die allgemeine Bemessungsgrundlage »egalisiert« werden. Führung verlangt Differenzierung. Und Menschen reagieren unterschiedlich auf monetäre bzw. nichtmonetäre Anreize. Um intrinsische Motivation zu fördern bedarf es Führung; die Persönlichkeit entwickelt sich nicht durch die Gewährung von Stock-Options. Die einseitige Fixierung auf das Vergütungsinstrument birgt die Gefahr der Vernachlässigung anderer Führungsinstrumente in sich. Normalerweise können noch so großzügig bemessene Aktienoptionsprogramme nicht die positiven Anreize kompensieren, die von Arbeitsumfeld und Arbeitsbedingungen, Arbeitsklima, Unternehmens- und Führungskultur und nicht zuletzt auch vom Angebot an Personalentwicklungsmöglichkeiten ausgehen können.

Schließlich ist zu fragen, welche Auswirkungen Vergütungsinstrumente auf die **Teambildung** und **Teamarbeit** haben. Die Bedeutung gerade dieses Aspekts in einer Zeit rapiden Wandels und einer kaum mehr durch Einzelne zu überschauenden Komplexität kann nicht hoch genug eingeschätzt werden. Erst die zielgerichtete Koordination individueller Leistung führt zum Teamerfolg. Und umgekehrt hängt das individuelle Ergebnis auch von der Leistung anderer ab, bzw. entsteht erst durch das Zusammenwirken vieler Arbeitskräfte. Aktienoptionsprogramme könnten sich gerade diesen Aspekt zu Nutze machen und explizit (auch) auf Teamziele abstellen. Um die Mitarbeiter zur Umsetzung dieser Ziele mobilisieren, bedarf es natürlich erheblicher »Führungsmühe« und auch individueller Zielvereinbarungen. Ein denkbares Instrument, das in diesem Zusammenhang eingesetzt werden könnte, ist die *Balanced Scorecard.*

Die Praxis in vielen Betrieben, insbesondere in den USA, lässt aber eher einen gegenteiligen Eindruck entstehen. Dazu trägt auch die Exklusivität und die Konzentration des Vergütungsvolumens auf relativ wenige Personen im Unternehmen bei.

4. Personalpolitische Empfehlungen zur Ausgestaltung von Stock-Options

Aus den Überlegungen in Abschnitt 5.3 können einige wichtige **Schlussfolgerungen** für die Ausgestaltung und Implementierung von Stock-Options aus personalpolitischer Sicht abgeleitet werden[29]:

1. Aktienoptionen mit **Bindung an den Aktienkurs** sollten nur für oberste Führungskräfte in Frage kommen, die strategische Entscheidungen mit möglichem Einfluss auf den Aktienkurs treffen. In diesen Fällen sollten komplementär auch **interne Wertgrößen** als Erfolgskriterium und/oder die Aktienkursentwicklung von passenden Referenzunternehmen in die Ausübungshürde aufgenommen werden. Dadurch wird eher der besondere zusätzliche Erfolg widergespiegelt, der durch Aktienoptionen belohnt werden soll.
2. Die gewählte Bemessungsgrundlage sollte die **nachhaltige** Wertsteigerung des Unternehmens abbilden und nicht dazu führen, dass Vergütungsbestandteile die Aktienkursschwankungen widerspiegeln. Als Vergleichsbasis kommen z.B. mehrjährige gewichtete Gewinne je Aktie oder eine Mindestrendite des Anlegers über einen mehrjährigen Referenzzeitraum in Frage[30].
3. Die Erfolgskriterien sollten einen **Bezug zur erwarteten individuellen Leistung** besitzen. Je weniger das möglich ist, desto weniger kann der Einsatz von Stock-Options-Plänen sinnvoll begründet werden. Das für die Gewährung von Aktienoptionen maßgebliche Ziel ist möglichst in das allgemeine und individuelle Zielvereinbarungssystem einzubinden.
4. Wenn Aktienoptionen keine Geschenke sein sollen, sollten sie nicht einfach »on top« eingesetzt werden. Unter Berücksichtigung des Risikoprofils aller Vergütungselemente sind **Aktienoptionen ein Teil der Gesamtvergütung.** Den Chancen auf Zusatzvergütung sollten adäquate Risiken gegenüberstehen. Ein Risiko besteht erst dann, wenn die erwartete Gesamtvergütung infolge Underperformance sinken kann.

5. Die Auswirkungen des Programms auf die gesamten **Personalkosten** und mögliche Rückwirkungen auf andere Vergütungsbestandteile sollten bedacht werden. Gerade in Krisenzeiten und bei Kursrückgängen ist mit Forderungen nach Erhöhung von fixen bzw. anderen variablen Bestandteilen »als Kompensation für wertlose Aktienoptionen« zu rechnen. Bei den Kosten sind auch die Kosten zu berücksichtigen, die ggf. die Aktionäre in Form der Verwässerung ihrer Anteile tragen.
6. Die Programme sollten eine **längere Laufzeit** aufweisen und nicht nur situativ oder einmalig eingesetzt werden. Das Programm sollte sich veränderten Rahmenbedingungen anpassen können, insbesondere auf wesentliche Änderungen der Kosten- und Ertragssituation *vorhersehbar* reagieren (Flexibilität). Demgegenüber gefährdet eine Veränderung der Bedingungen des Programms je nach Börsensituation die Glaubwürdigkeit des Programms.
7. Um die den Plänen zugedachten Ziele zu erreichen, ist nicht nur die **Akzeptanz** und frühzeitige Einbindung der Teilnahmeberechtigten wichtig, sondern es sind auch die möglichen **Auswirkungen auf andere Beschäftigte** zu berücksichtigen. Auch wenn Fairness und Gerechtigkeit sehr unterschiedlich gesehen und bewertet werden können, haben die meisten Beschäftigten doch ein sehr gutes Gespür dafür, ob bestimmte **Grenzen** überschritten wurden. Auch sollte überlegt werden, ob es Sinn macht, auch die Gesamtbelegschaft an den Wertsteigerungen bzw. Gewinnen in modifizierter Form zu beteiligen.
8. Die Konzeption eines neuen Vergütungssystems ist *ein* Thema, die **Implementierung** und Administration *ein anderes.* Um Verständnis und Einsicht zu fördern, sind je nach dem Kreis der Optionsberechtigten äußerst intensive unternehmensspezifische Informations- und Kommunikationsaktivitäten (Schulungsveranstaltungen, Broschüren) erforderlich, die u.a. die Ziele, Chancen und Risiken des Programms transparent machen.

5. Zusammenfassung

Die Analyse zeigte, dass Aktienoptionsprogramme mit der unternehmensspezifischen *Vergütungs- und Personalstrategie* abgestimmt und in sie integriert werden müssen. Sie sollten nicht als reine »Satelliten-

Systeme« für das obere Management konzipiert werden, da sie *Rückwirkungen* auf die Interessen der übrigen Beschäftigten und die gesamte Unternehmenskultur haben.

Die *Ziele* des Programms und die damit verbundenen Erwartungen sollten klar formuliert und für die Betroffenen nachvollziehbar sein: Sollen Teamleistungen oder individuelle Erfolge honoriert werden? Soll eine Beteiligung am Unternehmenserfolg ohne Bezug zur individuellen Leistung erfolgen oder soll ein Verhalten gefördert werden, das auf die Steigerung des Börsenkurses gerichtet ist?

Aktienoptionsprogramme erhöhen die Transaktionskosten eines Arbeitsplatzwechsels und können deshalb als *Mobilitätsbremse* wirken. Die Arbeitskräfte werden jedoch versuchen, dies zu antizipieren und Gegenstrategien zu entwickeln. Im Übrigen ist gerade in Krisenzeiten, wenn aus Unternehmenssicht der Verbleib wertvoller Arbeitskräfte besonders wichtig ist, die Bindungswirkung durch Aktienprogramme tendenziell am geringsten.

Aktienoptionsprogramme können die *Akquisitionschancen* verbessern. In dem Maße, in dem andere Unternehmen ebenfalls dieses Instrument anwenden, erfolgt eine Neutralisierung dieser positiven Akquisitionseffekte, wobei im Verlauf dieses Prozesses die gruppenspezifischen Personalkosten für alle Unternehmen steigen.

Erwartungen, dass sich durch Aktienoptionsprogramme die individuelle Produktivität erhöht, sind schwer zu begründen. Je nach Gestaltung der Pläne sind u.U. sogar kontraproduktive Auswirkungen möglich (taktisches Verhalten, Orientierung an der »Messlatte«, kurzfristiges Gewinnmanagement etc.).

Je abstrakter und einheitlicher die Maßstäbe und Bemessungsgrundlagen von Aktienoptionen sind, desto weniger *Lenkungswirkung* können sie entfalten. Die *längerfristige* Aktienkursentwicklung ist für die *oberste Unternehmensführung* sicherlich ein wichtiger Maßstab, an dem ihre Leistung und ihr Erfolg gemessen werden kann. Das trifft in dieser Form aber nicht oder nur sehr eingeschränkt für andere Führungskräfte zu. Deshalb sollten Vergütungsinstrumente möglichst die persönlichen Erfolge und Leistungsbedingungen berücksichtigen. Denn im Zweifel fördert eine stärkere individuelle Differenzierung die Leistungskultur. Vergütungsautomatismen neigen demgegenüber dazu, die *Führungsverantwortung* auszuhebeln und Erfolge zu sozialisieren. Unabhängig davon spricht nichts dagegen, Mitarbeiter an guten Unternehmensergebnissen in Form einer Eigenkapitalbeteiligung zu beteiligen, um ihr Commitment zum Unternehmen zu fördern.

On-Top-Programme (zusätzliches »Sahnehäubchen«) bieten nur Chancen, nicht jedoch Risiken hinsichtlich der bisherigen Vergütung. Die Begünstigten erhalten Werte, ohne dass sie einen Preis dafür bezahlen müssen. Auch bei der Gestaltung der Optionsbedingungen sollte darauf geachtet werden, dass das Management sich selbst *keine »Geschenke« zu Lasten Dritter* gewährt. Die *Ausübungshürden* sollten daher den Mindestverzinsungsanspruch der Kapitalgeber (Kursentwicklung, Dividende) bzw. andere geeignete Maßstäbe (z.B. Indexierungen, Vergleich mit Wettbewerbern) enthalten und möglichst auf Mehrjahresbasis konzipiert sein.

Die Entscheidung über die *durchschnittliche erwartete Gesamtvergütung* sollte möglichst unabhängig von der Entscheidung über die Einführung neuer Vergütungsinstrumente getroffen werden. Mittels Stock-Options quasi durch die »Hintertür« die Gehälter zu »amerikanisieren«[31] schürt nur Zweifel an der Glaubwürdigkeit der Programmziele. Die stärkere Variabilisierung des Gehalts durch Stock-Options, mithin neben den sich daraus ergebenden Chancen auch das höhere Risiko, ist natürlich durch eine Erhöhung der erwarteten Gesamtvergütung zu kompensieren. Je größer im Einzelfall die *unternehmerischen Geschäfts-, und die individuellen Beschäftigungsrisiken sind, desto höher darf diese Risikoprämie sein.*

Es ist jedoch eine Illusion anzunehmen, dass durch die Einführung von Stock-Options-Programmen der Stellenwert einer motivierenden Unternehmenskultur oder der Personalentwicklung für Führungskräfte abnimmt. Vor allem bei Entscheidungen über einen Arbeitsplatzwechsel werden gerade kreative, stärker intrinsisch gesteuerte Arbeitskräfte sich stärker von jenen Faktoren leiten lassen, die *Herzberg* als Motivatoren bezeichnete, und weniger von jenen, die nur Unzufriedenheit oder Demotivation vermeiden. Aktienoptionsprogramme können weder »Leistung aus Leidenschaft« (*Peters/Austin*) noch »Spitzenleistungen« (*Peters/Waterman*) bewirken!

Erläuterungen

1 Der durchschnittliche Wertzuwachs von Vergütungsbestandteilen auf der Basis von Stock-Options schwankt – je nach Quelle – zwischen 15 bis 30% p.a., vgl. dazu *Abel/Becker* (2000), S. 389 und *Hölscher/Sauerborn* (2000), S. 524 sowie *Hölscher* (2000). Eine Vielzahl von frei zugänglichen Fallbeispielen, Artikeln, Vergütungsmodellen u.a.m. bietet die Employee Ownership Resource Library, www.fed.org.

2 Vgl. *Frey/Osterloh* (2000), S. 65 f. und *Hilb* (2000), S. 24. Das fixe Gehalt aller CEOs in der Verarbeitenden Industrie (USA) betrug 1996 (1992) nur noch 27% (38%) der Gesamtvergütung. Gleichzeitig stieg der Anteil der Optionen – neben anderen variablen Vergütungsteilen – von 27% (19992) auf 36% (1996). Werden nur die in 1996 zehn bestverdienenden CEOs in den USA betrachtet, dann war im Durchschnitt das aus Aktienoptionsprogrammen resultierende Einkommen fast 60 Mal höher als die durchschnittliche Grundvergütung. So bezog z.B. Jack Welch von General Electric in 1998 Aktienoptionen im Wert von 261,51 Mio bei einem Jahresverdienst von 271 Mio. $. Charles Wong von Computer Associates bezog 1998 ein Jahreseinkommen von 670 Mio. $ und Michael Eisner von Walt Disney 575 Mio. $.

3 Vgl. Deutsches Aktieninstitut/Hewitt (2001), S. 7 und *von Rosen, R.*, Chancen der Mitarbeiterbeteiligung, in: Börsen-Zeitung vom 5.12.1997, S. 11

4 Demgegenüber sehen in den USA nur etwa fünf % der Unternehmen »Premium Priced Options« vor (d.h. der spätere Bezugspreis liegt über dem aktuellen Börsenkurs), vgl. *Hölscher/Sauerborn* (2000), S. 526

5 Zu Formen und Verbreitung der Mitarbeiterbeteiligung vgl. von Rosen/Leven (2000), *Heigl/Scholand* (1999) und Deutsches Aktieninstitut/Hewitt (2001)

6 Auch in Frankreich haben zwischenzeitlich nahezu alle großen Unternehmen Stock-Option-Programme aufgelegt. Der Wert aller ausgegeben Stock-Optionen bei den 40 größten Unternehmen belief sich Ende 99 auf 45 Mrd. Francs.

7 *Brandhoff* (1999), S. 224

8 Durch die Fusion mit der Daimler Benz AG stieg der Wert der Aktienoptionen des Chrysler-CEO B. Eaton auf DM 180 Mio. 1997 war die Vergütung des Chrysler CEO B. Eaton einschließlich Aktienoptionen mit DM 20,2 Mio. etwa sieben mal so hoch wie die des Daimler-Chefs J. Schrempp (Wirtschaftswoche vom 21.5.1998, S. 102).

9 Einen Überblick geben: *Haussmann* (2000) oder *Heigl/Scholand* (1999)

10 Z.B. das *erste* Programm bei der SAP AG (STAR-Programm); solche Programme müssen im Unterschied zu den klassischen Stock-Options über die GuV finanziert werden, wodurch diese Personalkosten sichtbar werden und den Betriebserfolg beeinflussen.

11 Das KonTraG fordert im Übrigen, dass Aktienoptionen an Zielvereinbarungen bzw. Erfolgsziele geknüpft werden.

12 *Brandhoff* (1999), S. 223: »Besonders problematisch sind in diesem Zusammenhang Pläne, bei denen zum Zeitpunkt der Beschlussfassung durch die Hauptversammlung noch keine festen Voraussetzungen für die Optionsausübung festgelegt werden. Die Vorstände erhalten in diesen Fällen die Ermächtigung, diese

Zielgrößen nach eigenem Ermessen zu bestimmen. Bei einigen jüngeren Stock-Option-Plänen deutscher AGs konnte der Vorstand etwa den Bezugskurs seiner Optionen selbst festlegen.«

13 Aktienoptionen könnten auch verhaltenssteuernd in dem Sinne wirken, dass z.B. (legale) Wahlrechte und Gestaltungsmöglichkeiten im Rechnungswesen ausgeschöpft werden. Darüber hinaus fehlt es gerade in jüngerer Zeit nicht an Beispielen, wo Unternehmen die Grenzen zwischen Gewinnmanagement und Manipulation offensichtlich nicht mehr erkennen. Daneben erscheint es unter dem Gesichtspunkt der Aufsichtspflicht nicht vertretbar, wenn wie bei der Mobilcom AG auch der Aufsichtsrat Aktienoptionen beansprucht, vgl. Handelsblatt vom 5.4.2001, S. 25

14 Nach *Schätzle*, Arthur Andersen Consulting, werden die Zuteilungsbedingungen für Aktienoptionen in Deutschland viel zu hoch angesetzt. Er lehnt deshalb auch indexgebundene Stock-Options ab, da die Bezieher solcher Aktienoptionen lediglich dafür bestraft oder belohnt würden, dass Kollegen aus anderen Branchen weniger gut oder besser als sie abschneiden, Wirtschaftwoche vom 31.10.2000.

15 Die durchschnittlichen Gesamtbezüge einer US-Topführungskraft betrugen 1995 das 212fache des Einkommens eines normalen Arbeiters, *Hilb* (2000), S. 27.

16 Vgl. *Mohr, C.*, Charme des Halbdunkel, in: Handelsblatt vom 8./9. Oktober 1999, S K1. In Großbritannien bezeichnete Hermes Investment Management, ein bedeutender Fonds, die Stock-Option-Pläne vieler US-Firmen schlicht als »Diebstahl«, vgl. *Finch, J.*, Stock-options »are theft«, The Guardian, 7.2.2001

17 Programme für breite Mitarbeiterkreise müssen natürlich anders konzipiert werden als solche für das Topmanagement. So müssen arbeitsrechtliche Grundsätze – wie der Gleichbehandlungsgrundsatz – beachtet werden, außerdem das Mitbestimmungsrecht des Betriebsrats bei Vergütungssystemen (§ 87 Abs. 1 Nr. 10 BVerfG).

18 Allein in 2000 musste die Dresdner Bank 500 Mio. € ausgeben, um den drohenden Verlust von Mitarbeitern im Zuge der – dann doch gescheiterten – bevorstehenden Fusion mit der Deutschen Bank zu verhindern.

19 *Ward* (2001): »Historically, options have not resulted in long-term holding of stock by employees. Studies have shown that over 90 percent of employees exercise and sell their shares on the same day. Option programs have not produced meaningful ownership positions among participants. The reason is that optionees cash in their shares obtained from option exercises, typically soon after exercise.«

20 So jedenfalls der Vorstandssprecher der Infineon AG, Schumacher, auf der Infinion-Hauptversammlung am 6.4.2001. Dazu der Kommentar in der FAZ, 7.4.2001, S. 24: »Das aber ist heuchlerisch. Will das Unternehmen tüchtige Mitarbeiter belohnen, sollte es Maßstäbe wählen, die sich an der tatsächlichen Leistung orientieren.«

21 Ähnlich wie im Portfolio-Management muss die risikoreichere Gesamtvergütung gegenüber einer weniger risikobehaften höher sein; reicht der Anreiz durch Optionen nicht, müssen entweder die Bezugspreise der Aktienoptionen reduziert oder es muss die Zahl der versprochenen Aktien erhöht werden.

22 Auch in Deutschland wurden z.B. bei IPOs die Optionspreise unter oder nur knapp über den Ausgabepreis der jungen Aktien gesetzt. Auf der Hauptversammlung der Infinion AG am 6.4.2001 wurde die Ausübungshürde von bis dahin 20% auf nur noch fünf % gesenkt, d.h. der Kurs braucht sich in zwei Jahren nur noch um fünf % zu erhöhen, damit die Option »im Geld« ist, vgl. FAZ, 7.4.2001, S. 17.

23 *Sprenger* (1992), S. 72

24 *Ebenda,* S. 87, vgl. auch *Frey* (1997) und *Kohn* (1993)

25 *Kabusche/Rosenstiel* (2000), S. 71 f.

26 *Prendergast* (1996), S. 10

27 *Coopers & Lybrand* fanden bei einer Untersuchung von 27 Firmen 1993 in den USA heraus, dass Wachstumsfirmen im Schnitt mit einer Gewinnminderung von 31% rechnen müssen, wenn sie die Kosten für Stock-Options als Personalaufwand in der GuV ausweisen. Bei Unternehmen der Old Economy lag danach die Gewinnminderung im Schnitt bei vier Prozent (Handelsblatt vom 31.10.2000, Aktienoptionen).

28 *Kohn* (1993), S. 62

29 Von 43 untersuchten deutschen Optionsplänen zwischen 1995 und 1998 kam Winter zu dem Ergebnis, dass gerade 6 als gut oder sehr gut gelten können. Nach Winter enthalten nur wenige Pläne Regelungen, die eine leistungsgerechte Vergütung des Managements gewährleisten können, *Winter, S.*, Es fehlen wirksame Leistungsanreize, in Handelsblatt vom 8./9.10. 1999, S. K1

30 *Bühner* (1990), S. 141: »Als Leistungsmaßstab ist nicht einfach jede Kurssteigerung oder der buchhalterische Gewinn zugrundezulegen, sondern die erwartete Mindesrendite der Aktionäre. Manager sind erst dann erfolgreich, wenn sie mehr bieten als der Markt und zusätzliches Vermögen für ihre Aktionäre schaffen.«

31 Für *Schätzle* (Arthur Andersen) ist es »ein handfester Wettbewerbsnachteil für den Standort Deutschland«, dass im Schnitt amerikanische CEO immer noch ein Vielfaches ihrer deutschen Vorstandskollegen verdienen, vgl. Handelsblatt-Interview vom 14.2.2001.

Literaturverzeichnis

Abel, C., Becker, J. (2000), Trends in der Vergütung: Zunehmende Internationalisierung und Erfolgsorientierung, in: Personal, 8/2000, S. 388–392

Brandhoff, J. (1999), Anreizkompatible Stock Option-Pläne, in: Personal, 5/1999, S. 222–227

Bühner, R.(1990), Das Management-Wert-Konzept, Stuttgart 1990

Deutsches Aktieninstitut, Hewitt Associates (2001), Beteiligungssysteme für breite Mitarbeiterkreise – Ergebnisse einer Umfrage, Frankfurt 2001

Frey, B. (1997), Markt und Motivation. Wie ökonomische Anreize die (Arbeits-)Moral verdrängen, München 1997

Frey, B./Osterloh, M. (2000), Pay for Performance – Immer empfehlenswert?, in: zfo, 2/2000 (69. Jg.), S. 64–69

Harrer, H. (Hrsg.) (2000), Mitarbeiterbeteiligungen und Stock-Option-Pläne, München 2000

Haussmann, T. (2000), Long-Term-Incentive-Pläne, in Personalwirtschaft, Sonderheft 9/2000, S. 28–35

Heigl, C., Scholand, M. (1999), Innovative Konzepte in deutschen Aktiengesellschaften, in: Personalwirtschaft, 1/1999, S. 28–33

Hilb, M.(2000), Einwände gegen die Amerikanisierung der Gehälter, in: Personalwirtschaft, Sonderheft 9/2000, S. 24–27

Hölscher, C. (2000), Stock-Option-Pläne im internationalen Vergleich, in: Harrer (2000), S. 23–43

Hölscher, C., Sauerborn, G. 2000), Aktienoptionen: Trends aus den USA, in: Personal, 10/2000, S. 524–527

Kohn, A. (1993), Why incentive plans cannot work, in: Harvard Business Review, 5/1993 (Vol.71), S. 54–63

Prendergast, C. (1999), Paying for Performance, in: Financial Times, Mastering Strategy-Series, 1999, S. 8–10

von Rosen, R./Leven, F.-J. (2000), Mitarbeiterbeteiligung und Stock-Options-Pläne in Deutschland und im internationalen Vergleich, in: Harrer (2000), S. 1–22

Sprenger, R. (1992), Mythos Motivation, Frankfurt a.M., 1992

Ward, M. (2001), Taking Stock of High-Tech – Stock Options in the High Technology Industry, in: www.fed.org. bzw. Matt-Ward@wyattconsult.com

V. Kurzbiografien

Dr. Ulrich Althauser

Seit Dezember 1998 bei Towers Perrin in Frankfurt am Main tätig und verantwortete bis Anfang 2001 als Practice Leader den Bereich Changemanagement und Human-Resource-Management, heute leitet er das Intellectual Capital Management. Von 1992 bis Ende 1998 war er Senior-Manager bei der KPMG Consulting GmbH in Frankfurt am Main und leitete den Bereich Human-Resources Consulting/Changemanagement. Nach seiner Promotion 1982 arbeitete er zunächst als Personalreferent beim Hessischen Rundfunk, danach in verschiedenen Funktionen bei der Frankfurter Allianz, zuletzt als Leiter des Betrieblichen Bildungswesens. Er studierte in Mannheim Betriebswirtschaftslehre mit den Schwerpunkten Organisation und arbeitete als wissenschaftlicher Mitarbeiter am Lehrstuhl für Organisation und Personal der Universität Mannheim. Er ist Mitglied im Beirat der Personalwirtschaft und Autor zahlreicher Fachartikel im Bereich Personal, Organisations- und Personalentwicklung. Beratungsschwerpunkte heute sind Personalentwicklung, insbesondere Führungskräfteentwicklung, Redesign von Personalabteilungen und Veränderungsmanagement, insbesondere Planung, Gestaltung und Management von Kulturentwicklungsprozessen in M & A-Fällen.

Andreas Benkowitz

Nach dem Abschluss seines Psychologiestudiums arbeitete er in verschiedenen Unternehmensberatungen. Im April 1992 kam er zur Microsoft GmbH. Dort war er zuständig für die Personalentwicklung für Deutschland, Österreich, Schweiz und acht osteuropäische Länder. Nach einem sechsmonatigen Aufenthalt bei der Microsoft Corporation in den USA im Bereich Executive and Management-Development, war Herr Benkowitz bis Juli 2000 Personaldirektor der Microsoft Deutschland GmbH mit Sitz in Unterschleißheim bei München. Seit August 2000 ist er zuständig für Leadership and Organization-Development in Europa, Mittlerer Osten und Afrika. Seine Hauptinteressen liegen in den Bereichen selbststeuernde Teams, selbstlernende Teams und Organisationsentwicklung.

Prof. Dr. Jürgen Berthel

Studium der Betriebswirtschaftslehre, Dipl.-Kfm. und Dr. rer. pol. an der Freien Universität Berlin, Habilitation an der Universität Freiburg/Br., Lehrstuhl für Betriebswirtschaftslehre, insbes. Unternehmungsführung, Personal-Management und Organisation an der Universität Siegen, zahlreiche Veröffentlichungen (u.a. »Personal-Management« in der 6. Aufl.), vielfältige Betätigungen (Projekte, Beratungen etc.) in der Wirtschaftspraxis (Handel, Industrie).

Andreas Blank

Head of Leadership Development and Training Europe der General Electric Tochter GE Frankona Re in München. Nach dem Studium der Psychologie und Verwaltungswissenschaften arbeitete Andreas Blank als Personalreferent bei der Bausparkasse Schwäbisch Hall AG. 1994 wechselte er zur Bayerischen Hypotheken- und Wechselbank nach München. Dort war Andreas Blank in verschiedensten

Personalfunktionen tätig, zuletzt im Konzernstab Personal als Leiter der Abteilung Beratung und Training. Nach vollzogener Fusion mit der Vereinsbank zur Hypo-Vereinsbank war Andreas Blank als Abteilungsdirektor für die Abteilung Managemententwicklung verantwortlich. 1999 wechselte er zur GE Frankona Re und ist dort in leitender Position für die Personalentwicklung in Europa zuständig.

Heinz Fischer

Geboren 1948 in Frankfurt am Main, begann seine berufliche Laufbahn 1970 bei Hewlett Packard. Dort war er für verschiedene Funktionen wie Controlling, Finanzen und Personal verantwortlich, zuletzt als Europa-Direktor Personal in der europäischen Konzernzentrale in Genf. Seit 1996 ist er Bereichsvorstand Personal bei der Deutschen Bank AG in Frankfurt am Main.

Prof. Dr. Dieter Frey

Studium der Soziologie und Psychologie in Mannheim und Hamburg, Promotion 1973, Habilitation 1978, von 1978 bis 1993 Professor für Sozial- und Wirtschaftspsychologie in Kiel. Seit 1993 Professor für Sozial- und Wirtschaftspsychologie an der Ludwig-Maximilian-Universität in München. Seit 2001 zusätzlich Dekan.

Peter Friederichs

Studium der Psychologie, Soziologie und Betriebswirtschaft an der Universität zu Köln. zehn Jahre im Henkel-Konzern, Düsseldorf, als Personalentwicklungsmanager. Ehrenamtlicher Vorstand des Verbandes der Arbeits-, Betriebs- und Organisationspsychologen. zehn Jahre Geschäftsführer der P & M Personal und Managementberatung, Bonn/Leiter der Management-Akademie Burg Rheineck. Zehn Jahre Direktor und Bereichsleiter des Konzernstab Personal der Hypo-Bank, München. Von 1997–2001 Direktor und Zentralbereichsleiter der Hypovereinsbank, München, zuständig für Unternehmenskulturentwicklung, Beratung Oberes Management, Personalmarketing, Personalentwicklung und Ideenmanagement, Verwaltungsratvorsitzender der HVB Akademie. Vorstand Human Capital Club, Deutschland – Inhaber CELIDON Institut für Management-Entwicklung, Hirschhorn/München/Lehrbeauftragter der Technischen Universität, München, Fachbereich Psychologie. Beirat der DGfP, München. Zahlreiche Fachveröffentlichungen. Testautor von STAFF und Managerdisputation Erster Preisträger des Manager Magazin für Personalinnovationen. E-Mail: peter.friederichs@gmx.de

Joachim Hammer

Senior Consultant im Bereich »Leadership Development and Training Europe« der General Electric Tochter GE Frankona Re in München. Nach dem Studium der Psychologie arbeitete Joachim Hammer in der Inhouse Consulting der BMW Group im Bereich Change Management. 2000 wechselte er zur GE Frankona Re, wo er als Senior Consultant für die Management- und Nachwuchsentwicklung auf europäischer Ebene zuständig ist.

Dr. Michael Heuser

Leiter der Lufthansa School of Business, der Corporate University der Deutschen Lufthansa AG. Sein Aufgabengebiet umfasst die Programme der Führungskräfte- und Organisationsentwicklung einschließlich ihrer externen Vermarktung sowie die Bildungspolitik und -steuerung des Lufthansa-Konzerns. Nach einer Berufsausbildung zum Bankkaufmann studierte Dr. Heuser in Köln, Mainz und St. Gallen Wirtschaftswissenschaften, Publizistik und Politikwissenschaft. Bis Mitte 1997 war er Leiter des Bereichs Internationale Programme am USW Schloss Gracht. In den zurückliegenden Jahren nahm er Lehraufträge in Deutschland, auf den Philippinen und in den USA wahr.

Dr. Rüdiger Hossiep

Studium der Psychologe und Promotion. Ab Anfang 1984 wissenschaftlicher Mitarbeiter der Ruhr-Universität Bochum; 1985 Personalberater bei der Unternehmensberatung Dieter Schröder & Partner, Düsseldorf; 1986–90 Betriebspsychologe bei der Deutsche Bank AG, Frankfurt; seit Ende 90 erneut an der Fakultät für Psychologie der Ruhr-Universität Bochum; Tätigkeitsschwerpunkte: Wirtschaftsbezogene Auswahlverfahren und Führungsverhaltensmodifikation.

Dr. Jean Marcel Kobi

War je sieben Jahre in leitender Funktion im Human-Resources-Management eines großen Industrieunternehmens und als Managementberater eines bekannten Beratungsunternehmens für strategische und kulturelle Fragen tätig, bevor er 1988 seine eigene Firma gründete. Beratungsschwerpunkte der J. M. Kobi & Partner, Zürich, sind: Human-Resources, Personalrisikomanagement und Personalcontrolling, Unterstützung in Projekten des Wandels und der Implementierung von Strategien und Kulturen.

Dr. J. M. Kobi hat in seinen Publikationen immer wieder neue Themen aufgegriffen (z.B. Unternehmenskultur, Management des Wandels, Personalrisikomanagement) und berät Unternehmen aller Branchen im deutsch- und französischsprachigen Raum. E-Mail: kobi.partner@swissonline.ch www.kobipartner.ch

Dr. Mathias Lohmer

Dr. phil., Diplom-Psychologe, Organisationsberater, Psychoanalytiker. Als selbstständiger Organisationsberater, Supervisor und Psychotherapeut in München tätig. Schwerpunkte: Teamentwicklung, Coaching und Entwicklung von Führungskräften, Begleitung von Veränderungsprozessen, Supervision von Teams und Beratungsprojekten.

Beratungsprojekte, Coaching und Trainingseminare u.a. bei Siemens, Infineon, HypoVereinsbank, DaimlerChrysler, RWE, The Boston Consulting Group, Bausparkasse Schwäbisch Hall, Wittgensteiner Kliniken AG.

Veröffentlichungen zu Anwendungsfelder der Psychotherapie und der Organisationsberatung, u.a.: M. Lohmer (Hrsg.): *Psychodynamische Organisationsberatung. Krisen und Potentiale in Veränderungsprozessen.* Stuttgart: Klett-Cotta 2000 E-Mail: Lohmer@t-online.de

Mauritius Lohmer

Geboren 1955 in Köln, Studium der Psychologie in Hamburg und Berkeley USA, Personalentwickler und Senior-Consultant in der Siemens AG München; seit 1996 selbstständiger Unternehmensberater mit den Schwerpunkten: Unternehmens- und internationale Personalentwicklung, Veränderungsmanagement und Post-Merger-Management. Unter anderem tätig für: Bosch Siemens Hausgeräte, Böhler Edelstahl, DaimlerChrysler, GTZ, St. Elisabeth-Stiftung, Siemens AG, Viag Interkom. E-Mail: m.lohmer@lohmer-consulting.de

Dr. Jürgen Maaß

Mitglied des Direktoriums der Henkel KGaA, Düsseldorf/Ressortleiter Human Resources Management; geboren am 17. Oktober 1940 in Hagen/Westfalen; Studium der Wirtschaftswissenschaften an den Universitäten Kiel, Bonn und Köln; 1967 bis 1971 Forschungs- und Lehrtätigkeit an der Universität zu Köln, anschließend Mitgeschäftsführer einer Wirtschaftsberatungsgesellschaft. Seit 1973 in unterschiedlichen Aufgaben im Personal- und Sozialmanagement der Henkel KGaA, Düsseldorf; 1988 bis 1989 Mitglied der Geschäftsführung der Henkel Chemicals, London; seit 1991 Ressortleiter Personal- und Sozialmanagement Inland, seit 1999 für Personalpolitik und Führungskräfte weltweit zuständig.

Mitglied des Vorstandes des Bundesarbeitgeberverbandes Chemie und Leiter der Tarifkommission des Verbandes, Vorstandsvorsitzender des Landesausschusses der Arbeitgeberverbände Nordrhein-Westfalen.

Dr. Markus Rieß

Seit Oktober 1997 als Geschäftsführer der Allianz Asset GmbH Management (AAM) für den gesamten Bereich Globales Marketing als Chief Executive Officer tätig. Zudem ist Markus Rieß Sprecher der Geschäftsführung der AAM sowie Mitglied des Aufsichtsrates der Allianz Vermögens-Bank AG und der Allianz Kapitalanlagegesellschaft mbH. Markus Rieß studierte Volkswirtschaftslehre an der Universität Heidelberg und promovierte dort. Nach seiner Studien war er bei der World Bank, Washington DC, USA, tätig. 1990 wechselte er als Portfolio-Manager in den Bereich Wertpapiere der Allianz Lebensversicherungs-AG. Von 1993–1996 war Markus Rieß bei McKinsey & Company beschäftigt. 1996 wechselte er als Geschäftsführer zur Allfonds International Asset Management (Institutional Asset Management der Bayerischen Hypotheken- und Wechselbank).

Prof. Dr. Christian Scholz

Inhaber des Lehrstuhls für Betriebswirtschaftslehre, insb. Organisation, Personal- und Informationsmanagement sowie Direktor des Europa-Instituts an der Universität des Saarlandes in Saarbrücken; Honorarprofessor für Personalmanagement an der Universität Wien; 1999–2001 Vorsitzender der Kommission Personalwesen im Verband der Hochschullehrer für Betriebswirtschaft e.V.; Mitglied im Vorstand der Deutschen Gesellschaft für Personalführung e.V.; Autor des Handbuchs »Personalmanagement« (Vahlen Verlag 5. Aufl. 2000) sowie des Buches »Strategische Organisation. Multiperspektivität und Virtualität« (mi-Verlag 2. Aufl. 2000); Mitherausgeber der »Zeitschrift für Personalforschung«; aktuelle Forschungsschwerpunkte sind strategisches Personalmanagement, virtuelle Organisation, Medien- und Kommunikationswirtschaft, Systemtheorie sowie internationale empirische Organisationsforschung. E-Mail: scholz@orga.uni-sb.de

Dr. Roland Schulz

Nach einer kaufmännischen Lehre bei der Siemens AG in Erlangen/München Studium der Betriebswirtschaftslehre in München und Promotion zum Dr. rer. pol. an der Universität Münster (Institut für Marketing). Anfang 1972 Eintritt bei Henkel in den Marketing-Bereich – nach verschiedenen Stationen im Marketing und Vertrieb Übernahme der Leitung des deutschen Waschmittelgeschäftes in 1980. In 1988/89 Directeur Géneral der holländisch/belgischen Niederlassungen und Anfang 1990 Übernahme der deutschen Personalleitung. Ab 01.01.1991 Mitglied des Vorstandes der Henkel KGaA und zuständig für die Unternehmensbereiche »Personal« und »Hygiene«. Seit Mitte 1995 persönlich haftender geschäftsführender Gesellschafter der Henkel KGaA. Mitgliedschaften/Ehrenämter: Seit 21.08.1993 Board of Directors, ECOLAB INC., St. Paul. Im Aufsichtsrat der Parion/Gothaer-Versicherungen, Köln seit 1994. Seit April 2000 Vorstandsvorsitzender der Deutschen Gesellschaft für Personalführung e.V. und seit 1. Februar 2000 Honorarkonsul des Königreichs Schweden.

Dr. Martin Schütte

Studium der Rechts- und Volkswirtschaft in München, Berlin und Hamburg; Promotion zum Dr. jur. an der Christian-Albrechts-Universität in Kiel. 1971 Eintritt in die Bayerische Hypotheken- und Wechsel-Bank AG. Ab 1985 Vorstand Personal. 1998 Fusion mit der Bayerischen Vereinsbank zur HypoVereinsbank AG; Vorstandsmitglied für Firmenkunden. Seit 2000 Business-Angel und Aufsichtsrat.

Hugh Shanks

Joined Towers Perrin in 1986 in the Human Resource Consulting Practice. He is a Prinicipal in the London Office from where he leads the development of the firm's People Performance Solutions practices in Europe. His particular expertise and interests are in the areas of developing people strategies, building employee commitment and maximising the value of HR functions. In May 2000 he presented at the World HR Congress in Paris on the subject of effect of the new economy on businesses, people and the HR function. Prior to joining Towers Perrin Hugh Shanks was a Vice President with Citicorp, responsible for HR across Europe for one major division. Hugh Shanks has an MA in Econonomics from Trinity College, Cambridge University.

Petra Sontheimer

Director Human Resource Pixelpark AG, Berlin. Ihre Arbeitsschwerpunkte umfassen den Aufbau der HR-Abteilung, Personalmarketing, Recruiting, Ausbildung, Personalentwicklung, Organisationsentwicklung und Mitarbeiterbeteiligung. Frau Sontheimer studierte an der Universität Mannheim Betriebswirtschaft mit den Schwerpunkten Internationales Management, Personalwesen und Psychologie. Danach war sie als freie Mitarbeiterin in einer Unternehmensberatung tätig, arbeitete als Personalreferentin bei Beiersdorf und ist seit Mitte 1998 bei der Pixelpark AG, Berlin.

Dr. Silvia Steffens-Duch

Geboren 1948 in Berlin, studierte Betriebswirtschaftslehre an der Universität Göttingen und internationales Marketing in Berkeley. Sie begann ihre berufliche Laufbahn bei der Kienbaum Unternehmensberatung und wechselte 1986 zur Deutschen Bank AG in den Stabsbereich Kommunikation. Seit 1991 leitet sie die Abteilung »Corporate HR Marketing«.

Michael Svoboda

Chief Learning Officer of Deutsche Bank, President of DB University. Joined the Bank in 1993 as Head of Corporate HR Policies. In addition to his line responsibility he chaired the Global Compensation and Benefits Board and the Global Human Resources Development Board of the Bank from 1996 until 2001. He was Case Leader of culture and compensation integration after the acquisition of Bankers Trust in 1999.

Professional Background: Worked as a freelancer in IT-programming and -consulting, later as an independent management consultant and trainer; became Head of Corporate Organization Design of BMW in 1985, Head of Corporate HR Policies of BMW in 1990.

Academic Background: studied business administration, economics, sociology, and organizational behavior at the University of Munich and the Vienna University of Economics and Business Administration; holds a Master Degree in Business Administration and an MA in sociology, both from the University of Munich.

Dr. Michael Touet

Studium der Psychologie und Diplom an der Technischen Universität Berlin, Studium der Betriebswirtschaftslehre und Dr. rer. pol. an der Universität Siegen, dort Habilitand, Projekte und Beratungen in der Wirtschaftspraxis.

Prof. Dr. Peter Weis

Studium der Volkswirtschaft und Jura. 1983 Eintritt in die Bayerische Hypotheken und Wechsel-Bank AG. Manager im Personalwesen, Filialleiter, Bereichsleiter Personalbetreuung. Ab 1996 General Manager der Niederlassung London der Hypobank und Key-Account-Manager Multinationale Unternehmen der Hypo-Vereinsbank. Seit 2000 Professor für Personalwesen und Finanzmanagement an der Fachhochschule Kempten, Allgäu.

Stichwortverzeichnis